W0007731

L'impossible retour

Olivier Guez

L'impossible retour

*Une histoire des juifs en Allemagne
depuis 1945*

Champs histoire

© Flammarion, Paris, 2007
ISBN : 978-2-0812-2478-0

À la mémoire de Marthe Stein.

> « *On n'a pas besoin d'être juif pour se sentir traumatisé – mais ça aide !* »

Woody Allen.

> « *L'automne finit. L'hiver survint, le long et froid hiver de nos régions. Le printemps revint. Et, lentement, en même temps que la ronde des saisons, le passé aussi revenait.* »

Giorgio Bassani,
Une plaque commémorative via Mazzini.

Je déambulais nonchalamment le long de la Rosenthaler Strasse, comme je le faisais régulièrement depuis mon arrivée à Berlin. Mais je n'avais pas l'intention, pour une fois, de me laisser distraire : ni par les cafés, pleins comme toujours dans la capitale, ni par les boutiques minimalistes des jeunes créateurs ; je rejetais tout aussi vigoureusement les œillades des disquaires électroniques indépendants et celles des cinémas d'art et d'essai alternatifs. Non, décidément, je ne prêtais guère d'attention à l'agitation bon enfant de cette partie de Mitte, à proximité de la fameuse Alexanderplatz. Et même l'horripilant grincement des vétustes tramways jaunes de la partie orientale de la ville – ultime vestige du Berlin-Est socialiste dans ce quartier refait à neuf – ne m'offusquait point.

En ce bel après-midi d'octobre, dans la douce lumière de l'automne berlinois, je songeais plutôt à l'histoire de ce quartier avant guerre. À l'époque, il avait sinistre réputation. Le Scheunenviertel ou quartier des granges, comme on l'appelait alors, abritait hôtels de passe et gargotes mal famées, tripots clandestins et bistrots minables. Tous ceux qui ont lu *Berlin Alexanderplatz* d'Alfred Döblin s'en souviennent : le gros, faible et malheureux Franz Biberkopf et ses vilains acolytes y sévissaient. Au début du roman, Biberkopf est recueilli à sa sortie de prison par deux juifs, l'un « à barbe rousse, un petit homme en pardessus, avec un taupé noir sur la tête et une canne à la main » et le second « vieux, grand, aux cheveux longs, bonnet noir sur l'occiput ». Venus des shtetl de Pologne et de Russie chercher un sort meilleur à Berlin ou en transit avant d'embarquer pour l'Amérique, nombreux étaient les « Ostjuden » – les juifs de l'Est – qui se pressaient dans les hôtels et les immeubles délabrés de ce quartier insalubre. Ce jour-là, en parcourant ses rues assainies et commerçantes, il m'était difficile d'imaginer la vie de ce quartier populaire que Joseph Roth avait décrite avec tendresse et à jamais annihilée par les nazis. Les tapis de bombes alliées détruisirent la plupart de la zone pendant la Seconde Guerre mondiale ; les autorités de RDA en rasèrent une partie et laissèrent dépérir l'autre ; les architectes de la réunification ont reconstruit, badigeonné et ravalé les façades. Bars, restaurants, boutiques et galeries ont désormais investi les lieux.

Mais à Berlin, le présent se conjugue bien souvent au passé. L'Histoire est omniprésente dans l'ancienne capitale du Reich ; Clio hante les berges de la Spree. La ville ne compte pas moins de deux cents sites, mémoriaux et autres caveaux qui commémorent les victimes de la guerre et du régime nazi. En descendant l'Oranienburger Strasse, dans le prolongement de la rue où j'avais entamé ma promenade, j'en eus la preuve à nouveau. Je longeais rapidement les premiers immeubles pour échapper aux odeurs un peu écœurantes des marchands de pizzas, falafels et autres döner kebabs puis obliquais à droite. Le changement d'atmosphère fut brutal. Les clameurs de la ville s'estompèrent ; la circulation se fit moins dense. J'atteignis un terre-plein pavé où se tenait un couple de touristes déjà âgés devant un panneau d'informations. Ils lisaient que le plus ancien cimetière juif de la ville s'était trouvé là : ouvert en 1672 quand 50 familles juives expulsées de Vienne eurent l'autorisation de s'installer à Berlin, il fut fermé en 1827, faute d'espace, puis finalement détruit par les nazis. Adossé au cimetière, un hospice juif de vieillards avait été construit au début du XIXe siècle et quelques décennies plus tard, une école de garçons avait ouvert ses portes. Pendant la guerre, ces bâtiments de la communauté juive furent transformés en prison ; l'hospice fit office de camp de rassemblement avant les déportations ; le cimetière, rasé, fut surélevé pour que les geôliers puissent faire du sport. L'espace est resté vide : de beaux arbres ont poussé et en levant les yeux, à travers leur feuillage, on aperçoit le phallus érectile de l'ancienne RDA, la fameuse tour de télévision.

Seule une tombe a été replantée : celle de Moses Mendelssohn, le Platon allemand du XVIIIe siècle, l'ami de Lessing et de Goethe, le fondateur de la Haskala, le judaïsme moderne des Lumières, et l'inventeur de la mythique «symbiose judéo-allemande». En regagnant la rue, j'observais de petites statues de bronze logées à l'ombre

d'un buisson. Destinées à l'origine au camp de Ravensbrück, elles ont finalement été disposées sur le tard, en
1985, à cet endroit par le régime est-allemand en hommage
aux victimes et aux souffrances causées par les nazis. Treize
individus de tout âge sont représentés, l'incarnation de la
solitude et de la déchéance. Leurs regards sont vides et leurs
visages inexpressifs ; leurs bras ballants ; ils sont couverts de
loques déchirées et leurs pieds sont nus. Leurs corps émaci-
ciés font penser aux sculptures de Giacometti. Quelques
mètres plus loin, à l'endroit même où avait été édifié
l'hospice, un petit mausolée rappelait que 55 000 juifs
berlinois moururent dans les camps d'Auschwitz et de
Theresienstadt. Un jeune Israélien s'approcha, sortit son
dictionnaire et déposa une pierre au socle du mausolée ;
une feuille dorée tournoya puis la recouvrit aussitôt.

Des cris et des rires d'enfants résonnaient. Je m'approchai d'une épaisse clôture grillagée mais ne distinguai
rien. Je notai la présence de caméras de surveillance ; le
long du grillage, il était strictement interdit de stationn-
ner ; des policiers en armes gardaient un beau bâtiment
gris aux motifs floraux et géométriques qui rappelait le
Jugendstil viennois. Pour être surveillé de si près, il devait
s'agir d'un bâtiment de la communauté juive, une synagogue ou une école. En effet. C'était le lycée juif de la
ville. À l'entrée, deux hommes jeunes en veste de cuir et
à la carrure imposante montaient la garde ; leurs talkies-
walkies grésillaient ; je crus que du russe s'en échappait.
Je fis mine de m'approcher mais fus immédiatement
interpellé par les deux cerbères.

« Que voulez-vous ? » me demanda l'un deux dans un
allemand à forte consonance slave.

« Jeter un coup d'œil dans l'école » lui répondis-je.

« Vous avez rendez-vous ? »

Je fus donc invité à déguerpir, courtoisement mais fermement. En face du « Gymnasium », je découvris un petit pavé doré. Un certain Herbert Budzilawski, né en 1920 et mort en déportation en 1943, avait vécu ici. Puis, à la même hauteur, dans la rue, je remarquai un espace étroit et vide. À travers une grille, je distinguai que sur les deux pans de murs qui se faisaient face étaient peints les noms des anciens habitants juifs de l'immeuble disparu. À gauche, les patronymes des familles Seefeld, Gottlieb, Hörchner et Jordan ; à droite ceux des Feldhaus, Springer et autres Langner. Je poursuivis mon chemin et tombai à nouveau sur d'autres « Stolpersteine », les petits pavés : devant la communauté de Sophie adjacente au lycée, on indiquait que les vieux Aronsbach, tous deux septuagénaires dans les années 1940, étaient morts à Auschwitz. Puis quatre autres encore : ils étaient destinés à honorer les familles Rosenberg et Schneller. Devant le numéro 30 de la rue, pas moins de neuf pavés dorés brillaient sous le soleil d'automne ; devant le 31 deux autres encore.

Je tournai alors à gauche et découvris la belle et calme Krausnick Strasse dont les augustes façades aux teintes pastel Mitteleuropa avaient été ravalées récemment. Au numéro 6, une plaque discrète indiquait que Regine Jonas, la première femme rabbin de l'histoire – elle a été ordonnée à Berlin en 1935 – avait vécu dans cette maison. Elle mourut en déportation à Auschwitz. À cette hauteur de la rue, je pouvais déjà entrevoir le sommet du dôme doré de la nouvelle synagogue et son étoile de David qui scintillait dans la lumière vespérale. Je hâtai le pas et me retrouvai sur l'Oranienburger Strasse.

Des pullmans grand luxe étaient stationnés le long du trottoir. Le tourisme juif est en vogue. Des milliers de visiteurs arpentent chaque année les rues de l'ancien quartier juif et partent à la découverte de sa riche histoire. La manne est belle : la municipalité, terriblement endettée, les commerçants et les restaurateurs ont flairé la bonne affaire. Faute de juifs dans le quartier – ceux qui sont revenus après guerre ou qui se sont installés plus récemment vivent dans leur immense majorité dans la partie occidentale de la ville –, ils se sont évertués à créer un « Disney-yiddishland » de pacotille, kitsch et artificiel. Je tombai ainsi nez à nez avec le café Silberstein dont les lumières tamisées orange, les fauteuils de cuir beige, l'écran plat et les sushis au menu évoquaient peu les shtetl de Galicie. Au nouveau restaurant Kadima d'à côté, les propriétaires s'étaient donnés plus de peine : la carte à l'entrée promettait une cuisine russe de « style casher » – les prix, peut-être ? – mais « non casher ». À l'intérieur, la décoration était soignée. De grandes fresques murales décrivaient une scène idyllique de terrasse de café des années 1920 avec de jolies femmes apprêtées et des messieurs en haut-de-forme ; l'ensemble jouait sur la nostalgie de l'âge d'or judéo-allemand de la république de Weimar, qui fut aussi celui de Berlin. De la pop israélienne berçait les rares consommateurs. Mais l'atmosphère était froide et aseptisée : l'opposé de ce que devaient être les cafés du coin, animés, enfumés et chaleureux, avant la catastrophe.

Après avoir dépassé le centre communautaire où les mesures de sécurité d'entrée sont plus drastiques qu'aux aéroports de Berlin, j'arrivai devant la majestueuse nouvelle synagogue. Construite dans les années 1860, elle était la plus grande synagogue d'Allemagne. Son style néo-byzantin et néo-mauresque, peu commun dans la Prusse de l'époque, était un hommage à l'exceptionnelle symbiose judéo-arabe de l'Andalousie médiévale et symbolisait celle des temps modernes, celle qui devait unir le

meilleur des cultures juive et allemande. Sa taille imposante, ses lignes harmonieuses et sa splendeur affichée
sans complexe au cœur de la ville reflétaient la confiance
des juifs allemands en leur patrie et lui rendaient hommage ; ses dimensions contrastaient avec celles des synagogues des siècles passés, lovées et dissimulées dans des
arrière-cours sombres et insalubres.

L'illusion perdura quelques décennies. Les hordes
brunes dégradèrent sévèrement le bel édifice au cours de
la Nuit de cristal du 9 novembre 1938 ; sans la courageuse intervention du chef de la police du district, qui fit
venir les pompiers, il aurait même été totalement dévoré
par les flammes, comme tant d'autres maisons de Dieu
cette nuit-là. Puis elle fut davantage endommagée par
plusieurs bombardements alliés. Les autorités de RDA
l'abandonnèrent à son triste sort et sa restauration, com-
mencée en 1988, ne s'acheva qu'en 1995. La résurrection
du quartier juif Potemkine pouvait commencer.

À cet instant, j'aurais pu obliquer à droite et prendre la
Tucholsky Strasse, du nom de cet impertinent et brillant
satiriste juif antimilitariste, « un petit Berlinois bedonnant
qui essaya d'arrêter une catastrophe avec sa machine à
écrire », selon le bon mot de son confrère Erich Kästner,
et qui finit par se suicider en exil en Suède. D'autres
curiosités judéo-kitsch m'y attendaient. Je poursuivis plutôt ma route. Mal m'en prit : après avoir dépassé le restaurant Oranium qui proposait des tapas mexicains, des
tartes flambées et des raviolis maison, l'auberge mexicaine
Las Cucarachas et Il Fuoco qui offrait pizzas et narghilés à
ses rares clients, je m'intéressai vaguement à l'hôtel Scheunenviertel, dernier et pathétique clin d'œil au Berlin juif
d'avant guerre. Une baraque à frites et des restaurants
indonésiens s'annonçaient ; je rebroussai chemin et me

hâtai en direction de la Spree. Je passai devant l'austère immeuble Leo Baeck, le grand rabbin d'Allemagne des années terribles 1930-1940, où siège le Zentralrat, le Conseil central des juifs d'Allemagne. Un petit pont enjambait le fleuve tranquille et offrait une vue sublime du Bode Museum, rouvert depuis peu. J'entrevoyais aussi le Pergamon, d'autres trésors de l'île des musées et l'inévitable tour de télévision. Un métro aérien passa et éclipsa un temps le bruit des échafaudages et des grues à l'ouvrage dans la rue voisine.

Le lendemain, je décidai de faire un tour du côté du « pentagone historique » du cœur de Berlin, autour de la porte de Brandebourg. Si un extraterrestre se découvrait une passion subite pour l'histoire allemande, je lui conseillerais d'atterrir à cet endroit. En deux heures, il saisirait les heurs et malheurs de l'Allemagne depuis deux siècles, ses crimes ignobles et son miraculeux renouveau. Il observerait intrigué sinon pantois le cube disgracieux qui abrite l'ambassade de France et serait avisé de commencer sa visite par la fameuse porte de Brandebourg et son char ailé, symboles de la germanité et du militarisme prussien alors triomphant. Puis il prendrait à droite et découvrirait le Reichstag-Bundestag et sa coupole magique et translucide conçue par l'architecte Sir Norman Foster. Construit grâce aux indemnités de guerre françaises après la victoire de 1871, le Reichstag ne fit office de Parlement que pendant les quatorze courtes années de la république de Weimar, avant le fameux incendie de 1933 qui sonna le glas de la jeune démocratie allemande. Il verrait qu'aujourd'hui les couleurs noir, rouge et or de l'Allemagne républicaine, celles de la révolution libérale avortée de 1848, flottent au vent et s'émerveillerait devant la beauté des nouvelles installations du Bundestag, toutes transparentes, et du pont futuriste qui enjambe la Spree et relie les deux ailes des officines du Parlement allemand. En faisant demi-tour, devant le Reichstag, il se recueillerait sur les petites stèles sculptées en l'honneur des quatre-vingt-seize députés assassinés ou déportés par les nazis. Puis il traverserait le jardin du Tiergarten et ferait face à l'imposant monument aux morts soviétiques de la Seconde Guerre mondiale – 25 millions de victimes. Dès l'été 1945, la puissance d'occupation soviétique érigea son mémorial. Sur les façades du petit bâtiment attenant, il verrait des photos de 1946 et de 1948, où le gigantesque soldat de l'Armée rouge narguait un désert de poussière et de ruines calcinées, le Berlin de l'immédiat après-guerre, le legs de la folie hitlérienne.

Tout en songeant aux réflexions que susciteraient chez l'extraterrestre les péripéties dramatiques de l'histoire allemande contemporaine, je cheminais à nouveau dans le Tiergarten en direction de l'Est. À la sortie du parc, j'observai le ballet des pelleteuses, des ouvriers et des maîtres d'œuvre sur le chantier de la nouvelle ambassade des États-Unis. Achevée, elle s'intégrera au pentagone historique qui deviendra hexagone : la République fédérale d'Allemagne doit beaucoup à son protecteur américain qui, en lui inoculant les principes de la démocratie, l'a éloignée de ses pires démons. En face, un cimetière de béton, une forêt de tombes, un vaste champ de stèles.

Le mémorial de la Shoah, inauguré en 2005 après des années de controverses et de discussions, déployait son labyrinthe de sépultures anonymes, allégories du massacre de millions de juifs, douloureux rappel de la barbarie industrielle du régime nazi et de la complicité passive de la grande majorité des Allemands. L'Holocauste, balafre éternelle de l'histoire allemande. Ce mémorial, inévitable parce qu'érigé entre la vénérable porte de Brandebourg et la futuriste Potsdamer Platz, en plein cœur de Berlin, symbolise cette cicatrice. Il entretient la mémoire du crime, ce pire cauchemar que n'avait pu imaginer Hyeronimus Bosch dans ses représentations de l'Apocalypse. Je m'enfonçai dans les travées de béton gris : à mesure que j'avançais, le sol s'affaissait et, arrivé au centre du mémorial, j'eus le sentiment d'être submergé par une mer de pierres. À droite, à gauche, devant, derrière, je ne voyais plus que des tombes, en enfilade, de plus en plus hautes, comme s'il était impossible de saisir le site dans sa totalité. Comme s'il était impossible d'appréhender la dimension insensée de la Shoah. Au mémorial, il faut venir par une nuit claire, fraîche et pluvieuse, quand la ville dort : l'ombre des caveaux est effrayante, le silence assourdissant ; l'eau ruisselle sur la pierre grise, lisse, froide et humide comme si des larmes coulaient de ces masses sans visage.

Sous le mémorial, un musée de la Shoah, sobre et didactique, accueillait les visiteurs. Deux chiffres et une estimation : entre 5,4 et 6 millions de juifs ont été gazés ou massacrés par les nazis et leurs complices ; si l'on récitait tous les noms et une courte biographie des victimes, il faudrait compter 6 ans, 7 mois et 27 jours. Avalanche de statistiques et de photos insoutenables de charniers et de fours crématoires ; récits innombrables de vies brisées ; histoire de l'annihilation quasi totale du judaïsme d'Europe centrale et orientale : au bout de deux heures, je devais retourner à l'air libre, reprendre ma respiration et me replonger dans le monde des vivants. Et j'émergeai rue Hannah-Arendt, dans la vibrionnante capitale de l'Allemagne des années 2000, cette république de Berlin qu'incarne mieux que tout autre site la nouvelle Potsdamer Platz.

Ses prostituées, ses petits messieurs chapeautés de la bourgeoisie wilhelminienne finissante, ses enceintes multicolores, sa modernité avaient inspiré une série de tableaux du peintre expressionniste Ernst Ludwig Kirchner à la veille de la Grande Guerre. Dans cette ville immense qui s'étend langoureusement d'est en ouest, annexant lacs et forêts, la Potsdamer Platz était le véritable centre névralgique de Berlin jusqu'en 1945. Sa partition puis la construction du Mur qui passait là l'ont transformé en un gigantesque *no man's land* jusqu'au « Wende » – le tournant – de 1989. Pendant dix ans, des architectes en ont fait l'obscur objet de leurs désirs et des grues ont travaillé jour et nuit. La Potsdamer Platz fut le plus grand chantier d'Allemagne ; il fallait tout reconstruire et redonner une âme à cet espace immense. Aujourd'hui c'est Gotham City : des immeubles futuristes de verre et d'acier et des hôtels de luxe sont sortis de terre, le Sony Center dispose d'un « toit dégradé » aux couleurs changeantes, la station de métro a la dimension d'une gare internationale... Je m'y engouffrai. Direction le quartier de Kreuzberg.

De l'installation des premiers juifs à Colonia – la future Cologne – dans le sillage des légions romaines au ghetto de Francfort du Moyen Âge ; des lumières de la Haskala de Mendelssohn aux lois de Nuremberg de 1935, le musée juif de Berlin présente près de deux mille ans d'histoire juive en Allemagne. Il est constitué de deux bâtiments : le premier, d'allure classique, de couleur beige et rassurant ; le second, ultramoderne et mystérieux, en acier argenté et tout en angle. L'ensemble est l'œuvre de Daniel Libeskind, né en Pologne au lendemain de la guerre de parents survivants de l'Holocauste, désormais en charge de l'ensemble de la reconstruction de Ground Zero à New York et notamment de la Freedom Tower qui sera la plus grande

tour au monde. L'association de ces deux bâtiments antagonistes symbolise, selon Libeskind, la frontière entre juifs
et non-juifs, entre Berlinois et non-Berlinois, et plus
encore la rupture fondamentale de la Shoah dans l'histoire
des juifs d'Allemagne. Passé les habituels et très stricts
contrôles de sécurité, trois choix s'offraient à moi, selon les
trois axes autour desquels le musée est conçu. À chaque
visite de proches à Berlin, j'avais suivi celui de la continuité
qui mène à la très riche exposition permanente ; je snobai
également l'axe de l'exil, qui permit à 276 000 juifs allemands d'échapper aux fourches des nazis en s'enfuyant à
temps, entre 1933 et 1941. Je souhaitais remonter l'axe de
l'Holocauste.

À mesure que la pente s'élevait, les noms des camps de
concentration, peints sur les murs, défilaient ; dans de
petites vitrines, des lettres, des photos, des dessins d'enfants. Leurs derniers. J'arrivai devant la tour de l'Holocauste, cette réalisation géniale de Libeskind, le but
véritable de cette odyssée historique et urbaine, la destination finale de cette longue promenade berlinoise.

Passé la lourde porte d'acier, je me trouvai dans une
chambre triangulaire vide et noire, froide et insonorisée.
Aucune photo, aucun panneau, aucun film, pas de données chiffrées : il n'y a absolument rien à voir ni à faire ; ni
à lire ni à apprendre dans la tour de l'Holocauste. Il n'y a
que le néant et le silence. C'est une impasse, la métaphore
de la fin d'une histoire, de ce monde « de morts et de
larves » que fut l'univers concentrationnaire nazi. Beaucoup de visiteurs n'y comprennent rien, à l'instar de ce
sexagénaire qui entra avec moi et repartit aussitôt, et de sa
compagne un peu replète qui trouvait qu'il y faisait froid.
Leur triste fuite me désolait mais me satisfaisait d'une
certaine façon : il faut être seul dans cette tour lugubre

pour ressentir, ne serait-ce que quelques instants, la solitude féroce et l'angoisse désespérante que dut éprouver chaque déporté au moment où son destin basculait. Dans ces ténèbres de béton, glaciales et humides, j'avais la sensation que les murs se refermaient sur moi et que les mâchoires des parois de pierre allaient me broyer. Je me sentais minuscule et vain. Le visiteur qui s'attarde dans cette tour a le sentiment d'être au royaume des morts ou aux Hadès : en enfer.

À une nuance près. À l'extrémité supérieure d'une des parois figure une petite lucarne à travers laquelle perce la lumière du jour. Cette timide ouverture symbolise la vie après la catastrophe, la douloureuse et étrange destinée des juifs en Allemagne après la chute du troisième Reich. La chronique de cette petite lucarne, le feuilleton de l'étonnante et troublante histoire des juifs au « pays des meurtriers », est l'objet de cet ouvrage. Le récit d'un impossible retour.

CHAPITRE PREMIER

Allemagne, année zéro

Un kabbaliste au chevet des derniers juifs d'Allemagne. Gershom Scholem fut dépêché en 1946 pour observer les conditions de vie et l'état moral de ses coreligionnaires qui subsistaient péniblement dans les villes dévastées et dans les camps de personnes déplacées. Scholem était un rapporteur idéal pour cette mission que lui avaient confiée l'Université hébraïque et la Bibliothèque nationale de Jérusalem. Il connaissait parfaitement l'univers juif allemand d'avant le nazisme : il était le rejeton d'une famille bourgeoise libérale « typique » du Berlin du tournant du siècle, où l'assimilation à la culture allemande était très avancée et où il ne restait que peu de traces perceptibles du judaïsme. Les livres en hébreu étaient rangés quelque part derrière les autres dans la bibliothèque familiale et son père évitait l'emploi d'expressions juives en public, racontera-t-il plus tard dans ses mémoires *De Berlin à Jérusalem : souvenirs de jeunesse*. Et, qualité rare chez les juifs allemands, qui méprisèrent tant le peintre raté Adolf Hitler qu'ils mirent longtemps à réaliser les dangers mortels qu'il leur faisait encourir, Scholem avait toujours été lucide quant à la précarité de la situation des juifs en Allemagne. Il avait fait preuve d'une funeste prescience : à la différence de l'immense majorité de ses coreligionnaires, il n'avait pas cherché à s'y enraciner dès lors que la nature problématique de la situation des juifs avait commencé à lui apparaître. Il n'avait sans doute jamais entendu parler de Hitler, le tribun agité des brasseries munichoises qui complotait contre la jeune république de Weimar, quand il s'installa en Palestine dès 1923. Une vingtaine d'années plus tard, Scholem était un observateur avisé, perspicace et réaliste pour dresser le tableau des rares juifs qui vivaient encore au pays des meurtriers.

Il y découvrit un peuple d'égarés, d'individus dépressifs et désocialisés, qui se sentaient rejetés et dévalorisés et dont la préoccupation essentielle était la simple subsistance[1]. Les juifs qu'il croisa n'avaient pour la plupart plus aucun lien avec le judaïsme ; la grande majorité ne songeait qu'à quitter au plus vite cette terre ingrate. La vie religieuse était totalement désorganisée, sans rabbins, sans livres de prières et d'études, sans objets de culte. Les données chiffrées qu'il livrait indiquaient l'ampleur de la catastrophe. N'avaient survécu en Allemagne que 14 000 juifs dont 7 000 à Berlin ; la moitié de ces survivants n'étaient qu'à moitié juifs ou mariés avec des non-juifs. Il rappelait que l'Allemagne comptait environ 600 000 juifs avant 1933 dont 160 000 à Berlin. Près de la moitié avait réussi à partir en exil ; un tiers était mort en déportation. La folle entreprise de Hitler de parvenir à une Allemagne « judenrein » – « purifiée » de toute présence juive – était sur le point d'aboutir.

Le « trou noir d'Auschwitz » a éclipsé l'histoire presque bimillénaire des juifs allemands. Par ses dimensions industrielles hallucinantes, par sa bestialité qui transforma des millions d'êtres en « spectres affamés » et en « morts au monde » avant qu'ils ne fussent gazés et réduits à l'état de cendres ; qui fit de chacun des déportés un « ennemi ou un rival[2] » ; qui abolit les frontières de la folie et du crime, l'Holocauste a comme effacé l'exceptionnelle civilisation judéo-allemande dont Gershom Scholem ne retrouva nulle trace au cours de son périple. L'association des termes « juif » et « Allemagne » n'évoque aujourd'hui que la Shoah et Auschwitz. Circonscrire la relation judéo-allemande à son épilogue funeste serait cependant offrir une victoire posthume à Hitler et négligerait une histoire d'une richesse rare. Richissime, à considérer la période s'étalant des débuts de l'émancipation des juifs, à la fin du XVIIIe siècle, à 1933, et que certains ont appelé non sans raison la « deuxième renaissance européenne ». Elle accoucha de la modernité que le fabuleux triptyque Marx-Freud-Einstein pourrait résumer.

À mon arrivée à Berlin à l'automne 2005, la ville célébrait avec faste le centenaire de l'« annus mirabilis 1905 » d'Albert Einstein, l'année décisive de la découverte de la théorie de la relativité. Les édiles locaux ne manquaient pas de rappeler qu'Einstein avait vécu près de vingt ans dans leurs murs. Je me souviens qu'une haute et large sculpture rouge reproduisait la fameuse formule $E = mc^2$ sur l'une des principales artères du centre et que des maximes du grand savant s'étalaient au fronton de nombreuses institutions berlinoises, sur la façade de l'université Humboldt notamment. J'étais perplexe : cet hommage tardif était sympathique mais me semblait quelque peu pitoyable ; il symbolisait à mes yeux l'invraisemblable gâchis de l'Allemagne de la première moitié du XXe siècle. Cette Allemagne qui avait chassé son fils prodige – après 1933 et jusqu'à sa mort en 1955, Einstein n'y retourna plus jamais après le pillage de sa maison par les nazis puis l'arrivée au pouvoir de Hitler – et qui l'avait déchu de sa nationalité allemande. En faisant fuir Einstein et des centaines de milliers de ses concitoyens qui adoraient leur pays, sa culture et sa langue, en brûlant sur les places publiques

parmi les plus grands chefs-d'œuvre de la littérature européenne – qu'on retrouve aujourd'hui aux rayons « classiques » des librairies –, les nazis mirent un terme violent à
l'une des expériences les plus passionnantes et les plus
créatives de l'histoire de l'Allemagne : la mystérieuse symbiose judéo-allemande. En quelques générations seulement, elle avait transformé les juifs parias du ghetto en
passeurs de modernité et en savants de renom international.

Pour prendre la mesure de ce monde disparu, j'ai
emprunté la route que tant de juifs allemands suivirent à
la fin des années 1930 et au début des années 1940. J'ai
traversé l'Atlantique et me suis rendu à New York, dans
cette ville que certains surnommèrent à l'époque le
« IVe Reich » tant elle accueillit d'exilés, dans le quartier
de Washington Heights notamment. 130 000 juifs allemands se réfugièrent aux États-Unis ; la plupart à New
York et parmi eux la fine fleur de l'establishment intellectuel et artistique de la république de Weimar. Un
ancien directeur du département d'histoire de l'université
de New York déclara un jour qu'il avait ramassé les fruits
de l'arbre que Hitler avait agité. À présent, beaucoup de
ces fruits sont redevenus poussière, mais quelques-uns
sont encore verts. Parmi eux, Peter Gay, 83 ans, professeur émérite à l'université Yale, spécialiste d'histoire
sociale et culturelle, biographe de Freud. Il est né Peter
Fröhlich à Berlin, réussit à se réfugier aux États-Unis en
1941, changea son nom en 1943 et devint citoyen américain trois ans plus tard : il ne voulait plus être allemand.
Pendant des années, il voua une haine farouche à cette
Allemagne qui fit de lui et de sa famille assimilée des
parias, eux qui étaient si fiers de leur germanité que son
père avait vaillamment défendue lors du premier conflit

mondial. Il n'en a pas moins consacré une partie importante de ses recherches à l'étude de la culture germanique
d'avant le nazisme.

Peter Gay me reçut dans son bel et vaste appartement
de l'Upper West Side de New York. Ses murs étaient
tapissés de livres, et même la cuisine où nous nous instal-
lâmes possédait une imposante bibliothèque dont un
rayon entier était consacré à sa biographie de Freud tra-
duite en une dizaine de langues. Sur la table trônait un
épais manuscrit annoté, son prochain ouvrage sur le
modernisme. «Au cœur de la culture allemande et du
mouvement moderniste se tenait l'Allemand juif ou le
juif allemand dont l'assimilation à la société allemande
constitua l'un des tournants majeurs de la seconde partie
du XIXe siècle en Allemagne[3]», m'expliqua-t-il. Le règne
de Guillaume II lui semblait la période qui leur fut la
plus favorable. «La république de Weimar fut celle où
leur visibilité fut la plus grande mais l'antisémitisme y
était très fort et la société allemande était traumatisée par
l'expérience de la Grande Guerre.» À ses yeux, la période
d'avant 1914 fut décisive: après un siècle d'émancipation, forts de nouveaux statuts sociaux et professionnels
et de leur installation dans les grandes villes, les juifs
participèrent pleinement au décollage industriel, économique, scientifique et culturel de la fin du XIXe siècle. Ces
«Gründejahre» de la seconde révolution industrielle – les
années de fondation – et les immenses opportunités
qu'elles offraient au sein d'une société en pleine mutation, les citoyens allemands de confession juive – c'est
ainsi qu'ils se définissaient désormais – y participèrent de
toutes leurs forces. Les juifs du Kaiser, ces grands industriels, bâtirent des empires et firent allégeance au nouveau
Reich allemand. De Hambourg, l'armateur Albert Ballin

régnait en maître sur les communications transatlan-
tiques. Il était si proche de Guillaume II qu'il se donna
la mort en novembre 1918 à l'annonce de la défaite.
James Simon était le roi du coton et fonda la société
allemande de l'Orient. Emil Rathenau était surnommé
le « Bismarck de l'électricité » et établit AEG ; son fils
Walther fut le sauveur de l'économie de guerre en 1914-
1918 et ministre des Affaires étrangères sous Weimar
avant d'être assassiné par un groupuscule d'extrême droite
en 1922. Max Warburg dirigea avec maestria la grande
banque qui porte encore aujourd'hui son nom ; d'autres
importants établissements financiers – la Reichsbank, la
Deutsche Bank, la Dresdner et la Darmstätter Bank –
furent créés par des juifs. Ils possédaient également les
premiers grands magasins de la capitale, le Kaufhaus des
Westens, plus connu sous ses initiales de KaDeWe, le
Tietz et le Wertheim. Rarement minorité gravit si rapidement les échelons sociaux et atteignit un tel niveau de
richesse : au tournant du siècle, des deux cents familles les
plus aisées de la capitale, quarante étaient juives[4].
    Les juifs se singularisèrent par leur « invasion » du
champ culturel allemand. Les yeux de Peter Gay s'éclai-
rèrent ; sa fascination était intacte. « Après Mendelssohn,
quand les juifs s'approprièrent la langue allemande, intervint une révolution psychologique et identitaire sans précédent, au point qu'ils devinrent parmi les gardiens les
plus féroces de la tradition culturelle germanique. » Après
des siècles d'isolement et de ghetto, ils voulaient s'éman-
ciper et, plus que tout, s'assimiler à la société allemande.
George L. Mosse, un autre exilé de la génération de Peter
Gay, soutenait que l'émancipation légale, intervenue à
l'automne des Lumières allemandes (Aufklärung) quand la
« haute culture » devint partie intégrante de la citoyenneté

germanique, donna aux juifs un certain optimisme et une foi nouvelle en eux et en l'humanité[5]. L'idéal de « Bildung » – la formation, l'apprentissage, l'éducation morale… –, le culte de la raison et de l'esthétique, l'ambition de passer de la superstition aux Lumières au cours d'un processus qui durait toute la vie, séduisirent les juifs d'Allemagne. Ils y voyaient le moyen de transcender les différences de nationalité et de religion pour se consacrer aux individus au sein d'une humanité commune. Au fil des décennies, la Bildung devint pour de nombreux juifs le synonyme de leur judaïté. Elle était leur moyen de s'intégrer à la société allemande ; de dépasser les mythes et les symboles qui faisaient auparavant barrage à leur émancipation.

« Kant fut ainsi remis sur son piédestal par des mains juives. La popularité de Kant était facile à comprendre, poursuivait Peter Gay : il symbolisait la liberté humaine, la religion de la raison, les principes universels de fraternité et d'humanisme. Les juifs redécouvraient un géant allemand en compagnie d'autres Allemands. » Le philosophe Hermann Cohen (1842-1918) – son identité était tout un symbole, combinant le prénom le plus germanique au nom le plus sacré du judaïsme, celui des membres du clergé hébreu de l'ancien temple de Jérusalem – fut l'un des principaux artisans du retour en grâce du sage de Königsberg. Après avoir étudié au séminaire de Breslau pour devenir rabbin, Cohen, un personnage minuscule et dont la tête avait des proportions gigantesques, aux dires de Gershom Scholem qui assista à ses séminaires, fut l'un des fondateurs de l'école néo-kantienne de Marburg. Par ses écrits et sa destinée, il incarna la démesure de la symbiose judéo-allemande, une utopie et un idéal absolu qui paraissent aujourd'hui insensés et suicidaires mais auxquels nombre de juifs allemands consacrèrent toutes leurs forces. Dans *Germanité et judaïté*, son « testament », Cohen affirmait que les deux cultures possédaient le grec ancien comme socle commun et que par la grâce de la morale universelle et de la raison que toutes deux partageaient, elles finiraient par converger. Sa femme Martha Cohen mourut en déportation au camp de Theresienstadt en 1942 à l'âge de 82 ans.

Au sein de la bourgeoisie libérale juive, les poètes et les écrivains de l'Aufklärung étaient vénérés. Une première sortie au théâtre marquait le passage à l'âge adulte d'un jeune adolescent et son initiation à la haute culture. Bien souvent, elle consistait à lui faire assister à une représentation de *Nathan le Sage*, la pièce de Lessing, l'ami de Mendelssohn, la véritable « Magna Charta » des juifs allemands qui popularisait les idéaux de la Bildung et célébrait l'amitié entre juifs et chrétiens des Lumières. Friedrich Schiller avait aussi de très nombreux adeptes : il était perçu comme un partisan du cosmopolitisme, comme le prophète de l'égalité et de la liberté exaltée. Goethe était le plus adoré de tous. Il symbolisait le bourgeois éclairé qui s'était félicité de l'émancipation des juifs et avait rejeté toute forme de chauvinisme. De nombreux auteurs juifs consacrèrent une biographie au sage de Francfort ; Ludwig Geiger, fils de rabbin, fonda les *Annales de Goethe* en 1880 ; au milieu des années 1920, les juifs étaient presque majoritaires dans les sociétés Goethe de Berlin et ils avaient écrit les plus importantes interprétations critiques de ses œuvres. Ils voyaient en Heinrich Heine (1797-1856), leur grand poète et chroniqueur, converti au christianisme et en exil de longues années à Paris, son disciple et successeur.

Hermann Cohen faisait toutefois figure d'exception. Non pour sa profession de foi et son éloge de la symbiose judéo-allemande, mais par son statut de professeur d'université. Jusqu'à l'avènement de la république, la carrière académique fut rarement ouverte aux juifs et l'université demeurait un bastion de la réaction et du nationalisme. Cet ostracisme conduisit nombre d'entre eux à s'orienter vers de moins nobles activités qui étaient toutefois en pleine expansion à mesure que la société allemande, du moins ses grandes villes, se modernisait à toute allure. Au tournant du siècle, les enfants de la bourgeoisie juive investirent l'espace public et s'épanouirent dans des domaines encore marginaux, fruits de la modernité : le journalisme, la littérature, l'édition, le théâtre, le marché de l'art, la musique et le cinéma… Les grandes maisons Mosse, Ullstein et Sonneman donnaient le ton de la presse libérale ; le Viennois Max Reinhardt dirigea brillamment le théâtre allemand de Berlin pendant trois décennies jusqu'à l'avènement de Hitler. Jacob Wassermann, Lion Feuchtwanger, Alfred Döblin, Emil Ludwig, Stefan Zweig et tant d'autres écrivirent un nouveau chapitre de la littérature germanique. Fritz Lang réalisa quelques chefs-d'œuvre aux studios de Babelsberg ; la causticité et le sarcasme des chroniqueurs juifs firent les grandes heures de la *Neue Rundschau*, la *Weltbühne* et la *Schaubühne*, des revues prestigieuses.

Des intellectuels de gauche hétérodoxe renouvelèrent la pensée socialiste. Ils aspiraient à humaniser le marxisme en y réintroduisant ses racines hégéliennes et les impératifs moraux de Kant. Pour eux, l'histoire était un processus qui devait permettre à l'homme de se débarrasser de tout système de domination afin de comprendre la totalité de son existence. Ils cherchaient à s'éloigner du seul matérialisme historique, facteur de déshumanisation de la société, pour remettre l'humain au centre de la pensée socialiste et le libérer de toute autorité. La culture devait prendre le pas sur les moyens de production. L'Institut de recherches sociales de Francfort fut créé en 1923 sur ces bases originales. Max Horkheimer en fut par la suite le directeur, et Theodor Adorno, Herbert Marcuse ou encore Walter Benjamin y collaborèrent.

Le panthéon scientifique de l'époque était tout aussi impressionnant, sinon plus encore, que celui des écrivains, des penseurs et des intellectuels. Dans ses mémoires[6], Fritz Stern, le grand historien de l'Allemagne de l'université de Columbia, qui dut lui aussi quitter son pays en 1938, à douze ans, bien que ses parents se fussent convertis au christianisme, décrivait l'exceptionnel environnement scientifique dans lequel il avait baigné au cours de sa prime enfance à Breslau, en Silésie. Son père était un médecin de renom, sa mère une pédagogue reconnue proche d'Albert Einstein, son oncle Otto Stern obtint le prix Nobel de physique en 1943 et son parrain Fritz Haber fut prix Nobel de chimie en 1918... Einstein fut le savant plus connu de l'époque mais ils furent des centaines à s'illustrer en physique, en chimie et en biologie, et à se voir décerner les récompenses les plus prestigieuses. « C'était comme si les juifs avaient préparé leurs examens d'université pendant deux mille ans », ironisa-t-il un jour à propos de l'activité intellectuelle fébrile de ses collègues juifs allemands.

Scientifiques, lettrés, artistes, tous participèrent au bouillonnement culturel exceptionnel qui commença au cours du règne de Guillaume II, s'épanouit pendant la république de Weimar et dont Berlin, éphémère *supernova*, fut l'incarnation. Ces juifs, qu'ils fussent traditionalistes ou athées, partageaient des idéaux de culture, d'éducation et de pensée libérales fondés sur leur volonté

de dépasser et leur propre histoire et les traditions allemandes, afin de transcender religions et nationalités, sus-
pectées d'irrationnel. Leur judaïté passée au filtre des
Lumières était leur passeport pour l'universel ; leur association accoucha de la modernité et d'une civilisation
nouvelle.

◆

La plupart des juifs allemands n'étaient pas des savants
illustres, des écrivains à succès et des réalisateurs prestigieux. Ils étaient nombreux à travailler dans la confection
et la fourrure, à tenir des commerces, à être avocats ou
médecins. Ils faisaient du canotage l'été sur les beaux lacs
aux alentours de Berlin, respiraient l'air pur des montagnes
bavaroises ; ils se délectaient de Klopsen (boulettes de
pommes de terres) de Thuringe et de petites saucisses de
Nuremberg ; ils célébraient Noël plutôt que Hanoukka.
Certains votaient pour les partis conservateurs, d'autres à
gauche et à l'extrême gauche, même si la majorité était
libérale. Avant tout, ils se considéraient comme de bons et
loyaux Allemands au point que certains reniaient leur
judaïté et cultivaient une haine de soi malsaine, fascinés,
envoûtés par la germanité et la beauté nordique[7]. Ces
Allemands de confession juive méprisaient les Ostjuden,
ces juifs en caftan et à papillotes qui avaient conservé leurs
traditions obscurantistes et leur jargon yiddish, convaincus
de leur supériorité culturelle et sociale, de peur aussi qu'ils
ne fissent obstacle à leur assimilation totale.
   J'eus le bonheur de rencontrer l'un des derniers témoins
de cette époque par une nuit d'hiver à Berlin. Le musée
juif de la ville fêtait les quatre-vingt-onze ans d'un certain
Gad Granach. La soirée commença par un récital de

chansons populaires du Berlin des années 1920, interprétées par une grande et belle cantatrice blonde. Puis le redoutable polémiste Henryk Broder chauffa la salle bondée et la fit rire. « Gadi », élégant, droit comme un « i », belle chevelure blanche et fine barbe de quelques jours, entra alors en scène. Il avait fière allure. Il raconta son histoire, emblématique de toute une génération. Né à Berlin en 1915, il était le fils d'Alexander Granach, un petit juif de l'Est qui avait épousé une fille de bonne famille juive prussienne au grand dam des parents de son aimée. Gad ne rencontra son père qu'à l'âge de cinq ans, après sa démobilisation de l'armée autrichienne, et ne le vit guère plus par la suite : il devint l'un des acteurs les plus connus de la république de Weimar – il tourna sous la direction de Lubitsch et de Lang – avant de s'envoler pour la Californie et de s'installer dans le quartier des exilés allemands de Los Angeles où il se lia d'amitié avec Thomas Mann, Arnold Schönberg, Bertolt Brecht et Theodor Adorno, ses voisins. Il y mourut en 1945. La jeunesse de Gadi n'en fut pas moins exaltante aux côtés de sa mère, une femme iconoclaste, végétarienne et adepte du FKK – mouvement naturiste – qui prenait le thé avec le médecin romancier Alfred Döblin, l'auteur de *Berlin Alexanderplatz*.

Gad Granach ne cessait d'entrecouper son récit de blagues juives des années 1920 et imitait à merveille le bruit du tramway de son enfance. Le public, conquis, riait de ses facéties mais semblait aussi parcouru d'une langoureuse mélancolie. Un parfum de nostalgie flottait. À la fin de sa représentation, je m'approchai de Gadi dans l'espoir de lui arracher quelques nouvelles anecdotes sur sa jeunesse. Il me convia plutôt à festoyer avec lui et « quelques amis » dans un restaurant grec de la Savigny Platz. Deux heures plus tard, épuisé, j'abandonnai la partie et laissai le « jeune » homme à ses quarante convives ; quand je quittai le restaurant, il dînait joyeusement, la jolie cantatrice à ses côtés, d'autres femmes autour de lui. Rendez-vous était pris pour un café le lendemain après-midi.

Toujours accompagné de son ami Broder, il entra dans l'élégante Literaturhaus chaussé d'une paire de lunettes noires sur le nez. Gadi était manifestement plus intéressé par la longiligne serveuse polonaise qui nous apporta nos rafraîchissements que par mes questions. Il me raconta quelques blagues sur les Yekke[8], se moqua des bons bourgeois allemands de confession juive de sa jeunesse, « plus patriotes qu'un patriote allemand, un peu snobs et un peu raides[9] », et se mit à plaindre les militants du National Partei Deutschland (NPD), le parti d'extrême droite actuel : « Les pauvres, ils sont nés trop tard ; ils arrivent à la gare mais le train est déjà parti. » Gadi causait, ironisait et souriait. Il me donnait une leçon de « Witz », le légendaire esprit juif berlinois, ce mélange de rapidité, d'ironie et d'irrévérence propres à la capitale allemande et l'autodérision de l'humour juif. Gad Granach quitta l'Allemagne en 1936. Sa traversée en bateau pour Haïfa dura cinq jours : « C'était formidable, nous avons fait la fête et les Americano-Campari du bar étaient délicieux. »

Illustres et anonymes, tous, à l'exception d'une infime minorité – ceux que Scholem retrouva dans les ruines calcinées de 1946 –, furent trahis ou ignorés par leurs voisins, leurs collègues, leurs boulangers, leurs libraires, leurs facteurs, leurs amis… Par leurs concitoyens. Qu'ils aimaient l'Allemagne pourtant ! Elle avait été leur demeure ; elle avait été leur mère, leur père et leur maîtresse. Ils vénéraient sa culture, sa langue, sa cuisine et ses paysages ; en 1871, certains juifs avaient comparé l'avènement du Reich à la venue du messie. En 1914, ils avaient été saisis par la fièvre patriotique qui s'était emparée du Reich pour défendre la « Kultur » et par cette étrange soif de purification par la guerre ; et comme tous les autres, ils versèrent leur sang pour l'empire. Ce furent sur les recommandations d'un certain lieutenant Hugo Guttmann qu'un dénommé Adolf Hitler fut décoré de la croix de fer.

Leur adhésion au sionisme en disait long aussi sur leur attachement à leur patrie. S'ils étaient nombreux – mais de loin pas tous – à en soutenir l'idée, rare étaient cependant les juifs allemands qui avaient quitté leur confort bourgeois, leurs chers cafés, leurs théâtres et leurs opéras bien-aimés. En 1933, ils étaient moins de 2 000 à avoir émigré en Palestine. Et même après 1933, après que les premières lois scélérates eurent été adoptées et que les premiers internements d'opposants politiques eurent commencé dans les camps de concentration, ils rechignèrent à quitter leur Allemagne. Theodor Adorno, pourtant interdit d'enseignement dès avril 1933, avait un lien si fort avec Francfort qu'en dépit des catastrophes qui s'annonçaient, il chercha par tous les moyens à s'épargner l'émigration[10]. Au cours des premières années du nazisme, la plupart des juifs allemands, encouragés par les plus hautes instances de la communauté qui les mettaient en garde contre les risques politiques et les conséquences matérielles d'un départ précipité, rêvaient d'hivernage. Ils pensaient pouvoir braver la tempête sur place. Ils étaient convaincus que la parenthèse hitlérienne se refermerait rapidement, que les Allemands finiraient par se ressaisir.

Nous savons qu'il n'en fut rien. Les juifs ne se décidèrent à quitter l'Allemagne en masse qu'après la Nuit de cristal. À cette date, le Führer avait déjà subjugué la « communauté du peuple allemand » et conforté sa dictature consensuelle. Il en fut ainsi jusqu'en 1942, année où la Wehrmacht enregistra ses premières grandes défaites. Et par la suite, jusqu'aux dernières heures du conflit, alors que l'Allemagne était à feu et à sang et la guerre totale perdue, il n'y eut ni défection ni rébellion populaires massives contre l'ordre nazi. Si des élections avaient eu lieu entre 1933 et Stalingrad, Hitler et le parti nazi les auraient toutes aisément remportées. N'avait-il pas fait baisser le chômage ? N'avait-il pas permis à l'Allemagne de retrouver son rang parmi les nations et de recouvrer ses territoires perdus après la Grande Guerre ? L'Europe continentale n'était-elle pas à genoux devant le Führer ? Le reste importait peu ; pour l'immense majorité de la population, il suffisait de détourner le regard pour garder sa conscience tranquille. Les Allemands, qui ivres de gloire et de fureur, qui trop lâches pour protester, s'étaient choisi un destin. Il les mena aux fours crématoires d'Auschwitz et à la défaite totale de 1945. « La guerre est perdue mais plus qu'une campagne c'est nous qui nous sommes perdus, nous, perdues notre cause et notre âme, notre foi et notre histoire[11] », écrivait Thomas Mann dans *Le Docteur Faustus* au moment où le Reich s'écroulait.

Le cosmos juif allemand fut englouti par la tourmente des années brunes. Les plus clairvoyants et les plus fortunés, des jeunes et des intellectuels partirent en exil à temps ; face à l'idéologie de la haine et à l'anéantissement de leur univers, de leurs valeurs et de leurs proches, beaucoup se suicidèrent ; les autres, tous les autres, à quelques exceptions près, furent conduits à l'abattoir comme des chiens. Trente années seulement séparent l'hymne à la germanité d'Hermann Cohen et *Todesfuge* (*Fugue de la mort*), le poème déchirant et apocalyptique de Paul Celan. Né en 1920 à Czernovitz, l'une des capitales du monde

yiddish d'Europe orientale, Celan était un enfant de la
Mitteleuropa judéo-allemande pour qui la langue germanique conduisait à la plus haute culture. Ses parents furent
assassinés par les nazis et lui fut déporté dans un camp de
travail en 1942. *Todesfuge*, qui fut rédigé dans les journées
qui suivirent la fin de la guerre, fut désigné comme « le
Guernica de la littérature européenne de l'après-guerre ».
Dans chacun de ses vers, le poète transmettait son indicible souffrance et son traumatisme existentiel ; le martyre
des juifs et l'horreur concentrationnaire ; les fosses où ils
étaient enterrés vivants ; la fumée épaisse des crématoires ;
les orchestres obligés de jouer pendant les marches vers les
travaux forcés et les sélections pour les chambres à gaz…
Les allusions aux camps de la mort jalonnent l'élégie du
début à sa fin. L'atmosphère « qui imprègne tout le poème
se révèle dès les premières strophes, où les vers se succèdent à un rythme presque martelé, comme des répéti-
tions compulsives qui envoûtent le lecteur dans une spirale
ou, plus précisément, le capturent et l'emportent comme
s'il écoutait une fugue [12] ».

> « Lait noir de l'aube nous te buvons la nuit
> te buvons à midi la mort est un maître d'Allemagne
> nous te buvons le soir et le matin nous buvons et buvons
> la mort est un maître d'Allemagne son œil est bleu… [13] »

À la lecture de ces vers au goût de cendre et âcre de
chair brûlée, je crus entendre le requiem du judaïsme
européen. *Todesfuge* est la métaphore de la rupture de
civilisation que fut l'univers concentrationnaire nazi. Elle
est la marche funèbre de la symbiose judéo-allemande.

CHAPITRE II

Les derniers shtetl d'Europe

Je découvris l'historien Arno Lustiger pour la première fois à la télévision à l'occasion des cérémonies du soixantième anniversaire de la libération d'Auschwitz. Au Bundestag, l'ancien déporté A-5592 avait fait un discours digne et émouvant sur le devoir de mémoire et la résistance juive pendant la guerre ; il avait aussi rendu hommage aux Allemands qui avaient aidé des juifs et honoré la mémoire de son père, de son frère et des autres membres de sa famille assassinés par les nazis. Par une belle et chaude après-midi d'été, Arno Lustiger me reçut sur sa terrasse, au neuvième étage d'une tour rose des années 1970 au sud de Francfort[1]. L'homme était solide, de taille moyenne, le regard fatigué mais combatif ; on devinait encore sur son avant-bras gauche son numéro de matricule tatoué. Son air de famille avec son auguste cousin, l'académicien et ancien archevêque de Paris, Jean-Marie, né Aaron, Lustiger était évident. Arno Lustiger fut l'un de ces hommes emportés par le tourbillon de l'histoire qui balaya la Mitteleuropa juive au XXe siècle et qui, à leur corps défendant, s'établirent en Allemagne après guerre. Il appartient à cette génération d'Ostjuden, survivants de la Shoah, qui encouragèrent les nouvelles communautés juives du pays des meurtriers, après la catastrophe.

Aux quelques occasions où j'ai pu rencontrer l'un de ces miraculés, il m'est arrivé de ressentir une gêne à l'idée de les interroger immuablement et comme tant d'autres sur leur terrible passé. Combien de fois ces hommes et ces femmes, désormais très âgés, ont-ils raconté leur dramatique histoire et leurs souffrances ? Certes, ils ont pour mission de raconter et de mettre en garde les jeunes générations, notamment à l'heure où certains États n'ont pas honte de remettre en cause la réalité de l'Holocauste et d'offrir une tribune aux pires affabulateurs. Et ils sont encore nombreux à s'y prêter de bonne grâce. Mais ces êtres, que le destin a frappés puis finalement épargnés, ne les enferme-t-on pas dans cet effroyable passé avec lequel ils cohabitent tant bien que mal depuis plus de soixante ans ? Ne sont-ils pas épuisés de ressasser leurs drames personnels et leurs déchirures ; ne souffrent-ils pas d'être devenus des « professionnels » et des « survivants de métier », comme se définissait lui-même Primo Levi ? Cette fatigue et cette lassitude, je les ai quelque peu ressenties chez mon hôte bien qu'il répondît à mes questions avec courtoisie.

Arno Lustiger est né en 1924 dans une petite ville polonaise de Haute-Silésie. Il fut déporté en 1943 dans l'un des camps de travail du complexe d'Auschwitz puis, devant l'avance des troupes soviétiques qui fondaient sur l'Allemagne, il fut forcé par ses geôliers à prendre part aux marches de la mort de l'hiver 1945. C'est au cours de l'une d'elles qu'il prit la fuite, après une première tentative d'évasion avortée : « J'étais à bout de forces ; j'étais peut-être à un jour de mourir. J'ai pris ce risque même si j'étais bien conscient que si les Allemands m'attrapaient à nouveau j'étais fusillé sur place. » Arno Lustiger voulait atteindre les forces américaines ; il eut la chance de croiser une de leurs patrouilles. Il fut soigné, remis sur pied puis servit d'interprète aux Américains au cours de leur retraite vers l'ouest, après la cessation des combats. « Comme tous les autres rescapés, je n'avais qu'une obsession : retrouver mes proches », racontait-il. Le voilà parti, arpentant les routes et les campagnes d'Europe dans le grand tumulte du printemps et de l'été 1945, à l'instar de millions de réfugiés, de soldats démobilisés et de prisonniers de guerre. « Les lignes de communication étaient coupées. Il fallait, sans papier, se faufiler entre les frontières comme un voleur dans la nuit, faire de l'auto-stop, bref se débrouiller par tous les moyens pour se déplacer », se souvenait-il. Il retrouva sa mère et ses trois sœurs dans un village de Basse-Silésie en Pologne, non loin du camp où elles avaient été internées. « Je ne voulais pas rester en zone soviétique. Pendant ma détention, j'avais discuté avec de nombreux prisonniers soviétiques et ce qu'ils m'avaient raconté de leur pays ne me disait rien qui vaille. Je voulais repartir vers l'ouest, en zone américaine. » Au terme d'un nouveau périple riche en rebondissements, il arriva « par hasard » avec une partie de ses proches à Francfort, une ville où il n'avait jamais été. Il y apprit que le camp de personnes déplacées de Zeilsheim, à proximité, accueillait les juifs et les anciens détenus de camps de concentration. Il s'y présenta, s'y enregistra auprès des autorités puis repartit en Pologne chercher le reste de sa famille. À la fin de l'automne 1945, Arno Lustiger, sa mère et ses trois sœurs s'installaient au camp de Zeilsheim.

Lola Waks gagna l'Allemagne quelques mois plus tard. Elle est née Lola Lesser à Lodz en 1929. Malgré ou peut-être à cause des épreuves qu'elle a subies, elle est aujourd'hui une petite femme solide et vive qui dégage une

grande force que traduit son regard, brillant et tranché. Elle
a récemment quitté Düsseldorf pour emménager à Berlin
où vit l'un de ses deux fils. Elle est issue d'une famille
bourgeoise de commerçants, « aussi intégrée que possible à
la société polonaise de l'entre-deux-guerres[2] », racontait-
elle. À l'arrivée des troupes allemandes, son père s'enfuit
en Russie ; la petite Lola et ses trois sœurs furent d'abord
dispersées chez des tantes, puis sa mère et ses trois sœurs
partirent vers l'est. Lola, désormais seule, fut exploitée pendant toute la durée de la guerre dans un atelier de confection d'uniformes SS dans le ghetto de Lodz. Son esclavage
prit fin quand l'Armée rouge libéra la ville en avril 1945.

   L'adolescente trouva refuge dans la communauté juive
reconstituée et où tous les survivants se précipitaient pour
retrouver leurs proches. Par bonheur, elle rencontra l'une
de ses cousines dont les parents venaient de rentrer de
Russie. « J'ai couru chez eux pour avoir des nouvelles de
ma famille. Mais en vain : tous avaient disparu ; aujour-
d'hui je ne sais toujours pas quel fut leur sort », glissa-t-elle.
Les premiers mois de l'après-guerre furent difficiles. « Bien
que chez ma tante, j'étais seule et angoissée ; à l'exception
des fêtes et des réunions à la communauté juive, je ne
sortais pas, j'avais peur. L'atmosphère était terrible. » Ses
yeux s'animèrent brusquement ; je perçus de la haine dans
son regard. « Les "Polaks" – écrivez bien "Polaks", jeune
homme, m'admonesta-t-elle – étaient mécontents de nous
revoir. Ils ne voulaient pas de nous. Ils nous demandaient
ce qu'on faisait là. Ils étaient déçus que nous nous en
soyons sortis, que nous n'ayons pas été massacrés comme
tous les autres. Beaucoup avaient aidé les nazis ; ils nous
détestaient. » Lola, comme tous les jeunes juifs qui étaient
revenus à Lodz, voulait dès lors quitter la Pologne à tout
prix et commencer une nouvelle vie en Palestine. Mais il

leur était quasiment impossible de gagner la terre promise
à partir de la Pologne ; les quotas d'immigration fixés par
les Britanniques étaient très bas. Chez sa tante, elle avait
croisé un certain Aaron Waks, un des responsables de la
Gordonia, un mouvement de jeunesse sioniste polonais. Il
partait avec un groupe de jeunes pour le camp de personnes déplacées (DP's) de Ziegenhain en Rhénanie, dans
le but d'émigrer au plus vite en Palestine. Quelques
semaines plus tard, début 1946, un billet en poche payé
par la Gordonia, Lola quittait Lodz. « J'ai transité par un
premier camp dont je ne me souviens plus du nom, puis
dans un deuxième, aux environs de Kassel. J'étais seulement arrivée depuis quelques jours qu'on m'appela au
bureau de l'administration : on me demandait au téléphone. Je croyais que c'était un membre de ma famille.
Mais non ! C'était Aaron, entre temps devenu représentant
du camp de Ziegenhain, qui m'annonçait qu'il envoyait
une jeep pour me chercher. » Aaron et Lola se marièrent au
camp de Ziegenhain à l'automne 1946.

◆

L'étrange destin d'Arno Lustiger et de Lola Waks, ils
furent 270 000 juifs de l'Est à le partager entre 1945 et
1948 ; 270 000 à s'installer en Allemagne, un État qui les
pourchassait et les éliminait comme de la vermine
quelques mois auparavant seulement. 80 000 juifs – ils
étaient plus de trois millions en 1939 – avaient réussi à
survivre en Pologne pendant la guerre, qui dans les
maquis avec les résistants, qui dans les camps de concentration, qui cachés par quelques Polonais bienveillants ou
désireux d'arrondir leurs fins de mois. Leurs troupes
furent rapidement grossies par le rapatriement de leurs

coreligionnaires qui avaient été déportés vers les steppes russes et en Asie centrale par les Soviétiques pendant leur occupation de l'est du pays entre 1939 et 1941. De février à juillet 1946, 173 420 juifs revinrent en Pologne.

Leur premier réflexe fut de rentrer chez eux et de chercher leurs proches. En vain pour la plupart. Après les souffrances et les privations endurées dans les ghettos et en déportation, ils durent affronter de nouvelles épreuves. Leurs appartements étaient généralement occupés, leurs propriétés confisquées. Ils n'étaient pas les bienvenus et rencontrèrent une forte hostilité. Ils firent face à un regain d'antisémitisme, ce vieil antisémitisme que les milieux ultracatholiques et nationalistes polonais propageaient depuis des lustres et qui avait été particulièrement vigoureux avant guerre. En juillet 1946, les 200 juifs de la bourgade de Kielce furent accusés à tort d'avoir enlevé un petit garçon et de se livrer à des meurtres rituels d'enfants pour prélever leur sang et en faire des galettes de pain azyme. Le pogrom qui s'ensuivit causa la mort de 42 d'entre eux ; 50 autres furent blessés ; la police laissa faire. Les juifs, nombreux à avoir rejoint le mouvement communiste après guerre, furent aussi blâmés pour l'instauration du régime socialiste et furent accusés d'être des agents de Staline. En 1945 et 1946, de 1 500 à 2 000 juifs furent encore assassinés en Pologne.

L'immense majorité se résolut dès lors à partir au plus vite, à quitter définitivement leur terre maudite, ce cimetière où tant d'atrocités et de massacres avaient été perpétrés et d'où on les chassait à présent. Mais pour quelle destination ? La Palestine ? La plupart en rêvaient. Leur vulnérabilité et l'expérience des camps les avaient convaincus qu'ils ne seraient en sécurité que dans un État juif. Mais les quotas d'émigration fixés par les Britanniques

étaient dérisoires – 1 500 par mois à partir de 1945 – et,
malgré les pressions du gouvernement Truman, Londres
refusa de les augmenter. Seuls les plus jeunes et les plus
audacieux décidèrent de rallier le foyer sioniste de manière
illégale. Beaucoup désiraient émigrer en Amérique ou vers
d'autres pays occidentaux, mais ceux-ci gardaient leurs
frontières closes dans l'immédiat après-guerre.

Il ne restait dès lors qu'un pays, un pays dont les juifs de
Pologne auraient souhaité ne plus jamais entendre prononcer le nom et qu'ils abominaient de toute leur âme.
L'Allemagne. Elle acceptait les réfugiés ; elle serait leur
« salle d'attente » avant leur prochaine émigration. D'ici là,
les juifs polonais savaient qu'ils seraient en sécurité dans un
pays que les Alliés occupaient, notamment dans la zone
américaine qui leur paraissait la plus sûre et où des camps
spécialement réservés aux juifs avaient été dressés. Des
dizaines de milliers d'Ostjuden se mirent dès lors à affluer
vers l'Allemagne. En 1946, ils furent plus de 100 000 à
s'installer dans la zone américaine qui, à la fin de l'année,
comptait près de 150 000 DP's juifs. L'immense majorité
était polonaise, les autres hongrois, lithuaniens, tchécoslovaques, russes et roumains. Un petit groupe rejoignit la
zone britannique (12 000), une poignée (1 281[3]) celle
que contrôlaient les forces françaises. Ironie de l'histoire,
c'était dans le pays qui avait mis en œuvre leur extermination que les derniers représentants de la « Yiddishkeit »
(monde yiddish) trouvèrent refuge et partirent soigner
leurs maux, en attendant des jours meilleurs.

Un dimanche matin, j'eus la chance de dénicher une
copie de l'« album Robinson » chez un bouquiniste dans
un marché aux puces de Berlin[4]. Ephraim Robinson était
un photographe d'origine polonaise qui, après avoir passé
la guerre en URSS où il travailla dans l'industrie laitière,

trouva refuge au camp de Zeilsheim avant d'émigrer aux
États-Unis. Les trois années qu'il y passa, il les consacra à
photographier et à filmer sa vie quotidienne. L'album
Robinson que je tenais précautionneusement entre mes
mains était une sélection de ses clichés, un document
précieux et unique sur cette expérience insolite que furent
les camps de personnes déplacées juives en Allemagne. On
y observait des jeunes gens, minces, souvent mal fagotés
mais dignes, aux regards décidés. Les uns travaillent dans
les bureaux de l'administration du camp ; d'autres distri-
buent les rations de nourriture, écrivent des articles à la
« rédaction » de leur journal *Unterwegs*, et tournent les
rotatives de l'imprimerie. Il y a des policiers qui ne portent
pour tout uniforme qu'une simple casquette blanche ; des
infirmières qui pèsent les premiers nourrissons. Les photos
d'enfants, pour la plupart des orphelins que leurs familles
avaient confiés à des Polonais ou placés dans des couvents
avant de disparaître, sont émouvantes. Petits et grands
étudient dans des salles de classe de fortune et posent en
rangs serrés devant l'objectif de Robinson en costumes des
différentes organisations sionistes. Des pianistes et des
violonistes en herbe exercent leur jeune talent. On joue
au football avec des maillots frappés de l'étoile de David ;
les combats de boxe suscitent la passion des spectateurs
massés autour du ring. Robinson immortalisa aussi le
passage des visiteurs prestigieux qui s'aventurèrent à Zeilsheim. Emmitouflée dans un manteau de fourrure, Eleanor
Roosevelt écoute les doléances des représentants du camp.
Une photo montre le grand rabbin d'Israël Hertzog
s'offrir un bain de foule et serrer des mains anonymes ;
une autre présente David Ben Gourion discourant et cap-
tivant les foules. Enfin et surtout, les nombreux instantanés de mariages et de naissances prouvent que la vie

reprenait doucement ses droits chez les miraculés de Zeilsheim, l'un des cent quatre-vingt-quatre camps de personnes déplacées juives de l'Allemagne d'après guerre : les
derniers shtetl de l'histoire.

◆

   Leurs premiers mois d'existence ne présageaient pourtant rien de bon. Au début du mois de mai 1945, l'armée
américaine ouvrit le premier centre d'accueil d'anciens
travailleurs forcés du Reich à Landsberg en Bavière, où
manœuvrait encore l'armée allemande quelques jours plus
tôt. 8 000 personnes de seize nationalités différentes s'y
agglutinaient, dans le dénuement le plus complet. Quatre
mois plus tard, tous avaient pris le chemin du retour à
l'exception des juifs, de plus en plus nombreux, qui
n'avaient nulle part où aller ou qui ne voulaient pas rentrer
chez eux. À Landsberg comme dans les dizaines de structures du même type qui furent créées pendant l'été 1945,
l'immense majorité des juifs qui se présentaient étaient des
épaves, des êtres perdus et apathiques, brisés psychologiquement et physiquement par « la folie géométrique du
"Lager" et par la détermination avec laquelle des hommes
entreprirent de [les] anéantir, de [les] détruire en tant
qu'hommes avant de [les] faire mourir lentement[5] ».
Leurs expériences traumatiques de la guerre avaient à tel
point aiguisé leur méfiance qu'ils n'éprouvaient que
défiance à l'encontre du personnel de l'armée américaine
et de l'UNRRA (Administration des Nations unies pour
les secours et la reconstruction), en charge de l'administration des camps au cours des premières semaines de leur
séjour. Malgré leur libération, ils se sentaient prisonniers :
certains[6] se trouvaient à nouveau dans des camps ceints de

barbelés et de barrières, sujets aux régulations des autorités militaires, et ils ne le comprenaient pas. L'imposition de couvre-feux et les contrôles d'identité, la restriction de leurs mouvements et la prohibition de faire du troc et du marché noir leur étaient pénibles. Leurs relations avec la police militaire américaine pouvaient être difficiles. Dans les camps de concentration, ils avaient appris à économiser leurs forces ; dans leurs nouvelles affectations, ils rechignaient au travail d'autant qu'il n'était pas question de participer à la reconstruction de l'économie allemande. Leurs rancœurs étaient fortes aussi. À la libération, ils pensaient que la communauté internationale, désormais au fait de leur tragédie, se mobiliserait en leur faveur et leur permettrait de gagner la Palestine. Ils s'attendaient à quitter rapidement les camps. Le manque de compassion, sinon l'indifférence des nations, fit qu'ils se sentirent à nouveau abandonnés. Nihilistes, les plus désespérés refusaient de respecter les règlements des camps ; ils se laissaient aller, leur hygiène se détériorait. Certains sombrèrent dans la dépression ; d'autres allèrent jusqu'au suicide. Beaucoup se sentaient coupables d'avoir survécu alors que la grande majorité de leurs familles et de leurs camarades avaient péri dans des conditions effrayantes.

Cependant, comme tous voulaient être séparés des Allemands et n'avaient nulle part ailleurs où se réfugier, ils n'eurent d'autre alternative que de prendre leur mal en patience et de rester dans les camps. L'immense majorité de leurs habitants était de jeunes adultes ; une fois leur déception surmontée et malgré leur ineffable tristesse, ils reprirent leur destinée en main. Au fil des mois, la vie s'organisa dans les camps de personnes déplacées : un « microcosmos » yiddish, totalement déconnecté de la société allemande de l'immédiat après-guerre, se mit en place. « Nous avions tous à peu près le même âge et avions vécu des expériences similaires ; nous voulions quitter l'Allemagne au plus vite mais étions dans l'impossibilité de le faire. Dans notre malheur, nous étions solidaires. Nous nous sommes alors organisés pour recréer un univers qui nous était familier, en espérant que notre séjour serait de courte durée », se rappelait Arno Lustiger. Dès l'automne 1945, les comités de représentants, élus par les DP's, prirent en charge partiellement l'administration des camps. Ils étaient généralement dirigés par d'anciens partisans, plus à même physiquement et intellectuellement de rassembler les volontés des réfugiés et plus charismatiques que les survivants des camps de concentration nazis, en majorité de jeunes travailleurs manuels, traumatisés et affaiblis. Les comités établirent rapidement une fédération pour les nombreux camps de Bavière puis pour tous ceux de la zone d'occupation américaine afin de peser davantage dans les négociations qu'ils menaient avec l'armée américaine, l'UNRRA et les organisations caritatives juives. Ils formèrent des brigades de police et de pompiers, des écoles et des lycées dont ils établirent le programme ; ils fondèrent des clubs sportifs, des mouvements de jeunesse et des partis politiques. Chaque camp avait son rabbin ; la viande était casher ; des ateliers de perruques furent ouverts et des bains rituels inaugurés. « Nous vivions comme sur une île, coupés du monde qui nous entourait et le yiddish que nous parlions entre nous renforçait encore notre insularité. Les fonctions de mon mari, qui avait passé la guerre en Russie, s'apparentaient à celles d'un maire et il était également le chef de la police », racontait fièrement Lola Waks. Elle n'a jamais oublié le jour où un membre d'un Sonderkommando[7] fut reconnu au camp et était sur le point d'être lynché par la foule lorsque la police locale intervint. Les DP's se jugeaient entre eux : des cours de justice furent instituées pour régler les différends et assurer une certaine harmonie sociale dans les camps. Jusqu'en novembre 1946, elles statuaient sur le sort des Kapos qui étaient souvent bannis, comme excommuniés, des enclaves juives d'Allemagne. Une série de photos de l'album Robinson illustrait l'arrestation de l'un d'entre eux : le nez tuméfié, un Kapo était escorté par deux jeunes policiers qui le tenaient fermement ; ils le protégeaient d'une troupe d'hommes en colère et menaçante qui les suivaient ; elle semblait prête à frapper l'ancien collaborateur.

Dans leurs petites cités autarciques, les DP's renouèrent dès qu'ils le purent avec leurs traditions intellectuelles et spirituelles : les journaux, le théâtre, les concerts, la poésie et toutes les autres formes d'expression de la culture yiddish, cette culture qui avait bien failli disparaître à jamais entre crématoires et barbelés. Ils étaient pressés de se remettre à étudier et à apprendre, eux qui avaient perdu presque la totalité de leurs élites intellectuelles et religieuses, ces rabbins, talmudistes et autres lettrés qui n'avaient pas su résister aux rudesses des nazis. La vie des camps s'animait les soirs de spectacle. En manque de distractions, les DP's se pressaient pour assister aux représentations théâtrales, aux concerts et aux comédies musicales. La vie culturelle y était intense. Comédiens amateurs et professionnels jouaient les classiques du répertoire yiddish, notamment les comédies de Sholem Aleikhem. Des groupes de musiciens y faisaient des tournées, tels les « Happy Boys », tous originaires de Lodz, dont la qualité des compositions était, paraît-il, remarquable. Le temps d'une soirée, ils en oubliaient presque leurs peines, surtout quand des vedettes américaines venaient leur faire le spectacle. « C'était rare malheureusement, mais leur présence nous redonnait le moral. On ne nous oubliait pas finalement », m'avait témoigné Arno Lustiger qui participa à l'organisation d'un concert du jeune violoniste Yehudi Menuhin à Bergen-Belsen. Le renouveau culturel renforça la cohésion des communautés et accéléra la réinsertion sociale des DP's, leur redonnant confiance en eux et les mobilisant. Cet étrange aréopage de juifs errants souffreteux, déracinés et traumatisés, portait la mémoire de leur peuple et ils étaient fiers de lui redonner vie. Dans leurs shtetl en préfabriqués, au pied des sommets bavarois, entre le Neckar et le Danube, au pays des meurtriers dont les grands centres urbains avaient été réduits en poussière comme si une punition divine les avait frappés, les DP's firent briller de leurs derniers feux la culture et la langue yiddish. Après leur émigration massive aux États-Unis et en Israël, elles disparaîtraient peu à peu.

À la fin de notre entretien, Arno Lustiger se leva et partit chercher un document dans sa bibliothèque. Il revint avec une photo : j'y discernais quatre hommes, deux assis, en train d'écrire sur une table encombrée de papiers ; deux autres debout, en blouses grises, manipulant des caractères d'imprimeries. « Vous voyez le jeune homme en haut à gauche ? C'est moi. Je travaillais alors pour *Unterwegs – Le Transit –*, le journal de Zeilsheim qui était distribué dans tous les camps de DP's du Land de Hesse. » *Unterwegs* était l'un des nombreux journaux qui circulèrent dans les camps dès l'automne 1945. Chacun avait le sien ; certains même plusieurs : plus de 200 journaux et périodiques – en yiddish pour la plupart – furent créés dans les camps juifs de l'Allemagne occupée. Les plus importants furent le *Landsberger Lager*

Cajtung et surtout *Unser Weg* qui devint l'organe du comité central des DP's et circulait dans toute la zone d'occupation américaine. Beaucoup n'étaient que des « feuilles de chou » de quelques pages seulement, sans grands moyens. Arno Lustiger m'avait raconté qu'ils devaient retranscrire le yiddish en phonétique en caractères latins, faute d'un nombre suffisant de caractères hébraïques. Les journaux jouèrent un rôle fondamental dans la vie quotidienne des DP's, fiers de lire en Allemagne des publications qui leur étaient exclusivement destinées. Ils y trouvaient des annonces personnelles – tous conservaient l'espoir de retrouver leurs proches – et des informations sur les camps. On y donnait des informations sur la vie juive ; les nouvelles du monde entier étaient commentées. En revanche, il n'y avait jamais la moindre référence aux actualités allemandes, sauf en cas de procès contre des responsables nazis : pour ces miraculés de la Shoah, l'Allemagne n'existait plus ; ils n'en voulaient rien savoir. Les journaux permirent aux DP's de témoigner de leurs épreuves et d'épancher leurs âmes. Leurs colonnes furent un exutoire où, sous forme de poèmes, de mémoires, de nouvelles et de lettres, ils publièrent les premiers récits de l'enfer concentrationnaire nazi, y compris des camps d'extermination de Maïdanek et de Treblinka.

Cette soif d'expression, ce besoin d'extérioriser le malheur, de cultiver la mémoire des disparus et de laisser une trace dans l'histoire conduisirent les autorités des camps à instaurer une commission centrale historique destinée à réunir des milliers de documents, de photos, de lettres, de dessins et de chants d'enfants sur la vie des camps de concentration. Des questionnaires furent envoyés pour obtenir le plus d'informations précises sur les dimensions exactes de la Shoah. Ces données et autres récits furent régulièrement publiés dans une revue jusqu'en décembre 1948 avant que l'ensemble des matériaux rassemblés ne fût transféré à Jérusalem. Il constitua la base du mémorial de la Shoah de Yad Vashem, établi quelques années plus tard par le gouvernement israélien.

◆

Lola Waks tenait aussi à me montrer une photo. Elle s'empara d'un vieux cliché noir et blanc sur lequel elle était allongée dans l'herbe aux côtés de son mari. Ils se regardaient langoureusement et avec tendresse. Les camps de DP's n'étaient guère romantiques mais ils furent le lieu d'infinies romances. Leurs jeunes pensionnaires avaient pour la plupart perdu une partie sinon la totalité de leur famille. Ils avaient souffert ; ils étaient seuls au monde et étaient en quête d'affection. Avec la fougue et l'exaltation des jeunes amants, ils s'unirent et se reproduisirent pour combler leurs manques et tenter de chasser leurs fantômes. Malgré leur état physique souvent lamentable et malgré les tortures que subirent nombre de femmes dans les camps, les DP's furent d'une exceptionnelle fertilité : pendant quelques mois en 1946, les camps enregistrèrent le taux de natalité le plus élevé au monde ; alors qu'il était seulement de 0,76 % chez les Allemandes en 1947, il était de plus de 5 % chez les DP's ! « Avoir des enfants était pour nous une source de fierté et le signe de notre renaissance. Nos bébés nous donnaient le sentiment d'être vivants ; ils étaient notre triomphe sur l'Allemagne et sur Hitler », affirmait Lola Waks qui accoucha de son premier garçon en septembre 1947. Mariages et naissances étaient leur unique moyen de conjurer leur sort ; ils témoignaient d'une certaine foi en l'avenir. Ils étaient aussi un défi lancé à leurs anciens inquisiteurs, de l'autre côté des camps, en proie à la misère et à l'abattement.

La vie reprenait doucement ses droits ; les réfugiés étaient entre eux et à l'abri dans leurs shtetl artificiels protégés par les forces alliées ; ils étaient relativement autonomes et s'organisaient selon les règles et les traditions qui étaient les leurs depuis des générations. Toutefois, à la question fondamentale de leur avenir, ils n'avaient pas de réponse. Ils considéraient les camps comme leurs asiles de nuit mais la Palestine, dont ils rêvaient tant, gardait désespérément ses portes closes. Ce séjour qui semblait devoir se prolonger indéfiniment était source de doutes, de stress et d'angoisses. Les nerfs à vif, de fortes tensions pouvaient naître occasionnellement. Les DP's de toute l'Allemagne protestèrent ainsi vivement au rapatriement manu militari des passagers de l'*Exodus* par les troupes britanniques en septembre 1947. Au camp de Belsen, certains entamèrent une grève de la faim.

Le désir de terre promise et l'espoir de fouler au plus tôt ses rivages étaient entretenus par des brigades d'enseignants et d'experts agricoles sionistes dont l'influence était considérable dans les camps. C'était là une différence fondamentale avec les communautés juives d'Europe orientale d'avant guerre : le sionisme dominait désormais sans partage la vie intellectuelle et politique ; pour ces rescapés de la Shoah, il semblait l'unique solution aux malheurs des juifs. Les leaders des camps étaient des dirigeants sionistes ; la naissance d'un État juif était le credo de tous les partis politiques. Les écoliers suivaient les mêmes enseignements que leurs lointains cousins de Palestine : ils connaissaient la géographie des monts Hermon, du lac de Tibériade et du désert du Néguev comme s'ils s'y promenaient depuis leur plus tendre enfance ; les chansons et les poèmes qu'ils récitaient encensaient la terre promise. À l'école, l'hébreu se substituait au yiddish. Nombre d'adultes se familiarisaient au maniement de la pelle, du râteau, de la bêche et de la truelle pour se préparer au mieux à leur émigration et répondre aux besoins de la future économie israélienne. Dans leurs camps de Bavière et du Wurtemberg, les derniers Ostjuden de l'histoire entamaient leur mue sioniste dans l'attente anxieuse d'un départ vers la Palestine.

Un an, deux ans, trois ans passèrent. Les tentations d'échapper à la routine des camps étaient de plus en plus nombreuses. En ces mois d'après guerre, les Allemands avaient faim et froid ; leur économie était en ruine et les circuits de distribution paralysés. Le marché noir constituait leur unique chance d'améliorer leur misérable quotidien, avant la grande réforme monétaire de 1948. Les DP's en devinrent la plaque tournante, malgré les appels des instances dirigeantes des camps qui déconsidéraient ces trafics. Ils recevaient de l'UNRRA et des organisations caritatives juives, en particulier du Joint américain, des rations alimentaires plus riches que celles des Allemands. Ils avaient aussi accès aux conserves, aux chocolats et surtout aux cigarettes américaines qui, en ces temps de disette, faisaient office de seconde monnaie nationale en Allemagne. Et, pour peu qu'ils fussent proches d'officiers américains, certains DP's pouvaient obtenir de la viande, du poisson, du café et de l'alcool, des denrées qui se monnayaient à prix d'or. Les camps bénéficiaient par ailleurs d'un statut extraterritorial qui mettait leurs habitants à l'abri d'ennuis judiciaires sérieux ; la police allemande n'y pénétrait plus depuis qu'un raid de 180 Schuppos[8] et de leurs chiens, venus confisquer des œufs, avait provoqué la mort de Samuel Danziger, un rescapé de la Shoah, en mars 1946 dans un camp près de Stuttgart[9]. Les réfugiés qui se livraient au marché noir ne le faisaient pas par simple appât du gain. « Nous avions un sentiment d'impunité. En tant que juifs et en tant que survivants, nous estimions avoir tous les droits sur les Allemands. Ils n'étaient pas autorisés à nous faire la morale ; nous étions comme des rois, au-dessus de leurs lois », expliquait Lola Waks. Humilier les Allemands fut un plaisir pervers auquel certains DP's ne résistèrent pas. Ils jouissaient de voir les représentants de la race supérieure se contorsionner pour un paquet de cigarettes et une livre de beurre, implorer leur miséricorde pour quelques carreaux de chocolat et une ration de corned-beef, suer sang et eau à nettoyer leurs latrines pour quelques misérables Reichsmark.

La haine des DP's pour les Allemands était incommensurable. Fricoter avec l'un d'entre eux – l'Amalek des temps modernes – était un délit que les cours de justice des camps sanctionnaient durement, un « crime » qui pouvait conduire son auteur à être banni de la collectivité. Leur jurisprudence était impitoyable. Même l'illustre Yehudi Menuhin s'attira les foudres des DP's pour avoir donné à Berlin un concert sous la direction de Wilhelm Furtwängler, le chef du Philharmonique sous le IIIᵉ Reich, en octobre 1947. Quelques-uns cherchèrent à se venger : le groupuscule Nakam – revanche en hébreu – dirigé par Abba Kovner, le commandant de la révolte du ghetto de Vilnius, s'apprêtait à empoisonner le système de canalisation de Nuremberg quand David Ben Gourion mit un terme à son projet. Les conjurés de Nakam parvinrent cependant à intoxiquer des milliers de SS et de nazis gardés prisonniers dans un camp à Nuremberg en avril 1946 : deux conspirateurs s'y firent engager comme gardiens et badigeonnèrent d'arsenic le pain des détenus[10]. Kovner et ses acolytes étaient des exceptions : les DP's passèrent rarement à l'acte. Mais tous partageaient leurs ressentiments et leur aversion de l'Allemagne.

Pourquoi Arno Lustiger, qui avait perdu père et frères dans les camps d'extermination et avait échappé par miracle aux fourneaux d'Auschwitz et aux marches de la mort, était-il resté en Allemagne ? Pourquoi Lola Waks, dont l'existence avait été brisée alors qu'elle n'était qu'une jeune adolescente, était-elle demeurée au pays des meurtriers ? Pourquoi des milliers de DP's en firent-ils autant ?

Arno Lustiger devait partir aux États-Unis ; un visa lui avait été accordé. Mais il n'avait pas le cœur à abandonner sa mère et ses sœurs malades qui n'auraient jamais été autorisées à le suivre. Il fit partie des quatre-vingts juifs qui restèrent en Allemagne à la fermeture du camp de Zeilsheim en 1948. Triste mais fataliste, il s'installa à Francfort où il ouvrit une entreprise de confection. Lola Waks voulait fuir en Palestine, mais son mari fut « nommé » au camp de Föhrenwald, où ils demeurèrent jusqu'à sa fermeture en 1957 et où Aaron Waks « travailla pour Israël ». Elle ne m'en dit pas plus. Tous deux appartenaient à la petite minorité de DP's qui ne prit pas les chemins de l'exil à partir de 1948. Rares furent ceux qui demeurèrent en Allemagne de leur plein gré. L'immense majorité était des cas « désespérés », si traumatisés psychologiquement et si faibles physiquement qu'ils n'envisageaient pas de commencer une nouvelle vie ailleurs, et qu'aucun pays n'aurait acceptés, à l'instar des parentes d'Arno Lustiger. Quelques-uns s'établirent cependant volontairement en Allemagne. Lassés par la routine et l'oisiveté des camps, ils avaient commencé à travailler et en 1948, quand les portes de l'exil s'ouvrirent finalement, ils s'étaient insérés dans l'économie locale dont les prémices de la prodigieuse reprise étaient de plus en plus perceptibles. Ils avaient créé de petites entreprises, des commerces, des restaurants et des bars, et leurs affaires tournaient de mieux en mieux. Environ mille d'entre eux avaient épousé des Allemandes. Affronter les affres de l'émigration, appréhender une nouvelle culture et une autre langue, même celles du jeune État d'Israël, les rebutaient à présent qu'ils avaient refait leur vie.

Les DP's commencèrent à quitter en masse les camps à partir de 1948, année où l'État juif obtint son indépendance et où l'Amérique assouplit considérablement ses quotas d'immigration. S'ils avaient pu émigrer dès les premiers mois de l'après-guerre, ils se seraient presque tous précipités vers le foyer sioniste. Mais au fil du temps et malgré l'intense propagande dont ils étaient l'objet, l'enthousiasme de certains diminua : la perspective de s'installer dans un pays au futur incertain et sous la menace constante de ses voisins, où les conditions de vie s'annonçaient ardues, fit douter une minorité de DP's. L'essentiel était de quitter l'Allemagne au plus vite. Or les accords de cessez-le-feu de la première guerre israélo-arabe de 1948 limitaient l'arrivée d'hommes en âge de servir sous les drapeaux. Quelques dizaines de milliers partirent ainsi pour les États-Unis et pour l'Amérique du Sud.

La grande majorité gagna cependant la terre d'Israël : en juillet 1949, ils étaient 120 000 DP's à s'y être installés ; à la fin du processus d'émigration, ils étaient 150 000. En décembre 1951, tous les camps, à l'exception de celui de Föhrenwald, avaient fermé leurs portes. 10 000 DP's restaient en Allemagne ; ils devaient désormais s'installer en ville. Les derniers shtetl de l'histoire avaient disparu.

CHAPITRE III

Au pays des meurtriers

Lancé à toute allure, le train à grande vitesse ICE traversait des campagnes verdoyantes, opulentes et bien ordonnées; il dépassait des gares animées et soigneusement entretenues où de charmantes hôtesses polyglottes accueillaient voyageurs et supporteurs. L'Allemagne s'apprêtait à accueillir la Coupe du monde; l'Allemagne était tout sourire. À la sortie de la gare, la cathédrale de Cologne, ce monument à la nation allemande, ce « Walhalla [1] religieux [2] » néogothique, dressait ses flèches dans le bleu du ciel. Plus bas, le Rhin, paisible, scintillait à la lumière printanière. Les badauds, nombreux, se pressaient; la Kölsch, la bière légère et rafraîchissante qui fait la renommée de cette ville où il fait bon vivre, coulait à flots.

À contrecœur, je m'engouffrai dans le métro puis grimpai dans un tramway qui longeait les berges du fleuve qu'une péniche remontait lentement. Je descendis puis longeai une allée calme et ombragée où des villas cossues s'épanouissaient. Une petite dame m'indiqua poliment l'adresse que je recherchais. Un lotissement prospère; une grande tour, à l'architecture caractéristique des années 1970. L'air était doux, l'atmosphère tranquille et bucolique, peu propice à scruter le passé; à remuer l'histoire; à rouvrir de vieilles blessures que cette belle journée ensoleillée pouvait aisément faire oublier. Pourtant j'avais rendez-vous avec un témoin historique, une figure du journalisme allemand que je cherchais à rencontrer depuis mon arrivée.

Ralph Giordano m'accueillit chaleureusement. Il portait un gilet de photographe à poches multiples, ses fines lunettes en forme de demi-lunes accrochées à un cordon pendouillaient le long de son torse. De taille moyenne, il avait des traits fins et sa belle chevelure rappelait la crinière blanche de Joseph Kessel. Il paraissait plus jeune que son âge. En Allemagne, Ralph Giordano est un empêcheur de tourner en rond. Il est aussi adulé que haï. Il interpelle ses concitoyens depuis des décennies, il les questionne et les pousse dans leurs retranchements. Il les bouscule. L'Allemagne lui a joué de vilains tours dans sa jeunesse ; depuis il ne laisse plus l'Allemagne en paix. Ralph Giordano est né en 1923 à Hambourg dans une famille de musiciens, d'un père d'origine sicilienne et d'une mère juive. Sous le IIIe Reich, il subit d'innombrables brimades et dut quitter l'école en 1940 ; ses années de guerre ne furent qu'un long calvaire : il fut plusieurs fois emprisonné et torturé par la Gestapo, puis il passa dans la clandestinité, se cacha à Hambourg avec sa famille, sa mère étant activement recherchée par les nazis. « Pendant ces longs mois d'angoisse, je m'étais juré que si je parvenais à survivre, je quitterais l'Allemagne sitôt le conflit terminé pour aller aux États-Unis. » Sa voix accomplit une légère pause. « Pourtant j'y suis resté[3] », soufflait-il comme si plus de soixante ans après, l'ombre d'un doute subsistait encore dans son esprit. Aujourd'hui, il parle volontiers des raisons qui l'ont guidé dans ce choix, très difficile à assumer dans l'immédiat après-guerre. « Après la libération, malgré les souffrances et les trahisons dont nous avions été l'objet, j'ai pris conscience de l'attachement que j'avais à ma ville, Hambourg, et surtout à l'allemand, un idiome merveilleux et un outil génial dont l'abandon eût été un nouveau et terrible sacrifice, une langue sans laquelle je ne pouvais vivre, d'autant que j'avais pris la résolution d'écrire. Et puis il y avait des Allemands, des "bons" Allemands qui cachèrent des gens comme nous ; qui auraient été exécutés si nous avions été découverts et qui étaient prêts à sacrifier leur vie. » Ces « justes », le jeune Ralph ne voulait pas les abandonner alors que la page la plus douloureuse de l'histoire de son pays se tournait enfin.

Je le croyais, mais ses explications me semblaient incomplètes. Du moins avais-je le sentiment qu'elles ne reflétaient pas totalement l'état d'esprit dans lequel il se trouvait à la fin de la guerre. Un jeune homme d'une vingtaine d'années tel qu'il l'était à l'époque et qu'on avait privé de sa jeunesse n'éprouvait-il pas une haine farouche ? Ne voulait-il pas se venger de ses compatriotes après tant d'années de détresse, d'épreuves et de tourments ? N'était-il pas amer quand il se promenait à nouveau la tête haute dans les rues dévastées de Hambourg dont les drapeaux et les emblèmes nazis avaient subitement disparu ? « Oui, admit-il. Mais avez-vous lu mon roman *Les Bertini* ? Il est très largement autobiographique et vous comprendrez ce que je ressentais. » Je me souvins alors d'un gros volume à la couverture pourpre que j'avais observé occasionnellement dans la bibliothèque parentale pendant mon enfance sans jamais oser l'ouvrir tant il était volumineux. Ma mère fut diligente : quelques jours après l'entretien, les 714 pages des *Bertini*, « un livre de la sensibilité, rempli de douleur », selon le Prix Nobel de littérature Heinrich Böll[4], trônaient sur mon bureau berlinois.

« Le visage de César et de Roman s'assombrissait quand on parlait de punir les coupables : leurs jeunes traits se durcissaient, et leur corps devenait raide. Les représailles ne devraient pas seulement frapper les petits membres du Parti, le menu fretin de la NSDAP et de toutes les organisations satellites : elles atteindraient tous ceux qui avaient soutenu Hitler[5]. » Le personnage de Roman Bertini, le fils cadet de la famille, n'est autre que Ralph Giordano. Dans la dernière partie du roman, consacrée à l'après-guerre, son double, Roman, arpente les rues de Hambourg, une arme à feu chargée dans la poche, avec la ferme intention de se venger, de punir les coupables, de se faire justice : d'expier le sang par le sang de ce peuple qui « s'était exclu une fois pour toutes de la communauté des autres peuples ». Au petit matin, avec son frère César, ils partent le cœur lourd régler leurs comptes, dénicher qui leur ancien professeur sadique, qui leur tortionnaire SS dans le but de les éliminer froidement ; si leurs inquisiteurs ont déserté leur domicile, Roman ne les lâche pas : il les guette des jours et des nuits durant, tapi dans l'obscurité, les sens dressés, comme un chasseur épie ses proies, prêt à tirer. Il en rêve même, écha-faude des plans, « repris qu'il était dans les toiles du passé, dans l'infinité de ces images, dont il ne pouvait rien oublier[6] ». Il est animé du désir de tuer. La reconstruction de sa ville et de son pays ne lui importe aucunement ; il ne prête guère attention aux dommages infligés par les Alliés ; il est aveugle à la misère de ses concitoyens : Roman est uni-quement préoccupé de justice ou plus exactement de se faire justice. Certes, notre héros s'avérera finalement incapable de presser la gâchette de son pistolet ; il n'empêche que ces pages suintaient la haine et la rancœur, le ressentiment.

Impressionné par la dureté de ces pages et par leur virulence, je décidai de rappeler Ralph Giordano. Quelle

était la part de fiction dans ces pages abruptes et véhé-
mentes ? Partageait-il les douleurs et la violence de son
alter ego romanesque ? Roman-Ralph était-il représentatif
des juifs qui avaient réussi à survivre au nazisme en Allemagne et émergeaient dans ses ruines encore tièdes ? « Oui,
j'avais envie de me venger. Et j'éprouvais de la haine pour
les Allemands. Dieu merci je n'ai pas tué. En fait, j'étais
terriblement triste. J'étais isolé ; je regardais la majorité de
la nation tout entière comme mes ennemis, comme des
criminels ou leurs complices. J'avais perdu tout sentiment
d'appartenance à ma communauté et toute forme d'identification avec les Allemands : je ne me reconnaissais plus
comme l'un d'eux », concéda-t-il.

Les Allemands s'étaient très vite dissociés du nazisme
au printemps 1945. En apparence, du moins. Les douze
millions d'hommes encore en uniforme à la cessation des
combats – plus d'un Allemand sur deux en âge de se
battre était mobilisé en 1945 –, par crainte de se retrouver
prisonniers des Alliés et plus particulièrement des Soviétiques, accomplirent une mue d'une stupéfiante célérité
pour sauver leur peau. Soldats et officiers décousirent
leurs épaulettes, cachèrent leurs uniformes, lacérèrent
leurs matricules et déchirèrent leurs documents d'identité
militaire. Les portraits de Hitler furent décrochés des
murs ; bannières et drapeaux à croix gammées pliés et
soigneusement dissimulés ; les insignes du parti ôtés des
vestes, grossièrement retouchées. Le Führer disparu, tous
l'abandonnèrent ; la défaite consommée, il semblait que
personne n'eut jamais soutenu ni même été mêlé au
régime nazi. Comme l'écrivit Primo Levi, des années
plus tard, « le nazisme et le fascisme semblaient véritablement ne plus avoir de visage ; on aurait dit qu'ils étaient
retournés au néant, qu'ils s'étaient évanouis comme un

songe monstrueux, comme les fantômes qui disparaissent au chant du coq[7] ».

Nombre d'Allemands en voulaient à Hitler et à sa clique. Sincèrement. Ne leur avait-il pas menti et promis à tort des lendemains qui chantent ? Ne leur avait-il pas juré qu'ils seraient les nouveaux maîtres du monde, eux les représentants de la race supérieure ? Ne leur avait-il pas annoncé de nouvelles armes miraculeuses qui inverseraient le cours de la guerre ? Au matin du 9 mai 1945, au chant du coq qu'évoquait Primo Levi, les Allemands se réveillaient sonnés, la bouche sèche et amère, l'haleine fétide comme au terme d'une nuit d'ivresse qui aurait dégénéré. Leur pays était détruit et occupé ; l'économie en ruine ; le désastre, physique et moral, complet. Les mois qui suivirent l'armistice ne firent que confirmer la faillite totale de l'Allemagne, son année zéro reconstituée par Roberto Rossellini. Chaque jour apportait son lot de malheurs. Les Allemands vivaient dans des caves humides et ténébreuses, dans des appartements éventrés, exposés au froid, au vent et à la pluie ; ils n'avaient rien à manger et, comme à l'âge de pierre, devaient s'en remettre au troc pour survivre. Ils étaient chassés de partout ; ils avaient perdu d'immenses territoires à l'est ; la Silésie, la Poméranie et la Prusse, le berceau historique du Reich, étaient désormais aux mains de l'ennemi soviétique. Des millions d'entre eux avaient été expulsés dans des conditions dramatiques par des Polonais, des Tchèques et des Russes revanchards et haineux, et se pressaient en haillons sur les routes dévastées et dans les gares du pays. Les réfugiés, « affamés, déguenillés, regardés de travers, se bousculaient dans les abris sombres et fétides des gares ou bien dans les immenses blockhaus sans fenêtres, semblables à des gazomètres carrés, qui se dressaient comme d'imposants

monuments élevés en l'honneur de la défaite dans les
villes rasées de l'Allemagne[8] », rapportait l'écrivain sué-
dois Stig Dagerman, qui y séjourna durant l'automne
1946. Et depuis que le procès de Nuremberg avait exposé
aux yeux du monde les folles exactions du régime hitlérien, les Allemands étaient devenus un peuple paria et haï
de tous. « La chambre de torture aux murs épais qu'est
devenue l'Allemagne sous le nazisme a été ouverte et
notre honte s'étale visible aux regards du monde entier.
[...] Tout ce qui est allemand, tout ce qui parle allemand,
écrit allemand, a vécu à l'allemande, est concerné par
cette révélation déshonorante. [...] L'humanité frémit
d'effroi devant l'Allemagne ! Oui, devant l'Allemagne.
[...] L'Allemagne fait aujourd'hui figure de monstre de
l'humanité et d'exemple du Mal », se lamentait Thomas
Mann dans un message radiophonique pour le bureau
des informations de guerre américaines (Office of War
Information), le 8 mai 1945.

Les Allemands avaient perdu toute souveraineté, désormais aux mains des puissances alliées victorieuses et alors
unies dans leur volonté de les punir. Instruites des erreurs
de l'après-1918, elles avaient préparé un programme de
« rééducation » drastique qui devait les dissuader à jamais
de tomber dans leurs travers nationalistes et bellicistes. Les
Américains enrôlèrent des intellectuels et des artistes allemands qui s'étaient réfugiés chez eux, à l'instar des deux
fils de Thomas Mann, Golo l'historien et Klaus le romancier, afin qu'ils inculquent une nouvelle culture à leurs
compatriotes. Dans l'immédiat après-guerre, les Alliés les
forcèrent à ouvrir les yeux sur les atrocités du IIIe Reich
via les journaux, la radio et les informations cinéma-
tographiques qu'ils contrôlaient. La rééducation reposait
sur trois points, énoncés à la conférence de Potsdam :

démilitarisation, dénazification et décartellisation. Pour éradiquer le militarisme et faire perdre à la guerre son aura exaltante et romantique – les « Orages d'acier » esthétisants d'Ernst Junger –, les Alliés décidèrent l'élimination tant des traditions et des rituels militaires que, en tant que corps social, des militaires eux-mêmes. Après le désarmement des millions de combattants allemands, ils prononcèrent la dissolution de l'armée, interdirent entraînements, manœuvres et propagande. Les associations de vétérans furent proscrites ainsi que les statues, les monuments et les cérémonies célébrant la bravoure de la soldatesque germanique. Sous la pression des Soviétiques, ils bannirent même les uniformes et les emblèmes, le port de médailles, de décorations et d'insignes, en somme tout ce qui évoquait, peu ou prou, les traditions militaristes, si prégnantes dans l'imaginaire collectif national. L'Allemagne ne devait plus jamais constituer un danger militaire pour ses voisins.

Les Alliés étaient résolus à purger l'Allemagne de son abcès nazi. Ils démantelèrent le parti et la kyrielle d'organisations qui lui étaient affiliées ; ils s'efforcèrent de chasser ses membres de l'administration et d'interner les fonctionnaires de haut niveau et les criminels de guerre potentiels. Mais dans l'ouest de l'Allemagne, malgré leur volonté de mener leur entreprise à bien dans l'immédiat après-guerre, les Alliés furent rapidement confrontés à des difficultés, liées notamment à l'ampleur gigantesque de la tâche qui leur incombait : le parti nazi avait compté jusqu'à huit millions de membres. Le processus était erratique faute de procédures harmonisées dans les trois zones ; il leur était souvent délicat de faire le tri entre les nazis fanatiques, les sympathisants et les opportunistes, de nombreux documents ayant été détruits au cours des derniers mois du conflit. À cet exercice, les Soviétiques, qui ne s'embarrassaient guère de procédures excessives, furent les plus efficaces. Ils se livrèrent d'abord à des exécutions sommaires au début de l'occupation puis, coutumiers de ce type d'opérations sous Staline, épurèrent soigneusement les corps enseignant, judiciaire et policier. Au 1er janvier 1947, 307 370 fonctionnaires avaient été démis de leurs fonctions, 83 108 interdits de travailler et des dizaines de milliers d'autres provisoirement suspendus[9]. Au printemps 1948, 520 000 anciens nazis avaient perdu leur emploi ; 12 500 avaient été condamnés pour crimes de guerre en 1950 au cours de procès[10], comme celui de la ville de Waldheim, qui pouvaient s'apparenter à des purges géantes[11]. Les « statistiques » des puissances occidentales étaient plus modestes : une petite minorité (moins de 5 %) des membres du parti (plus de 3,7 millions d'individus) furent reconnus comme des nazis convaincus et punis comme tels lors de procès entre 1946 et 1949 ; un quart furent considérés comme de simples suiveurs ; le reste fut exonéré ou amnistié.

La décartellisation visait à briser la puissance des Konzern, ces conglomérats industriels géants qui, associés au régime, avaient profité de l'économie de guerre nazie et de ses pillages organisés ; qui avaient exploité sans vergogne un nombre immense de travailleurs forcés, réduits en esclavage. Les Alliés envisagèrent un temps de désindustrialiser totalement l'Allemagne et de la transformer en une vaste exploitation agraire pour en finir avec ses industries lourdes, ses producteurs d'acier et de charbon, ses fabricants de canons qui avaient semé la mort et détruit l'Europe par deux fois en trente ans. Finalement, il fut convenu plus modestement de démanteler ses fleurons industriels et de réduire ses capacités de production aux besoins de la population. C'est du moins ce qu'entreprirent les Alliés occidentaux dans leur zone. IG Farben, à qui le complexe d'Auschwitz était originellement destiné et qui disposa de plusieurs usines adjacentes aux chambres à gaz et aux crématoires du camp, fut scindé en trois sociétés : Bayer, Höchst et BASF. Les Alliés accrurent le nombre de producteurs d'acier et de charbon et instaurèrent des permis de production que les entreprises devaient acquérir pour reprendre leurs activités. Les structures de l'économie ouest-allemande n'en furent cependant pas fondamentalement transformées ; tout autre fut le sort de celles de la partie orientale du pays, totalement bouleversées par l'occupant soviétique. Considérant les industriels, les Junker – les grands propriétaires terriens – et les classes moyennes comme les piliers de l'ancien régime, il détruisit et démantela des milliers d'entreprises jusqu'à ce qu'il réalisât que son satellite allemand était sur le point de perdre sa base industrielle ; il redistribua les terres et favorisa l'émergence de nouvelles élites socialistes [12].

Les Allemands accueillirent les mesures alliées avec défiance et incrédulité. Non par nostalgie pour un régime qui les avait précipités dans un gouffre paraissant alors inextricable. Et non par revanchisme : cette fois le désastre était total ; la déroute militaire si absolue qu'elle ne pouvait prêter à une nouvelle légende du « coup de poignard dans le dos », à laquelle tant d'Allemands avaient cru après 1918. La défaite et ses prolongements humiliants et douloureux, les expulsions des territoires de l'est, les centaines de milliers de prisonniers en particulier, avaient rapidement convaincu l'immense majorité de la population de l'absurdité de la guerre ; elles l'avaient même démystifiée à jamais et les militaires avaient perdu leur prestige. La controverse était autre : les Allemands étaient persuadés d'être doublement et injustement punis. À leurs yeux, ils avaient d'abord été les victimes de Hitler et de sa camarilla fanatique, qui les avaient pris en otage et les avaient poussés à commettre des crimes dont ils ne mesuraient pas les dimensions, quand ils en connaissaient l'existence. Même Thomas Mann, pourtant si courageux et si lucide à l'encontre du nazisme, si peu suspect d'apitoiement excessif pour ses compatriotes, semblait partager cette vue quand, dans son allocution radiophonique du 8 mai 1945, il évoqua un peuple ayant vécu douze ans avec « mauvaise conscience » et de « sombres pensées[13] ». Le procès de Nuremberg eut des effets pervers : il confortait les Allemands dans l'idée que seuls les chefs nazis étaient responsables et coupables ; et, dans la mesure où les paladins du régime avaient été châtiés, beaucoup ne comprenaient pas pourquoi les Alliés s'acharnaient désormais sur eux, simples citoyens qui n'avaient qu'obéi aux ordres ; pourquoi ils les accablaient des crimes du nazisme. Ils se sentaient doublement floués.

La majorité refusa dès lors de se confronter au passé. Dans les zones occidentales d'occupation, ils mirent en échec la dénazification en s'échangeant des certificats d'« exonération de passé nazi » qui leur permettaient de se réinsérer dans la vie sociale de la nouvelle Allemagne et d'y trouver un travail. Les cours de revue allemandes, en charge des procédures de dénazification à partir de mars 1946, se montraient fort peu inquisitrices quand leur étaient présentées ces attestations de bonne conduite. Au fil des mois, la dénazification rencontra une hostilité de plus en plus vive. Les Allemands étaient 57 % à la soutenir au début de 1946 ; ils n'étaient plus que 17 % au printemps 1949. Sûrs de leurs droits et de leur moralité, ils mettaient en doute la légitimité des Alliés à leur imposer leur justice de vainqueurs, à commencer par le procès et les verdicts de Nuremberg que tous, loin s'en faut, n'accueillirent pas comme une libération et un châtiment justifié. Ils évoquaient le bombardement de Dresde sans jamais mentionner ceux de Coventry et ceux de Rotterdam, le « Blitz » qui terrorisa Londres, la guerre d'extermination du front Est. Ils comparaient les méthodes des Alliés et celles des nazis ; ils protestaient contre le démantèlement de leurs fleurons industriels.

C'est en lisant *Le Questionnaire*, un ouvrage d'Ernst von Salomon, que je saisis véritablement le « Zeitgeist » – l'esprit du temps – de cette époque. Ce gros roman autobiographique, sorti en 1951, ne fut pas sans raison le plus grand succès littéraire de l'Allemagne de l'après-guerre. Von Salomon, un écrivain doué et subtil, admiré en France par Drieu La Rochelle, avait un passé trouble : membre des corps francs, il avait, très jeune, participé à l'attentat qui coûta la vie en 1922 à Walther Rathenau et il était proche des milieux d'extrême droite nationalistes et nihilistes, avant l'accession de Hitler au pouvoir. Il détestait cependant les nazis, pour leur côté « plébéien, petit-bourgeois et ennuyeux [14] », et leur antisémitisme – il vécut pendant la guerre avec une femme juive qu'il protégea ; il mena tout le conflit durant une existence paisible et apolitique comme scénariste de cinéma. Dans son roman, il détournait et ridiculisait les 131 questions du questionnaire que l'occupant américain avait distribué à des millions d'Allemands afin de connaître leur passé sous le régime nazi, pour raconter sa vie. L'ouvrage est formidable : sous sa plume acérée et moqueuse, von Salomon faisait défiler cinquante ans d'histoire allemande avec une rare maestria. Mais il est aussi odieux, tant la légèreté et l'ironie qu'il manifeste en toutes circonstances témoignent de l'ignorance, de l'aveuglement et de l'insensibilité dont von Salomon et ses millions de lecteurs firent preuve à l'encontre des crimes du nazisme. La dernière partie du livre me choqua particulièrement. Von Salomon y relate son amitié pour le Hauptsturmführer Ludin, ancien ambassadeur nazi dans la république fantoche de Slovaquie, qu'il admire pour sa droiture, son sens de l'honneur, sa fidélité et son courage sans jamais mentionner, ne serait-ce qu'une fois, ce qu'impliquait sa responsabilité en tant que plus haut représentant de Hitler dans ce pays : la déportation des juifs, la traque et la torture des résistants, le pillage de l'économie… Il préfère décrire les souffrances des Allemands dans les camps de prisonniers américains, la brutalité, la bêtise et le sadisme de leurs geôliers, la dignité des SS : « Ils se tenaient assez bien, gardaient autant de bonne humeur qu'il était possible dans ces circonstances. Ils ne haïssaient pas les Américains, ils les méprisaient [15]. » Von Salomon dénonçait plus volontiers les inconséquences et les insuffisances américaines que les infamies des nazis. En s'acharnant « sur la paille américaine plutôt que sur la poutre allemande [16] », il était le digne héritier des vieilles élites nationalistes allemandes, ces hérauts de la « Kultur », qui n'avaient que dédain pour la « Zivilisation » matérialiste et décadente de l'Amérique. Surtout, il poussait ses lecteurs à s'apitoyer sur eux-mêmes et à se plaindre plutôt qu'à examiner leur passé et leurs responsabilités.

La nouvelle identité allemande de l'immédiat après-guerre se cristallisa sur ces bases. La communauté du peuple, arrogante et fière aux temps du nazisme triomphant, avait fait place à une collectivité de victimes geignardes et narcissiques, sous occupation étrangère, en proie à son funeste destin. La captivité, le froid, la faim, la misère, la haine, le troc, le marché noir, les destructions, les ruines, les expulsions, les expropriations étaient autant d'humiliations et d'expériences communes et doulou-reuses qui cimentaient les Allemands entre eux et consti-tuaient leur nouvelle communauté de valeurs. «Ces choses horribles qui avaient été faites aux Allemands» éclipsaient les souffrances des autres peuples, souffrances pourtant causées et commises au nom du «Volk» qui, l'espace de douze ans, et à quelques exceptions près, avait vendu son âme au diable mais ne voulait pas le reconnaître. Cet apitoiement sur soi, Thomas Mann, qui venait de publier *Le Docteur Faustus*, son livre préféré, sa métaphore géniale de la décadence allemande, en prit acte à l'été 1949, lors de sa première visite en Allemagne depuis son départ en 1933 et depuis qu'il avait été déchu de sa nationalité. Dans un long récit qu'il publia dans le *New York Times*, Mann, dépité et inquiet, constatait que les Allemands, arrogants, ne voulaient rien savoir du passé et qu'ils ne recherchaient que commisération et mansuétude pour leurs malheurs. «Tout était meilleur sous Hitler»; «les atrocités du régime nazi sont des exagérations et des affa-bulations de la propagande alliée»; «la démocratie est synonyme d'occupation et de collaboration avec les puis-sances ennemies»[17] : voilà ce qu'entendit fréquemment le grand écrivain au cours de son périple. Comme Hermann Hesse, comme Erich Maria Remarque, ces autres émi-nentes consciences des lettres allemandes, Thomas Mann ne revint jamais vivre dans son pays natal.

Dans de telles circonstances, Ralph Giordano ne pou-vait éprouver que tristesse et solitude. Il devait certes la vie à quelques camarades, dignes et courageux, mais il avait constaté avant tout que l'immense majorité de ses compatriotes, directement ou indirectement, avaient profité en toute indifférence du confort matériel et des avantages des crimes à grande échelle du nazisme. Les travaux de l'historien Götz Aly ont mis en lumière, ces dernières années, cet aspect longtemps méconnu de la dictature hitlérienne : sa réussite à assurer et à consolider la satisfaction générale de la communauté du peuple grâce aux mesures d'aryanisation contre les juifs puis à une guerre prédatrice et raciale, qui lui permirent de mener une vaste politique de redistribution dont profita la quasi-totalité du peuple allemand. Avec l'aide de la Reichsbank, des banques privées et de milliers de fonctionnaires zélés, le régime put maintenir le cours du Reichsmark ; soutenir les revenus les plus modestes ; éviter aux classes moyennes et inférieures d'être touchées significativement par les impôts de guerre. « 95 % des Allemands, écrit Götz Aly, reçurent une part des biens volés sous forme d'argent dans leurs poches ou de denrées alimentaires dans leurs assiettes, des denrées importées des pays occupés et payées avec de l'argent et de l'or pillés. Les victimes des bombardements portaient des vêtements des juifs assassinés et se reposaient dans leurs lits, reconnaissants de ce que l'État et le parti leur aient porté secours aussi vite[18]. » Écœuré par leur attitude pendant le nazisme et peut-être plus encore par leur lâcheté et leur cynisme d'après guerre, Ralph Giordano, comme pour signifier sa rupture d'identification à l'Allemagne, prit une décision radicale. « L'ennemi de mon ennemi est mon ami : j'ai appliqué cette vieille maxime et me suis inscrit au KPD, le parti communiste allemand, qui me semblait alors la seule véritable force antifasciste. Le communisme bénéficiait d'une aura extraordinaire et je considérais que l'Armée rouge et les Soviétiques étaient les véritables libérateurs de l'Europe. Au parti, j'ai aussi retrouvé une famille, une

fraternité, ce sentiment d'appartenance qui me faisait
cruellement défaut. »

Ralph Giordano n'était pas le seul parmi les juifs allemands à considérer le communisme, alors à l'acmé de
son prestige, comme la seule alternative crédible au fascisme. Un petit groupe, pour l'essentiel des « rémigrés »
politiques, à l'identité religieuse faible sinon nulle, qui
avaient quitté l'Allemagne aux premiers jours du nazisme
pour se réfugier en Palestine, au Mexique ou aux États-
Unis, décida de s'installer en zone soviétique. Leur but
n'était aucunement de reconstituer une communauté
juive mais de construire une « autre » Allemagne, une
Allemagne socialiste débarrassée à jamais des scories du
nazisme. Parmi eux, les célèbres écrivains Arnold Zweig,
Anna Seghers et Stefan Heym ; les historiens de la littérature Hans Meyer et Alfred Kantorowicz ; le philosophe
Ernst Bloch ; Helene Weigel, l'actrice fétiche de Bertolt
Brecht. Reçus avec les honneurs et comme des hôtes de
prestige par les autorités soviétiques, bénéficiant souvent
d'appartements, d'emplois et de subventions pour leurs
recherches et leurs œuvres, des attentions auxquelles ils
n'étaient pas insensibles après de difficiles années d'exil,
ils se réjouissaient de se retrouver dans un environnement
allemand et socialiste. Ces intellectuels laïcs et engagés
s'imaginaient pouvoir reconstituer la grande alliance des
victimes et des résistants au fascisme, dans leur patrie
retrouvée et régénérée par le marxisme triomphant,
comme ils avaient pu le faire à l'étranger pendant la
guerre, notamment à Mexico. Ils rêvaient un peu naïve-
ment de réunir héros et victimes, suppliciés politiques et
persécutés raciaux, pour bâtir un avenir meilleur. Ces
juifs, communistes durs ou idéalistes convaincus, estimaient que seule l'Allemagne socialiste serait à même

d'assumer la question juive, une étape essentielle dans l'établissement d'une démocratie après guerre, de rendre hommage à leurs souffrances et à celles de leurs pairs et d'intégrer la mémoire du génocide à celle, plus vaste, de la lutte antifasciste. Ils avaient foi en la nouvelle Allemagne sous la tutelle du grand frère soviétique.

Les premiers mois de l'occupation confortèrent leurs convictions. Les autorités soviétiques ne badinaient pas avec la rééducation des Allemands : elles exhibèrent dans toutes ses dimensions, sans retenue ni pudeur, l'horreur des camps nazis. La *Deutsche Volkszeitung*, l'organe du KPD, publiait fréquemment des récits sur Auschwitz et sur les crimes contre l'humanité des nazis ; des éditos vengeurs accablaient le peuple allemand et insistaient sur ses responsabilités et sa culpabilité. Des films comme *Les meurtriers sont parmi nous* (1946), la première grande réalisation de l'après-guerre en Allemagne, avec la jeune et troublante Hildegarde Knef, qui se maria par la suite avec un juif originaire des Sudètes, posaient systématiquement la question de la culpabilité collective des Allemands et invitaient les spectateurs à « expier leurs péchés », comme le suggérait le héros des *Meurtriers*, un ancien médecin traumatisé par ses expériences au front. Le procès de Nuremberg contribua davantage encore à la reconnaissance des souffrances juives et poussa de nombreux intellectuels à exprimer leur solidarité et à évoquer le « fardeau de honte et de disgrâce[19] », fardeau dont ils étaient prêts à assumer la responsabilité et, semble-t-il, à réparer les douloureux préjudices.

La grande alliance qui avait réuni juifs et communistes pendant la guerre paraissait se poursuivre. Le haut comité pour les victimes du fascisme créa une sous-direction consacrée à l'étude de l'histoire des persécutés au nom de la race sous le nazisme ; Julius Meyer, un survivant d'Auschwitz, responsable des juifs de Berlin-Est et membre du KPD depuis de nombreuses années, fut nommé à son comité exécutif ; le 9 septembre fut instauré jour des victimes du fascisme. Le SED, la nouvelle appellation du KPD, approuva la division de la Palestine en deux entités par les Nations unies et Staline s'empressa de reconnaître Israël qui pourrait s'avérer un allié précieux pour faire échec à l'impérialisme britannique pro-arabe. Tout indiquait que la mémoire des souffrances juives serait honorée, une politique sensée pour un régime qui se proclamait antifasciste, et que les juifs auraient toute leur place dans la nouvelle Allemagne socialiste. Les intellectuels de retour d'exil, les rescapés des camps, parmi lesquels de nombreux non-juifs, et quelques caciques du SED faisaient par ailleurs pression pour que les juifs soient reconnus comme des victimes du fascisme et qu'ils obtiennent une égalité de traitement avec les communistes persécutés. Surtout, ils militaient pour que leurs biens saisis par les nazis leur soient restitués. Parmi les dirigeants du SED à se mobiliser, Paul Merker, la figure dominante de l'émigration communiste allemande au Mexique, un communiste dur, membre du comité central du parti et du Politburo depuis 1927, fut le plus actif. Il envoya en juin 1947 à Walter Ulbricht, le futur dirigeant de la RDA, et au comité central un mémo dans lequel il les adjurait d'accélérer le traitement de la question juive, soulignant que les atermoiements en zone soviétique contrastaient avec les mesures prises par les Alliés en zones occidentales. Il les priait d'intensifier la lutte contre l'antisémitisme et de mieux assurer le bien-être des quelques milliers de juifs de la zone. En avril 1948, Leo Zuckermann, un proche de Merker et une autre figure de l'exil mexicain, relevait que

« dénier le droit [des juifs] aux restitutions, c'était s'identifier au barbarisme du nazisme et à son idéologie, quelque
chose qu'un État antifasciste ne devait et ne pouvait pas ».

Ces nobles démarches n'avaient aucune chance
d'aboutir car les dispositions des maîtres soviétiques
avaient changé à présent. À des centaines de kilomètres de
là, l'URSS de Staline basculait dans la paranoïa et entamait
sa croisade contre le « cosmopolitisme » et le « nationalisme
juif bourgeois ». Les requêtes des juifs allemands et de leurs
alliés du SED resteraient sans suite au moment où le rideau
de la guerre froide s'abattait sur l'Europe. Sans qu'ils le
surent, leur combat avait pris un tour idéologique et se
heurtait désormais à une opposition de principe inflexible.
Il était même de plus en plus mal perçu au sein de l'appareil
du parti. Dans les alcôves du pouvoir à Berlin-Est, Ulbricht
et ses proches conseillers considéraient la prééminence de
la question juive comme une preuve de restauration capitaliste et des influences subversives de l'Ouest ; la restitution des propriétés des « capitalistes juifs » était jugée
inacceptable dans un État socialiste, où les intérêts de la
classe ouvrière devaient primer. Le SED, qui se débar-
rassait désormais de ses éléments titistes et sociaux-
démocrates, de tous ceux qui n'obtempéraient pas aux
injonctions de Moscou et ne respectaient pas fidèlement
son orthodoxie sectaire, rechignait par ailleurs à accepter le
retour de nouveaux exilés juifs, malgré leur attachement à
la cause antifasciste. Le parti estimait qu'ils ne pouvaient
être que des agents de l'impérialisme : ils avaient vécu en
Occident ; ils avaient peut-être été « contaminés » au
contact des sociétés capitalistes. La loi du 4 octobre 1949
enterra définitivement les espoirs des juifs d'Allemagne de
l'Est. Elle distinguait les combattants communistes des
victimes juives ; elle accordait à ces dernières des statuts et

un prestige très inférieurs. Elle ne prévoyait aucune restitution des biens volés par les nazis, ni aux communautés ni aux individus juifs d'Allemagne de l'Est. Ce texte inique présageait du sort des juifs de RDA au cours des décennies suivantes. Leurs propriétés définitivement perdues, les juifs se retrouvaient doublement spoliés : les nazis leur avaient pris leurs biens et le nouveau régime communiste se les appropriait. Leur mémoire aussi était souillée : la nouvelle Allemagne, autoproclamée antifasciste, et son peuple étaient absous de toute responsabilité pour les crimes perpétrés contre eux ; les coupables se trouvaient à l'Ouest. Désormais, les juifs devaient taire leurs revendications et leur mécontentement car, dans la dialectique du nouvel État, critiquer les communistes, c'est-à-dire les antifascistes, c'était ouvrir la porte au fascisme. Comme tous leurs concitoyens, ils étaient appelés à rentrer dans le rang, à respecter benoîtement la discipline et la ligne du parti-État, à étouffer leurs différences, et donc à nier leur identité, sous peine de graves ennuis. Leo Zuckermann, celui-là même qui avait admonesté le parti un an plus tôt, fit volte-face en juin 1949 de manière spectaculaire dans un article apologétique et laudateur à la gloire de l'URSS. Dans « Nous ne combattrons jamais les libérateurs d'Auschwitz et de Maïdanek », il ne faisait plus allusion aux obligations morales de l'Allemagne antifasciste à l'égard des juifs. Il s'attardait en revanche sur l'antisémitisme, « caractéristique majeure des sociétés capitalistes », mais insensé dans les États socialistes, où le juif était un nouvel homme et où son statut et ses droits étaient les mêmes que ceux de ses camarades citoyens. Au même moment, le comité juif antifasciste, qui avait été constitué pendant la guerre pour obtenir une aide matérielle des États-Unis, était dissous en URSS et les premières déportations de ses dirigeants vers les camps de Sibérie commençaient. Les « éléments cosmopolites » n'allaient pas tarder à êtres frappés en RDA, officiellement fondée le 7 octobre 1949. Paul Merker, le défenseur des juifs, allait payer cher ses hérésies philosémites, d'autant qu'il s'autorisait aussi à soutenir Israël au nom de la lutte pour le progrès des juifs en Palestine et plus encore parce qu'il considérait que c'était une obligation morale de l'Allemagne d'après guerre. Membre du Politburo, l'instance suprême du SED, à la création de la RDA, il fut exclu du parti dès 1950 et contraint à travailler comme serveur de restaurant. Plus dure serait encore sa chute dans les années suivantes. Quant à Leo Zuckermann, il goûta dans un premier temps aux honneurs – il fut notamment corédacteur de la constitution de la RDA. Mais lui aussi tomberait vite en disgrâce. Comme en URSS dans les années 1930, la révolution ne tarderait pas à dévorer ses enfants.

Les juifs allemands des zones occidentales, ceux qui avaient survécu en Allemagne et les rares qui y étaient revenus, n'avaient pas, pour la plupart, d'aussi hautes visées politiques et morales que leurs prestigieux coreligionnaires qui s'étaient volontairement installés dans la zone soviétique. Après des années de clandestinité, d'humiliations et de privations – même pour celles et ceux, y compris les convertis au christianisme, qui étaient mariés à des non-juifs, en témoigne le poignant journal de guerre de Victor Klemperer –, leur situation financière et matérielle était catastrophique. Reconnus comme « victimes du fascisme » par les Alliés, ils bénéficièrent certes d'un traitement préférentiel qui leur facilitait l'achat de nourriture, l'accès à un logement, à un emploi et à des soins hospitaliers. Mais ils ne pouvaient s'en contenter : ils voulaient récupérer leurs biens ; les appartements, meubles, bijoux, titres de

propriété, entreprises... – un trésor évalué à douze milliards de dollars[20] –, que les nazis avaient confisqués et
aryanisés. Ils comptaient aussi obtenir des indemnisations
pour les pertes matérielles et les torts physiques subis pendant le IIIe Reich ; et des réparations destinées à aider la
réinsertion des personnes déplacées, qu'elles souhaitassent
ou non rester en Allemagne. Les préjudices qu'ils avaient
subis dépassaient toute mesure et ils ne pouvaient attendre
de réparations proportionnelles à leur gravité ; toutefois, ils
espéraient que la nouvelle Allemagne, sous contrôle allié,
ferait preuve de justice à leur égard. Ainsi commença le
feuilleton juridique, économique, politique et financier
des réparations dont les épisodes et les nombreux rebondissements se poursuivent jusqu'à nos jours. À la différence
des juifs de la zone soviétiques, ceux des zones occidentales
purent au moins compter sur le soutien des Alliés, en
particulier sur celui des États-Unis. Malgré un combat
acharné[21], notamment avec les administrations des Länder
qui refusaient de payer – elles ne se considéraient pas
comme les successeurs du IIIe Reich et attendaient la fondation d'un nouvel État allemand –, ils durent patienter
jusqu'en novembre 1947 pour voir leurs requêtes commencer à aboutir. Cette première loi de restitution, adoptée par les Alliés dans les trois zones, concernait les « biens
identifiables » – les entreprises et les biens immobiliers –
dont la restitution favorisait la bourgeoisie aisée. Une loi
générale d'indemnisation fut votée en août 1949 sous la
pression de John McCloy, haut-commissaire américain
désigné : elle stipulait que toute personne persécutée pouvait présenter une demande d'indemnité si elle résidait
dans la zone américaine à la date du 1er janvier 1947, ou si
elle en était partie antérieurement. « La loi reconnaissait
dommages et préjudices en quelque lieu qu'ils se fussent

produits, à condition qu'ils aient résulté d'une action discriminatoire de la part de l'État allemand », expliquait l'historien américain Raul Hilberg[22]. Un texte similaire fut adopté dans la zone française mais non dans celle que contrôlaient les Britanniques. Un an plus tôt, des organismes[23] internationaux avaient été établis pour s'occuper et gérer tous les biens dont les propriétaires avaient disparu, qu'ils fussent privés ou publics comme les anciennes communautés juives. Les puissances d'occupation estimaient à juste titre que les communes d'Allemagne ne pouvaient hériter de ces propriétés ; en revanche, leur décision lésait les communautés juives refondées qui ne pouvaient recouvrer les biens dont elles étaient propriétaires avant guerre. Au terme de longues négociations avec les organismes internationaux, elles purent user des synagogues et d'autres bâtiments – hôpitaux, écoles, cimetières… – dont elles avaient l'usage ; dans de nombreuses villes, la disparition quasi totale de toute existence juive entraîna le transfert des biens et des avoirs aux organismes nouvellement formés qui les redistribuèrent aux survivants de la Shoah dans le monde entier.

La bataille judiciaire pour recouvrer leurs biens entamée, les derniers juifs allemands étaient confrontés à une question existentielle : devaient-ils rester en Allemagne ? Ils étaient profondément divisés. L'Allemagne était leur patrie ; ils parlaient sa langue ; ils avaient sa culture : ils en étaient tout imprégnés. Rejeter l'Allemagne, c'était nier une partie, sinon la totalité de leur histoire. Les juifs allemands qui avaient survécu dans leur pays, notamment à Berlin où ils furent quelques milliers, devaient par ailleurs leur vie à de « bons » Allemands, qu'ils eussent été leurs voisins, leurs amis, leurs époux aryens ou de simples anonymes qui les avaient cachés et nourris au péril de leur vie. Devaient-ils abandonner cette minorité au moment où l'Allemagne abordait un tournant décisif de son histoire ? L'immense majorité de leurs compatriotes les avait cependant trahis et ils ne pouvaient l'oublier. Il leur était impossible de recommencer à vivre comme si rien ne s'était passé. Et ils n'avaient pas la moindre garantie sur l'avenir de leur pays. L'hydre nazie avait-elle été définitivement terrassée ou ressusciterait-elle sous une autre forme ? Qu'allait devenir cette Allemagne en ruine ? Quelle y serait leur place ? Ils étaient désorientés et inquiets ; ils cherchaient des certitudes dans un monde qui n'en avait aucune à leur offrir.

Un petit groupe, que rejoignit rapidement une poignée d'intellectuels et de journalistes de retour d'exil – le Sarrois Karl Marx, le Viennois Ernst Landau –, décida de participer à la construction d'une nouvelle et « meilleure » Allemagne. Ils étaient persuadés que les juifs y auraient un rôle essentiel. Ils devraient tenir un langage de vérité aux Allemands, les aider à vivre dans un monde nouveau, participer à leur éducation, notamment à celle des plus jeunes afin que la tragédie hitlérienne ne se reproduise jamais. Cet appel à la réconciliation, quelques mois seulement après la libération des camps, choqua vivement les DP's. Ils les accusèrent de commettre les mêmes erreurs que par le passé, de faire preuve de naïveté et de grandeur d'âme pour un peuple qui n'en avait aucune et qui en avait fait la démonstration au cours d'une guerre marquée « par la perfidie criminelle et par le totalitarisme sans scrupule qui caractérisent la volonté de détruire[24] ». Malgré ces critiques, ils n'en poursuivirent pas moins leur mission, encouragés et mêmes associés à quelques personnalités exceptionnelles qui firent entendre leurs voix dissonantes dans l'Allemagne cynique et opportuniste de l'après-guerre. La plus remarquable fut certainement Kurt Schumacher, le ténor du SPD d'après guerre, ancien député au Reichstag avant 1933, qui avait passé près de onze ans dans les camps de concentration, dont huit à Dachau, où il avait perdu une jambe après avoir laissé un bras sur les champs de bataille de la Première Guerre mondiale. Il abhorrait toute forme de totalitarisme, le nazisme qu'il avait combattu très tôt, mais aussi le communisme qui avait contribué à l'écroulement de la république de Weimar ; il ne se faisait d'ailleurs aucune illusion sur la nature du régime que le SED mettait en place en Allemagne de l'Est. Schumacher estimait que discuter franchement et honnêtement du nazisme était une nécessité morale et politique absolue. Il était convaincu que les Allemands devaient assumer leur passé et en payer les conséquences s'ils voulaient venir à bout de l'hitlérisme et instaurer une authentique démocratie. Il les appelait à cesser de s'apitoyer sur leur sort et à affronter les sinistres réalités de l'Allemagne hitlérienne. Ses convictions, il les partageait avec le socialiste Ernst Reuter et le libéral Theodor Heuss, deux autres grandes figures de l'après-guerre, deux autorités morales à qui l'Allemagne démocratique doit également beaucoup.

Schumacher fut le premier à aborder sans fard la destruction du judaïsme européen. Lui qui voulait faire du SPD le premier parti du renouveau allemand, son courage risquait de lui faire perdre de nombreuses voix aux prochaines élections. Rares étaient ses compatriotes à vouloir entendre ces dérangeantes vérités, y compris au sein de son propre parti. Dans son intervention du 29 juin 1947, au congrès du SPD de Nuremberg, dans cette ville chargée de symboles que les fantômes du nazisme hantaient encore, il apostropha ses camarades. Il tenta de réveiller leur conscience, de briser le mur du silence qui entourait le génocide des juifs. « Nous sommes ahuris de constater que la portion de l'humanité qui fut la plus persécutée par le IIIe Reich reçoit aujourd'hui si peu d'aide et de compréhension du monde extérieur. Je ne veux pas parler de nous, les résistants politiques […]. Parlons plutôt pour une fois de la minorité […] qui symbolise toutes les souffrances. Parlons pour une fois des juifs en Allemagne et dans le monde[25]. » Dans cette Allemagne obnubilée par ses souffrances et qui reniait son passé, son discours détonait par sa franchise, sa lucidité et son humanité. Schumacher était un apôtre de la vérité, l'un des rares Allemands à tendre la main aux juifs survivants, à éveiller l'espoir qu'ils pourraient un jour, peut-être, revivre sans crainte dans leur pays, un pays qui assumerait son histoire et ses responsabilités. Il leur promettait de lutter de toutes ses forces contre l'antisémitisme et s'engageait à leur restituer leurs biens et à les dédommager. Il les incitait à rester : construire une Allemagne démocratique sans juifs n'était pas envisageable ; c'eût été accordé une victoire posthume à Hitler. Les juifs devaient contribuer intellectuellement et économiquement au renouveau allemand. Quelques mois plus tard, il fut reçu avec tous les honneurs par les dirigeants du comité travailliste juif de New York au cours d'une longue tournée américaine, une première pour un homme politique allemand de premier plan après guerre : il leur assura que le SPD portait le fardeau de la culpabilité allemande ; à San Francisco, il déclara que la cause des juifs était une cause nationale. Pendant des décennies, ces derniers pourraient compter sur le SPD pour relayer leurs revendications.

Quelques intellectuels tentèrent aussi de réveiller la mémoire défaillante de leurs compatriotes. Dès 1946,

Eugen Kogon, un résistant catholique qui avait passé six ans à Buchenwald, leur présentait avec *L'État SS* une première analyse lucide de l'univers concentrationnaire ainsi qu'une esquisse de la psychologie des SS à partir de son témoignage. La même année, il fonda avec son ami Walter Dirks *Les Cahiers de Francfort*, une revue politique et culturelle de gauche catholique sur le modèle de la revue *Esprit* en France. Le philosophe et psychiatre Karl Jaspers insistait, lui, sur les dimensions métaphysique et morale de la culpabilité allemande, dans son ouvrage homonyme, publié en 1946. Étaient moralement coupables tous ceux qui savaient ou pouvaient savoir, qui s'étaient dissimulé la vérité par commodité ou parce qu'ils étaient séduits ou intéressés. « Quand on a emmené nos amis juifs, nous ne sommes pas descendus dans la rue, nous n'avons pas crié jusqu'à ce qu'on nous détruisît », écrivait Jaspers. La justice châtiait les criminels et tel était l'enjeu du procès de Nuremberg, en cours au moment où le philosophe rédigeait son pamphlet ; la culpabilité politique entraînerait la responsabilité pénale et des réparations, espérait-il ; la culpabilité morale n'était en revanche pas justiciable mais l'affaire de chacun. Il appelait tous les Allemands à un examen de conscience ; il les exhortait à faire preuve de sincérité pour le repentir et le renouvellement de leur être, pour élucider la « culpabilité allemande ». Ses concitoyens pourraient suivre le « chemin de la purification », mais seulement après avoir vu clair en eux-mêmes : il leur faudrait alors « réparer », s'ouvrir aux autres en aidant la détresse « d'où qu'elle provienne », « reconnaître un droit spécial à ceux qui ont été déportés, volés, pillés, torturés par le régime hitlérien et à ceux qui ont dû émigrer »[26]. Jaspers les mettait aussi en garde. S'ils ne se réveillaient pas après s'être abandonnés à l'erreur, les Allemands ne permettraient pas à des adolescents de devenir des hommes, des êtres droits, moralement sûrs, politiquement lucides, « capables de saisir, avec la modération nécessaire, le destin qui se trouve aujourd'hui être le leur[27] ».

Schumacher, Kogon, Jaspers : ces hommes lucides, courageux et visionnaires laissaient entrevoir aux derniers juifs allemands qu'une autre Allemagne était possible et qu'ils y auraient toute leur place ; ils incitaient les juifs qui avaient décidé de partager leur combat à poursuivre leur mission d'éducation et de vérité. Mais ces trois grandes consciences étaient encore isolées ; leurs discours et leurs écrits magnanimes rencontraient peu d'échos dans une Allemagne en ruine dont le peuple léchait ses plaies et ne voulait pas se livrer à une douloureuse introspection. Ils avaient – au moins – une génération d'avance : dans l'immédiat après-guerre, l'immense majorité des Allemands était encore imprégnée de la propagande nazie. Leur échelle de valeur et leur Weltanschauung – leur perception du monde – avaient été durablement marquées par le IIIe Reich ; leur collaboration au régime et à ses crimes n'avait pas été fortuite. Les juifs en firent l'amère expérience. Les rares qui étaient revenus – quelques acteurs, des journalistes et des juristes qui voulaient recommencer à travailler ; environ 700 « rémigrés » de Shanghai – avaient été mal accueillis. Ceux qui ne l'avaient jamais quittée se sentaient mal à l'aise. Tous rappelaient à leurs concitoyens leurs errements passés et leur lâcheté ; leur présence leur était pénible : ils étaient des témoins gênants, des « corpus delicti ». 22 % des Allemands de la zone américaine se déclaraient racistes, 21 % antisémites et 18 % antisémites fanatiques dans un sondage effectué en mars 1947. Un tiers considérait que les juifs étaient indignes de jouir des mêmes droits qu'eux. En octobre 1949, ils étaient encore près de la moitié à estimer que certaines races étaient plus aptes à gouverner que d'autres[28]. Les incidents antisémites n'étaient pas rares : des institutions juives et des lieux de culte furent souillés de croix gammées et de slogans nazis ; des cimetières profanés ; il n'était pas rare que des DP's, ces Ostjuden que la propagande hitlérienne avait tant brocardés, fussent pris à parti quand ils s'aventuraient en ville. Ils étaient accusés de marché noir et de salir les villes allemandes ; on leur reprochait de nuire à la reconstruction. Les préjugés demeuraient vivaces, notamment dans les campagnes. Dans la région de l'Algau, un procès fut entrepris contre un rescapé des camps pour « meurtre rituel » en 1948. Les églises, en particulier les paroisses protestantes, n'avaient pas toutes cessé leurs diatribes contre le « peuple déicide ». L'antisémitisme était particulièrement fort en Bavière où la majorité des DP's vivaient. Une majorité de la population, parmi laquelle d'importants politiciens conservateurs (CSU), estimait ne rien devoir aux juifs de l'Est arrivés après guerre et trouvait scandaleux le traitement préférentiel dont ils bénéficiaient. Les juifs allemands étaient amers et effarés. Ils avaient le sentiment que rien n'avait fondamentalement changé chez l'immense majorité de leurs concitoyens. Ils craignaient d'être à la veille d'une restauration nazie. Leur effroi était d'autant plus grand que l'antisémitisme n'était plus encouragé par un régime fanatique, mais spontané. Et si les passages à l'acte étaient rares, tous souffraient de l'indifférence et du manque de sensibilité dont témoignaient la population et les administrations à leur égard.

Leur malaise s'accrut encore quand ils réalisèrent que la dénazification n'était plus la priorité des Alliés. Ces derniers étaient non seulement soumis à de fortes pressions de la part de la population, dont les aspirations étaient flattées par de nombreux dirigeants politiques, dont Konrad Adenauer, le chef du nouveau parti chrétien-démocrate (CDU), qui déclarait dès le printemps 1946 que «l'injustice additionnée à l'injustice n'aboutirait jamais à la justice[29]», mais aussi par l'ampleur de la tâche, immense. En août 1946, les Américains décidèrent d'une amnistie générale pour tous les jeunes nazis nés après 1919 puis pour les plus pauvres ; les Britanniques ne voulaient pas nuire à la viabilité de l'administration dans leur zone, en particulier dans le bassin minier de la Ruhr ; les Français firent preuve d'une plus grande magnanimité encore. Surtout, la situation internationale avait radicalement évolué. La guerre froide détournait désormais l'attention des crimes nazis ; l'opposition frontale au bloc soviétique nécessitait de reconstruire au plus vite l'Allemagne de l'Ouest, de renforcer son potentiel économique et bientôt militaire, d'améliorer le bien-être de ses citoyens, et, par conséquent, d'épargner ses élites, du moins celles qui n'avaient pas été directement impliquées dans les pires horreurs du IIIᵉ Reich. Ses anciens maîtres espions et ses as du renseignement militaire s'avéreraient précieux dans la compétition qui se dessinait contre l'Union soviétique. Les Alliés ne pouvaient envisager de perdre l'Allemagne, principal terrain d'affrontement des deux blocs, comme le laissait entendre le récent blocus de Berlin par les forces soviétiques. La justice et le respect de la mémoire auxquels aspiraient les juifs devenaient secondaires dans cette nouvelle configuration.

« Rester ou quitter l'Allemagne ? » : la question tourmentait les juifs depuis la fin de la guerre. Elle fut le thème d'une

conférence qui réunit leurs principaux représentants et
ceux des institutions juives internationales en juillet 1949
à Heidelberg. Malgré les encouragements du haut-commissaire McCloy et d'Eugen Kogon, tous deux présents, ils
avaient déjà été nombreux à y répondre avec leurs pieds :
la moitié des 14 000 juifs qui avaient survécu ou étaient
rentrés sitôt le conflit terminé avaient déjà (re)pris ou
étaient sur le point de (re)prendre le chemin de l'exil. À
l'heure où se tenait la conférence, l'Allemagne de l'Ouest
ne comptait plus qu'environ 30 000 juifs ; ils seraient rapidement un peu moins de 22 000[30]. Cette nouvelle communauté était composée à parts égales d'anciens DP's
d'Europe de l'Est et de juifs allemands. Leur éducation,
leur culture, leurs traditions religieuses et même leurs expériences de la guerre s'opposaient. Souvent issus d'unions
mixtes et/ou mariés à des conjoints non juifs, les derniers
juifs allemands, en moyenne plus âgés, avaient une faible
religiosité à la différence des juifs polonais, restés en Allemagne à la fermeture des camps de personnes déplacées, à
l'identité juive plus forte mais étrangers, voire aliénés, à la
culture et à la société allemandes. Les deux groupes se
rejoignaient cependant sur un point. La grande majorité
d'entre eux était restée faute de pouvoir partir ailleurs. Ils
étaient soit trop angoissés et psychologiquement affaiblis
pour envisager de tenter leur chance dans un nouveau
pays, fût-ce Israël, soit trop vieux ou trop malades pour
quitter l'Allemagne. Les communautés d'après guerre,
véritables cours des miracles où les jeunes faisaient tragi-
quement défaut et qui étaient privées de leurs hautes autorités morales et spirituelles, assassinées ou en exil comme le
rabbin Leo Baeck, installé depuis 1945 à Londres, se
construisirent sur ces bases fragiles et incertaines.

Incertain aussi était le sort de la nouvelle Allemagne. À l'Ouest, la page de l'hitlérisme avait officiellement été tournée, la guerre démythifiée et les nazis, en tant que force politique structurée et puissante, éliminés. L'immense majorité des Allemands ne voulait toutefois rien savoir de leurs responsabilités. Ils donnaient l'impression que leurs souffrances devaient être récompensées ou du moins consolées mais qu'il était interdit de les accabler. Ils avaient porté à la chancellerie de leur nouvelle République fédérale, fondée le 23 mai 1949, une figure paternelle et rassurante, le conservateur Konrad Adenauer, alors âgé de 73 ans, qui avait battu aux élections le SPD de Kurt Schumacher. Catholique rhénan francophile et tourné vers l'Occident, Adenauer avait toujours méprisé les nazis. Il voulait rompre avec l'autoritarisme et le militarisme prussiens et construire une Allemagne décentralisée, anticommuniste et ancrée à l'Ouest. Comme maire de Cologne, de 1917 à 1933, puis après guerre, Adenauer avait toujours entretenu d'excellentes relations avec ses administrés juifs ; il les avait aidés à reconstruire leur communauté et s'était engagé à lutter contre l'antisémitisme[31]. Cependant, pour amarrer les Allemands à la démocratie, Adenauer voulait éviter une confrontation directe avec le passé ; dès juillet 1946, il critiquait la dénazification « trop longue » et tendait la main aux vétérans de la Wehrmacht, à tous les compagnons de route et aux suiveurs du parti. Dans sa première allocution de chancelier au Bundestag, il évoqua les obligations de l'État à l'égard des réfugiés et des victimes civiles et militaires de la guerre, mais ne dit mot sur les martyrs du nazisme. Le président de la République Theodor Heuss se voulait moins conciliant. Dans son adresse inaugurale, il mit en garde ceux qui voulaient oublier les drames que l'ère

hitlérienne avait causés au peuple allemand. Tout au long
de son double mandat de dix ans, Heuss ferait de la
présidence le centre de la mémoire nationale et de la
conscience libérale[32].

À l'Est, la situation des juifs semblait plus préoccupante
encore. Parmi eux, un petit groupe d'intellectuels et
d'apparatchiks du SED voulait croire à l'édification d'une
meilleure Allemagne socialiste et ils s'y employaient. Mais
les autres se trouvaient pris au piège d'une nouvelle dictature, officiellement antifasciste, mais qui ne reconnaissait
ni leurs souffrances particulières ni la responsabilité de
l'Allemagne dans leurs malheurs. L'avenir des juifs du
pays des meurtriers s'annonçait précaire et leurs communautés en sursis.

CHAPITRE IV

Le prix du sang

À peine franchi le pas de la porte de ce vaste appartement de Grünewald, l'un des quartiers résidentiels du sud-ouest de Berlin, j'humais immédiatement l'arôme délicat d'un café fraîchement coulé et l'odeur de petits gâteaux que je pressentais sortis du four quelques minutes auparavant. En délicate hôtesse allemande, Thea Wolffsohn avait disposé notre « Kaffee-Kuchen » sur la table basse du petit salon où nous allions discuter. La coquette octogénaire, dont les boucles d'oreille étaient assorties à son col roulé olivâtre et rappelaient le vert amande de ses chaussures, naquit dans la petite ville bavaroise de Bamberg au sein d'une famille « très juive et très allemande[1] ». Elle est revenue vivre dans son pays natal en 1954 après avoir passé quinze ans à Tel-Aviv. Cette femme, grande et toujours énergique, qui s'était mariée avec un juif berlinois en 1943 et avait eu un fils, Michael, quatre ans plus tard, y retrouvait son beau-père, Karl Wolffsohn, alors très connu dans les milieux du cinéma de la capitale. « Il était rentré en décembre 1949 pour recouvrer ses biens. Karl Wolffsohn avait créé la *Lichtbildbühne*, l'une des plus importantes revues de cinéma d'avant guerre, et possédait une magnifique collection d'archives. Il ne comptait pas se réinstaller en Allemagne. Nous sommes revenus pour l'aider dans ses démarches qui piétinaient, sans l'intention *a priori* de rester à Berlin. Notre premier objectif était de récupérer ce que les nazis nous avaient volé ; après il serait toujours temps d'aviser comment nous nous sentions ici », me raconta-t-elle. Environ 9 000 juifs allemands, dont une majorité s'était réfugiée en Israël, revinrent en Allemagne dans les années 1950 pour les mêmes raisons que la famille Wolffsohn. Ils y étaient incités depuis que le gouvernement Adenauer avait adopté sa politique de « Wiedergutmachung » – expression dont la traduction littérale est « refaire le bien » –, l'arsenal de lois et de traités internationaux visant à réparer financièrement les dommages causés aux juifs par les exactions nazies. Ce dispositif devait signifier à l'opinion publique mondiale la rupture définitive de la nouvelle Allemagne de l'Ouest avec son passé nazi et sa volonté d'expier ses fautes et de se réconcilier avec le peuple juif.

Le 27 septembre 1951, le jour de Rosh Ashana, le nouvel an juif, Konrad Adenauer fit sa première déclaration publique sur l'Holocauste, plus de deux ans après sa prise de fonction. « Le gouvernement de RFA et avec lui la grande majorité du peuple allemand est conscient des souffrances incommensurables des juifs d'Allemagne et des territoires occupés à l'époque du nazisme, proclamat-il. […] Au nom du peuple allemand, des crimes innommables ont été perpétrés qui obligent des restitutions morales et matérielles. » Le chancelier ouvrait officiellement le chapitre de la Wiedergutmachung, une « noble mission » pour parvenir à la « purification intérieure de souffrances sans fin » et seul moyen de « raviver l'esprit de la véritable humanité ». Fidèle à son électorat qu'il ne voulait pas brusquer, Adenauer dédouanait ses concitoyens en affirmant que le « peuple allemand, dans son immense majorité, abhorrait ses crimes et n'y avait pas

participé », une légende qui a fait long feu depuis, mais
dont les Allemands étaient persuadés ou voulaient se
persuader alors. Le vieux chancelier cherchait à amadouer
ses concitoyens dont une partie importante était opposée
ou du moins réticente[2] à une politique d'indemnisations
et de restitutions de grande ampleur, comme l'étaient
l'aile droite de la CDU et plus encore son allié libéral
(FDP) de la coalition gouvernementale. À l'automne
1951, Adenauer était sous pression. Sous l'impulsion de
ses ténors, Kurt Schumacher, Paul Löbe, le doyen du
Bundestag, Ernst Reuter, le maire de Berlin, ou encore
le député juif Jakob Altmaier, le SPD militait pour une
vaste politique de dédommagements ; il considérait que la
réconciliation avec Israël et les juifs était une obligation
morale pour chaque Allemand, appelé à des sacrifices
justifiés. Le président Heuss en était persuadé de même
que l'aile libérale de la CDU. L'organisation « Paix avec
Israël » que dirigeait Erich Lüth, un journaliste engagé
qui venait d'appeler au boycott du dernier film de Veit
Harlan, le réalisateur de l'odieux *Juif Süss*, avait publié un
manifeste qui portait, entre autres, la signature prestigieuse du romancier Hermann Hesse. En mars, le gouvernement israélien avait signifié aux quatre puissances
occupantes l'impératif moral des réparations – restitutions
des propriétés confisquées et assistance aux survivants –
pour les deux Allemagne. Il chiffrait ses besoins à
1,5 milliard de dollars (9,8 milliards de marks), un mon-
tant qu'il estimait correspondre aux frais d'accueil des
500 000 survivants de la Shoah arrivés en Israël depuis la
fin de la guerre. Israël soutenait que la réintégration de
l'Allemagne au sein de la communauté des nations était
inconcevable tant qu'elle n'avait pas adopté de mesures
favorables aux juifs. John McCloy, le haut-commissaire

désigné et véritable proconsul d'Allemagne de l'Ouest, appuyait ses revendications.

Konrad Adenauer était conscient de l'enjeu pour sa jeune nation et il serait injuste d'écrire que ces différentes pressions lui forcèrent la main. Il voulait sincèrement se réconcilier avec le peuple juif et avait conscience des responsabilités de l'Allemagne. Ses motivations étaient morales et politiques. Profondément catholique, ses convictions spirituelles et religieuses furent à n'en pas douter décisives, comme le reconnurent par la suite le Premier ministre israélien David Ben Gourion et Nahum Goldmann, le président du Congrès juif mondial avec qui négocia le chancelier. Elles répondaient aussi à des considérations très cyniques de Realpolitik : il était convaincu que le dédommagement des victimes juives permettrait à l'Allemagne de l'Ouest de se refaire une virginité politique aux yeux de l'opinion publique mondiale, toujours très méfiante à son égard, et de faciliter son réarmement, dans le cadre d'un espace européen ou atlantique. La RFA avait l'occasion de se démarquer de la RDA, qui avait refusé toute réparation, et pourrait apparaître comme la « meilleure Allemagne », une démocratie digne de confiance. Pour ces diverses raisons, Konrad Adenauer avait commencé à discuter avec certains membres de son cabinet et entamé dans le plus grand secret de premiers pourparlers avec le député SPD juif Jakob Altmaier, qui ferait désormais office de médiateur, et avec Nahum Goldmann, avant de prononcer son discours historique du 27 septembre 1951.

Nombre d'Israéliens étaient opposés à des réparations financières allemandes. Ils craignaient qu'elles ne soldassent à bon compte les exactions du régime nazi ; ils ne voulaient pas échanger leur honneur contre de l'argent, un argent souillé par le sang et les cendres de leurs frères mutilés. Un petit groupe de conspirateurs, ivres de rage et de rancœur, dont le cerveau n'était autre que… Menahem Begin[3], futur Premier ministre israélien, tenta même d'assassiner Konrad Adenauer en mars 1952 à l'aide d'un livre piégé dont l'explosion coûta la vie à l'un des employés de la chancellerie. Le gouvernement israélien, conscient des grandes difficultés économiques du pays et de sa vulnérabilité, accepta cependant de négocier avec la RFA. Mais il n'était pas question de lui accorder un quelconque pardon. Malgré de violentes manifestations, la Knesset approuva l'ouverture des tractations en janvier 1952 ; elles commencèrent dans la ville hollandaise de Wassenaar, près de La Haye, la délégation israélienne refusant de fouler le sol allemand. Un nouvel organisme, la « Jewish Material Claims Conference against Germany », présidée par Nahum Goldmann et regroupant différentes institutions et communautés juives, dont celle de l'Allemagne, se joignit aux négociations. Celles-ci piétinaient toutefois du fait de l'obstruction du ministère allemand des Finances qui assurait que l'Allemagne ne disposait pas de moyens suffisants pour satisfaire les exigences israéliennes. Les deux négociateurs personnels d'Adenauer, Franz Böhm et Otto Kuster, démissionnèrent, faute d'avoir convaincu leurs collègues des Finances de la portée politique et morale des réparations pour leur pays. Adenauer s'engagea alors personnellement. Il rencontra à plusieurs reprises Goldmann pour relancer les tractations. Les deux hommes se respectaient ; quand ils se rencontraient, le plus souvent à Londres, Goldmann, qui avait passé toute son enfance et avait fait ses études en Allemagne, ne représentait pas les victimes et Adenauer les bourreaux ; tout en négociant durement, ils pouvaient évoquer Bach et Goethe dans une atmosphère feutrée qui n'était pas sans rappeler le meilleur de la symbiose juive allemande d'avant la catastrophe. Ils appartenaient tous deux à une génération et à un milieu où le dialogue avait été fructueux par le passé.

Un accord fut trouvé entre les différentes délégations en juin 1952 ; il fut signé solennellement, mais sans déclaration, le 10 septembre à Luxembourg. Entre-temps, Adenauer avait dû s'employer à convaincre les membres les plus réticents de son cabinet. Il invoqua le « pouvoir extraordinairement fort des juifs dans la sphère économique » pour amadouer Fritz Schäffer, son grand argentier, son vice-chancelier Blücher du FDP, qui craignait un boycott des pays arabes, et son ministre des Transports Seebohm, le représentant des réfugiés de l'Est. Les accords du Luxembourg prévoyaient des réparations de 3 milliards de marks pour l'État d'Israël, essentiellement sous forme de biens et de services. Une mission commerciale israélienne s'établit à Cologne pour sélectionner navires, trains, équipements médicaux et de télécommunication, automobiles…, destinés à la réhabilitation des réfugiés et à la construction des infrastructures du pays. De 1953 à 1965, 10 à 15 % des importations israéliennes vinrent d'Allemagne ; elles furent vitales à la survie de l'État hébreu. 450 millions de marks furent accordés à la Claims Conference pour les communautés de la diaspora. L'accord promettait également une loi de réparation pour les juifs allemands ayant souffert des persécutions nazies ainsi que des compensations aux employés communaux juifs qui avaient perdu leur emploi, et par conséquent leurs revenus, à cause des législations nazies. Malgré l'opposition massive de la population – un sondage de 1953 indiquait que deux tiers des Allemands étaient contre –, l'accord fut ratifié par le Bundestag par 239 voix sur un collège de 360 parlementaires ; 35 députés avaient voté contre, dont les 13 membres du KPD et les représentants de la droite nationaliste. L'Allemagne se libérait d'un très lourd fardeau au prix d'un modeste effort financier : en 1966, au plus fort des réparations, elles ne représentaient que 0,3 % du produit national brut du pays.

Les juifs d'Allemagne, dont les représentants n'avaient guère participé aux négociations, n'en étaient pas moins satisfaits. Les lois d'indemnisations que prévoyait l'accord du Luxembourg résolvaient finalement le problème des inégalités de traitement entre les trois zones d'occupation et leur assureraient des garanties financières et juridiques pour le jour où les Alliés renonceraient à leurs prérogatives. La loi fut promulguée le 19 septembre 1953 : elle reprenait les principes de la législation américaine de 1947 et se substituait à toutes les dispositions particulières des Länder[4]. Leur dispositif fut amélioré en 1956 par une première série d'amendements qui promettait notamment à tout juif allemand une aide d'urgence de 6 000 marks dès son arrivée, une somme conséquente pour l'époque. L'année suivante, la loi fixant les termes des restitutions fut enfin adoptée. Ces trois législations définitives et uniformes pour l'ensemble de l'Allemagne de l'Ouest incitèrent un nombre limité mais croissant de juifs allemands en exil à effectuer leur retour. La restauration légale de leurs droits constituait un symbole fort : pour récupérer leurs biens, ils pouvaient désormais s'appuyer sur l'État allemand, ce même État qui les pourchassait et les éliminait quelques années auparavant seulement. Le recouvrement de leurs appartements, de leurs meubles et de leurs bijoux, davantage que les compensations financières, leur permettait de se réapproprier leur histoire et leur identité, de renouer quelque peu avec leur passé même s'il ne pouvait effacer ni même réparer les souffrances endurées[5].

Des professeurs, des avocats, des fonctionnaires et des employés municipaux furent réhabilités et purent poursuivre leurs carrières injustement interrompues. La Wiedergutmachung permit à la grande majorité des juifs d'Allemagne de reconstruire leur vie dans des conditions décentes.

Elle leur offrait, je crois, un autre avantage inestimable : elle renforçait leur confiance et allégeait quelque peu leur fardeau moral d'être restés ou revenus au pays des meurtriers. Psychologiquement, leur situation demeurait des plus délicates. Ils devaient non seulement accepter le fait de vivre en Allemagne, une Allemagne qui n'avait pas ou si peu changé encore, mais aussi affronter l'incompréhension voire l'animosité de leurs coreligionnaires de la diaspora et israéliens. Ces derniers, surtout, étaient interdits. Comment des juifs pouvaient-ils pactiser avec l'Allemagne honnie ? Ils méprisaient leur lâcheté et leur manque de dignité. Thea Wolffsohn en fit l'amère expérience. « Des amis israéliens ne m'ont plus jamais adressé la parole après que je leur avais annoncé ma décision de retourner en Allemagne, en dépit mon attachement au judaïsme et à Israël qu'ils connaissaient. »

Au café Tamar de Tel-Aviv, j'avais rendez-vous avec l'écrivain israélien Yoram Kaniuk pour discuter du ressentiment passé de ses concitoyens à l'encontre de l'Allemagne. Je savais qu'il l'avait personnellement partagé : il en avait puisé l'inspiration pour *Le Dernier Berlinois*, un ouvrage âpre et dur où, brandissant Auschwitz en carte de visite, il ressassait le passé et réglait ses comptes avec la patrie de Goethe et de Himmler. Comme il se faisait attendre, j'en profitais pour jouir du cadre merveilleux et suranné du bistrot. La patronne Sarah, une sabra[6] de 81 ans, née à Nahalal, « la ville de Moshé Dayan », régnait en maître sur son comptoir où trônaient d'appétissantes schnitzel[7]. La télévision diffusait simultanément des images d'un attentat à la gare routière de Tel-Aviv et de la séance inaugurale de la nouvelle Knesset où l'inusable Shimon Peres s'apprêtait à prendre la parole ; imperturbables, de vieux messieurs barbus et chevelus jouaient aux échecs ; des lesbiennes partageaient un jus de pêche en se tenant la main. Les tables en formica beige et kaki, les ventilateurs bruyants, les chaises en plastique, l'antique machine à café et les caricatures placardées anarchiquement aux murs défraîchis suggéraient les temps glorieux de la prime jeunesse de l'État d'Israël. L'atmosphère enfumée et conviviale évoquait peut-être plus encore les cafés d'Europe centrale et orientale d'avant guerre dont étaient originaires les pionniers de l'aventure sioniste ; ce « monde d'hier » qu'avaient annihilé les nazis. Je rêvassais au Czernowitz de Paul Celan et à la Vienne de Stefan Zweig quand Yoram Kaniuk fit son entrée.

Né en 1930 à Tel-Aviv, il incarnait cette génération de juifs pour qui le sol allemand n'avait pas seulement été souillé par les crimes nazis mais était devenu impur à jamais. « Mon père, qui avait passé de nombreuses années en Allemagne, et ses amis vouaient un culte à la culture germanique. Jusqu'à sa mort, il garda cette fascination et récita même des vers de Goethe sur son lit de mort. L'Allemagne avait pourtant réduit en cendres des millions d'êtres comme lui[8]. » Cet envoûtement morbide, Kaniuk le rejetait. « J'ai toujours été très mal à l'aise vis-à-vis de l'Allemagne. » Dans *Le Dernier Berlinois*, l'écrivain ne se limitait pas à ce genre d'euphémismes. Il y concédait qu'il avait longtemps milité en faveur d'une rupture totale avec les Allemands, les bons comme les mauvais, « à l'instar de ce qui s'était passé avec l'Espagne après l'Inquisition, un pays où les juifs n'étaient revenus que cinq cents ans plus tard[9] ». Il ne pardonnait pas : la rupture de civilisation de l'Holocauste relevait de la culpabilité collective de toute l'Allemagne ; les juifs devaient s'abstenir de tout contact avec ce peuple maudit et avec ce pays qu'il considérait être le plus grand cimetière juif du monde. « Ma femme en avait assez de me chercher les quelques rares thermomètres fabriqués en Italie parmi les centaines made in Germany. J'ai acheté des voitures françaises qui ne m'occasionnèrent que des ennuis mais refusé d'acheter une Volkswagen, j'ai même rendu un poste de télévision de marque allemande[10] », écrivait-il. À sa publication en Allemagne, le livre fut violemment attaqué et les charges de l'auteur attristèrent en particulier le lectorat juif, qui, comme cinquante ans plus tôt, se voyait reprocher de vivre dans un pays qui demeurait celui des meurtriers. « À ma grande surprise, l'ouvrage connut un grand succès en Israël. J'ai reçu des lettres, des e-mails. Un soir, à l'institut Goethe de Tel-Aviv, j'en ai lu quelques passages. Pour une fois j'étais l'un des plus jeunes ; la salle était remplie de vieux juifs allemands : j'étais en quelque sorte leur fils spirituel. J'avais touché quelque chose. »

Kaniuk avait réveillé de vieilles blessures, des plaies mal cicatrisées chez ceux que l'Allemagne avait humiliés et traumatisés pour le restant de leurs jours. Une génération pour qui l'Allemagne avait incarné le Mal absolu. Il avait ravivé les souvenirs d'une période lointaine où l'État hébreu n'avait pas encore établi sa relation privilégiée avec l'Allemagne ; où des milliers d'artistes et de musiciens israéliens ne venaient pas en résidence pour s'encanailler à Berlin en toute bonne conscience ; où leur Premier ministre ne sollicitait pas la chancelière d'Allemagne pour qu'elle envoie des navires de la Bundeswehr surveiller les

côtes libanaises. Après guerre, l'immense majorité des juifs
et des Israéliens partageait le point de vue de Kaniuk : les
Allemands étaient coupables collectivement. Les appels à
la revanche et à l'embargo de l'Allemagne se multiplièrent.
Au congrès de Montreux de juin 1948, les organisations
sionistes avaient exigé qu'aucun juif ne possédât jamais
plus la nationalité allemande. Le directeur du journal
Haaretz proposait d'interdire aux citoyens israéliens un
droit de résidence permanente en Allemagne ; il suggérait
que les juifs ne fussent autorisés à émigrer en Israël qu'à la
condition de n'avoir pas séjourné trop longtemps en Allemagne. Il aurait même souhaité l'adoption d'une loi qui
aurait empêché tout contact avec l'Allemagne ! Quelques
mois plus tard, les passeports israéliens portaient la men-
tion « non valide en Allemagne » et le gouvernement interdisait d'y résider en permanence. Le ministère de la
Culture et de l'Éducation décréta illégale toute importa-
tion de publications en langue allemande. Cette décision
ne fut jamais véritablement suivie d'effet mais elle témoignait de la haine qu'éprouvaient les Israéliens pour l'Allemagne dont les produits et la culture étaient l'objet d'un
boycott spontané et presque généralisé. L'orchestre sym-
phonique d'Israël et les radios publiques refusaient ainsi
de jouer la musique de Richard Wagner. Les manifestations contre les négociations de réparation se déroulèrent
dans cette atmosphère agitée et revancharde. Seul l'intérêt
supérieur de l'État conduisit le pragmatique Ben Gourion
et son entourage à les accepter.

Les juifs de la diaspora et les Israéliens désiraient la
disparition des communautés de liquidation d'Allemagne.
Depuis la fin de la guerre et davantage encore après la
création d'Israël, les juifs d'Allemagne, « menacés de
dégénération morale et nationale » dans un pays où

aucune « justification humaine »[11] ne les retenait, étaient appelés à rallier l'État hébreu. Ceux qui refusaient et, pis encore, qui tentaient de reconstruire une vie juive en Allemagne, étaient considérés comme des individus amoraux et cyniques. Les Israéliens, dont une large part était des rescapés des camps nazis, étaient scandalisés par leurs attitudes qu'ils jugeaient indignes et inconscientes : les juifs n'avaient plus rien à faire en Allemagne. Les dirigeants politiques en étaient également persuadés d'autant qu'ils craignaient que la nouvelle et faible communauté d'Allemagne ne rompît la solidarité juive mondiale qui faisait front commun contre l'Allemagne et ne fût un partenaire plus conciliant dans le cadre des futures négociations de réparations. En novembre 1949, le consul d'Israël à Munich Eliahu Livneh recommandait de marginaliser les juifs d'Allemagne, de « les diminuer au point de les réduire à un problème social, de les séparer du monde juif sans le moindre pouvoir politique[12] ». Anecdote hautement symbolique, les représentants d'Israël à l'étranger avaient pour consigne de ne pas inviter de juifs allemands aux cérémonies et aux petites sauteries qu'ils organisaient.

Les « rémigrés » comme les Wolffsohn étaient les plus mal considérés. Ces juifs allemands qui, après s'être réfugiés en Palestine pendant l'orage nazi, rentraient désormais chez eux, faisaient figure d'ennemis et de traîtres à la patrie. Les Israéliens ne pouvaient admettre qu'après leur « libération » en terre sioniste, des juifs désirassent retrouver un statut précaire de minorité en diaspora, qui plus est en Allemagne, une Allemagne qui venait d'éliminer industriellement le tiers de leur peuple. Les artistes juifs de retour furent durement attaqués ; même l'illustre Martin Buber, le héraut du hassidisme, essuya de très vives critiques quand il annonça qu'il se rendait en Allemagne recevoir le prix Goethe qui lui avait été décerné. Ses contempteurs assuraient qu'il manquait de dignité en se rendant « là-bas ». « Dans l'après-guerre, certains juifs nous traitaient plus mal que les anciens nazis », reconnut des années plus tard un dirigeant de la communauté allemande [13].

L'accord du Luxembourg et les lois d'indemnisation et de restitution desserrèrent quelque peu l'étau psychologique qui oppressait les juifs vivant en Allemagne dans les années 1950. Au moins avaient-ils recouvré l'intégralité de leurs droits et les moyens de subsister dans ce pays où certains avaient décidé de refaire leur vie et où le destin avait porté les autres. Ils gardèrent toutefois des années encore leur statut de paria du monde juif ; l'incompréhension dont ils étaient victime, leur isolement – l'immense majorité des juifs s'enorgueillirent, des décennies durant et jusqu'à aujourd'hui encore pour certains, de n'avoir jamais foulé le sol allemand – et l'ostracisme qu'ils rencontraient – y compris les enfants – dans les réunions internationales ne s'estompèrent que très lentement. « Chaque juif, quelque part au plus profond de son être, doit réserver une part de haine, une haine virile et saine, pour ce que l'Allemand représente et ce qui demeure en l'Allemand. Faire autrement serait trahir les morts [14] », écrivait Elie Wiesel au terme d'une visite en 1962. Il jurait qu'il ne reviendrait pas de sitôt.

Leur isolement et leur stigmatisation avaient contraint les juifs d'Allemagne, malgré leurs rivalités personnelles et les conflits entre juifs de l'Est et juifs allemands, à s'unir au sein du Zentralrat – le Conseil central des juifs *en Allemagne* – en juillet 1950. Il dut affronter la même hostilité des institutions et des organisations juives étran-

gères que les juifs d'Allemagne connaissaient à titre individuel. L'accord du Luxembourg exposa les discriminations
dont il était la cible. Au terme de pourparlers tendus, il
n'obtint qu'un strapontin au sein de la Claims Conference
lors des tractations avec l'État allemand, alors qu'il ambi-
tionna un temps de négocier directement avec Bonn. La
Claims Conference ne lui accorda qu'une portion congrue
des 450 millions de marks qu'elle devait répartir entre les
différentes communautés selon les termes de l'accord de
Luxembourg. Entre 1954 et 1964, elle versa 6,6 millions
de dollars (moins de 29 millions de marks au taux de
1951) aux communautés juives d'Allemagne ; le Zentralrat en espérait le double sinon le triple [15]. Il lui fallut aussi
batailler pour récupérer une partie des fonds générés par
la vente des biens des juifs allemands disparus que géraient
les organismes internationaux, en particulier le JRSO de
New York. Ce dernier ne lui accorda que 10 % des
sommes qu'il perçut.

L'hostilité et la parcimonie des organisations juives
internationales à leur égard et les très faibles ressources
« naturelles » dont ils disposaient obligèrent les dirigeants
du Zentralrat à se rapprocher du gouvernement et des
dirigeants politiques allemands au cours des années 1950.
La survie des derniers juifs d'Allemagne était en jeu. Le
Zentralrat joua dès lors un rôle de lobbyiste pour défendre
au mieux les intérêts des communautés. Les relations de
proximité et d'interdépendance unissant le Zentralrat et le
pouvoir politique datent de cette époque : le premier
dépend du second pour financer ses activités et maintenir
une existence juive en Allemagne ; le second courtise le
premier pour améliorer son image à l'étranger et accroître
sa légitimité, un objectif majeur de la politique étrangère
de la RFA de l'après-guerre. Le Zentralrat conclut un

premier accord de financement avec le gouvernement
Adenauer fin 1953. Une partie des subsides fut destinée à
l'agence d'aide sociale juive, créée, entre autres, pour remplacer ou du moins coordonner le travail des organisations
internationales juives dont les dirigeants juifs locaux se
méfiaient. Henryk George Van Dam, le secrétaire général
du Zentralrat, fut l'homme clé de cette période de Wiedergutmachung, « l'ambassadeur officieux des juifs d'Allemagne auprès du gouvernement et dans le monde[16] ».
Fils de l'antiquaire à la cour de l'empereur Guillaume II,
Van Dam avait passé la guerre en Angleterre. Il était un
juriste d'exception, froid, méticuleux et analytique ; un
administrateur pragmatique dont l'objectif fut de rendre
la vie des juifs d'Allemagne la meilleure possible. Il s'assura
que l'Allemagne remplissait bien ses obligations financières et, par son travail acharné, permit aux juifs d'acquérir
une influence supérieure à leur poids démographique dérisoire. Van Dam pouvait compter sur le concours efficace
et le bagou du journaliste Karl Marx, le directeur de l'*Allgemeine Wochenzeitung*, le principal hebdomadaire juif
du pays, pour nouer des contacts précieux avec les dirigeants politiques, notamment avec le président Heuss,
dont il était très proche. « Marx était pétri de culture
allemande. C'était un petit bonhomme pétillant, drôle et
d'une inlassable activité ; un optimiste invétéré qui crut en
l'avenir des juifs en Allemagne après guerre et qui lutta
contre leur discrimination en Allemagne et à l'étranger »,
se souvenait son ami Ralph Giordano qui fut son collaborateur au journal. Celui-ci servit de médiateur entre le
gouvernement et le monde juif allemand et Marx ne se
privait jamais de dénoncer dans ses colonnes les anciens
nazis qui avaient réintégré de hautes fonctions administratives. Une troisième personnalité d'exception émergea de

la grisaille des années 1950. À la différence de Marx et de Van Dam, tous deux partis en exil, Heinz Galinski, le président de la communauté de Berlin de 1949 à sa mort, en 1992, avait vécu la terreur des persécutions nazies puis l'enfer concentrationnaire d'Auschwitz et de Bergen-Belsen. Il y avait perdu sa première femme et l'intégralité de sa famille ainsi que des douzaines de proches. Giordano l'avait bien connu aussi : « Galinski était très direct et ne cachait pas ses émotions. Il était intraitable et n'hésitait jamais à intervenir dans un débat ; il était l'un des principaux pourfendeurs de la "restauration" sous Adenauer. » Il pouvait être dur et autoritaire : les supplices endurés dans les camps l'avaient marqué, mais il en tirait sa force et son incroyable énergie qui firent de lui une figure de la vie berlinoise durant des décennies.

Au milieu des années 1950, les petites communautés juives d'Allemagne avaient retrouvé une certaine stabilité et davantage de sérénité grâce à la Wiedergutmachung, le prix du sang qu'avait accepté de payer la RFA. S'ouvrit une période de « réconciliation bureaucratique[17] » marquée par la collaboration forcée du Zentralrat avec le gouvernement fédéral et les administrations régionales, faute de ressources et du faible soutien des organisations juives étrangères. Par son assistance, bienveillante et calculée – elle faisait des juifs un alibi –, l'Allemagne de l'Ouest pouvait prétendre avoir expié ses péchés aux yeux de l'opinion publique internationale et envisager de réintégrer le cercle des nations civilisées. Les relations entre juifs et Allemands avaient trouvé un nouveau cadre légal et financier, mais quelques années seulement après la Shoah, elles n'en demeuraient pas moins difficiles et embarrassées.

CHAPITRE V

Totems...

La Wiedergutmachung ne pouvait seule justifier le retour des exilés juifs en Allemagne de l'Ouest dans les années 1950. Leur choix m'intriguait. Je me figurais mal leur vie quotidienne, les relations qu'ils entretenaient avec leur entourage, les rapports qu'ils avaient à l'Allemagne. Faisaient-ils confiance à leurs voisins ? Connaissaient-ils leur passé ? Pouvaient-ils l'évoquer ? Je me demandais si leurs sens étaient toujours en alerte, s'ils vivaient la peur chevillée au corps, inquiets et méfiants, à la limite de la paranoïa. Et se sentaient-ils coupables d'habiter en Allemagne ? Faisaient-ils plutôt abstraction du passé pour mieux se consacrer au présent ? Étaient-ils intégrés à la société d'après guerre ou, au contraire, restaient-ils reclus dans leurs petites communautés, derrière des volets clos, hantés par leurs fantômes ?

Inge Marcus est revenue à Berlin en 1950. Cette charmante et pimpante vieille dame, qui, comme son amie Thea Wolffsohn, maîtrisait à merveille l'art du « Kaffee-Kuchen » et de l'hospitalité germanique, était issue d'une famille bourgeoise, libérale et assimilée. Elle eut une enfance très heureuse à Berlin où elle vit le jour en 1922. Quelques mois après la Nuit de cristal, elle partit en Angleterre ; elle y passa la guerre et y travailla comme infirmière puis dans un jardin d'enfants. « Au printemps

1950, nous nous sommes installés à New York avec mon petit garçon et mon mari, mais il n'y était pas heureux et il songeait à revenir en Allemagne depuis un certain temps déjà. Au bout de quelques semaines seulement, nous avons plié bagage et après avoir hésité avec Hambourg et Düsseldorf, nous nous sommes décidés pour Berlin ; je voulais travailler pour la communauté[1]. » Dans son vaste séjour où figurait un tableau représentant une vue de Jérusalem, elle commençait par me raconter les raisons qui l'avaient poussée à revenir à Berlin bien que ce n'était pas la question que je lui avais adressée. Dans son livre, Kaniuk racontait qu'en Allemagne, les juifs d'un certain âge entamaient souvent une discussion en expliquant les raisons de leur retour, comme s'ils voulaient balayer les doutes de leurs interlocuteurs et se convaincre, peut-être aussi, du bien-fondé de leur décision. « Nous avons été très bien accueillis, avec gentillesse, et, parce que nous étions juifs, nous avons pu disposer d'un grand appartement », poursuivit-elle. Ses parents étaient restés à Berlin jusqu'aux grandes rafles de l'hiver 1943 ; puis ils avaient été déportés à Auschwitz où ils avaient été gazés dès leur arrivée. N'avait-elle aucun scrupule à revenir sur les lieux du crime ? « Non aucun, affirmait-t-elle. Au contraire : c'était notre victoire sur Hitler ; à la communauté nous pensions que le maintien d'une vie juive en Allemagne était un symbole fort. De plus, tous les Allemands n'avaient pas été nazis ; je retrouvais des amis proches. Les gens n'étaient pas nostalgiques de Hitler et en tant que juive, je n'ai jamais connu de mauvaises expériences, jamais subi de discriminations ou senti la moindre hostilité à mon égard. La RFA des années 1950 n'était pas l'Allemagne des années 1930 ; il y avait de nouvelles institutions, une autre société et de bons démocrates étaient au pouvoir. » Elle me cita les noms d'Adenauer, d'Heuss et de Brandt. « L'Allemagne changeait. »

Lentement. Très lentement. Quand Inge Marcus revint à Berlin, la RFA entamait seulement son long chemin vers l'Occident. Elle reprenait langue avec la démocratie. Ses débuts n'incitaient guère à l'optimisme pourtant. En 1949, au terme d'un long séjour, Hannah Arendt, qui vivait aux États-Unis depuis presque dix ans, avait trouvé ses anciens compatriotes apathiques, totalement indifférents au régime qui les gouvernait ; elle avait croisé des individus cyniques, « nihilistes » pour certains, qui avaient perdu toute échelle de valeurs du fait de la propagande nazie qui n'avait cessé de mentir et de transformer les faits[2]. Elle en concluait que l'Allemagne était toujours la nation la plus dangereuse d'Europe. Un sondage de 1951 confirma ses craintes : il indiquait que 45 % des Allemands considéraient l'empire de Guillaume II comme la période la plus favorable à l'Allemagne ; 42 % choisissaient les premières années du IIIe Reich. Seuls 7 % des personnes avaient sélectionné la république de Weimar ; 2 % l'époque actuelle[3]. Trois ans après Hannah Arendt, un autre investigateur avisé, l'écrivain voyageur Peter Schmid, dressait le même constat : « La participation importante aux élections ne doit pas masquer le fait que l'Allemand moyen considère les affaires publiques avec indifférence et scepticisme[4] », écrivait-il. Les Allemands lui semblaient fuir toute responsabilité politique pour mieux se replier sur leur vie familiale après des années d'aventurisme qui ne leur avaient occasionné que malheurs et destructions. Les libertés individuelles que leur garantissait la loi fondamentale, la nouvelle constitution, étaient appréhendées à cette aune : elles les mettaient à l'abri de toute ingérence de l'État et protégeaient leur vie privée. Les Allemands étaient en quête de normalité, de confort petit-bourgeois et d'un conformisme rassurant. Au moins, notait Schmid, le pays était épargné des sanglants troubles révolutionnaires qui avaient déstabilisé la république de Weimar dès ses débuts. Mais il s'interrogeait, comme tant d'autres Cassandre qui guettaient, non sans raisons, le moindre soubresaut, la moindre alerte venue de ce côté-là du Rhin, sur la solidité et la stabilité de cette jeune démocratie, imposée par les Alliés et à laquelle l'immense majorité de la population ne paraissait attachée que très superficiellement.

À la fin des années 1950, le spectre d'une restauration autoritaire s'était éloigné. La démocratie commençait à s'ancrer sous la conduite de « vieux libéraux », ces anciennes élites de Weimar qui s'étaient condamnées au silence – la fameuse « émigration intérieure » – pendant la dictature hitlérienne et qui avaient refait surface sitôt sa disparition. Les aspirations bourgeoises de la population étaient comblées par le chancelier Konrad Adenauer et son ministre de l'Économie Ludwig Erhard, les deux principaux artisans du renouveau démocratique, les garants de la stabilité du pays et des succès électoraux toujours croissants de la CDU. « Pas d'expérience » : le slogan chrétien-démocrate de la campagne de 1957 en disait plus qu'un long discours.

Konrad Adenauer était la figure paternelle digne et rassurante dont le peuple allemand était à la recherche. Provincial et pragmatique, il incarna la république de Bonn à ses débuts. Sous sa conduite, l'Allemagne de l'Ouest rompit avec le Sonderweg, sa « voie particulière » et funeste qui l'avait menée aux désastres de la première moitié du siècle. La présence menaçante des troupes de l'Armée rouge sur la rive orientale de l'Elbe conforta ses convictions européennes et atlantistes. L'avenir était désormais à l'Ouest, dans cette «Europe carolingienne» latine et catholique en ébauche dans la nouvelle Communauté économique européenne (CEE) et sous protection américaine, au sein de l'OTAN. Ludwig Erhard fut le père du miracle économique sans qui l'apprentissage démocratique aurait tourné court. Il présida à la prodigieuse croissance des années 1950 et à la reconstruction qui fut accomplie avec une célérité remarquable. À la fin de la décennie, l'Allemagne de l'Ouest était la première puissance économique du continent. Grâce aux succès de l'économie sociale de marché, la RFA se transforma peu à peu en une société de consommation. La ménagère s'offrait une gazinière, un frigidaire et une cuisine en formica aux couleurs pastel et aux meubles en tek. Le col blanc s'enthousiasmait pour sa radio et son électrophone Grundig où tournaient en boucle les *Pêcheurs de Capri* et les autres tubes de Rudi Schuricke, l'idole du moment ; il conduisait fièrement ses enfants à l'école au volant de sa Coccinelle rutilante et faisait ses courses dans les rayons self-service et désormais bien approvisionnés des premiers supermarchés. Sous l'influence de l'occupant américain, de plus en plus d'Allemands découvraient la société des loisirs, des superproductions hollywoodiennes et du coca-cola. Ils commençaient à goûter en masse aux joies des vacances. Ils se rendaient de préférence en Autriche, la patrie de Sissi qui triomphait sur les écrans, l'objet de leurs fantasmes, l'incarnation de l'innocence, leur paradis perdu, étranger mais pourtant si proche et où ils se sentaient plus libres d'exprimer leur amour et leur nostalgie pour leur germanité refoulée. Ils rêvaient de Capri et du lac Majeur, de mer et de plage, de «gelatti» et de «frutti di mare» qu'un nombre croissant d'entre eux pouvaient s'offrir à présent. Une promenade dans une ville de l'ouest du pays, où les glaciers « Da Venezia » et « Napolitana » abondent encore aujourd'hui, confirmera l'empreinte durable dans les consciences du kitsch italien de l'ère Adenauer. Après les années de guerre et de pénurie, la démocratie, pourvoyeuse de bien-être et de confort matériel, obtenait l'aval des nouveaux citoyens consommateurs. En décembre 1963, près des deux tiers des Allemands considéraient qu'ils vivaient la période la plus heureuse de l'histoire de leur nation. L'empire de Guillaume II ne récoltait plus que 16 % des suffrages ; les années 1933-1939 à peine 10 %[5].

À voir Inge Marcus dans son joli pavillon dont la construction devait dater des années 1950, je pouvais l'imaginer sans peine, elle et sa petite famille, profiter des avantages de la modernité et de l'américanisation de la vie quotidienne ; jouir de cette décennie de stabilisation et d'expansion inespérée. Les opportunités étaient immenses ; elles tendaient les bras à qui voulaient s'en saisir. Les juifs qui étaient restés en Allemagne et ceux qui avaient décidé d'y faire leur retour s'investirent, avec plus de rage et d'envie peut-être encore que leurs concitoyens, après ce qu'ils avaient subi. Quelques juifs allemands s'engagèrent dans la politique, saisissant la main que leur tendaient le président Heuss et des ténors du SPD. Heuss avait prononcé en 1952 sur le site du camp de Bergen-Belsen et en présence de Nahum Goldmann un discours resté célèbre : il y martelait que personne ne laverait jamais la honte de l'Allemagne. Les juifs rejoignaient en majorité les rangs du SPD. Jakob Altmaier en fut le premier député juif au Bundestag, où siégea également Jeannette Wolff, représentante de Berlin ; Rudolf Katz fut ministre de la Justice au Schleswig-Holstein avant de rejoindre la Cour constitutionnelle ; Fritz Bauer

devint procureur de Hesse tandis que l'impétueux Karl
Marx, membre du SPD, devenait le conseiller officieux
du président libéral Heuss. Les juifs polonais, majoritaires dans les communautés, s'orientèrent davantage
vers les affaires : dans la confection, à l'instar d'Arno
Lustiger à Francfort et du mari de Lola Waks, l'immobilier, la restauration et fréquemment dans le monde
interlope de la nuit, comme tenanciers de bars, de clubs
et de bordels. Artur Brauner se fit un nom dans le
cinéma. Peu connu en France, Brauner est probablement
le producteur de cinéma le plus prolifique d'Allemagne
depuis la guerre et il continue aujourd'hui à travailler
sans relâche à près de 90 ans, raison pour laquelle je n'ai
pu le rencontrer malgré de nombreuses sollicitations. Ce
juif originaire de Lodz, bien qu'il eût perdu quarante-
neuf membres de sa famille pendant la guerre, fonda la
Central Cinema Company à Berlin en 1946. Son premier film sondait le passé nazi de l'Allemagne et se solda,
sans surprise, par un échec commercial ; il consacra alors
son énergie à des divertissements plus consensuels, inspirés des westerns fleur bleue de Karl May et des romans
noirs d'Edgar Wallace. À la fin des années 1950, il réussit
un coup formidable : il parvint à convaincre Fritz Lang
de revenir tourner en Allemagne. Alors en délicatesse
avec les studios hollywoodiens et pris à partie par la
critique américaine, Lang tourna ses trois derniers films
avec Brauner qui lui assura des contrats supérieurs à tous
ceux qu'il avait signés en Amérique. *Le Tigre du Bengale*,
Le Tombeau hindou et *Le Diabolique Docteur Mabuse*, où
jouait Gert Fröbe, un ancien membre du parti nazi, plus
connu quelques années plus tard pour son interprétation
du méchant Goldfinger, furent les fruits de leur collaboration.

Dans la démocratie du ventre plein, une nouvelle élite intellectuelle apparut. Elle défendait la liberté et l'état de droit et s'efforçait de lutter contre la passivité et l'incrédulité des masses par une approche plus critique de l'information. Une nouvelle génération de journalistes exerçait progressivement un contre-pouvoir et diffusait des idées plus modernes et plus ouvertes à l'Occident dans de nouveaux médias comme le *Spiegel* – créé sur le modèle de *Time Magazine* – et le *Zeit*, fondés dans l'immédiat après-guerre avec la caution des Alliés. Dans les rubriques « Feuilleton » des journaux et dans les revues, aux côtés de publicistes plus âgés de retour d'exil comme Sebastian Haffner et Hans Habe, de jeunes écrivains faisaient leurs gammes et commençaient à insuffler un ton original aux lettres allemandes. « L'esprit démocratique a marqué profondément toute l'édition de l'après-guerre, la radio, la télévision et les entreprises de presse[6] », rappelait le futur Prix Nobel de littérature Heinrich Böll qui participa à cette nouvelle vague. L'accès aux ouvrages de Sartre, Camus, Hemingway, Kafka, Green, Moravia ou encore Faulkner – interdits et introuvables du temps du nazisme –, dans les centres culturels des puissances d'occupation, eut une influence considérable sur l'élite intellectuelle émergente de la jeune RFA. Son horizon s'élargissait peu à peu ; elle renouait avec la culture humaniste occidentale dont l'avait coupé le totalitarisme hitlérien, grand-teuton et provincial. Les représentants les plus prometteurs de cette génération se rencontraient une fois l'an aux réunions du Groupe 47, un club fermé et informel dont l'écrivain Hans Werner Richter, son fondateur, invitait les participants par cartes postales. Ses auteurs devaient lire leurs manuscrits inédits devant le cénacle de leurs pairs ; ils y discutaient littérature et pouvaient aussi évoquer l'actualité politique et sociétale de la RFA. L'un des participants réguliers de ces agapes littéraires, le poète et essayiste Hans Magnus Enzensberger, décrivit un jour le Groupe 47 comme le « café central d'une littérature sans capitale[7] ». Ses écrivains défendaient les valeurs démocratiques et entendaient protéger leur liberté d'expression. De Martin Walser à Siegfried Lenz, de Günter Grass à la poétesse Ingeborg Bachmann, les plus grands auteurs de l'après-guerre prirent part à ses travaux.

L'immense majorité des intellectuels juifs ne revint pas en Allemagne après guerre. Quelques-uns quittèrent cependant leur exil américain afin de contribuer au processus de démocratisation et d'occidentalisation à l'œuvre en RFA. Ces « rémigrés » furent des passeurs de culture, les médiateurs entre l'Amérique, tolérante et pluraliste du New Deal de Roosevelt et de Truman, et l'Allemagne, ce champ de ruines intellectuelles dont les élites avaient failli mais qui disposait d'une ancienne tradition de penseurs éclairés dont ils étaient les héritiers. Ils aspiraient à transmettre de nouvelles valeurs à leurs compatriotes, forts de leurs expériences universitaires et professionnelles au sein d'une société ouverte : elles leur avaient donné accès à un savoir inédit et à une culture libérale anglo-saxonne ; elles leur avaient permis d'acquérir de nouvelles méthodes de travail et de pensée. Ils n'envisageaient pas cependant de transposer hâtivement les vertus du Nouveau Monde à la jeune Allemagne, mais plutôt de les lui inoculer lentement, en tenant compte de son histoire et de ses particularismes, et en s'engageant sur le long terme.

Ernst Fraenkel était un de leurs éminents représentants : il fut l'un des fondateurs de la science politique allemande de l'après-guerre. Son exil américain avait marqué une rupture dans sa réflexion politique. En observant les réalisations du New Deal, ce juriste de formation, né dans une famille de commerçants juifs de Cologne, fut définitivement convaincu des bienfaits de la démocratie libérale et de ses capacités à résoudre les problèmes économiques, politiques et sociaux des nations industrielles modernes. Les réussites de l'État providence rooseveltien balayèrent les réticences que Fraenkel avait eues pendant la république de Weimar : alors militant socialiste, il considérait que la démocratie ne pouvait servir *in fine* que les intérêts de la classe dirigeante. Or il constatait que, dans l'Amérique des années 1940, le capitalisme de marché et la démocratie politique n'étaient pas antagonistes mais se révélaient, au contraire, complémentaires et même avantageux l'un pour l'autre. Le bien commun était le fruit des compromis entre leurs intérêts divergents. Après Auschwitz, le politologue avait décidé de rompre toute relation avec son pays natal. Il travailla pour diverses administrations américaines, notamment en Corée du Sud. Il ne rentra en Allemagne qu'en 1951, à la demande expresse de son ami et futur maire de Berlin-Ouest, Otto Suhr, afin d'aider les démocrates ouest-allemands à lutter contre les tenants de l'autoritarisme qui dominaient toujours la culture politique germanique. À son retour à Berlin, Fraenkel élabora un corpus théorique où s'agrégeaient les leçons qu'il avait tirées de son expérience américaine et l'héritage de plus anciennes traditions allemandes qui lui étaient chères : le respect des libertés individuelles et civiles, un droit du travail fort et développé, une bureaucratie moderne, une tradition d'intervention sociale étatique[8]. Soit, peu ou prou, les bases du modèle rhénan qui assurerait la fortune de la RFA jusqu'à la chute du mur de Berlin.

Les plus célèbres intellectuels juifs à faire leur retour dans l'Allemagne d'après guerre furent certainement Max

Horkheimer et Theodor Adorno, les deux principaux représentants de l'école de Francfort. Adorno avait retrouvé Horkheimer en 1937 à New York, où ils élaborèrent ensemble une interprétation très marxisante de l'antisémitisme et du fascisme, qu'ils considéraient comme la conséquence immanente de la dynamique évolutive et destructive du capitalisme libéral. Au fil des années de guerre et à mesure que les informations sur les dimensions industrielles de l'anéantissement des juifs d'Europe leur parvenaient, ils affinèrent leur hypothèse et y introduisant des motifs religieux – la jalousie du « fils chrétien » pour son « père juif » – et sociologiques. L'antisémitisme résultait du climat culturel socialement dominant, notamment l'autoritarisme. À leur exégèse marxiste du fascisme, Adorno et Horkheimer ajoutaient à présent une analyse du caractère et des particularismes nationaux. Elle les obligeait à se tourner vers l'Allemagne. Ils firent leur retour à Francfort à la fin des années 1940, convaincus qu'Auschwitz était le point dont il fallait repartir pour penser l'histoire et l'individu.

Horkheimer et plus encore Adorno, qui prit la tête de l'Institut de recherche sociale en 1958, devinrent les consciences morales et politiques de l'Allemagne de l'Ouest, les aiguillons de sa démocratie. La mutation d'Adorno était stupéfiante. À Francfort, sa ville natale, et dans l'Europe centrale de l'après-Grande Guerre, « Teddy », qui était fils d'un juif négociant en vins prospère et d'une cantatrice catholique, avait été un intellectuel précieux, élitiste, antibourgeois et apolitique précoce. L'afféterie du jeune Adorno et son orgueil immense lui valurent quelques inimitiés durables, dont celle d'Hannah Arendt. Passionné de musique dodécaphonique, qu'il composait à ses heures perdues, il avait suivi les enseigne-

ments d'Arthur Schönberg et s'était lié d'amitié avec Alban
Berg ; il avait fait ses premières gammes de philosophe et de
sociologue en musicologie[9]. Les persécutions nazies et ses
années d'exil le forcèrent à prendre conscience d'une donnée biographique qu'il avait toujours considérée avec scepticisme, et dont il avait même tendance à se moquer[10] : sa
judaïté. De retour au pays, dont il avait gardé la nostalgie,
lui qui aimait passionnément sa culture et sa langue, sa
conscience politique avait radicalement évolué. Ses capacités d'analyse et ses talents de pamphlétaire, il en ferait
désormais usage pour passer au crible de la théorie critique
la démocratie et la société de la jeune RFA, politiquement et culturellement à la recherche d'elle-même. Avec
Fraenkel et Horkheimer, il luttait contre les tenants de la
restauration intellectuelle et de la révolution conservatrice
à l'œuvre dans les années 1950.

◆

   L'antisémitisme n'avait officiellement plus cours dans
l'Allemagne du chancelier Adenauer. Les Alliés, les Américains surtout, avaient suffisamment averti les Allemands
que la communauté internationale les jugerait en fonction de la manière dont ils traiteraient les juifs. Le message fut bien reçu. Le gouvernement initia sa politique de
Wiedergutmachung, et la population, ainsi qu'elle s'était
pliée au jeu démocratique, modifia radicalement sa perception et son discours sur les juifs : elle adopta à leur
égard une attitude des plus positives. À l'antisémitisme
génocidaire des nazis et à la passivité criminelle de la
population se substitua un philosémitisme opportuniste
et débonnaire. Il s'était manifesté promptement dès la fin
des hostilités. En ces temps de dénazification intensive, le

juif se révélait aussi précieux qu'il avait été encombrant quelques semaines seulement auparavant. Dans son roman *Les Bertini*, Ralph Giordano racontait la facilité avec laquelle sa famille retrouva un logement à Hambourg bien que la ville fût très largement détruite. Loger des juifs attestait de la haute moralité et de la miséricorde du propriétaire et des voisins ; c'était une assurance et un gage de sécurité au moment où les investigations alliées se multipliaient. Après guerre, les juifs devinrent très fréquentables : il était de bon ton de s'afficher en leur présence, notamment devant les représentants des puissances étrangères. De nombreux Allemands redécouvrirent leurs « chers amis juifs » pour obtenir un précieux « certificat de bonne conduite » qui les mettait à l'abri de tout ennui judiciaire.

Dans les années 1950, la dénazification avait fait long feu : l'immense majorité des Allemands n'avait plus rien à craindre de la dénazification. Se développa dès lors une nouvelle forme de philosémitisme qui laissa des empreintes durables dans le discours public et dans la perception des juifs en Allemagne. Les clichés antisémites furent inversés et engendrèrent de nouveaux stéréotypes. La propagande nazie avait décrit les juifs comme des spéculateurs improductifs et des parasites de l'économie ? Les banquiers juifs étaient désormais encensés pour leurs qualités de financiers et contribueraient, espérait-on, à la reconstruction de l'économie allemande. Les juifs ploutocrates et bolcheviks avaient ourdi une conspiration mondiale contre le Reich ? La richesse de leurs réseaux et les liens indéfectibles qui les unissaient faisaient à présent l'admiration de tous et l'on se prenait à rêver que « l'internationale juive » servirait d'intermédiaire avec les Alliés et les banques pour qu'ils volent au secours de l'Allemagne[11]. De nouveaux poncifs culturels firent leur apparition. Les juifs n'étaient plus ce corps étranger qui avait souillé la culture et la science allemandes ; au contraire, on célébrait dorénavant leurs contributions grandioses et leur génie créatif. Les sous-hommes des nazis étaient devenus des surhommes : l'infâme Juif Süss avait disparu au profit de Nathan le Sage, un être brillant, tolérant, qui avait souffert mais était si magnanime qu'il pouvait tout pardonner. Un idéal. Un totem.

J'ai surnommé Efraim Habermann « el Magnifico ». J'avais repéré ses aquarelles colorées et ses belles photos dans le café de la Litteraturhaus de Berlin, dont la véranda était décorée de ses œuvres. Un ami commun, habitué des lieux, m'avait recommandé de l'y attendre : « Il vient ici très régulièrement, mais si tu es vraiment pressé de le rencontrer, tu le trouveras au restaurant du centre communautaire juif, cent mètres plus haut : il y déjeune quotidiennement. » Il était presque 13 heures : je filais. Au Gabriel, c'était l'ambiance des grands jours : un groupe de touristes américains mangeaient bruyamment ; Lydia la serveuse polonaise virevoltait entre les tables pour servir une soupe de boulettes fumante à deux dames très âgées et fort poudrées, engagées dans une intense conversation en yiddish. À la gauche d'une femme à la poitrine impressionnante et que j'imaginais russe, était assis un homme, fumant nonchalamment. Les cheveux soigneusement peignés en arrière, la moustache fine et bien taillée, il portait une cravate que rehaussait une pochette s'échappant de la poche supérieure de la veste de son costume trois pièces bleu sombre à fines rayures grises. À travers ses lunettes en écaille, il fixait son étui à cigarettes Dunhill, à moins que ce ne fût son briquet argenté Dupont. « Efraim Habermann ? » Il leva les yeux.

Né à Berlin en 1933, notre dandy avait, enfant, traversé l'Europe à la veille de la guerre pour embarquer sur un cargo vers la Palestine à Trieste. Il était revenu dans sa ville natale à la fin des années 1950 pour des raisons de famille. « Nous étions rentrés parce que mon père était malade et serait mieux soigné en Allemagne[12]. » « Bien qu'élevé à la plage », il m'avoua qu'il avait toujours songé à revenir au pays dont il n'avait jamais cessé de parler la langue, cette langue que les juifs allemands n'ont jamais cessé de vénérer, cette langue allemande dont Elias Canetti écrivait en 1944 qu'elle resterait la langue de son esprit parce qu'il était juif, parce qu'il voulait conserver en lui le reste d'un pays dévasté. À son retour, Efraim avait été frappé par l'accueil chaleureux qu'il avait reçu. « Quand je disais aux gens que j'avais vécu en Israël, ils se montraient très amicaux, respectueux même. Régulièrement, des copains ou de simples connaissances me racontaient qu'ils avaient des amis israéliens ou qu'ils connaissaient des artistes israéliens extrêmement talentueux. La presse donnait le ton. À la fin des années 1950 et au début des années 1960, elle était systématiquement pro-israélienne et très favorable aux juifs. Dans le débat public, c'était pareil : jamais un mot contre Israël ni contre les juifs », disait-il, en sirotant un Ginger Ale, sa boisson préférée. Efraim devait faire allusion aux nombreux journaux – *Die Welt*, *Bild Zeitung* (le plus fort tirage d'Allemagne), *Berliner Zeitung*… – du puissant groupe Springer dont le philosémitisme était légendaire. Axel Springer, président et fondateur de l'« empire », conservateur bon teint et anticommuniste intransigeant, était un être mystique, convaincu que « des juifs viendrait le salut ». Il avait un immense complexe de culpabilité, bien qu'il ne fût jamais mêlé personnellement aux atrocités nazies. Il s'était donné pour mission de soutenir Israël et de favoriser la réconciliation de l'Allemagne avec les juifs, et ses publications avaient le devoir d'y contribuer. Ces deux points figuraient d'ailleurs en toutes lettres dans la charte que ses journalistes s'engageaient à respecter dans leur travail. Axel Springer fut honoré à de nombreuses reprises par des universités et des institutions israéliennes ainsi que par la communauté juive de Berlin.

En écoutant Efraim Habermann, je songeais à Inge Marcus dont la réception avait également été cordiale et empressée. Les amis d'Efraim et d'Inge étaient-ils sincères ? Avaient-ils mauvaise conscience ? Leur abord affable dissimulait-il un malaise plus profond ? Une combinaison des trois certainement, j'en avais le pressentiment mais je n'en savais rien. À tort, je n'avais pas osé leur demander. Sous l'ère Adenauer, des Allemands furent authentiquement philosémites. Des intellectuels humanistes et des antifascistes, de simples citoyens, honteux, accablés, conscients de la responsabilité collective de leur peuple et peut-être coupables à titre personnel, cherchèrent à entrer en contact avec des survivants juifs dans l'immédiat après-guerre. Ils aspiraient à une reprise du dialogue. Ces bonnes intentions se concrétisèrent dans les sociétés d'amitié judéo-chrétiennes, créées à la fin des années 1940 et qui trouvèrent un écho croissant la décennie suivante. Elles réunissaient des théologiens, des hommes d'Église, des professeurs et des intellectuels des trois religions, des hommes et des femmes de bonne volonté, dont certains devinrent des figures morales de la RFA, à l'instar de Johannes Rau et de Gustav Heinemann qui deviendraient par la suite présidents de la République. Les sociétés d'amitié judéo-chrétienne envoyèrent de jeunes Allemands en Israël, leur firent visiter les camps de concentration et instituèrent une « semaine de la fraternité » afin de sceller les

réconciliations entre les deux peuples. Grâce à leurs programmes culturels et éducatifs et grâce à des campagnes de
presse régulières, elles contribuèrent à réduire les préjugés
antisémites de la population et la sensibilisèrent à son
passé. Concomitamment au développement des sociétés
d'amitié judéo-chrétienne, les Églises sortirent progressivement de leur silence et commencèrent à s'interroger sur
leurs responsabilités dans les crimes du IIIe Reich. Sous
l'impulsion de théologiens comme le protestant Martin
Niemöller, elles commencèrent à évoquer publiquement
le génocide des juifs et appelèrent leurs ouailles à renoncer
à toute forme d'antisémitisme.

Pour la majorité des Allemands, le philosémitisme avait
cependant un autre dessein dont les aspirations étaient
moins nobles. La sublimation du juif épargnait l'examen
de soi douloureux que prescrivait Karl Jaspers pour élucider la culpabilité allemande, cette culpabilité morale et
métaphysique dont chaque homme avait en son âme et
conscience à répondre individuellement. L'idéalisation des
victimes juives prit la forme d'un rituel. Souvent il ne
s'adressait pas véritablement aux juifs, que les Allemands
avait rarement l'occasion de côtoyer. Non, son but était
autre : le philosémitisme offrait à ses adeptes une virginité
morale et sociale, une meilleure estime d'eux-mêmes. Il les
aidait à surmonter leur insécurité. Désormais en paix avec
leur conscience, ils pouvaient jouir du miracle économique et des charmes de la société de consommation nais-
sante. Le juif érigé en totem, le peuple d'Israël indemnisé,
il n'y avait plus de raison de remuer le passé. Un lourd
silence s'abattit sur l'Allemagne d'Adenauer. Le règne de
l'omerta. Le totem et le tabou.

… et tabous

« Racontez-moi donc où vous étiez pendant la guerre.

— Oh! Je n'y pense pas souvent, j'essaie d'oublier et d'ailleurs j'y réussis… C'est le passé[1]. »

Gaeseler, l'homme qui réussit à oublier son passé, est l'un des personnages du roman *Les Enfants des morts* d'Heinrich Böll. Il représente l'Allemand moyen des années 1950. Son passé est compromettant mais dix ans après la guerre, il prononce avec emphase et conviction des communications sur la poésie lyrique. Gaeseler prend la vie à bras-le-corps; brillant et bel homme, il tente de séduire la veuve d'un soldat dont il a provoqué la mort sur le front russe. Il ne s'embarrasse pas de remords, n'éprouve aucun regret, évite de se poser trop de questions : « Tout oublié, disait-il, massacré systématiquement mes souvenirs. Il faut oublier la guerre[2]. » Gaeseler incarne la face sombre de l'ère Adenauer, son opportunisme et son cynisme. Cette Allemagne hyperactive, productive et avide de consommation était atteinte d'une névrose que trahissaient l'architecture fonctionnelle et sans âme de ses villes reconstruites et l'esthétique édulcorée de ses intérieurs que dominaient le plastic, le formica et le contreplaqué. Des formes et des matériaux nouveaux comme allégories de la rupture avec le passé, dont on ne voulait plus rien savoir, qu'on feignait d'ignorer.

Un autre « rémigré » d'origine juive fut l'un des principaux orchestrateurs du détournement de la mémoire et de sa réécriture. L'historien Hans Rothfels retarda pendant des années la formulation de questions décisives sur le passé nazi[3]. Trois ans avant son retour des États-Unis en 1951, il avait publié *L'Opposition allemande*, un ouvrage qui lui assura une célébrité immédiate. Rothfels y arguait qu'entre 1933 et 1945, l'Allemagne avait été un pays occupé par une ligue de fanatiques dont le Führer était l'incarnation du diable. Sa force d'attraction démoniaque lui avait permis de faire main basse sur la bonne et innocente Allemagne dont le peuple avait été victime de Hitler-Lucifer, l'ange déchu. Le nazisme n'était pas l'Allemagne et encore moins le produit de son histoire. Il était un accident de parcours, le fruit pourri de la modernité et la conséquence de la massification des sociétés, d'une mécanique de forces obscures qui avaient engendré les totalitarismes nazi et communiste. Les conjurés de l'attentat raté du 20 juillet 1944 contre Hitler étaient au contraire, selon Rothfels, les représentants de la vraie Allemagne. Ces militaires de haut rang, ces aristocrates avaient lavé son honneur. Ils payèrent certes leur opposition au Führer de leur vie, endurèrent une mort horrible et un grand nombre fit preuve d'un courage admirable. Mais ils n'avaient pas été inspirés par une indignation morale ou par ce qu'ils savaient des souffrances infligées à d'autres hommes[4]. En survalorisant cette « autre Allemagne » du 20 juillet 1944, Rothfels occultait par ailleurs la responsabilité des forces conservatrices dans la destruction de la république de Weimar ; il exonérait le nationalisme allemand de toute complicité et de tout soutien à Hitler ; il réhabilitait politiquement et moralement l'immense majorité de la population.

Ses vues n'étaient pas fondamentalement originales : elles étaient soutenues par d'autres historiens conservateurs comme son mentor, l'auguste professeur Friedrich Meinecke qui avait publié *La Catastrophe allemande* dès 1946. L'était davantage, en revanche, sa biographie. Issu d'une famille juive aisée de Kassel, Rothfels avait été chassé de son poste à l'université de Königsberg par les nazis. Bien que converti au protestantisme dans sa jeunesse, Rothfels, le nationaliste prussien, spécialiste reconnu de Clausewitz et de Bismarck, avait le sang impur et ne pouvait enseigner aux jeunes élites de la communauté du peuple. Il dut partir en exil en 1938. L'impact de ses idées réactionnaires n'en fut que plus fort à son retour. Rothfels, le juif, l'émigré et la victime des persécutions nazies, grand historien de surcroît, était pain bénit pour le camp de la restauration. Il fut chaleureusement accueilli par ses collègues ; son livre fut salué par la critique et le ministère des Affaires étrangères ; il rencontra un vaste public : il avait fait œuvre de libération. Rothfels devint une figure de légitimation pour l'historiographie allemande de l'après-guerre et contribua à forger l'identité de la RFA des années 1950 et au-delà. L'évocation des héros du 20 juillet, ces hommes qui avaient « lavé par le sang la honte que Hitler[5] » avait imposée à l'Allemagne, devint un rituel républicain. En excluant de son récit une partie importante de son histoire personnelle – l'antisémitisme, l'aryanisation, les persécutions, l'exil – et en marginalisant les aspects les plus sombres de l'Allemagne nazie – les déportations, le génocide – auxquels il n'aurait sans doute pas échappé s'il était resté en Allemagne, Rothfels encouragea ses concitoyens à se réfugier dans un coupable mutisme. Un mur de silence qui leur dissimulait leurs responsabilités dans la destruction des juifs d'Europe[6].

« Pendant toute mon enfance, nous n'en parlions jamais[7] », me confirma Johannes Willms, historien et correspondant à Paris du *Süddeutsche Zeitung*, le grand quotidien de centre gauche de Munich. J'avais souhaité le rencontrer parce qu'il avait publié *La Maladie allemande*[8], un brillant pamphlet où il dénonçait la « fuite devant soi-même, devant la malédiction d'un passé qui ne voulait pas passer » de l'Allemagne et la propension de la petite bourgeoisie à « s'adonner aux joies de l'intériorité sous la protection du pouvoir ». Je désirais qu'il me relate ce qu'on avait bien voulu lui raconter de la guerre, lui qui était petit garçon dans les années 1950. « Mon père avait été soldat d'artillerie sur le front russe. Il n'est rentré qu'en 1947. Il était juge de première instance et je suis né à Würzburg l'année suivante. » Il n'avait pas le souvenir d'une discussion sur les camps, le nazisme ou même seulement sur la guerre à la table familiale. « Nous habitions sous un château et près de nous vivait un prêtre ; il avait un sonotone dans l'oreille. Il avait été interné à Dachau et partageait souvent nos repas. Il ne parlait pas du camp et nous ne lui posions aucune question. D'ailleurs, il enlevait très fréquemment son appareil pendant les dîners », me contait l'historien-journaliste, auteur célébré dans son pays pour ses biographies de Napoléon et de Bismarck, qui profitait de l'absence de sa compagne pour fumer une Camel sans filtre après l'autre. « Et à l'école ? », lui demandai-je. « Absolument rien non plus. J'avais des professeurs qui avaient été nazis. Le sujet n'était jamais évoqué. C'était une période d'amnésie complète. »

Les juifs ne parlaient pas non plus. Cilly Kugelmann, la directrice des programmes du musée juif de Berlin, en témoignait. Enveloppée dans un grand châle élégant, comme à chaque fois que je l'avais croisée, cette femme,

née en 1947 à Francfort, me narrait d'une voix douce
et paisible les douloureuses expériences de sa jeunesse,
une jeunesse juive et allemande. Ses parents, tous deux
originaires de shtetl polonais de Haute-Silésie, « comme
les personnages de *Maus* », me disait-elle, avaient été
déportés à Auschwitz. Ils y perdirent leurs deux premiers
enfants, tout petits, qui y furent gazés, puis se retrouvèrent par miracle à la fin de la guerre alors qu'ils avaient
été séparés quelques mois plus tôt, le père envoyé à
Dachau, la mère à Bergen-Belsen. « Je ne sais même pas
pourquoi ils se sont installés à Francfort. Le hasard probablement ; mon père a peut-être suivi un ami. Ils n'avaient
plus rien : ni famille, ni patrie, ni argent[9]. » Cilly et sa
petite sœur eurent une enfance triste et morose au foyer
familial. « Nos parents ne nous avaient rien dit. Nous
ne connaissions pas les faits, mais nous percevions un
malaise profond, l'ombre d'une histoire terrifiante. Il
m'est difficile de vous décrire nos sensations. Je dirais
que l'atmosphère était pesante, tragique. Il n'y avait pas
beaucoup de rires à la maison, comme si le plaisir et la
légèreté ne pouvaient entrer chez nous. Pour moi, le
symbole de ces années, c'étaient les médicaments que
mes parents ingurgitaient pour soigner leurs maux, et
physiques et moraux. » Calme, sereine, Cilly Kugelmann
me racontait son histoire d'une voix égale. Seul un soupçon de tristesse était perceptible au fond de son regard.
C'est du moins ce que je croyais déceler quand je
l'observais. Et je l'imaginais avec sa sœur cinquante ans
plus tôt à Francfort, je voyais ces deux gamines captives
d'un passé insurmontable, entourées de parents luttant en
silence avec leurs démons, la maison hantée par les deux
petites âmes réduites en cendres, broyées par la mâchoire
d'Auschwitz.

À l'école, Cilly fit les mêmes expériences que Johannes : elle n'entendit jamais parler des camps nazis. « Mes professeurs avaient tous fait la guerre. Certains nous racontaient quelques-unes de leurs péripéties, mais je n'arrivais pas à faire le lien avec la guerre de mes parents, du moins ce que j'en pressentais. Le grand thème de l'époque c'était l'Union soviétique : les prisonniers de guerre allemands qui y étaient encore détenus et qui seraient bientôt libérés, Stalingrad, les exploits de guerre de la Wehrmacht… » Silence des coupables ; mutisme des victimes. Gila Lustiger, la fille d'Arno Lustiger, bien qu'appartenant à une autre génération – elle est née en 1963 –, buta aussi sur le silence obstiné de son père. Elle en avait tiré un passage émouvant dans son roman autobiographique *Nous sommes*. « [Il] a toujours voulu nous protéger de lui-même ; pas des Allemands, de lui-même. Pas de l'homme bien sûr qu'il était devenu après tant d'années vouées à la rigueur et à la discipline de son travail de refoulement ; mais de son pire ennemi, un ennemi qu'il a combattu pendant cinquante ans et qu'il croit à présent avoir vaincu, lui, l'homme d'affaires et l'essayiste en vue : le garçon exténué du camp de concentration. Mon père a toujours voulu nous protéger de ce jeune homme et ne nous a jamais laissé voir son visage d'enfant parce qu'il n'était ni innocent, ni tendre, ni joufflu, ni pur [10]. » Arno Lustiger ne révéla rien de son passé avant 1985. Il ne voulait pas réveiller ses blessures. Et encore aujourd'hui, il garde un voile pudique sur ses souffrances les plus intimes pendant ces années de cauchemar.

La chape de plomb qui s'abattit sur l'Allemagne d'Adenauer perturba davantage encore les rapports judéo-allemands. Lorsqu'un Allemand rencontrait un juif, il était rarement à son aise. Les juifs ressentaient vivement le non-dit permanent, le mensonge par omission qui était la norme sociale de l'époque. Et ils en souffraient. Dans une lettre à Karl Jaspers de 1946, Hannah Arendt rêvait d'une future république allemande qui fixerait constitutionnellement son abandon de l'antisémitisme, « de telle sorte que tout juif, quel que soit le lieu de sa naissance, pourrait à tout moment et du simple fait de sa nationalité juive, devenir citoyen égal en droit de cette république[11] ». Sa déception fut immense quand elle se frotta aux dures et froides réalités de la nouvelle Allemagne. Au cours de son long séjour, en 1949, elle avait noté que lorsqu'au détour d'une conversation, son interlocuteur prenait conscience qu'elle était juive, s'ensuivait un silence embarrassé. Puis, au lieu de lui manifester une quelconque sympathie ou de l'interroger sur le lieu et les conditions de son exil, il enchaînait immédiatement par un déluge d'histoires sur les souffrances des Allemands[12]. Comme si le simple fait de s'entretenir avec une juive déclenchait son mécanisme de défense. Marcel Reich-Ranicki, le juif polonais qui devint le pape des lettres allemandes, connut aussi pareilles mésaventures après son retour en Allemagne, en 1957. Il avait été envoyé à Berlin à neuf ans et s'y était rapidement pris de passion pour la langue, la littérature et le théâtre du « pays de la culture », l'expression qu'avait employée son institutrice allemande de sa petite ville de Wloclawek, avant son départ[13]. Aux aurores du 28 octobre 1938, le pays de la culture l'expulsa et le renvoya en Pologne ; il faisait partie du premier convoi de déportations massives organisé par l'Allemagne nazie. La guerre, il la passa à Varsovie, dans le ghetto dont il s'échappa *in extremis* en février 1943, quelques semaines seulement avant son insurrection puis son anéantissement. Ses parents furent déportés et assassinés à Treblinka ; lui se terra à la campagne chez un Polonais jusqu'à la fin du conflit. À la fin des années 1940, Marcel Reich-Ranicki travailla pour le gouvernement communiste polonais – il fut notamment consul et agent secret à Londres – puis, après avoir été démis de ses fonctions et passé quinze jours en prison, il revint à ses premières amours, l'étude et la critique de la littérature allemande. En 1957, la situation devenant intenable pour les rares juifs restés en Pologne, il décida de revenir dans le pays qui l'avait chassé près de vingt ans plus tôt. Son émigration, il put l'assumer parce qu'il avait pris conscience, à l'instar du juif errant qui porte sa maison – la bible – sur son dos, qu'il avait une « patrie portative » : la littérature germanique. Il fut rapidement confronté aux ambiguïtés de la dynamique et hypocrite RFA. Dans *Ma vie*, son autobiographie, Reich-Ranicki rapportait une anecdote révélatrice du Zeitgeist de son retour. En 1963, il retrouva ses camarades bacheliers pour fêter le vingt-cinquième anniversaire de leur réussite. Ils lui demandèrent par politesse et d'un air grave comment il avait passé la guerre. Il leur répondit brièvement. « Personne ne voulut en savoir davantage. On me fut reconnaissant de parler aussitôt d'autre chose[14]. » Il était déconcerté. Ses condisciples avaient tous été officiers de la Wehrmacht ; ils n'avaient pu ignorer le destin réservé aux juifs comme lui. Or ils semblaient ne s'être jamais posé de questions sur leur sort, ni pendant les années de guerre ni après. Aucun ne se sentait complice des crimes ; aucun n'éprouvait même la moindre responsabilité dans « ce qui était arrivé au nom de l'Allemagne ».

Cette génération avait un sentiment d'impunité ; elle n'avait ni sensibilité ni miséricorde pour les dures épreuves qu'avaient traversées ses concitoyens juifs ; elle ignorait leurs tourments de l'après-guerre. Elle regardait ailleurs comme elle avait détourné les yeux pendant le nazisme. Dans ce contexte de déni généralisé, les administrations ne montrèrent aucune bienveillance pour faciliter les démarches des requérants juifs quand il fallut appliquer les dispositions de la Wiedergutmachung. Après l'adoption de la loi fédérale sur les réparations, Thea Wolffsohn et sa famille durent affronter d'innombrables obstacles pour recouvrer leurs biens. « Les procédures étaient d'une complexité rare et les fonctionnaires à qui nous eûmes affaire n'étaient ni coopératifs ni gentils. Ils ne témoignaient d'aucune compréhension. Nous dûmes lutter pendant des années. Quand mon beau-père Karl Wolffsohn décéda en 1957, il n'avait toujours rien récupéré », m'avait-elle raconté. Les pouvoirs publics n'étaient guère empressés : ils prirent des années, voire des décennies dans les cas les plus complexes, pour évaluer les demandes d'indemnisation et procéder aux paiements. L'interprétation que faisaient les organes judiciaires des dispositions législatives était fort restrictive, notamment pour déterminer les notions de « persécutions » et d'« injustices » causées par le IIIe Reich. Les examens médicaux, indispensables pour déterminer les dommages infligés et l'incapacité au travail, ravivaient de douloureux souvenirs aux juifs ; ils leur rappelaient les expériences traumatiques des camps. Les médecins ne reconnurent qu'au début des années 1960 que des traumatismes psychologiques pouvaient survenir seulement très longtemps après les persécutions[15]. Franz Böhm, l'un des deux négociateurs d'Adenauer de l'accord du Luxembourg, déplorait la mauvaise volonté des administrations, en particulier celles des ministères des Finances, au niveau fédéral et dans les Länder. La plupart des bureaucrates en charge des restitutions et des réparations étaient ceux qui avaient procédé en toute froideur aux aryanisations et aux confiscations des biens juifs quelques années plus tôt. Cette armée de ronds-de-cuir, l'incarnation même de la banalité du mal, avait été le rouage indispensable à l'organisation de l'Holocauste. Elle n'était pas la mieux disposée pour venir en aide aux victimes.

◆

Le philosémitisme officiel ne résistait pas toujours aux jalousies et aux médisances. Les universitaires « rémigrés » en firent rapidement l'expérience. À l'exception notable de Rothfels, accueilli en héros et en oracle de la bonne Allemagne, leurs collègues les reçurent sans chaleur excessive. L'écrivain expressionniste Gottfried Benn énonça tout haut ce que tant de clercs pensaient tout bas : les exilés de retour au pays n'étaient pas autorisés à parler au nom de l'Allemagne et à s'exprimer sur son passé parce qu'ils l'avaient quittée. Leurs réintégrations à l'université faisaient des envieux ; des professeurs retrouvaient des tonalités et des accents que la fine couche de vernis philosémite imposée par la défaite, l'occupation et la démocratie ne pouvait réprimer. Lorsque Theodor Adorno fut nommé professeur, en vertu de la loi de réparation – et de ses états de service –, certains de ses pairs crièrent au favoritisme. L'orientaliste Ritter affirma qu'il suffisait d'être juif et ami d'Horkheimer pour faire carrière à Francfort. Ce dernier, écœuré, demanda aussitôt sa retraite anticipée. Ces incidents dénotaient le profond malaise qui entourait les juifs dans l'Allemagne des années 1950 et du début des années 1960. Il affectait toute la population, du petit-bourgeois qui avait mal mais légalement acquis l'appartement d'un juif pendant le nazisme et rechignait à le lui rendre, aux brillants écrivains avant-gardistes du Groupe 47 dont certains ne purent s'empêcher de railler Paul Celan à l'une de leurs réunions, se moquant de sa diction, « de son chantonnement synagogal et de son style élégiaque et triste[16] ». Ce même Groupe 47 n'évoqua jamais au cours de ses discussions l'Holocauste, les juifs, Hitler ou même simplement la guerre[17], aux dires de Marcel Reich-Ranicki qui participa à ses sessions, de 1958 à la dernière, en 1967.

Ce rapport contraint et crispé au passé nazi et aux juifs était le fruit d'un immense travail de refoulement, l'un des traits les plus marquants de la société allemande du miracle économique. Nietzsche et Freud avaient mis en exergue les aptitudes au refoulement des sociétés germaniques depuis plusieurs générations. Dans la *Généalogie de la morale*, le premier évoquait le processus de discipline et de triomphe sur les instincts dans la genèse des valeurs et des normes ; le second, dans *Malaise dans la civilisation*, considérait, à partir de l'observation clinique de ses contemporains, que les aspirations au bonheur étaient sacrifiées à un ordre social reposant sur le renoncement aux pulsions et sur le travail forcé. Didier Hessling, le héros du *Sujet*, le roman d'Heinrich Mann, incarnait jusqu'à la caricature ces penchants : il refoulait systématiquement ses meilleurs sentiments pour faire carrière dans les arcanes de l'empire wilhelminien. Dans la RFA d'Adenauer, on refoulait le passé. Theodor Adorno et ses collègues de l'école de Francfort se chargèrent de dépister chez leurs concitoyens les formes de reniement du nazisme. À partir d'une lettre fictive – Adorno en était l'auteur – d'un sergent américain sur la situation d'après guerre, qu'ils soumirent à plus de 1 800 personnes de diverses origines sociales, rassemblées en petits groupes, ils étudièrent leurs réactions spontanées. Adorno en tira l'ouvrage *Culpabilité et défense*, paru en 1955.

Il y explicitait le concept de « pseudomenos » désignant le dérangement maladif de la mémoire. Le pseudomenos était à l'œuvre dans la dialectique du couple culpabilité-défense : « L'évidence du malheur tourne à l'avantage des apologistes. Comme tout le monde est au courant, nul n'a à en parler, et, sous le couvert du silence, les choses peuvent suivre leur train », écrivait-il. La démesure de l'événement produisait son « propre voile ». Pour vivre en paix, les Allemands essayaient de trouver un équilibre entre leur mauvaise conscience et le besoin de se reconnaître, malgré le passé nazi, dans leur pays. Pour esquiver la culpabilité à laquelle certains ne parvenaient pas à échapper toutefois, ils la reléguaient à une affaire d'ordre privé et gardaient le silence, l'aveu étant perçu comme une forme méprisable d'apitoiement sur soi et de naïveté. L'analyse des réactions des personnes interrogées confirmait l'existence de prédispositions à l'autoritarisme et à la soumission qu'Adorno avait déjà distinguées dans ses travaux aux États-Unis. Elles fournissaient des arguments supplémentaires pour rejeter toute forme de culpabilité : les Allemands se déchargeaient sur le Führer et sa clique qui devaient seuls endosser toute la responsabilité. Ils se trouvaient toujours par ailleurs d'excellentes excuses – l'efficacité de la propagande, les mauvais traitements infligés aux prisonniers allemands, la menace communiste… – et avaient élaboré des mécanismes de défense sophistiqués pour se dédouaner du massacre des juifs. De nombreux sondés indiquaient qu'ils n'avaient rien contre les juifs et qu'ils ne voulaient pas les persécuter. Mais les juifs ne devaient rien faire qui contredise l'intérêt du peuple et éviter d'être surreprésentés dans les professions influentes et bien rémunérées. Ce mode de pensée, écrivait Adorno, offrait une issue à ceux qui se trouvaient pris dans le conflit entre mauvaise conscience et défense : « Ils pouvaient s'affirmer comme humains, ouverts et dépourvus de préjugés et en même temps dans la pratique, concilier avec leur conviction, comme un acte de justice compensatrice, toute mesure antisémite, pourvu qu'on s'en tînt dans une certaine mesure à la légalité. » De cette expérimentation de groupe, Adorno, pessimiste, tirait des conclusions négatives. Les personnes aux comportements ambivalents étaient nettement majoritaires. Dans les discussions, une moitié refusait et repoussait avec force toute complicité dans les crimes commis. Il notait une tendance générale au conformisme et une perte d'autonomie ; il rappelait que l'avenir de la démocratie allemande dépendait des dispositions de la population à faire face au passé. Aux vives critiques dont il fut la cible et qui l'accusaient de vouloir contraindre tout un peuple à la « contrition morale », Adorno répondit par cette philippique géniale : « On ne doit pas parler de corde dans la maison du bourreau ; on est vite soupçonné, sinon, de ressentiment[18]. »

Le gouvernement encourageait les aspirations de la population à intérioriser et à enterrer le passé. Le chancelier Adenauer tendait la main à tous les Allemands prêts à respecter le consensus antitotalitaire, les règles et les principes de la nouvelle République fédérale. Sa stratégie d'intégration ne se préoccupait que du présent. La justice fut ainsi sacrifiée sur l'autel de la « démocratie » et de la cohésion nationale. En mai 1951, le Bundestag adopta l'article 131. Il stipulait que 150 000 membres de l'administration et des forces armées, qui avaient perdu leur emploi à la fin de la guerre, disposeraient d'une retraite et pourraient réintégrer leurs fonctions. Il reconnaissait le « droit à l'erreur politique », même pour les anciens hauts fonctionnaires nazis. Ces derniers furent dès lors très

nombreux à rejoindre les ministères et la haute fonction
publique. En 1953, 40 % du personnel du ministère des
Affaires étrangères, 42 % de celui du ministère de l'Intérieur et même 75 % des collaborateurs du ministère en
charge des réfugiés de l'Est avaient participé au régime
nazi[19]. Les élites judiciaires et diplomatiques de la RFA
avaient majoritairement mis leurs expertises au service du
régime hitlérien ; d'anciens SS et Waffen SS gagnèrent les
rangs de la nouvelle armée, la Bundeswehr. Les services
secrets étaient dirigés par Reinhard Gehlen, un ancien
général de la Wehrmacht. Ce personnage ambigu avait été
proche des conspirateurs du 20 juillet 1944 mais après
guerre, il avait mis en place le fameux réseau Odessa qui
permit l'exfiltration vers l'Amérique du Sud de plus de
5 000 nazis criminels de guerre, dont Eichmann, Mengele
et Barbie. Le cas le plus connu et le plus controversé de
cette vaste entreprise de recyclage politique fut celui
d'Hans Globke. Ancien haut fonctionnaire nazi et auteur
d'un commentaire « scientifique » des lois raciales de
Nuremberg en tant que co-rapporteur des questions juives
au ministère de l'Intérieur du Reich, il avait imposé à tous
les juifs du Reich les deuxièmes prénoms d'Israel et de
Sarah. Globke devint chef du cabinet d'Adenauer puis son
secrétaire d'État à la chancellerie à partir de 1953 et jusqu'à
son départ, dix ans plus tard.

S'appuyant sur un puissant lobby regroupant des
hommes d'Église, des avocats renommés – ceux qui
avaient notamment défendu les accusés de Nuremberg –,
des journalistes influents mais aussi des dirigeants du
SPD et le président Heuss, le gouvernement opta pour
une vaste politique d'amnistie des « victimes de la dénazification ». En 1951, un peu moins de 800 000 prisonniers condamnés à moins de six mois de prison et 35 000

à moins d'un an avaient recouvré leur liberté, suite à la première loi d'amnistie du 31 décembre 1949. Parmi eux figuraient plus de 3 000 nazis, SS et SA directement impliqués dans le fonctionnement des camps de la mort et 20 000 meurtriers présumés affiliés au parti nazi[20]. En 1954, une nouvelle loi accorda la grâce à tous les prisonniers qui purgeaient des peines de moins de trois ans. À la fin de la décennie, tous les criminels de guerre, dont des médecins de camps et des membres des sinistres unités d'Einsatzgruppen, précédemment détenus dans les prisons alliées, avaient été relâchés. Le haut-commissaire américain McCloy avait été soumis, quelques années plus tôt, à une pression considérable de la part de toute la classe politique allemande, à l'exception des communistes, pour commuer plusieurs condamnations à mort[21] et diminuer les peines. Au nom de l'intégration de toutes les forces vives de la nation et de la mobilisation contre la menace communiste, son leitmotiv, la RFA d'Adenauer avait exonéré des milliers d'assassins. Ils retrouvèrent leurs statuts sociaux, professionnels et civiques.

◆

« J'étais dans l'underground.
— La résistance ?
— Non, le métro.
— Et vous n'avez jamais aimé Adolf ?
— Adolf qui ? Sous terre, j'ignorais ce qui se passait à la surface. »

Cette scène entre MacNamara, le boss de Coca Cola à Berlin, interprété par James Cagney, et son subordonné Schlemmer, qui ne cessait de claquer des talons à chacune

de ses sollicitations, comme le faisaient les militaires gris
verdâtre dans les films de guerre, illustrait les ambiguïtés
de l'Allemagne de la « modernisation conservatrice ». Dans
1-2-3, Billy Wilder, juif de Galicie qui avait vécu à Berlin
pendant la république de Weimar, faisait son miel des
contradictions d'une nation pour le moins schizophrène.
Un État qui condamnait le nazisme mais avait réintégré ses
généraux et ses hommes de main ; un pays qui avait
dédommagé ses citoyens juifs et l'État d'Israël mais refusait
d'affronter son passé. Les juifs d'Allemagne, selon leurs
origines et leurs expériences de la guerre, eurent des
réactions très contrastées aux ambivalences de la jeune
RFA. Malgré les chicaneries de l'administration, Thea
Wollfsohn se réaccoutuma vite. « Je me trouvais bien ; je
n'avais pas d'angoisses métaphysiques : je ne me sentais pas
fautive de vivre ici, sinon nous serions partis car personne
ne nous forçait à rester en Allemagne. » Comme je ne
cessais de la questionner sur une éventuelle culpabilité
qu'elle aurait soit refoulée soit oubliée, les années passant,
elle me reprochait d'avoir une idée préconçue sur les juifs
en Allemagne après guerre. « Faites bien la différence, me
disait-elle : dans les années 1950, la grande majorité des
juifs avaient échoué ici, faute de pouvoir aller ailleurs.
Nous sommes revenus par choix. J'avais une autre histoire :
j'étais issue d'une famille de paysans juifs de Franconie. »
Elle reconnaissait toutefois que sa situation était exceptionnelle parmi les juifs de Berlin. « Je n'étais pas blessée. Nous
avions de nombreux amis qui n'étaient pas juifs et nous
pouvions parler avec eux de la guerre. La confiance était
mutuelle. Je me sentais allemande et juive et hier comme
aujourd'hui, j'étais fière de posséder les passeports allemand et israélien. » Inge Marcus était plus réservée, moins
désinvolte que son amie. « Nous avions perdu l'amour de la

patrie ; nous ne nous sentions plus allemands mais davantage juifs, beaucoup plus que la génération de nos parents. » Elle admettait cependant que « les années du miracle économique avaient été une période agréable ». Elle était fort représentative des juifs allemands revenus après guerre. Les liens organiques qui les avaient unis à l'Allemagne d'avant 1933 avaient été rompus ; une certaine méfiance prévalait. Mais dans la mesure où ils n'avaient pas connu personnellement l'antisémitisme génocidaire et le traumatisme des camps, ils réussirent à se réintégrer plus facilement à la société, une société qui leur offrait de lucratives opportunités professionnelles dans une démocratie, certes imparfaite mais à l'économie florissante. Certains, plus mal à l'aise de se réinstaller définitivement au pays des meurtriers, se cherchèrent des excuses : ils annonçaient ne vouloir rester que quelques années, le temps de récupérer leurs biens. Mais la vie pouvait les rattraper : ils étaient tombés amoureux, avaient commencé une nouvelle activité professionnelle et retrouvé des amis dans un pays dont ils possédaient la langue et la culture et dont il devenait de plus en plus difficile de se séparer à nouveau. Les juifs allemands de l'après-guerre n'étaient pas religieux – ils ne l'avaient jamais été – mais ils avaient acquis une nouvelle conscience de groupe, une identité commune dont le souvenir de la Shoah et le soutien à Israël étaient les assises.

La situation s'avérait plus complexe pour les juifs qui avaient survécu au nazisme en Allemagne ; ils avaient enduré les persécutions et les brimades quotidiennes, la peur et les trahisons. À l'instar d'Hans Rosenthal, qui deviendrait dans les années 1960-1970, grâce à son émission « Dalli-Dalli », le Guy Lux national, certains décidèrent de se consacrer au présent et de soutenir la nouvelle Allemagne, conscients qu'il existait de « bons » Allemands, ceux à qui ils devaient la vie notamment. Pour d'autres, y vivre demeurait un choix difficile à assumer, un tourment persistant. Dans les années 1950, Ralph Giordano se sentait toujours aussi isolé et aliéné. « Je me souviens de la victoire de l'Allemagne à la Coupe du monde en Suisse. Les gens autour de moi étaient fous de joie et très fiers des "héros de Berne". Moi, j'étais déçu. Non seulement les Hongrois – battus en finale – étaient bien meilleurs mais, neuf ans seulement après la fin de la guerre, il m'était impossible de m'identifier à l'Allemagne. Hitler vivait encore dans le cœur des gens. » Giordano, le communiste rebelle, décida de quitter la RFA en 1955 pour tenter l'aventure socialiste en RDA. Il partit étudier à l'Institut littéraire de Leipzig pendant neuf mois. « J'ai compris que je faisais une erreur : le parti ne me convenait pas. À Leipzig, j'ai éliminé le petit Staline qui vivait en moi : je regardais soudainement le monde avec deux yeux et non plus un. » Il revint en Allemagne de l'Ouest et quitta définitivement le KPD en 1957.

Plus délicate et plus malaisée encore était la condition des anciens DP's restés en Allemagne et qui constituaient la majorité des petites communautés d'après guerre. Arno Lustiger accepta avec fatalisme sa nouvelle existence à Francfort. « La vie devait continuer. Je travaillais énormément ; je voyageais, je participais aux salons et aux foires, je ne m'arrêtais jamais sauf pour lire et étudier dès que j'avais une minute. » Fier, il refusa les réparations de la Wiedergutmachung et s'intégra progressivement à la société allemande. Sa femme israélienne, qu'il épousa en 1956 et qui vint le rejoindre, eut davantage de difficultés. « Sa vie était très dure à Francfort : elle n'avait quasiment aucun contact avec le monde extérieur. » L'ouverture d'Arno Lustiger était exceptionnelle. Les parents de Cilly

Kugelmann, qui tenaient un restaurant, se limitaient à des relations d'affaires avec les Allemands ; « elles n'étaient jamais amicales ». « Ils venaient de shtetl polonais et se retrouvaient projetés dans une société moderne et dans une grande ville. Immigrés, ils maîtrisaient mal la langue ; ils devaient affronter un nouveau système éducatif, économique et social. » Surtout, ils devaient accepter de vivre dans le pays qui les avait pourchassés et condamnés à mort, qui avait assassiné leurs deux premiers enfants et une large partie de leur famille. « Ils étaient très perturbés. Ils se demandaient comment communiquer avec les Allemands. Ils gardaient de terribles séquelles de leur vie dans les camps. En fait, ils agissaient comme des robots : ils travaillaient, ils essayaient de faire de leur mieux pour nous, mais, en réalité, ils étaient détruits intérieurement. La guerre les avait brisés. »

L'immense majorité des juifs polonais vivait dans un ghetto. Un ghetto physique dans le cas de Lola Waks, demeurée au camp de DP's de Föhrenwald jusqu'à sa fermeture en 1957, parce qu'elle voulait « rester dans une atmosphère juive ». Un ghetto symbolique pour tous les autres qui parlaient yiddish à la maison et ne fréquentaient pas d'Allemands sauf par obligation professionnelle. Et surtout un ghetto psychologique, lié au traumatisme de vivre au pays des meurtriers et du refoulement collectif. Lola Waks, qui habitait désormais à Düsseldorf, m'avait confié qu'elle craignait de sortir de peur d'être désignée comme juive, à cause de son mauvais allemand et de son accent. « Un jour, je suis allée chez l'épicière. Elle parlait avec une cliente et à un moment, j'ai cru entendre le mot "Jude". Je me suis enfuie pour chercher mon mari. Nous sommes revenus ensemble et il interpella la propriétaire. "Qu'avez-vous dit à ma femme ?", lui demanda-t-il. Elle lui dit qu'elle ne m'avait pas adressé la parole. Il insista. "Si, vous l'avez traitée de juive. Pourquoi ?" L'épicière s'effondra en larmes. Elle avait en réalité prononcé plusieurs fois le mot "Iut", "gut" (bon) en patois rhénan. » Cette hypersensibilité proche de la paranoïa, ils furent nombreux à en souffrir, nombreux à sursauter, à s'angoisser pour un mot, une expression ou un regard. La cause de leur effroi était aussi leur mauvaise conscience : ils se sentaient coupables d'être vivants, comme nombre d'autres rescapés de la Shoah, mais plus encore coupables du choix de vie qu'ils avaient fait ou que le destin leur avait imposé. Même s'ils s'efforçaient d'éviter toute proximité avec la population, ils étaient socialisés en Allemagne. Ils parlaient sa langue ; ils y travaillaient et payaient leurs impôts ; ils contribuaient à renforcer son économie et sa puissance. Dans leur vie quotidienne, ils ne pouvaient éviter de saluer des Allemands, d'échanger des sourires et des formules de politesse, même s'ils étaient forcés et hypocrites. À force, ils se révélaient incapables de haïr l'Allemagne, cette Allemagne qui avait brisé leur existence, qu'ils avaient maudite dans les camps et dans les ghettos et dont ils avaient juré de se venger. Et maintenant, ils y étaient installés et ils y avaient refait leur vie. Il leur était difficile de l'admettre ; moralement, ils ne pouvaient l'assumer. La légende veut que ces juifs habitaient non loin d'une gare et « leurs valises toujours prêtes ». Au cas où. Arno Lustiger avait eu des mots justes, mais durs. « L'histoire des valises était un mythe : ils essayaient de se persuader qu'ils ne resteraient en Allemagne que provisoirement. En réalité, ils avaient honte d'être ici. » Au lieu de juger les Allemands, ils se jugeaient eux-mêmes, et durement : ils étaient persuadés de trahir leurs morts.

CHAPITRE VII

La sonate des spectres :
l'Allemagne rattrapée par son passé

Un septuagénaire distingué, alors directeur du camp de réfugiés de Wilhelmsburg, demanda un jour sa réintégration à l'administration, en vertu de l'article 131. Il fut établi que l'homme avait menti et qu'il s'était attribué une nouvelle identité : sous le masque de l'honorable et du placide fonctionnaire se cachait en réalité le sinistre Bernhard Fischer-Schweder, ancien chef SS de la police de la région de Memel, et, à ce titre, l'un des responsables des gigantesques massacres des juifs lituaniens lors de l'invasion de l'URSS en juin 1941. Les Allemands ont raison de croire que le diable se cache dans les détails. L'arrogance et la bonne conscience d'un ancien meurtrier d'État, portées par la vague d'amnésie générale de l'Allemagne du miracle économique, eurent d'invraisemblables conséquences. Fischer-Schweder et neuf membres de l'Einsatzgruppe A comparurent devant la justice à Ulm en 1957 ; ils furent tous condamnés à des peines de trois à quinze ans de réclusion, des sanctions somme toutes légères compte tenu des crimes jugés. Le procès d'Ulm marqua cependant une étape cruciale dans l'histoire de l'après-guerre en Allemagne : il ouvrit une nouvelle ère où la RFA n'eut d'autre alternative que de se pencher sur son passé et d'affronter les crimes de guerre et les crimes contre l'humanité du national-socialisme, et notamment ceux perpétrés contre les juifs. Le procès avait suscité l'intérêt des médias et des chancelleries étrangères. Des hommes politiques libéraux, des intellectuels et des juristes, d'honnêtes citoyens réalisaient que de terribles assassins se cachaient parmi eux. Le procès d'Ulm les encourageait à exiger du gouvernement un examen sans concession de sa politique de réconciliation des années précédentes et à réclamer la poursuite des criminels devant la justice. La réputation du pays était en jeu. La RDA et le camp socialiste ne cessaient de brocarder Bonn pour sa complaisance envers les anciens nazis. Ils orchestraient régulièrement « découvertes » et « révélations » sur le passé trouble de membres de la Bundeswehr, du corps judiciaire et de l'administration Adenauer pour mieux la discréditer et la présenter aux yeux de l'opinion publique mondiale comme l'héritière de l'Allemagne d'Hitler, une Allemagne truffée de nazis et qui préparait une guerre de revanche. Sous pression et par crainte de voir un nouveau criminel de l'envergure de Fischer-Schweder faire valoir ses droits à une retraite paisible, les autorités durent réagir sous peine de voir ternie la réputation du pays, à laquelle ils avaient consacré tant d'efforts. Le temps de la rhétorique sur la « maîtrise du passé » était révolu ; la confrontation judiciaire avec les exactions nazies devait commencer.

Les ministres de la Justice des Länder créèrent en octobre 1958 l'Office central de l'administration fédérale pour l'instruction des crimes nazis dont les investigations furent décisives pour la connaissance des forfaitures du IIIᵉ Reich. Basé à Ludwigsburg – la ville où avait été tourné *Le Juif Süss* en 1940 –, il avait pour mission d'enquêter et de rassembler les preuves relatives aux crimes contre l'humanité commis par les SS et les Einsatzgruppen derrière les lignes de la Wehrmacht sur le front Est et dans les camps. Il devait transmettre ses conclusions aux procureurs des Länder qui décideraient s'il fallait ou non entamer des actions en justice. Selon les régions, ces derniers pouvaient se montrer réticents ; ils ne collaboraient pas toujours de bon cœur et répugnaient souvent à engager des poursuites sur la base des documents de l'Office central. Le cas échéant, ils épargnaient généralement les plus hauts gradés et les responsables ; ils préféraient s'attaquer aux sous-officiers subalternes et aux anciens éléments chevronnés de la police et des SS. En revanche, ils ne purent rien contre l'arrestation de Ricardo Klement, alias Adolf Eichmann, par des agents du Mossad le 11 mai 1960 dans un faubourg de Buenos Aires. Le gouvernement Adenauer connaissait le pseudonyme d'Eichmann depuis 1952, selon des documents de la CIA rendus publics en 2006, et il s'était bien gardé de le révéler aux autorités israéliennes. La CIA avait été informée en 1958 de sa nouvelle identité mais, en pleine guerre froide, les États-Unis ne voulaient pas déstabiliser le précieux allié ouest-allemand et avaient refusé de s'impliquer dans sa traque pour des raisons d'État, craignant des révélations compromettantes d'Eichmann sur Hans Globke – ils avaient travaillé un temps ensemble au département des Affaires juives – et désormais l'éminence grise d'Adenauer.

La capture du grand ordonnateur de la Shoah, de son logisticien en chef, constituait un désastre pour la RFA. Son procès remuerait à nouveau les horreurs du passé. Il exposerait à la face du monde la mécanique infernale de la Solution finale ; il exhiberait l'ensemble du processus d'extermination des juifs d'Europe, de la perte de leurs droits de citoyens aux chambres à gaz et aux crématoires, de l'Oural aux Pyrénées, de la Baltique à la Méditerranée. Au cours des mois qui avaient précédé l'enlèvement d'Eichmann, des cimetières juifs avaient été profanés en RFA ; des synagogues et des bâtiments communautaires avaient été souillés d'excréments, de croix gammées et de slogans nazis. La recrudescence des attaques antisémites avait à nouveau ébranlé l'opinion publique internationale et brouillé l'image du pays. Mais elle ne constituait qu'une petite bourrasque à côté du cyclone qui se levait du côté de Jérusalem depuis l'arrestation d'Eichmann, une arrestation exécutée de surcroît par les Israéliens et non par les services allemands. Adenauer était persuadé que le procès provoquerait une nouvelle vague de germanophobie, peut-être même la plus forte qu'ait jamais affrontée le pays.

Dans son célèbre ouvrage *Eichmann à Jérusalem*, Hannah Arendt notait sans déplaisir que ce fut en Allemagne que le procès eut la plus grande portée. « Pendant les dix mois dont Israël eut besoin pour préparer le procès, écrivait-elle, l'Allemagne s'employa à se barder contre ses conséquences prévisibles et fit preuve d'un zèle sans précédent pour rechercher et inculper les criminels nazis qui se trouvaient dans le pays[1]. » Bonn n'alla pas, certes, jusqu'à réclamer l'extradition de son encombrant citoyen, mais son ardeur à traquer et à capturer les assassins de l'ancien régime, dont la plupart ne se dissimulaient pas sous des noms d'emprunt et avaient confortablement refait leur vie, sans remords, comme s'il ne s'était jamais rien passé, en fut décuplée. La capture de l'ancien haut fonctionnaire modèle du Reich poussa les tribunaux allemands à surmonter leurs réticences ; le temps pressait. Les résultats en furent stupéfiants ; ils confirmèrent aussi les ravages provoqués par l'amnistie presque générale dont avaient bénéficié les anciens nazis à la demande de toute la classe politique et de la société ouest-allemandes. En quelques mois furent ainsi arrêtés Richard Baer, le successeur de Höss à la tête du complexe d'Auschwitz et membre des commandos Eichmann ; Joseph Lechhater, impliqué dans la liquidation de milliers de juifs en Russie ; Wilhelm Koppe, un des plus hauts dirigeants SS en Pologne et responsable de la mise au point du gazage des déportés au camp de Chelmno, reconverti depuis en fabricant de chocolats dans la région de Bonn ; Martin Fellenz, un des chefs suprêmes des SS, accusé d'avoir participé au massacre de 40 000 juifs en Galicie et honorable membre du FDP à son arrestation. L'administration Adenauer fut contrainte d'exclure de la magistrature les juges et les procureurs au passé le plus compromettant – en 1960, près de la moitié des juges en RFA avait exercé dans les tribunaux nazis – ainsi que de nombreux officiers de police. Pour la première fois depuis la fin de la guerre, les journaux allemands étaient remplis de comptes rendus des procès intentés aux criminels nazis, tous responsables de meurtres de masse, notait avec satisfaction Arendt.

« Personne ne percevra les dimensions complètes de l'homme au XXᵉ siècle sans avoir étudié le procès Eichmann[2]. » Ce jugement de Martha Gellhorn, la troisième épouse d'Ernest Hemingway, la première journaliste au monde à avoir décrit l'enfer de Dachau à sa libération en 1945 et que le magazine américain *The Atlantic* avait envoyée à Jérusalem pour couvrir le procès, d'autres le partageaient. L'heure était solennelle, le moment historique : au premier jour de l'audience, le procureur israélien Hausner avait déclaré aux juges qu'il ne se tenait pas seul devant eux mais que six millions d'âmes étaient à ses côtés. De Joseph Kessel pour *France Soir* à Hannah Arendt pour le *New Yorker*, la presse avait dépêché ses plumes les plus prestigieuses pour rendre compte des débats. La planète avait les yeux rivés sur ce quinquagénaire mince au front dégarni dont le regard impavide se perdait derrière d'épaisses lunettes, ce bloc de glace enfermé dans sa cage de verre, l'incarnation du Mal absolu et de la déchéance humaine que la justice israélienne exhibait comme un vulgaire monstre de foire. L'Allemagne, qui avait jeté un voile pudique sur les horreurs nazies commises en son nom, ne put cette fois échapper à son destin. L'accusation fit défiler toute la trame de l'annihilation des juifs d'Europe dont Eichmann avait été l'organisateur efficace. Les témoins se succédaient à la barre. Ils racontaient. Certains évoquaient l'enfer de Treblinka ou d'Auschwitz; d'autres narraient comment ils avaient été forcés à quitter Vienne en 1938 et l'acharnement des nazis à les déporter de Hongrie alors qu'en 1944 la guerre était déjà perdue. L'œuvre d'Eichmann, le criminel en col blanc. Le manque d'eau et de nourriture; le confinement insalubre dans les wagons surchauffés l'été, glacials l'hiver; les enfants, les vieillards, les femmes, tous transis de peur et d'angoisse, entassés comme du menu bétail dans ces longs convois de la mort, dans la nuit européenne, qui avaient la priorité sur les transports de troupes et de logistique alors que la guerre faisait rage. Le sadisme aussi lorsqu'un témoin rapporta que les SS, avant de les faire grimper dans les trains, leur distribuait des cartes postales de « Waldsee », leur destination théorique, un endroit idyllique, la fin de leur voyage en réalité. Eichmann fut l'indispensable chaînon logistique de la plus grande industrie criminelle de l'histoire.

Eichmann se défendit. « Befehl ist Befehl » : un ordre est un ordre. Il s'était contenté d'obéir aux instructions de ses supérieurs; il avait agi en bon soldat; il n'avait rien à se reprocher. Il argua que les questions de conscience étaient seulement du ressort du chef de l'État ou du souverain. Sa ligne de défense contredisait le doux alibi que s'était forgé l'Allemagne d'après guerre. La légende luciférienne d'Hitler s'écroulait : non, tous les responsables nazis de la Solution finale n'étaient pas des monstres et des tueurs assoiffés de sang, des envoyés du diable. Eichmann n'était pas fou ; il n'était même pas un antisémite fanatique. C'était un carriériste médiocre, un bureaucrate consciencieux et scrupuleux, un organisateur doué, un négociateur roué. Un opportuniste qui avait suivi l'implacable destin des forces de destruction pour en tirer de petits avantages personnels. Un Allemand moyen, à l'origine ni pire ni meilleur que des millions de ses concitoyens. Eichmann incarnait l'un des traits les plus effrayants de la nature humaine qu'ait révélé la période totalitaire et qui avait imprégné *Vie et destin*, le chef-d'œuvre de Vassili Grossman : la soumission. Son procès fut celui d'une certaine Allemagne, une Allemagne qui révérait l'autorité et y obtempérait sans ciller avec une « obéissance de cadavre ». Une Allemagne dénuée de toute empathie, incapable de penser, pour qui un ordre du Führer avait force de loi. Hannah Arendt avait perçu cette dimension. Dans *Eichmann à Jérusalem*, elle réglait ses comptes avec cette Allemagne, celle du IIIe Reich bien sûr, mais également celle qui lui avait survécu et dont on retrouvait des stigmates dans la respectable RFA, qui se flattait d'être aux avant-postes de l'Occident et se targuait d'avoir tiré un trait sur son passé.

L'ouvrage avait suscité une immense polémique. Les attaques de la philosophe contre le tribunal de Jérusalem, accusé d'avoir échoué, et plus encore ses diatribes assassines contre les autorités juives, dénoncées pour leur passivité et leur coopération avec les nazis – « le plus sombre chapitre de cette sombre histoire » –, étaient en effet contestables et furent contestées. La controverse reléga au second plan les critiques acerbes et d'une rare acuité que proférait Arendt dans son pamphlet à l'encontre de l'Allemagne de l'Ouest. À sa bonne société, elle rappelait quelques terribles vérités : l'enthousiasme des participants à la conférence de Wannsee quand la Solution finale leur fut exposée ; l'absence de toute prise de position contre l'extermination des juifs parmi les officiers supérieurs, comme Eichmann l'avait indiqué au procès ; l'implication de toutes les organisations et de toutes les institutions publiques dans des actions et des transactions criminelles pendant les années de guerre. Elle rapprochait la stratégie de défense de l'accusé à celle de la population qui « s'était défendue elle aussi contre la réalité et contre les faits exactement avec les mêmes moyens, la même automystification, les mensonges et la stupidité qui étaient maintenant enracinés dans l'esprit d'Eichmann[3] ». Après Auschwitz, hier comme aujourd'hui, cette automystification était la condition morale de la survie des Allemands au point qu'Arendt percevait désormais le mensonge comme une marque du caractère national. Elle voyait dans le refus de s'informer un prolongement de l'atmosphère générale du IIIe Reich. Elle en venait presque à comparer les déformations d'Eichmann aux attaques de Franz-Joseph Strauss, le ministre de la Défense d'Adenauer, contre Willy Brandt, le candidat du SPD, parti en exil en Scandinavie dès l'arrivée de Hitler au pouvoir. Au cours de la campagne électorale de 1961, Strauss lui avait demandé ce qu'il avait fait hors d'Allemagne pendant les douze années du Reich, lui jetant à la face que lui et la population savaient ce qu'ils avaient fait « ici en Allemagne ». En somme, Strauss traitait Brandt le résistant de lâche et de traître, modifiant la réalité de l'histoire, ses paroles laissant accroire que l'Allemagne n'avait fait que défendre son territoire au cours d'un conflit dont elle aurait été la victime. Après guerre, le pays avait développé un véritable génie de l'euphémisme quand il s'agissait de son passé nazi[4], concluait-elle.

À Francfort, un modeste procureur s'agitait dans l'ombre au moment où Eichmann comparaissait à Jérusalem. Fritz Bauer, procureur de Hesse, juif et militant social-démocrate depuis sa jeunesse, parti en exil au Danemark puis en Suède pendant le nazisme, avait entamé dès 1959 une instruction contre une vingtaine de SS qui avaient servi à Auschwitz. Sans sa persévérance et son abnégation, le procès de Francfort n'aurait jamais eu lieu. Bauer dut batailler pendant des années pour rassembler documents et preuves, et vaincre la résistance de nombreux politiciens, dont un jeune loup de la CDU, un certain Helmut Kohl, tous très réticents à l'idée d'agiter à nouveau les horreurs du passé. Au terme d'une instruction de près de cinq ans, le procès s'ouvrit le 20 décembre 1963 au Römer de Francfort, l'hôtel de ville où avaient été sacrés les empereurs d'Allemagne. Il dura vingt mois : il fut le plus long feuilleton des annales judiciaires de la RFA. Il marqua une nouvelle étape décisive dans la confrontation judiciaire de l'Allemagne de l'Ouest aux exactions nazies.

Les accusés du procès de Francfort différaient de ceux de Nuremberg et de celui de Jérusalem. Ce n'étaient ni de hauts hiérarques du régime ni des criminels en col blanc comme Eichmann, mais des brutes épaisses, des cas intolérables, les représentants de la « lie de la terre » que furent les deux mille SS en poste à Auschwitz. Des « hommes » qui lançaient en l'air des bébés en guise de cibles ou qui les précipitaient vivants dans le feu des crématoires ; des maniaques qui brisaient les crânes des détenus contre les murs ou les piétinaient à mort ; des sadiques qui se divertissaient en tuant d'un coup de poing leurs prisonniers. Parmi eux figurait Wilhelm Boger, le « diable de Birkenau », le spécialiste des interrogatoires musclés, l'inventeur de la « balançoire Boger », la machine à faire parler, un monstre capable de fracasser la tête d'un enfant contre un mur parce qu'il l'avait découvert en train de manger une pomme, puis de finir paisiblement le fruit quelques heures plus tard. Depuis, il avait fait carrière comme comptable à Stuttgart. Karl Ludwig Mulka, le bras droit de Höss, le commandant du camp, l'approvisionnait en Zyklon B et dirigeait le tri sur la rampe d'arrivée des déportés. Il était désormais un exportateur prospère de café à Hambourg. L'ancien boucher Oswald Kaduk avait été une brute sournoise et primitive sans émotion, sans doute celui qui exécuta le plus grand nombre de détenus d'une balle dans la nuque, selon les confessions du commandant Höss. Au moment de son arrestation, il travaillait comme infirmier à l'hôpital de Berlin-Ouest et ses patients l'avait baptisé « Papa Kaduk ». Il y avait aussi Pery Broad, âgé seulement d'une vingtaine d'années au moment des faits, surnommé « la mort aux gants d'enfant » et qui avait paru amusé par tout ce qui se passait à Auschwitz ; le Roumain Capesius, collaborateur de Mengele, reconverti en pharmacien aisé dans l'Allemagne du miracle économique ; le Polonais Bednarek qui piétinait les prisonniers à mort et qui tenait un café-épicerie à la gare de la bonne ville de Schirnding avant sa capture. Une atmosphère de magie noire et d'orgies monstrueuses flottait autour des accusés dans la salle d'audience, écrivait Hannah Arendt dans son compte rendu du procès[5].

Arno Lustiger assista à deux audiences. Il voulait faire face à ses tortionnaires et aux assassins de son père, gazé quinze jours après son arrivée à Auschwitz. Un spectacle dégradant l'y attendait : les accusés transformaient le procès en farce. Plus de quarante ans après, il en était toujours choqué. « C'étaient des monstres : ils riaient entre eux, ils n'avaient aucun respect pour la cour. » À l'exception du docteur Lucas, un des médecins SS du camp, qui manifesta une certaine contrition, tous les autres faisaient preuve d'un comportement agressif et grotesquement dépourvu de toute repentance. Les accusés avaient gardé leur arrogance et leur complexe de supériorité de « sur-hommes ». Ils avaient un sentiment d'impunité ; ils ne semblaient pas avoir la moindre conscience de leurs crimes ; ils ne cherchaient même pas à s'en excuser ; ils n'éprouvaient aucune pitié pour leurs victimes. Si la conscience sépare l'homme de la bête, alors ces hommes n'avaient plus rien d'humain. Boger expliquait en toute quiétude qu'ils avaient été « infectés par les détenus », notamment par les juifs de Galicie, très indisciplinés, qui poussaient les SS dans leurs retranchements. Ils se présentaient en martyrs : la justice avait préféré les attraper, eux les petits poissons, dans ses filets, et avait délibérément laissé filer les plus gros. Ce en quoi ils n'avaient pas tout à fait tort. « Papa Kaduk » évoqua ainsi la fulgurante carrière de Hans Globke après guerre dans sa déposition. Aucun d'eux ne semblait prendre très au sérieux les poursuites dont ils faisaient l'objet. Entre les audiences, ils discutaient avec leurs gardiens, buvaient tranquillement un coca-cola ou un orangina et fumaient nonchalamment, comme s'ils étaient à l'entracte d'une excellente pièce de théâtre. Mulka, l'adjoint de Höss, qui n'était pas en détention provisoire, à l'instar de treize autres accusés, tous en liberté sous caution, dormait paisiblement au Frankfurter Hof, le meilleur hôtel de la ville, et faisait des allers-retours avec Hambourg pour veiller à ses affaires quand il n'avait pas l'obligation de rester au procès. Arendt avait aussi noté leur impertinence rigolarde et narquoise vis-à-vis du procureur et des témoins, que certains des accusés n'hésitaient pas à insulter. Ils lançaient des regards méprisants et menaçants vers le public quand des cris d'horreur se faisaient entendre dans la salle[6].

Les prévenus se permettaient leurs ignobles et scandaleuses facéties parce qu'ils se sentaient protégés. Ils avaient la certitude d'avoir le soutien de l'opinion publique. Comme l'avait clairement énoncé Boger, le « diable de Birkenau », les Allemands se serreraient les coudes et tout le monde autour de lui savait qui il était quand il avait refait sa vie après guerre. Les accusés n'avaient pas été traités comme des parias, loin s'en faut. Ils avaient fait partie de la communauté du peuple, une communauté qui avait souffert et avait été emportée par le tourbillon de l'histoire. À ce titre, ils avaient pu se réinsérer dans la société, s'y lover confortablement et y recommencer une existence paisible dans la mesure où le passé avait été surmonté, c'est-à-dire réduit au silence. Le désir de n'en rien savoir se manifestait encore pendant le procès. Les médias allemands le couvraient pourtant avec intérêt et beaucoup d'application. Le déluge d'articles fit d'abord sensation mais, très vite, il suscita l'indifférence puis la mauvaise humeur et un sentiment de satiété au sein de l'opinion. Elle percevait le procès comme un « feuilleton rébarbatif qui se traînait depuis des mois, un roman de l'horreur qui n'éveillait […] que de l'ennui : ces atrocités des camps de concentration, qui acceptait encore d'en entendre parler ? Qui prétendait encore s'y intéresser[7] ? », écrivait, dépité, le journaliste et écrivain Horst Krüger. Dans *Le Dossier Odessa*, Frederic Forsyth avait réussi à recréer l'atmosphère et l'état d'esprit de l'époque avec brio et réalisme. Peter Miller, son personnage principal, se heurtait à un véritable mur de silence quand il se lança à la poursuite du « boucher de Riga », un ancien SS, un odieux criminel de guerre. Forsyth faisait de Miller un personnage très représentatif de sa génération, celle qui avait été enfant pendant la guerre ; et ce n'était pas une coïncidence si son intrigue se déroulait en 1963, l'année où commença le procès de Francfort. Au début de l'ouvrage, le reporter Miller était un jeune nigaud peu concerné par le passé récent de l'Allemagne, dont il ne possédait que de très vagues notions historiques. Sur la piste de l'ancien SS, Miller était confronté aux pires difficultés : personne ne voulait lui parler ; sa mère lui conseillait d'abandonner – « rien ne sert de remuer le passé », lui disait-elle ; il ne parvenait pas à vendre à son enquête, pourtant alléchante, aux médias. Miller poursuivit néanmoins ses investigations avec acharnement ; il fouillait le passé et saisissait les terribles fêlures de sa propre histoire. Même si Forsyth n'évoquait pas le procès de Francfort dans son roman, il me semblait que la métamorphose de son héros était très symbolique du tournant historique que négociait lentement la société allemande au milieu des années 1960 suite au procès. « Il fut suivi par tant de livres et de publications que les gens ne pouvaient plus ne pas savoir », m'avait dit Arno Lustiger. Progressivement, dans les consciences allemandes, Auschwitz n'évoquait plus seulement le nom d'une petite ville de Silésie.

◆

Horst Krüger s'était rendu au procès comme journaliste mais il avait réalisé qu'il ne pouvait y assister en spectateur. Dans la salle du Römer, il eut un choc émotionnel. Très vite, ses obligations professionnelles se transformèrent en une quête personnelle : il venait désormais pour faire la lumière en lui sur Auschwitz, ce « mythe nouveau de la mort industrialisée », cette « métaphore du Mal de notre temps »[8]. Le procès lui permettait d'affronter le passé en chair et en os ; il désirait rencontrer sa jeunesse sous Hitler. Krüger n'était pas un héros. Issu de la petite bourgeoisie, il avait subi le nazisme et s'était battu pendant quatre longues années sous l'uniforme de la Wehrmacht. Son plus haut fait de gloire avait été sa désertion vers les lignes américaines, quelques jours avant la fin de la guerre. Son curriculum modeste rendait son témoignage d'autant plus précieux à mes yeux. D'une certaine façon, il était « gratuit » et spontané : Krüger n'était ni juif ni ancien persécuté politique ; il n'avait pas été déporté ; il n'était pas parti en exil. Il pensait et écrivait en son âme et conscience. Je l'imaginais comme le soldat Bach de *Vie et destin*. Bach « n'avait pas tué d'enfant, n'avait jamais arrêté personne. Mais il avait brisé la digue fragile qui séparait la pureté de son âme des ténèbres qui bouillonnaient autour de lui[9] ». Je me le figurais en proie aux mêmes turpitudes morales, accablé par un sentiment de culpabilité qui l'habitait depuis vingt ans et qui avait été, peut-être, encore aiguisé par cette Allemagne amnésique, refaite à neuf et brillant de l'éclat froid qu'ont les produits de l'industrie.

Ralph Giordano m'avait décrit cette fragilité psychologique qu'il appelait la seconde culpabilité, le titre d'un de ses ouvrages qui avait fait grand bruit à sa publication en

1987. « La répression et le déni des crimes nazis en étaient
la source ; le compromis tacite unissant l'immense majorité de la société ouest-allemande aux assassins de l'ancien
régime puis leur réintégration économique, sociale et politique en son sein, en étaient les manifestations », m'avait-il
expliqué. Krüger profitait du procès de Francfort, qu'il
considérait comme le « tribunal du XXᵉ siècle », pour se
libérer. Il avait une fonction de catharsis. L'écrivain était
décontenancé par l'aspect bonhomme et l'air inoffensif
des accusés ; le premier jour où il se rendit à l'audience, il
ne parvenait pas à les distinguer dans la foule. Il observait
Mulka, le négociant en gaz létal d'Auschwitz, et se demandait comment un pareil individu avait pu reconstituer un
foyer, un ordre et une position sociale ; comment il avait
pu redevenir un aussi bon élément de la société. « Dans ce
pays, les gens possédant quelque expérience du Zyklon B
mangent et dorment et font l'amour comme le reste du
monde : ils sont nos contemporains, nos compagnons[10]. »
Sous ses apparences bourgeoises et respectables, la société
allemande était malade. « Hitler existe encore en nous. Il
règne encore dans l'ombre clandestinement », enrageait
Horst Krüger. L'enjeu du procès de Francfort dépassait le
sort des prévenus : il soulignait la faillite de la collectivité
nationale, une collectivité cynique et opportuniste qui
avait accueilli docilement et à bras ouverts des brutes de la
pire espèce.

Entendons-nous bien. Le procès de Francfort ne provoqua pas une révolution immédiate dans les esprits d'Allemagne de l'Ouest. La population restait majoritairement
opposée à de nouvelles instructions judiciaires. Un sondage de 1966 indiquait que 63 % des hommes et 76 %
des femmes ne voulaient plus de procès contre d'anciens
criminels nazis[11]. Les idées d'un Krüger demeuraient

minoritaires. Mais il n'était pas seul non plus. La vague des grands procès de la fin des années 1950 et du début des années 1960, d'Ulm à Francfort via Jérusalem, débloqua nombre de consciences et permit de libérer les débats. Il eut un impact majeur dans la décision du Bundestag de proroger le délai de prescription des crimes nazis au 31 décembre 1969. Des voix nouvelles se firent entendre ; d'autres, plus anciennes mais jusque-là relativement marginales, rencontrèrent une audience croissante. Les médias se firent l'écho de ces opinions divergentes qui brisaient le consensus mou et fade des quinze premières années de la République fédérale. Le réalisateur de films Peter Lilienthal avait été de ce combat-là. Au premier étage d'une belle villa du quartier de Söln, une banlieue cossue du sud de Munich, dans un joyeux bordel de livres, de cassettes et de journaux qui encombraient son appartement, Lilienthal m'avait reçu avec chaleur et conté les combats de sa génération. « C'était une période exaltante et une vie de tensions passionnantes[12] », m'avait-il dit.

Au milieu des années 1950, il souhaitait s'installer à Paris pour faire l'école de cinéma de l'IDHEC, mais il était revenu à Berlin, sa ville natale, où il avait obtenu une bourse d'études, après un long exil à Montevideo où sa famille s'était réfugiée en 1939 quand il avait dix ans. À l'université des arts de la ville, il apprit le métier de producteur et de réalisateur. « J'y étais comme Robinson sur son île. Je restais avec mes camarades et refusais de fréquenter des gens plus vieux, du moins tous ceux en âge d'avoir combattu pendant la guerre. Et je me méfiais autant des philosémites que des antisémites. » Dans son école de cinéma, il vit poindre une nouvelle génération d'Allemands : « C'était l'époque de la nouvelle vague ; ils voulaient être à l'avant-garde de la société et désiraient la transformer », se souvenait-il. Ces jeunes gens très engagés à gauche commencèrent à travailler dans les médias au début des années 1960, comme Peter Lilienthal qui rejoignit la chaîne de télévision Südwestfunk, à Baden-Baden. « Nous étions la première génération de journalistes sincèrement antifascistes. Nos collègues du *Spiegel* étaient nos modèles. Mais peut-être davantage encore que la presse écrite, la télévision joua un rôle décisif dans l'évolution des mentalités. Le médium était nouveau ; il appartenait à notre génération même si de nombreux techniciens avaient travaillé pour la propagande nazie. Mais ils n'avaient pas leur mot à dire et les "vieux" ne pouvaient rien faire contre nous. Dans notre travail, nous avions une liberté totale. La télévision était la vitrine où se reflétait l'image des Allemands. Et qu'y voyaient-ils ? Des débats politiques, de plus en plus de documentaires sur la guerre, sur l'annihilation des juifs, sur la Wehrmacht… Aucune télévision au monde n'a autant diffusé de programmes sur l'histoire que la télévision allemande. » Dans le vaste bureau où Peter Lilienthal me recevait, quelques photos de lui de cette époque étaient accrochées aux murs. Les traits fins, les yeux pétillants et rieurs, les épaules larges, je concevais aisément le journaliste exalté et ardent qu'il était alors. « J'avais une position privilégiée car la télévision m'offrait un moyen de lutter contre les rigidités de la société. J'ai pu y réaliser tous les films que je voulais, en particulier sur Israël et sur l'Amérique du Sud. Mais ce n'était pas une revanche personnelle. Je n'ai jamais voulu donner de leçon et jeter à la face du public et de mes patrons que j'étais le bon juif et eux les mauvais Allemands », m'assurait-il. Cosmopolite, à l'image de l'hôtel Pera Palas d'Istanbul, dont une affiche ornait un pan de la pièce, et des livres en espagnol sur la révolution sandiniste éparpillés sur les rayons de sa bibliothèque, Peter Lilienthal, qui détestait la bière et la nourriture germanique, appartenait à cette génération qui avait « déniaisé » la vieille Allemagne. Elle l'avait dépoussiérée et l'avait guidée dans son cheminement vers la modernité.

L'intelligentsia apparue dans les années 1950 se mobilisa aussi contre l'« odeur allemande de moisi ». Sa critique prit un tour plus incisif, plus ironique aussi. Heinrich Böll signa avec *La Grimace* une satire cinglante et humoristique de la bonne société de Bonn à la fin de l'ère Adenauer. Il y contait l'histoire d'un clown désargenté et malheureux en amour, rejeton d'une riche famille, de plus en plus marginal et qui rejetait les faux-semblants du monde qui l'entourait. L'hypocrisie de l'époque était étrillée avec sarcasme. La mère du clown, qui voulait chasser de la « terre allemande sacro-sainte tous les judéo-yankees » pendant la guerre, était désormais présidente du « comité central des associations pour la suppression des antagonismes raciaux » et allait à la maison d'Anne Frank et parfois même en Amérique. Son père, industriel très aisé, faisait la leçon à la télévision sur les obligations sociales, la conscience publique et même le christianisme, alors qu'il ne croyait ni aux uns ni à l'autre. Le docteur Kalick obtenait la médaille pour « services rendus dans la propagation des idées démocratiques au sein de la jeunesse » et ne quittait pas, au jour fixe des parents du malheureux pitre, « un rabbin de la spiritualité juive », alors que ce même Kalick avait encore mobilisé un orphelinat pour la bataille finale de 1945 et dénoncé l'enfant clown pour « défaitisme ». Günter Grass avait été l'un des premiers à dévoiler la responsabilité collective des petites gens ainsi que l'implication individuelle de la majorité d'entre eux dans sa *Trilogie de Dantzig* et en particulier dans *Le Tambour,* son immense succès de la fin des années 1950. Il avait été accusé de pornographie et d'obscénité ; désormais, il profitait de sa jeune et scandaleuse renommée pour commencer à invectiver ses compatriotes. Si la prose romanesque de Grass est trop baroque à mon goût, certains de ses essais de jeunesse m'avaient davantage touché. Dans « Qu'est-ce que la patrie allemande ? », un discours prononcé lors de la campagne électorale de 1965 où il s'était engagé aux côtés du SPD, il rendait hommage aux vieux exilés juifs allemands de New York. Cette « émigration de l'esprit », il disait vouloir l'annexer à la patrie allemande. Une « élégie transatlantique » concluait ses propos.

New York, province de l'émigration allemande selon Grass. Le professeur Fritz Stern en était l'un des derniers princes. Lors de notre rencontre, je l'avais interrogé sur la tonalité des travaux historiques de ses collègues historiens allemands dans les années 1960. Se démarquaient-ils des positions ultra-conservatrices qui avaient contribué à forger la légende de l'« incident de parcours » nazi ? À quelques blocs de l'université de Columbia où Stern avait réalisé l'essentiel de sa brillante carrière académique, je prenais place dans le salon de son vaste appartement où cohabitait un savant dosage d'élégance new-yorkaise très Upper West Side et de classicisme art déco qui seyait à tout honnête « Bildungsbürger » – intellectuel – du début du siècle passé. Des milliers de livres étaient soigneusement classés sur les rayonnages, des aquarelles décoraient les murs, un portrait du poète Heinrich Heine cohabitait avec de vieilles photos du panthéon familial dans le vestibule. « Je suis retourné en Allemagne pour la première fois en 1950 pour préparer ma thèse de doctorat. Je passais mon temps à la bibliothèque de Munich et limitais mes contacts à un nombre très restreint de personnes sûres politiquement, des amis d'enfance et de mes parents, tous sociaux-démocrates. Mais j'étais mal à l'aise[13] », m'avait-il confié de sa voix posée. De petite taille, les yeux fins et d'une remarquable vivacité, il portait un pull-over à motifs alpins, le même qu'il revêtait peut-être lors de ses promenades estivales dans les bois et les collines environnant la station de Sils Maria d'où il revenait, Sils Maria le lieu de villégiature de l'intelligentsia germanique que prisaient Nietzsche, Adorno et Celan. Son image de l'Allemagne avait commencé à évoluer après qu'il eut assisté aux cérémonies du dixième anniversaire de l'attentat raté du 20 juillet 1944 contre Hitler. Mais le vrai tournant eut lieu en 1964, lors de la controverse qui suivit la publication de l'ouvrage *Les Buts de guerre allemands pendant la Première Guerre mondiale*. « Son auteur, Fritz Fischer, démontrait que l'Allemagne, dès 1912, avait envisagé une guerre d'agression car ses dirigeants craignaient le décollage industriel de la Russie tsariste. Fischer mettait en valeur la continuité de la politique impérialiste allemande jusqu'à Hitler. Le courage de cette nouvelle génération d'historiens qu'incarnaient, outre Fischer, les frères Mommsen et Hans-Ulrich Wehler, en conflit avec leurs aînés plus conservateurs, qui considéraient le passé sans tache, m'a rapproché de l'Allemagne contemporaine. » Cessant de considérer le nazisme comme un intermède malheureux ou une maladie d'enfance, les nouveaux historiens le replaçaient au cœur de l'histoire nationale. Ils n'éludaient plus sa centralité.

Fritz Stern n'avait pas mentionné le nom d'Adorno au cours de notre entretien. Du haut de son laboratoire francfortois de l'Institut de recherche sociale, l'orgueilleux philosophe, assisté de jeunes et prometteurs sociologues, tels Ralph Dahrendorf et Jürgen Habermas, multipliait les piques à l'encontre des forces nationales conservatrices. Adorno s'inquiétait de la solidité du sentiment démocratique en RFA. Il le pressentait plus opportuniste qu'identifié au peuple lui-même ; en aucun cas l'expression de sa maturité. Il observait une contradiction flagrante entre la structure figée de la société et l'autodétermination des consciences qu'exige toute démocratie. Celle-ci était trop souvent appréhendée dans la perspective du consommateur et du particulier apolitique afin de maintenir le *statu quo*. La cause principale de ces insuffisances démocratiques était la faillite du travail sur le passé, qui avait dégénéré au point de devenir une caricature et d'être vidé de tout sens. Adorno y voyait en germe un danger totalitaire, la source d'un jaillissement potentiel de modes de comportements irrationnels et destructeurs. Sous le poids du refoulé historique, l'individu perdait sa subjectivité autonome, il s'adaptait, s'identifiait à la réalité donnée et au pouvoir en tant que tel : il renonçait à lui-même. Dans une série de textes – « Que veut dire travail sur le passé ? », « La lutte contre l'antisémitisme aujourd'hui », « Éduquer après Auschwitz » –, publiés entre 1959 et 1966, il mettait en garde ses concitoyens. Il les exhortait à être lucides, à tenir en éveil leur conscience et à se tourner vers elle pour se libérer, d'autant que pour Adorno, le « potentiel fasciste », dans la pression qu'exerçait la société et sa « violence objective », liée aux conditions sociales, n'avait pas disparu. Cette conversion vers le sujet devait prendre une part essentielle au déclenchement d'un processus d'autocompréhension de la fonction de démocratie. Adorno contribua avec d'autres savants et artistes à une seconde fondation de la République fédérale, une fondation intellectuelle[14]. Sur les plateaux de télévision, à la radio et dans les pages feuilletons des journaux, il invectivait, provoquait, tempêtait et amplifiait toute polémique pour inciter ses concitoyens à réagir. Et, phénomène nouveau de ces années 1960 décisives sur bien des points, Adorno jouissait, en tant qu'ancien émigré juif, d'un crédit certain. Dans les milieux de gauche, il était devenu une instance morale.

Les doutes et les inquiétudes d'Adorno, les époux Mitscherlich, Alexander et Margarete, en faisaient une nouvelle interprétation dans leur ouvrage *Le Deuil impossible* paru en 1967. Alexander Mitscherlich avait été le grand rénovateur du freudisme en Allemagne et il profitait de la vogue de la psychanalyse pour secouer l'inconscient national et le tirer de sa confortable léthargie dans ce livre qui fit scandale. Sur son divan, la RFA s'allongeait ; il auscultait son âme et les battements de son cœur. Mitscherlich avait observé qu'aucun de ses patients, malgré des profils et des convictions très disparates, ne montrait de sympathie réelle envers les victimes du nazisme et que tous, selon des mécanismes de défense qui leur étaient propres, dressaient des barrages contre leur participation affective aux événements du passé. Le nazisme n'était plus qu'un mauvais rêve ; leur libido se tournait vers la vie économique, la consommation, l'industrie ; le conformisme l'emportait dans le domaine de la pensée et des idées. En somme, la société s'était vidée de son moi. Mitscherlich s'interrogeait : pourquoi les Allemands ont-ils des œillères ? Comment sont-ils passés de la Solution finale à la vie civilisée sans choc traumatisant ? Au fil des séances, Mitscherlich avait acquis une certitude : les Allemands se révélaient incapables de porter le deuil d'Adolf Hitler. Leur première issue de secours avait été de recourir à des techniques infantiles de déculpabilisation. Tout était de la faute du Führer. Cela dit, ils révélaient un profond traumatisme. L'identification à Hitler puis la chute de l'homme providentiel avaient fait perdre à chacun son pouvoir, sa valeur et l'idée qu'il se faisait de lui-même : sa dignité. Les Allemands avaient une blessure narcissique. À travers Hitler, les masses s'étaient divinisées ; Hitler disparu, elles devaient « déréaliser » le passé, rompre tous les ponts affectifs avec le IIIᵉ Reich, sous peine de sombrer dans une terrible mélancolie. Pour y échapper, elles s'apitoyaient sur elles-mêmes et se présentaient en victimes : des juifs sous le nazisme, des nazis après guerre, des Russes demain. Le mal était toujours à l'extérieur. Afin que les Allemands effectuent leur travail de deuil et se libèrent finalement de l'ombre du passé, les Mitscherlich les appelaient à un douloureux « travail de remémoration » qui seul leur permettrait de « se détacher », de corriger leur conscience pervertie et aveugle et de réveiller leur capacité à souffrir. L'indignation que souleva le livre démontra que les deux analystes avaient fait mouche. Vingt ans après l'appel de Karl Jaspers à extirper de soi la culpabilité morale et métaphysique, l'Allemagne de l'Ouest n'avait toujours pas réussi à surmonter son passé. Plus exactement, elle ne l'avait pas voulu.

◆

Dans l'air frais de cette belle matinée d'automne bruxellois, je pressais le pas. J'étais déjà en retard. Heureusement, Irène Heidelberger m'avait attendu. Elle lisait des copies, tranquillement assise à une table du paisible « tea room » où elle m'avait donné rendez-vous, en face de l'Université libre de Bruxelles où elle enseignait. J'avais

souhaité la rencontrer car elle avait écrit une biographie
de Jean Améry, le «saint de l'Holocauste» selon Imre
Kertesz; Améry, l'auteur qui m'a le plus bouleversé au
cours de mes investigations et de mes longues nuits de
lecture. Pour des raisons qui m'échappent, il ne bénéficie
pas, du moins dans les pays francophones, de la même
renommée et de la même fortune éditoriale que Primo
Levi, Elie Wiesel, David Rousset ou encore Robert
Antelme, dès qu'il s'agit de littérature concentrationnaire.
Pourtant, et Irène Heidelberger me le confirmait, «son
talent était prodigieux, son style cristallin et ses œuvres
eurent un impact immense dans l'Allemagne des
années 1960[15]». Je ferais usage de plus de superlatifs
encore pour décrire le choc que me causa la découverte
de son œuvre : ses textes ont une exceptionnelle puissance évocatrice ; ses phrases sont ciselées ; ses mots
touchent au cœur, au corps et à l'âme de son lecteur.
Arendt et Adorno furent de brillants moralistes, des com-
mentateurs sarcastiques et des témoins éclairés de leur
temps. Améry ne l'était pas moins mais, à la différence
de ses deux contemporains, il puisait dans ses propres
expériences, dans ses traumas les plus intimes, la matière
de ses récits et de ses réflexions. Arendt et Adorno avaient
eu la chance d'échapper aux fourches des nazis ; ils se
fondaient sur le ouï-dire, sur leurs lectures et sur la puissance de leur esprit pour former leurs jugements. Améry
lui les tirait de sa chair meurtrie. Son message n'en était
que plus fort et plus universel.

Jean Améry naquit Hans Maier en 1912 à Vienne. Il eut
une jeunesse autrichienne des plus traditionnelles dans un
village du Tyrol où il fut baptisé et élevé ; il aimait passionnément sa terre, son patois et ses traditions. Il savait qu'il
avait des origines juives par son père mais il avait dix-neuf

ans quand il découvrit, par exemple, l'existence de la langue yiddish ; il n'avait aucune appartenance culturelle et aucun lien religieux au judaïsme. C'est en parcourant un journal, un matin de 1935 dans un café viennois, que sa vie bascula : le IIIe Reich venait d'adopter les lois de Nuremberg. Elles faisaient de lui un juif. Hans Maier saisit soudain qu'il était un mort en sursis ; qu'il « était désormais en proie à la mort[16] ». Il quitta l'Autriche après l'Anschluss et se réfugia en Belgique. Le pays occupé, il rejoignit la résistance puis fut arrêté en 1943 pour avoir distribué des tracts en allemand qui appelaient les soldats à déserter. Son long calvaire commençait. Il fut d'abord interné au fort de Breendonk où il fut torturé des jours entiers ; puis il fut déporté à Auschwitz. Il fut assigné dans l'une des usines d'IG Farben du camp de travail d'Auschwitz-Monowitz ; il y resta un an puis fut évacué vers Buchenwald, puis vers Bergen-Belsen où il fut libéré par les troupes britanniques en avril 1945. Il retourna à Bruxelles, francisa son patronyme – Améry est l'anagramme de Maier – et, comme journaliste et essayiste, il se mit à écrire comme un enragé, en allemand, mais pour des publications de Suisse alémanique. Pendant vingt ans, il garda le silence le plus absolu sur ses expériences de la guerre, comme « paralysé par un obscur envoûtement », et ne retourna jamais en Allemagne. Jusqu'en 1964. En plein procès de Francfort et sur l'insistance du poète expérimental Helmut Heissenbütel, il rompit le silence et lut un texte sur Auschwitz à la radio, pour qui Heissenbütel travaillait.

« Son destin bascula une seconde fois », me dit Irène Heidelberger. « Son intervention eut un écho retentissant ; une deuxième suivit sur la torture et rencontra un succès encore plus grand. L'Allemagne découvrait une voix nouvelle ; fait rarissime, même Adorno fut très impressionné ;

des médias lui proposèrent des collaborations; son texte sur la torture fut publié. Améry continua ses émissions à la radio : trois nouveaux textes furent diffusés, trois chefs-d'œuvre supplémentaires », poursuivait la biographe qui dirigeait aussi l'édition des œuvres de l'écrivain en Allemagne. Qu'elle se fût prise de passion pour Améry ne tenait pas du hasard : ses recherches étaient l'aboutissement de la quête de toute sa vie. J'avais souhaité m'entretenir avec une spécialiste de littérature germanique et je réalisais soudain que je rencontrais aussi et surtout une juive allemande, dont les blessures apparaissaient en filigrane du récit qu'elle me faisait de la vie et de l'œuvre du grand homme. Irène Heidelberger était née en août 1944 dans un couvent d'un petit village de l'Aude, près de Toulouse où ses parents s'étaient cachés. À six ans, elle était retournée en Allemagne avec sa mère, dans la ville de Moers en Rhénanie. Elle avait eu une enfance difficile. « Mes frères et sœurs et moi étions un peu trop bruns; nous nous sentions exotiques à l'école, se souvenait-elle. Dans les formulaires de classe, j'évitais à tout prix de m'identifier comme juive et jusqu'à mes dix ans, je reniais mon identité, je n'en voulais rien savoir. » Un professeur d'allemand et d'histoire, un ancien SS – elle ne le découvrit que plus tard –, qu'elle eut la malchance de suivre pendant sept ans, la prit en grippe. « Il me brimait et me ridiculisait devant toute la classe. Je manquais terriblement de confiance en moi. » La jeune Irène voulait savoir ce que les adultes autour d'elle, en particulier les parents de ses amies, avaient fait pendant la guerre. Mais elle n'osait les interroger; cela ne se faisait pas à l'époque. Le bac en poche, elle décida de quitter au plus vite le silence pesant et devenu insupportable qui régnait en RFA et partit dans la légère Angleterre des « swinging 1960's » étudier la littérature germanique. « Mes rapports à l'Allemagne et à sa langue étaient devenus des obsessions », avouait-elle. Elle se consacra d'abord à d'autres écrivains comme Günter Grass puis s'attela aux auteurs juifs à partir de la fin des années 1980. C'est ainsi qu'elle croisa la triste destinée de Jean Améry.

Les cinq conférences qu'il prononça sur les ondes en 1964 furent rassemblées en un volume deux ans plus tard. *Par-delà le crime et le châtiment* eut un succès considérable. Améry y rouvrait les blessures qu'il avait laissées cicatriser pendant vingt ans ; il arrachait son pansement avec une violence effroyable ; il ajoutait même du sel à ses plaies encore béantes : il reconnaissait qu'il lui était impossible de s'en tenir à une distance prudente et à une objectivité toute distinguée. Il s'adressait aux Allemands, « qui dans leur écrasante majorité ne se sentaient pas ou plus concernés par les méfaits à la fois les plus sinistres et les plus significatifs du IIIe Reich[17] ». Il ne leur épargnait rien de ses maux et de ses souffrances ; il les plaçait face à leurs responsabilités historiques. Il décrivait d'abord sa situation d'intellectuel humaniste, agnostique et sceptique à Auschwitz, une situation d'autant plus insoutenable qu'il traînait sa culture allemande comme un fardeau. Sa solitude était immense : il n'avait pas la foi de ses camarades religieux et marxistes orthodoxes, qui tenaient mieux le coup ou mouraient plus dignement, qui le méprisaient aussi. Son éducation et son esprit rationnel et analytique ne lui étaient d'aucune aide, ils lui paraissaient du verbiage stérile ; pis, ils conduisaient tout droit à la « tragique dialectique de l'autodestruction ». À Auschwitz, il avait été transformé en vermine par des puissances obscures, comme dans *La Métamorphose* de Kafka. Son chapitre sur la torture, l'apothéose et l'essence même de l'Allemagne hitlérienne selon lui, la «violation par l'autre des frontières du Moi[18]», était les mémoires de sa chair meurtrie. Malgré les limites de la communication langagière, il parvenait à décrire avec un réalisme terrifiant comment l'homme devenait corps sous les coups et les brimades de son tortionnaire. Dans ces pages brûlantes, Améry ne gardait pas la moindre pudeur; il ne se protégeait plus. Il se livrait tout entier à ses lecteurs, il était nu devant eux. Son exhibitionnisme forcené et intransigeant donnait à l'œuvre une force immense et unique en son genre.

Elle était fascinante parce qu'elle auscultait les méandres de son âme, ses cauchemars et ses fantômes dans sa vie nouvelle, celle d'après les camps. Améry abordait sans détour et avec la même crudité des questions qu'on ose rarement poser aux anciens déportés et que ces derniers rechignent à évoquer : comment s'étaient-ils remis de pareilles épreuves ? À ses auditeurs et à ses lecteurs allemands, à cette nation qui refusait d'affronter son passé, qui consacrait toute son énergie et sa libido à l'enterrer, qui détournait le regard, à Ludwig Erhard, le nouveau chancelier, qui proclamait que l'après-guerre était terminé dans son discours de politique générale du 10 novembre 1965, il signifiait clairement qu'il ne s'en était jamais remis. Il vivait dans le ressentiment ; il pendouillait «toujours vingt-deux ans après, suspendu au bout de [ses] bras disloqués, à un mètre du sol, le souffle court[19]». L'outrage de l'anéantissement était indélébile. Il était désormais incapable de se sentir chez lui dans le monde ; «l'angoisse le menait à la baguette de son sceptre». Son existence était privée de confiance et il jurait ne plus pouvoir se replonger dans un sommeil sécurisant duquel on l'avait arraché à jamais, un matin de 1935.

Chaque matin dans sa salle de bain, il lisait son numéro d'Auschwitz, ce numéro qui lui avait ôté sa dignité, son droit à la vie, et il songeait avec acrimonie à la nouvelle Allemagne, ce pays florissant, où les gens, d'une politesse extrême, « se portaient aussi bien que l'on pût le leur souhaiter ». Quand il retourna dans ce beau pays pacifique et prospère, « habité par des gens respectables et modernes », il ne s'y sentit pas bien. Il était même révulsé de constater la réussite insolente de ses anciens bourreaux. En tant que victime, il considérait les Allemands coupables d'une faute collective car, s'il n'oubliait pas quelques braves camarades courageux, il savait aussi qu'ils étaient perdus au milieu de leur peuple. À ses yeux et au nom de tous ceux qui avaient péri gazés et brûlés, Hitler était vraiment le peuple allemand : tous avaient tremblé autant devant le membre de la Gestapo que devant le troupier de la Wehrmacht. « La faute de chaque Allemand en particulier s'était additionnée aux autres pour donner la faute globale de tout un peuple[20]. » En réponse à cette faute collective, il exigeait une expiation collective. De sa plume enragée, il écrivait qu'il voulait clouer le malfaiteur à son méfait comme lui était cloué à la croix de son passé anéanti. Améry était aussi idéaliste qu'absolutiste : il était éperdu de vérité, il honnissait la Realpolitik de la guerre froide. Or que constatait-il ? L'Allemagne avait été accueillie dans la communauté des peuples ; elle comptait à nouveau dans le jeu des puissances ; son essor économique, industriel et militaire était sans précédent ; elle repartait à la conquête des marchés mondiaux. « La génération des exterminateurs, les constructeurs de chambre à gaz, les généraux toujours prêts à signer, dévoués corps et âmes à leur Führer, vieillissaient respectablement[21] », écumait-il, tandis que lui souffrait, étranger et solitaire.

Le « non-non-juif » qu'était Améry – c'est ainsi qu'il se définissait – exprimait l'incompatibilité fondamentale et le malaise existentiel qu'avaient les victimes juives à vivre au milieu des bourreaux et de leurs complices dans l'Allemagne du refoulé collectif. Ce qu'il avait ressenti si vivement, la majorité silencieuse de la petite communauté juive du pays, du moins celle qui était originaire d'Europe orientale et qui avait connu l'expérience des camps, en souffrait également, j'en suis persuadé. Améry avait décrit et formulé l'indicible, ce que les survivants, ces « mutilés physiques et psychiques », cachaient dans les tréfonds de leur être et qu'ils avaient aussi refoulé pour recommencer à vivre, simplement, pour éviter d'être en proie au ressentiment, ce trouble de l'esprit, qui de l'aveu même d'Améry bloquait l'accès à la dimension humaine par excellence : l'avenir. À la lecture de ces pages enfiévrées, j'imaginais sans peine le choc et l'émoi qu'il provoqua quand il diffusa puis publia ce petit pamphlet d'une amertume terrifiante. J'étais moi-même déconcerté. Ma génération est reconnaissante à l'Allemagne de l'Ouest des choix qu'elle a opérés dans l'immédiat après-guerre. Ils furent décisifs pour la construction d'une Europe stable, prospère et enfin pacifiée. Son intégration rapide à l'OTAN et à la CEE, l'amitié avec la France, la relation privilégiée avec Washington et le miracle économique des années 1950-1960 lui permirent son ancrage définitif à l'Occident. La paix du continent et la démocratisation de l'Allemagne ne furent réalisables qu'à ce prix. Konrad Adenauer est aujourd'hui considéré à juste titre comme un homme d'État visionnaire et courageux, comme l'un des pères fondateurs de l'Europe. Mais pour Améry, Adenauer était avant tout le dirigeant cynique qui avait choisi comme secrétaire d'État à la chancellerie Hans

Globke, le commentateur des lois de Nuremberg, l'homme qui l'avait obligé à porter le deuxième prénom d'Israel. L'hypocrisie de l'époque lui était insupportable. L'extraordinaire redressement de l'Allemagne, *a posteriori*, la condition *sine qua non* de la réconciliation européenne, lui était inadmissible parce qu'il s'était réalisé au détriment de la justice ; parce que les Alliés avaient permis à l'Allemagne d'enterrer une partie de son histoire, que tous préféraient fermer les yeux sur les réalités de la « nouvelle Allemagne ». Le passé avait été sacrifié sur l'autel du présent et Améry ne pouvait le tolérer.

Par-delà le crime et le châtiment fut un cri dans la nuit de l'oubli. Un cri strident et charnel. Mais c'était aussi un appel au secours. Améry n'était pas nihiliste ; il espérait encore : il avouait lui-même s'adonner à des « rêveries morales délirantes ». Il était prêt à tendre la main à condition que le conflit entre victimes et bourreaux fût extériorisé et actualisé. Le peuple allemand « devait revendiquer les douze années du IIIe Reich comme sa possession négative[22] », au lieu de les refouler et de les maquiller ; il avait la responsabilité et l'obligation morales d'appréhender toute son histoire, sans artifices. Elles seules permettraient la mise au pilon du IIIe Reich pour racheter l'« ignominieuse souillure ». À son ressentiment il donnait une tonalité positive, une « fonction historique » et moralisante. Il était pessimiste, mais il attendait toutefois un sursaut. Notamment de la part de la jeunesse.

CHAPITRE VIII

Rébellions

Le hurlement d'Améry rencontra un écho. Les enfants du miracle économique étaient perturbés et affectés. La vague des grands procès qui avait déferlé depuis la fin des années 1950 et leur couverture extensive dans les médias les avaient sensibilisés au passé. D'ailleurs, la grande majorité du public venu assister aux audiences du procès de Francfort était constituée de lycéens et d'étudiants, de jeunes « médusés » par l'attitude des prévenus et les charges dont ils étaient accusés, d'après le témoignage de Horst Krüger. Ils désiraient en savoir plus, à l'instar de la jeune et brillante journaliste qui fut la première, en 1964, à interroger sincèrement et sérieusement Marcel Reich-Ranicki sur ses expériences au ghetto de Varsovie. Dans ses mémoires, le critique littéraire le plus redouté d'Allemagne décrivait une jeune femme très émue et au bord des larmes, presque hystérique. Elle s'appelait… Ulrike Meinhof, l'un des futurs cerveaux de la Fraction Armée rouge (RAF)[1]. Pour la nouvelle génération, « Auschwitz » devenait l'expression du Mal absolu, l'allégorie de la honte et un fardeau de plus en plus lourd à porter. Faute de réponses satisfaisantes à leurs demandes insistantes et parfois même inquisitrices, des jeunes se mobilisèrent. À l'initiative de ses étudiants, l'université de Tübingen organisa, au cours du semestre d'hiver 1964-65, le premier cycle de conférences sur les relations entre l'enseignement supérieur et le national-socialisme[2]. De nombreuses institutions furent à leur tour contraintes de proposer davantage d'enseignements sur l'histoire du IIIe Reich et les colloques commencèrent à se multiplier.

Les fantômes revenaient hanter l'espace public. Et la sonate des spectres résonnait désormais dans bien des foyers. Les jeunes ne toléraient plus le silence des pères. Ils voulaient savoir ce qu'ils avaient fait pendant la guerre, où ils avaient été, ce qu'ils connaissaient des pires horreurs commises par le régime hitlérien : pour cette génération, le silence devait être brisé ; ils n'avaient plus peur de poser les questions qui fâchaient. De lourds conflits explosèrent dans de nombreuses familles. L'autorité paternelle vacillait. Un père qui avait été membre du parti ou des jeunesses hitlériennes risquait de perdre toute autorité. Quand il tentait de se faire respecter ou de discipliner son fils rebelle, ce dernier n'hésitait pas à le traiter de nazi et à claquer la porte. La colère et le malaise de cette jeunesse étaient d'autant plus forts qu'elle avait la sensation, à raison, d'être cernée d'anciens nazis. La nouvelle génération réalisait soudain que toutes les institutions de RFA étaient compromises. De la magistrature à l'université, du monde des affaires à celui de la politique, chaque semaine réservait son lot de révélations sur le passé compromettant d'un de ses augustes représentants. Même l'Office central de Ludwigsburg en charge des crimes nazis ne fut pas épargné : Erwin Schülle, son premier directeur, fut contraint à la démission en 1966 quand son appartenance aux chemises brunes de la SA fut divulguée. La même année, Albert Speer, l'ancien favori du Führer, son architecte en chef et son efficace ministre des Armements et de la Production de guerre, serviteur modèle, zélé et dévoué du régime nazi, sortait de prison après avoir purgé sa peine de vingt ans, prononcée au procès de Nuremberg. Dans sa première interview accordée au *Spiegel*, il s'empressait de diaboliser Hitler, l'homme qui l'avait envoûté. Ses mémoires connurent un très grand succès éditorial et il devint un habitué des plateaux télévisés. De nombreux Allemands de sa génération s'identifiaient à Speer, fils de bonne famille et de solide éducation, très différent des brutes qui entouraient le Führer, et qui n'avait pourtant pas su résister à son charme démoniaque.

Beate Klarsfeld était l'une de ces jeunes femmes révoltées par la pérennité des anciens nazis et par la fidélité que leur témoignait encore une part importante de la population. « On en avait ras-le-bol. Les nazis étaient partout et la justice ne les tourmentait guère. Et quand elle les condamnait, les peines infligées étaient ridicules eu égard aux crimes perpétrés[3] », me confia-t-elle. Le procès Eichmann l'avait émue mais ce fut sa rencontre avec Serge Klarsfeld qui bouleversa sa vie. Née en 1939, Beate Künzel avait eu une jeunesse berlinoise sans histoire. « Les conséquences de la guerre étaient tangibles puisque la ville était coupée en deux mais la question juive n'était jamais abordée. Je connaissais quelques juifs à l'école, mais ils parlaient très peu. Je ne pris véritablement conscience des dimensions de la Shoah que lors de mon séjour à Paris en 1960 quand je fis la connaissance de Serge. Son père était mort à Auschwitz et il m'en parla immédiatement. » Elle décida qu'il était temps de bousculer les consciences en Allemagne. « Je me sentais allemande et je voulais faire quelque chose pour mon pays. » Elle enrageait particulièrement de voir un ancien nazi à la chancellerie. Kurt Kiesinger dirigeait la grande coalition

CDU-SPD depuis 1966. Cet avocat catholique, entré au NSDAP en 1933, avait travaillé à la division politique de la radio du ministère des Affaires étrangères et comme agent de liaison avec le ministère de la Propagande pendant la guerre. Dans son cabinet, aux côtés du résistant Willy Brandt, deux autres anciens membres du parti nazi siégeaient – les sociaux-démocrates Karl Schiller et Lauritz Lauritzen – ainsi qu'un ancien SA, le chrétien-démocrate Gerhard Schröder. « Il était inadmissible que la RFA ait à sa tête un ancien propagandiste de l'Allemagne nazie. J'étais résolue à faire quelque chose », m'expliquait-elle. Dans sa voix, à l'autre bout du fil, quarante ans plus tard, je percevais toujours son indignation et son courroux. La colère grondait en RFA. Un souffle de rébellion contre la génération brune flottait dans l'air. La jeunesse craignait que le nazisme ne se fût perpétué sous un autre visage et ait continué de prospérer sous des formes différentes. Le capitalisme et la démocratie, imposés de l'extérieur, n'auraient-ils été que des paravents au fascisme rampant, symbolisé par la continuité des hommes ? Tout le système était suspecté : il était responsable de la réintégration des anciens criminels et autres affidés du régime. Une partie de la jeunesse était convaincue qu'il fallait remettre fondamentalement en cause le fonctionnement de la société.

Un beau matin de 1966, Anita G., une jeune Allemande de l'Est d'origine juive, une petite valise à la main, partit chercher fortune chez le riche voisin de l'Ouest. Mal lui en prit : elle ne parvint pas à s'adapter à sa nouvelle société. Incapable de trouver un travail et un toit, malheureuse en amour, Anita G., naïve et ingénue, se mettait à voler et à mentir ; elle finissait sa triste odyssée en prison où elle accouchait dans la plus grande

solitude. Tourné comme un documentaire et dans un
style très proche de celui de Jean-Luc Godard à la même
époque, *Anita G.*, un film du jeune réalisateur et écrivain
Alexander Kluge, un proche d'Adorno, exposait le mal-
être de la jeunesse des années 1960. Les obstacles auxquels se heurtait la jeune femme, l'univers glacial, urbain
et bureaucratique qu'elle affrontait, l'incompréhension
des juges, des policiers, du monde des adultes en général
révélaient les difficultés de la génération des enfants
du miracle économique. L'ascendance juive d'Anita G.
ne jouait aucun rôle dans le film : elle était plutôt le
symbole de l'aliénation de l'héroïne dans cette société
qui la rejetait et faisait d'elle une marginale. Comme
Anita G., une bonne partie de la jeunesse n'y trouvait
pas sa place. Elle étouffait dans l'atmosphère de restauration qui prévalait en RFA depuis la naissance du pays et
dont les dirigeants étaient pour la plupart des hommes
âgés, imprégnés des valeurs bourgeoises et surannées de
l'empire wilhelminien et de la république de Weimar, la
génération intermédiaire ayant été décimée par la guerre
et par trop compromise par son adhésion au nazisme.

La révolte partit de l'université, comme dans les autres
pays occidentaux. Les étudiants, toujours plus nombreux,
protestaient contre leurs mauvaises conditions de travail,
la surpopulation des amphithéâtres et surtout contre les
méthodes d'enseignement autoritaires des professeurs, ces
mandarins tout-puissants et dont le passé brun était par
ailleurs contesté ; ils revendiquaient la démocratisation de
l'université et une plus grande participation à ses instances
décisionnaires. Le premier sit-in de l'histoire de la RFA
eut lieu à l'Université libre de Berlin en juin 1966 : plus
de trois mille étudiants s'étaient rassemblés pour protester
contre la mise à l'écart d'un assistant gauchiste par la

direction de la faculté. L'agitation gagna bientôt d'autres campus, d'abord dans les grandes villes puis dans des cités plus petites mais qui abritaient d'importants centres universitaires, comme Göttingen et Heidelberg. Les étudiants imitaient les méthodes du mouvement américain pour les droits civiques et multipliaient happenings et provocations. Leurs attaques contre l'université comme institution sociale débouchèrent rapidement sur une critique plus ample du conformisme bourgeois de la société ouest-allemande. Ses normes et ses valeurs étaient rejetées, en particulier l'obéissance, la docilité et le respect inné de la hiérarchie. La jeunesse ridiculisait et raillait le mode de vie de ses aînés et le vide spirituel de la société des loisirs. Elle dénonçait leur fétichisme de la consommation et de la propriété privée ; elle moquait leur pruderie et leur moralité sexuelle hypocrite ; elle vilipendait la fausse tolérance de l'establishment qui masquait mal leur attitude répressive. Elle était frustrée et s'ennuyait ; elle rêvait de lendemains qui chantent.

Hans Joachim Klein, le futur terroriste d'extrême gauche qui participa, parmi d'autres faits d'armes, à l'attaque du siège de l'OPEP à Vienne en novembre 1975 sous la direction de Carlos, se posait lui aussi bien des questions. Il n'était ni fils de bourgeois ni étudiant, mais mécanicien à Francfort. « J'avais beaucoup d'amis italiens et le racisme dont ils étaient victimes, comme les autres travailleurs étrangers, me révulsait[4] », m'expliquat-il quand je lui demandai comment il avait commencé sa lutte révolutionnaire. L'Allemagne de l'Ouest était alors une société de plein emploi – son taux de chômage était de… 0,7 % début 1965 – et avait fait appel à ses premiers Gastarbeiter pour faire face à la pénurie de main-d'œuvre et faire tourner son industrie en constante expansion.

Klein était un jeune homme en colère : « Mon père était un ancien flic, un homme violent qui avait soutenu le régime nazi et sa nouvelle femme avait été membre des BdM [5]. Je n'ai jamais pu oublier ce qu'il me dit un jour : "Il faudrait gazer les étudiants ou les faire mitrailler en pleine rue." Autour de moi dans les manifestations, je voyais la férocité dont les policiers étaient capables. » Les Gammler, les beatniks allemands, étaient selon lui leurs cibles de choix. Klein, à l'instar de la jeunesse estudiantine mobilisée, était révolté par la politique américaine au Vietnam. « OK, les Américains nous avaient libérés. Mais après ? Ils étaient derrière toutes les saloperies ; ils soutenaient les dictatures de Franco en Espagne, des colonels en Grèce, de Salazar au Portugal, en Turquie, en Amérique latine… Et l'incroyable brutalité dont ils faisaient preuve au Vietnam, les moyens démesurés et meurtriers, comme le napalm, qu'ils employaient ? Comment de telles choses pouvaient survenir après Auschwitz ? Comment ne pas manifester contre de tels agissements, contre les massacres des populations civiles ? », écumait-il au téléphone.

La jeunesse se sentait trahie par le SPD. Elle ne pouvait plus compter sur l'opposition parlementaire de gauche pour relayer ses revendications depuis que les sociaux-démocrates avaient formé un gouvernement de grande coalition avec les conservateurs. « On attendait beaucoup de Willy Brandt, le nouveau ministre des Affaires étrangères, mais il ne fit rien contre les États-Unis ; Bonn continuait de soutenir l'intervention américaine au Vietnam », se souvenait Klein. Les lois d'urgence que voulait adopter l'exécutif pour renforcer ses prérogatives en cas de crise intérieure conduisirent les différentes composantes de la contestation à se rassembler au sein d'une opposition extraparlementaire (APO) pour faire barrage au projet gouvernemental. Intellectuels critiques, syndicalistes, socialistes indépendants et ecclésiastiques non conformistes et radicaux, orphelins pour certains du parti communiste, interdit depuis 1956, se joignirent à la ligue des étudiants socialistes, le SDS, qui était le noyau dur de l'APO. Le SDS était devenu le fer de lance de la pensée néo-marxiste en RFA. Ses animateurs étaient issus de l'aile gauche du SPD qui avait refusé l'aggiornamento social-démocrate du parti, son acceptation de l'économie sociale de marché et de l'intégration de la RFA à l'Alliance atlantique lors du fameux congrès de Bad Godesberg, en 1959. D'abord un club de débats, le SDS prônait désormais le recours à des actions directes et subversives dans les grandes villes, à la désobéissance active, influencé par l'existentialisme et le situationnisme français. Il était le chantre de l'utopie révolutionnaire et de la lutte contre l'aliénation et l'exploitation des masses dans la société de consommation ouest-allemande. Il dénonçait ses tendances fascistes, les conditions de production capitaliste s'étant perpétuées alors qu'elles avaient engendré le nazisme dans les années 1920-1930. Les succès électoraux enregistrés en 1966-1967 lors de plusieurs scrutins régionaux par la formation d'extrême droite du NPD confortaient leurs convictions.

Le SDS s'inspirait des travaux de jeunesse d'Horkheimer et d'Adorno – plusieurs de ses dirigeants avaient suivi ses enseignements à Francfort – qui associaient capitalisme et fascisme, le second étant la conséquence des dysfonctionnements du premier. Adorno avait érigé Auschwitz en allégorie de la barbarie moderne et de l'échec de la modernité européenne. Or, si Auschwitz était la barbarie, il fallait bouleverser les conditions économiques et sociales qui avaient produit Auschwitz. En un mot, pour le SDS, il fallait faire la révolution. « Celui qui ne veut pas parler du capitalisme doit aussi se taire à propos du fascisme » : ses militants scandaient cette vieille maxime d'Horkheimer. Pour opérer leur détonante synthèse idéologique, ils associaient ainsi les maîtres de la théorie critique aux œuvres de jeunesse de Marx, à celles de Lénine, de Rosa Luxemburg, de Frantz Fanon et des Mitscherlich. Et ils avaient fait de Wilhelm Reich et d'Herbert Marcuse, deux autres savants associés à l'école de Francfort, leurs mentors.

En écrivant ces lignes, je ne pouvais m'empêcher de sourire. Je trouvais l'idée amusante que, plus de trente ans après leur départ en catastrophe, les deux juifs Reich et Marcuse fissent un retour triomphant et semassent la subversion dans la prospère et bourgeoise RFA, le premier par ses ouvrages et ses idées excentriques – il était mort solitaire dans un pénitencier américain en 1957 – et le second en chair et en os, haranguant les foules estudiantines et les poussant à l'action directe. Reich, psychanalyste et sexologue, intellectuel marxiste et savant freudien, né dans une famille de fermiers juifs de Bucovine autrichienne, considérait l'orgasme comme la clé de l'émancipation de l'homme moderne. La liberté sexuelle était un acte politique d'une portée immense qui pouvait seule permettre à l'homme de briser ses chaînes et de s'épanouir. Selon Reich, la révolution politique et économique marxiste était vouée à l'échec si elle ne s'attelait pas à la destruction de la morale répressive de la vie quotidienne, le fondement des sociétés autoritaires. La révolution russe n'avait pas tenu ses promesses parce qu'elle avait trop vite abandonné le « Kulturbolschewismus », le bolchevisme culturel qui aurait dû aussi faire table rase de la pruderie petite-bourgeoise et de la répression sexuelle. La révolution mondiale passait par la libération des instincts et des pulsions érotiques, seule à même de désinhiber l'homme et de réduire à néant ses angoisses. Il serait dès lors enfin débarrassé de l'autorité répressive de la famille, autoritaire par définition selon Reich, et de l'opium des peuples, la religion mystificatrice et sa morale judéo-chrétienne puritaine. Les étudiants qui, comme leurs petits camarades américains et français, éprouvaient une certaine frustration sexuelle et rejetaient les structures patriarcales de la société, avec peut-être encore plus de force compte tenu de l'histoire de l'Allemagne, dévoraient les ouvrages de Reich. Si tous ne saisissaient pas la glose complexe et ésotérique de l'élève de Freud, au moins en tiraient-ils un principe fondamental : un homme satisfait est un homme heureux.

Wilhelm Reich était leur gourou et Herbert Marcuse leur grand prophète. À la fin des années 1960, le sociologue et philosophe septuagénaire, qui était né dans une famille juive berlinoise, devint une véritable star en Allemagne et dans le monde entier. Figure de proue du freudo-marxisme, il était vénéré des étudiants qui, de son propre aveu, ne l'avaient souvent pas lu ; il avait été érigé en icône du radicalisme par la presse ; il était dénoncé tant par le pape que par le régime est-allemand : tous voyaient en lui un dangereux élément subversif. Son ouvrage *L'Homme unidimensionnel* fit de lui le théoricien révolutionnaire et authentique de la nouvelle gauche. Il y passait au crible les sociétés industrielles avancées coupables d'homogénéiser les consciences sous la houlette de la logique technicienne et du productivisme. La société de consommation et son fétichisme de la marchandise avaient créé un monde déshumanisé de fausse abondance et de fausse liberté, le système le plus répressif de l'histoire, « un crime contre l'humanité », selon Marcuse, où les esclaves aimaient désormais leurs chaînes sous l'emprise de la rationalité technique. Ainsi était né l'homme unidimensionnel : un homme désormais incapable d'émettre une pensée critique et oppositionnelle, aspirant aux mêmes produits et aux mêmes loisirs sous l'effet des mass media, de la publicité et du marketing. Il fustigeait les tendances du capitalisme américain dont l'aboutissement était une « société close » parce qu'elle mettait au pas et intégrait toutes les dimensions de l'existence, privée et publique[6], mais aussi le communisme soviétique et sa bureaucratie tentaculaire liberticide, qui ne toléraient pas la moindre opposition et avaient fait du productivisme le fondement de l'émancipation du peuple. Dans ses écrits comme devant les étudiants qui l'écoutaient religieusement, Marcuse prônait une révolution mondiale ; il dénonçait avec véhémence la destruction démesurée du Vietnam et la brutalité du néo-colonialisme ; il s'inquiétait, déjà, des ravages causés à la planète.

Quand j'avais rencontré Peter Gay à New York, je lui avais demandé, lui qui avait bien connu le philosophe rebelle, si Marcuse ne jouissait pas, du moins intérieurement, de la pagaille et de l'effervescence qu'il provoquait en Allemagne. Après tout, Marcuse avait participé à la révolution spartakiste de 1918 réprimée dans le sang et les nazis l'avaient contraint à quitter son pays. Des décennies plus tard, au crépuscule de son existence, son retour en fanfare aurait pu lui causer une « Schadenfreude », une certaine satisfaction, voire une joie un peu malsaine à l'idée de semer le désordre chez ses anciens censeurs. Il aurait pu en tirer une petite vengeance personnelle. Peter Gay était perplexe ; il n'en avait aucune idée ; Marcuse ne

lui avait jamais rien dit à ce propos. Il m'assura toutefois
que son ami ne prenait jamais les choses très au sérieux et
qu'il s'était beaucoup amusé. J'étais personnellement
convaincu d'une chose : la contestation étudiante des
années 1966-1968 en RFA marqua la revanche de l'esprit
de la république de Weimar dont Marcuse, Reich,
Adorno et Horkheimer étaient parmi les derniers passeurs. Et aussi d'un certain judaïsme allemand d'avant le
nazisme, un judaïsme qui n'avait plus rien de juif, mais
qui se caractérisait par sa pensée subversive, révolutionnaire et non conformiste et dont l'Allemagne avait été la
terre d'élection.

◆

Henryk Broder, l'ami de Gad Granach, croisé au premier chapitre, le drôle et brillant polémiste de la presse
allemande, était arrivé au café en retard, emmitouflé, casquette vissée sur le crâne et son portable collé à l'oreille.
Entre deux coups de fil, je lui demandai ce qu'il avait
retenu de l'agitation de la fin des années 1960, lui qui
était alors étudiant à l'université de Cologne. Sa réponse
fusa. « Je n'ai jamais rien compris au marxisme, mais au
moins j'avais l'occasion de rencontrer de jolies femmes,
l'activité la plus passionnante de cette période de fièvre[7] »,
me disait-il, tandis que son regard s'attardait sur la silhouette plantureuse de la serveuse qui venait de lui apporter un petit-déjeuner pantagruélique. Avec ses parents, en
provenance de Pologne, il s'était installé dans la cité rhé-
nane à la fin des années 1950. Il y connut une jeunesse
tranquille. « Certes, je connaissais le passé de l'Allemagne
et il avait une certaine influence sur ma perception de

mon nouvel environnement. Mais je dois reconnaître que les premières années furent plutôt agréables et commodes, surtout en comparaison avec mon enfance polonaise. J'avais des relations normales avec mes amis de l'école ; en tout cas, je n'étais pas traumatisé de me trouver en Allemagne. » Sa famille n'était pas religieuse et il ne côtoyait pas le milieu juif de la ville. Ses impressions d'adolescent étaient plus mitigées : il gardait en mémoire une ambiance lourde, bourgeoise et très réactionnaire, guère épanouissante pour un jeune homme. « L'atmosphère changea brusquement avec les cortèges contre la guerre au Vietnam. Assurément, le conflit mobilisait nos esprits. Mais c'était avant tout un prétexte pour aller dans la rue, se rassembler et protester. À mon sens, le Vietnam était une métaphore de l'Allemagne et nous manifestions autant, sinon plus, pour notre propre libération et notre émancipation que pour celle du peuple vietnamien », analysait-il, entre deux bouchées. « Pour beaucoup de mes camarades, l'entrée à l'université était synonyme de liberté. En quittant le foyer familial, nous avions enfin le sentiment d'appartenir au monde. »

Micha Brumlik, sympathique et débonnaire professeur à l'université Goethe de Francfort, gardait aussi de bons souvenirs de cette époque. C'étaient même les seuls qu'il conservait de sa jeunesse passée sur les bords du Main. Avec les Allemands, précisait-il. Arrivé enfant en 1952, il avait passé une adolescence « déterritorialisée », selon ses propres termes. « Je n'avais pas compris pourquoi mes parents étaient revenus en Allemagne mais je devais l'accepter, je ne pouvais pas faire autrement. J'étais physiquement à Francfort, mais je vivais dans une bulle en réalité. L'Allemagne n'avait aucun intérêt pour moi ; à l'exception de sa littérature classique que j'adorais, je ne m'intéressais ni à la politique ni à la société autour de moi. Je n'étais animé ni par la haine ni par un sentiment de revanche ; j'étais simplement indifférent[8] », me confiat-il. Il ne se sentait pas coupable par ailleurs : Francfort était son asile de nuit qu'il quitterait pour Israël sitôt le bac obtenu. Dans sa bulle, le jeune Micha fantasmait sur le pays où devait couler le lait et le miel ; il y faisait de doux rêves sionistes. « À partir de onze ans, je suis entré au mouvement de jeunesse sioniste de la communauté de Francfort et je suivais deux fois par semaine des cours de religion. Mes héros étaient les combattants du ghetto de Varsovie et les passagers de l'*Exodus*. Je jouais bien de temps au temps au monopoly et j'allais au cinéma avec mes camarades de classe, mais sinon je consacrais la majeure partie de mon temps libre au mouvement. Après un premier voyage en Israël, je voulais devenir religieux. » Ses vœux pieux ne durèrent qu'un temps, jusqu'à l'année de son bac, en 1966-1967. « On était très boy-scout chez les sionistes : on ne fumait pas, on n'allait pas en discothèque, le mot "sexe" nous faisait rougir. Et là brusquement, la culture hippie américaine, le rock et les soirées déboulaient. Et les filles, bien sûr », racontait-il. Ses sens éveillés, Micha considérait désormais avec de plus en plus d'intérêt le monde qui l'entourait. « Je suivais le mouvement étudiant, les manifs contre la guerre du Vietnam et contre Franco ; je m'intéressais aux débats qui opposaient les différentes formations d'extrême gauche. Je m'identifiais aussi à leur dénonciation du NPD et à leur ligne anti-autoritaire. » Avait-il songé à repousser, voire à annuler son projet d'émigration en terre d'Israël ? « En aucun cas, répondit-il vigoureusement. Il est vrai que j'avais changé d'attitude vis-à-vis de la société et que je me sentais proche des revendications révolutionnaires des étudiants et surtout de leurs luttes internationales. Mais je n'avais pas davantage d'intérêts pour l'Allemagne *per se*. Non, je peux vous garantir que je comptais toujours les jours qui me séparaient du grand départ », m'assurait-il. À l'été 1967, Micha Brumlik s'installait en Israël, « définitivement », croyait-il.

Au sein de la communauté juive, qui comptait désormais environ 26 000 âmes, la petite minorité de jeunes nés après guerre trouva, à partir du milieu des années 1960, une première porte d'accès à la société ouest-allemande. Ils ne s'y identifiaient pas mais partageaient une nouvelle communauté de valeurs avec une partie de leur génération, notamment dans les milieux de gauche, qui condamnaient fermement l'antisémitisme et dont la devise « plus jamais Auschwitz » était sacrée. Les jeunes juifs n'étaient plus seuls à souffrir de la claustrophobie oppressive des années Adenauer ; ils profitaient de l'évolution des mœurs et des mentalités qui s'opérait lentement en RFA. Comme aux États-Unis et dans toute l'Europe occidentale, à l'exception des régimes autoritaires ibériques, une brise libertaire y soufflait. Un vent nouveau et rafraîchissant que l'américanisation et l'européisation du pays avaient levé et qui était à porter au crédit des « vieux barbus » libéraux de Bonn, qui avaient décidé d'amarrer leur nouvelle Allemagne à l'Occident. Sous l'impulsion de phénomènes *a priori* contradictoires – l'occidentalisation[9], perçue comme fascisante par les milieux gauchistes et étudiants ; la contestation, condamnée comme une hérésie bolchevique par les élites traditionnelles – la RFA poursuivait sa mue démocratique. La situation des juifs n'y était pas plus facile : la grande majorité restaient aliénés et déchirés à l'idée de vivre dans ce qu'ils considéraient toujours être le pays des meurtriers. Mais pour les plus jeunes, la vie en société, du moins avec leurs camarades, prenait une tournure plus plaisante.

Cilly Kugelmann en convenait. Elle avait très tôt été attirée par le monde extérieur, qui lui apparaissait comme le « monde des joyeux » et comme l'« île du bonheur » où les gens riaient et semblaient tellement plus heureux que chez elle et dans son milieu, parmi les mutilés physiques et psychiques de la Shoah. Mais ce « monde des joyeux » lui demeurait étranger, comme interdit. Au milieu des années 1960, l'adolescente trouva une passerelle pour poser un pied sur la rive opposée. La musique, le théâtre, l'existentialisme et Sartre furent son viatique, qu'elle agrégeait à un engagement sioniste intense. « Il joua un rôle cardinal pour ma génération. Le sionisme était un idéal jeune et laïc ; il était tourné vers l'avenir. Il nous permettait de nous évader de l'univers terrible de nos parents sans les trahir ni les blesser toutefois. À leurs yeux, nous n'étions pas des renégats. C'était un compromis parfait entre nos aspirations émancipatrices et notre volonté de préserver nos parents qui étaient peinés et très embarrassés à l'idée que nous puissions nous intégrer pleinement à la société allemande. Ils auraient culpabilisé davantage encore », m'avait-elle expliqué. Poids de l'histoire, hérédité trop lourde : Cilly Kugelmann, à l'instar de Micha Brumlik et de nombre de ses amis du mouvement sioniste, n'avait pas l'intention de faire sa vie en Allemagne, malgré le changement d'atmosphère dont elle commençait à profiter. « La plupart des enfants d'Ostjuden voulaient partir. Certains souhaitaient tenter leur chance en France, en Belgique ou en Angleterre. Mais la grande majorité d'entre nous rêvait d'Israël. Pas seulement parce qu'il était l'État de tous les juifs où nous pourrions nous sentir en sécurité. Non, notre vision d'Israël nous portait beaucoup plus loin : il faisait figure de mythe et je dirais même d'utopie. En fait, nous imaginions Israël comme une grande famille. Nous étions à la recherche du monde perdu de nos parents et nous étions persuadés qu'il se trouvait là-bas, de l'autre côté de la Méditerranée. Israël était un shtetl idéal dans nos imaginations d'adolescents exaltés », racontait-elle. En 1966, Cilly Kugelmann s'y installa, ardente et déterminée, convaincue elle aussi qu'elle quittait l'Allemagne à jamais.

Les juifs n'étaient pas seuls à sublimer l'État hébreu en RFA à la même époque. Il faisait l'objet d'un consensus et bénéficiait d'un élan de sympathie de la part de la grande majorité de la population. L'établissement de relations diplomatiques en 1965 fut positivement accueilli. Les grands procès avaient produit leurs effets : nombre d'Allemands estimaient avoir des obligations morales à l'égard des juifs. Mais plutôt que de se livrer à une introspection sincère et douloureuse, de se pencher courageusement sur leur passé et celui de leur entourage ou de se préoccuper véritablement du sort des juifs dans l'Allemagne contemporaine, ils préféraient projeter leurs remords et leur attention sur le petit État hébreu menacé par ses voisins arabes. Ils estimaient que l'histoire leur offrait une session de rattrapage qu'ils ne louperaient pas cette fois. Dans la foulée de la reconnaissance diplomatique, la société d'amitié germano-israélienne vit le jour en 1966 ; elle avait été précédée par l'institution de clubs dans de nombreuses universités et de magazines pro-israéliens tels que *Diskussion* à l'Université libre de Berlin et *Emuna*, l'organe des sociétés d'amitié judéo-chrétienne. Les grandes entreprises allemandes, dont le passif était lourd, parrainèrent différents projets en Israël. Volkswagen finança des recherches

scientifiques et la création d'un Institut d'histoire allemande à l'université de Tel-Aviv. Les puissantes fonda-
tions facilitèrent les échanges de professeurs et d'étudiants
entre les deux pays ; les Églises évangéliques encouragèrent
les jeunes à partir travailler dans les kibboutz[10]. À gauche
comme à droite, Israël faisait l'unanimité. Les chrétiens
conservateurs, par convictions morales et religieuses et par
culpabilité aussi, considéraient leur soutien à l'État hébreu
comme le meilleur moyen de se réconcilier avec le peuple
juif. Adenauer personnifiait ces bons sentiments, lui qui, à
90 ans, rendit encore visite à son ami Ben Gourion.
Quant aux sociaux-démocrates et aux gauchistes, ils hono-
raient l'État qui avait recueilli les victimes de la barbarie
nazie et célébraient son « socialisme à visage humain »
qu'incarnaient les kibboutz, les phalanstères des temps
modernes.

La vague de sympathie pour Israël atteint son acmé en
juin 1967, à l'occasion de la guerre des Six Jours. Une
lame d'émotions et de solidarité balaya la société ouest-
allemande. Dans pas moins de trente-six villes, d'Aix-la-
Chapelle à Würzburg, des centaines de milliers de personnes descendirent dans les rues pour manifester leur
soutien et communier en faveur de l'État hébreu ; tous
les grands partis politiques y étaient représentés ; Willy
Brandt, le ministre des Affaires étrangères, fit un discours
lors de la manifestation de Francfort. Pour la première
fois dans l'histoire allemande, un office œcuménique fut
organisé à l'église du Souvenir à Berlin et l'évêque protestant de la ville participa à une cérémonie exceptionnelle à la synagogue. Des Allemands firent des dons de
sang ; d'autres collectèrent des fonds ; la fédération des
syndicats acheta pour 750 000 dollars de bons du Trésor
israélien. Hans Joachim Klein m'avait dit que lui et ses

camarades auraient souhaité partir travailler dans un kibboutz pour remplacer les hommes partis se battre au front. Comme Klein, des milliers de jeunes Allemands proposèrent leur service à l'ambassade israélienne à Bonn ; d'autres émirent le souhait de se convertir au judaïsme pour rejoindre les rangs de l'armée israélienne. La presse dans son ensemble soutint l'État hébreu et les journaux du puissant groupe Springer – *Bild, Die Welt*… – furent presque hystériques : ils s'enthousiasmèrent pour la foudroyante « Blitzkrieg » de Tsahal et ne purent résister à qualifier – douteusement – le général Moshe Dayan, le ministre de la Défense israélien, de « renard du désert », le surnom du maréchal Rommel, le stratège de l'Afrikakorps. Un sondage effectué en juin 1967 indiquait que 55 % des Allemands prenaient partie pour les Israéliens contre 6 % pour les Arabes ; en juillet et en août de la même année, ils étaient 59 % contre 6 %[11]. Günter Grass, qui s'était dépensé sans compter pour la cause israélienne, voulait considérer ces différentes manifestations comme le nouveau départ des relations entre juifs et Allemands.

La guerre des Six Jours servit de catharsis à nombre d'Allemands qui craignirent de voir se répéter l'extermination des juifs dont ils avaient été responsables ou témoins une vingtaine d'années auparavant. Leur soutien sans faille à Israël leur permit de se décharger de leur culpabilité. Ils projetaient leur mémoire douloureuse et mal assumée et les névroses qui en découlaient sur leurs représentations du conflit : Nasser était le nouveau Hitler et les soldats arabes les nazis. Ils usèrent de leur indéfectible solidarité avec le « David israélien » et de leur fascination pour ses prouesses militaires contre les « Goliath arabes » pour régler leurs comptes avec leur propre histoire; pour expurger et éliminer le petit Hitler qui vivait toujours en eux. Günter Grass avait vu juste: la guerre des Six Jours constitua bel et bien un tournant; elle fut le catalyseur d'un choc psychologique et émotionnel dont la magnitude révélait les tourments moraux de tant d'Allemands et dont le refoulement avait encore alourdi la charge affective.

Le 2 juin 1967, trois jours avant l'attaque éclair des forces israéliennes qui cloua au sol l'aviation égyptienne, une bavure policière changea le cours de la contestation étudiante en RFA. Le shah d'Iran était ce jour-là en goguette à Berlin-Ouest. Devant l'opéra, des manifestants attendaient de pied ferme l'autocrate, fidèle allié de Washington, qui l'avait rétabli sur son trône après avoir organisé le renversement du président progressiste Mossadegh, et dont la police politique, la Savak, était particulièrement féroce. La tension monta rapidement: armés de bâtons, les sicaires du service d'ordre iranien se mirent à tabasser les opposants qui ne tardèrent pas à répliquer. La police allemande intervint sans ménagement et l'un de ses agents fit usage de son arme et blessa mortellement Benno Ohnesorg, un étudiant pacifiste. Ohnesorg était la première victime de l'histoire de la jeune RFA à décéder au cours d'une manifestation. La fête était gâchée. Le carnaval anti-autoritaire des premiers mois, aux slogans utopiques, aux happenings et aux provocations bon enfant, avait pris fin. La rage se substitua à l'espoir. Le 2 juin 1967 fut une césure, encore accentuée par l'attentat dont fut victime, le 11 avril 1968, le charismatique Rudi Dutschke, le principal dirigeant du SDS. La contestation gagna en ampleur: aux étudiants se joignirent des apprentis et des lycéens. Elle prit une tournure plus radicale et porteuse, chez une minorité d'activistes, d'une violence fanatique qui ne tarderait pas à viser les juifs et Israël, constantes et maladives obsessions de la conscience allemande depuis la guerre, que la « Blitzkrieg » de juin 1967 avait exposées en pleine lumière.

CHAPITRE IX

À genoux à Varsovie

Cilly Kugelmann n'était pas fière. Elle avait même mauvaise conscience. Elle avait échoué : elle n'était pas parvenue à s'intégrer à la société israélienne et revenait, penaude et déconfite, à Francfort, un beau matin de 1970, persuadée d'avoir raté quatre ans de sa vie – un siècle, à l'âge qu'elle avait alors – et d'avoir trahi, qui plus est, l'idéal sioniste de sa jeunesse. En Israël, rien n'avait fonctionné comme elle l'avait espéré. Au kibboutz, d'abord, où les conditions de vie spartiates avaient rapidement tempéré son enthousiasme et où son identité juive allemande, qu'elle refoulait jusque-là, l'avait rattrapée : elle lui avait été comme imposée par le regard et les remarques des autres. Elle avait imaginé un shtetl onirique et idéal, une variante méditerranéenne des tableaux de Chagall où les oliviers auraient succédé aux bouleaux et les petites maisons basses et blanchies à la chaux aux isbas aux toits pointus et enneigés ; elle avait rêvé d'une communauté juive et universelle qu'elle aurait contribué à bâtir avec ses camarades, en bras de chemise, suant sous le chaud soleil de Galilée. Las ! Sa déception fut immense. Elle était renvoyée à ce qu'elle n'avait jamais voulu être, à une identité que le destin lui avait imposée et dont elle voulait se débarrasser en s'installant en Israël. « L'accueil ne fut pas très amical : on nous reçut comme

des juifs allemands des années 1920-1930. On nous
interdit de parler allemand entre nous et même de chan-
ter en public des Volkslieder, ces chansons populaires du
folklore allemand ! Ils n'avaient pas compris qui nous
étions et ce que nous recherchions. Les responsables du
kibboutz avaient perdu pied avec la réalité : ils n'avaient
aucune idée de ce qu'était la RFA des années 1960 », me
raconta-t-elle.

Pas encore totalement découragée, Cilly s'accrocha à
son rêve sioniste ; elle espérait toujours. Jusqu'à la guerre
des Six Jours. « Je compris à ma réaction que ce n'était pas
ma patrie. Je ne partageai pas l'hystérie et la bouffée de
fierté nationale et de patriotisme qui s'emparèrent du pays
après la victoire. J'étais mal à l'aise, même quand j'écoutais les nouvelles à la radio et que le présentateur évoquait
"nos soldats". Or, ils n'étaient pas mes soldats ; cette fami-
liarité m'indisposait. Bref, je n'étais pas en phase avec le
reste de la société israélienne. » Quand elle était au kibboutz, en Galilée, elle avait été touchée par les conditions
de vie difficiles des Arabes, nombreux dans la région. « On
nous dispensait un enseignement intense en histoire, mais
jamais le sort des Arabes n'était évoqué. Cette appréhension de l'histoire me faisait penser au refoulement auquel
les Allemands s'étaient contraints pendant toute ma jeunesse. Attention, je ne parle que du processus : je ne
compare pas les événements refoulés. Mais cet état psychologique me perturbait », expliquait-elle. Elle partit aux
États-Unis, mais ne s'y plut guère ; à peine un an plus
tard, elle était à nouveau de retour en Israël et étudia
l'histoire de l'art à l'université hébraïque de Jérusalem.
Un jour, des amis juifs de Hanovre lui rendirent visite.
L'un d'eux lui dit qu'il serait incapable de vivre en Israël.
« Il avait prononcé innocemment ce que je pensais en

vérité mais que je n'osais m'avouer. » Aux heures épaisses
de la nuit, la jeune Cilly gambergeait. « Je pensais à la
langue que je maîtrisais le mieux, à mon avenir professionnel, qui ne paraissait pas très excitant dans une économie socialiste comme l'était celle d'Israël à l'époque… Il
était clair que je n'avais plus rien à faire là-bas », avouait-
elle. Quelques mois plus tard, elle était de retour à Francfort.

Son comparse Micha Brumlik connut pareille mésa-
venture. Ses débuts en terre promise avaient pourtant été
plus grisants : sexe, haschich et rock'n'roll, la vie en kibboutz avait tenu ses promesses. Micha était un enfant de
la contre-culture de la fin des années 1960. Le sioniste
ardent et gentillet s'était mué en marxiste zélé sous le
soleil de Galilée où il avait également échoué à son arrivée. Il était par la suite devenu sympathisant d'un groupe
trotskiste antisioniste, à Jérusalem où il étudiait l'économie et la philosophie. Sans grandes ressources financières,
hyperactif, jouisseur et exalté, farouchement hostile aux
premières implantations israéliennes dans les territoires
conquis en 1967, contre lesquelles il se mobilisa, il finit
par tomber malade. À l'hôpital Adassa de Jérusalem, il
prit le temps de réfléchir à son avenir. À l'abri des mille
tentations qui l'avaient amoindri, il consacra son attention retrouvée aux philosophes antiques et à une lecture
idoine en milieu hospitalier, *La Montagne magique* de
Thomas Mann. Les méditations d'Hans Castorp dans
son sanatorium de Davos l'incitèrent peut-être à donner
une nouvelle orientation à son existence. Toujours est-il
que Micha Brumlik avait désormais décidé, lui aussi, de
rentrer en Allemagne. Lui qui ne s'y était jamais vraiment
intéressé quand il y vivait, n'avait cessé de dévorer chaque
semaine le *Spiegel* et le *Zeit* depuis son arrivée en Israël.

« Les choses se passaient là-bas. L'Allemagne était un pays en mouvement. Je devais en être. » Deux ans après son départ « définitif », Micha Brumlik revenait à Francfort, militant marxiste et antisioniste convaincu.

Yoram Kaniuk, l'écrivain israélien que j'avais rencontré dans son antre du café Tamar de Tel-Aviv, avait évoqué, dans *Le Dernier Berlinois*, le souvenir ému qu'il avait gardé d'une certaine Rachel Salamander de Berlin. Elle était décrite comme la « princesse juive d'Allemagne ; une femme impressionnante, dont la beauté émanait de cette retenue un tantinet sévère qu'elle dégageait ; [...] au regard incroyablement mystérieux, à la fois railleur et timide[1] ». Intrigué, j'étais résolu à la retrouver. Elle vivait désormais à Munich. Elle y tenait la seule librairie juive de la ville où elle organisait des cycles de conférences. Au nom de Yoram Kaniuk, elle eut un sourire sibyllin et secoua sa belle crinière rousse. La princesse juive d'Allemagne avait eu une enfance de Cendrillon. D'origine polonaise, elle était née en 1949 dans le camp de DP's de Föhrenwald où elle était restée jusqu'à sa fermeture, huit ans plus tard. Sa mère était décédée quand elle était encore très jeune et son père, cassé par les années de guerre et d'errance qui l'avaient conduit jusqu'au Turkménistan, vivait de l'aide sociale. Ils s'installèrent dans un immeuble du centre de Munich où étaient regroupées quelques autres familles du camp avec qui ils constituèrent une petite enclave yiddish traditionnelle et religieuse, repliée sur elle-même. Sioniste, elle était décidée à tenter sa chance en Israël. Son séjour y fut plus bref encore que ceux de Cilly Kugelmann et de Micha Brumlik, ses contemporains : elle n'y resta que deux mois. « J'avais des problèmes matériels, me confia-t-elle. Mais fondamentalement et à ma grande surprise, je ne réussis jamais à m'adapter à la société israélienne. C'était plus sale et chaotique que je ne le pensais. Je réalisai soudain que la langue dans laquelle j'avais le plus d'aisance était l'allemand et que le rythme de vie qui me convenait le mieux, je le trouvais à Munich[2]. » À son retour, aux questions que lui posait son père en yiddish, elle répondait désormais en allemand.

Tous les jeunes juifs qui avaient quitté l'Allemagne ne revinrent pas. Mais Micha, Cilly et Rachel n'étaient pas des cas isolés non plus. À leur grand étonnement, ils n'avaient pu s'intégrer en Israël. Leurs chimères sionistes s'étaient évanouies, comme brisées à l'épreuve de la réalité, parce que trop utopiques aussi. Là-bas, ils avaient réagi comme des juifs de culture allemande et peut-être plus encore comme des produits de leur génération, celle des baby-boomers, nés en Occident, après Auschwitz. Dans les dortoirs spartiates des kibboutz et dans leurs petites chambres d'étudiant, dans l'atmosphère exaltée de l'après-1967, au sein d'une société en pleine recomposition et confrontée à de nouvelles questions existentielles, ils avaient, peu à peu, assumé davantage leur identité et réalisé quelles étaient leurs aspirations, même si leur clairvoyance et leur sincérité aboutissaient à des conclusions douloureuses. Lucidement, ils durent reconnaître qu'ils étaient socialisés en Allemagne et qu'elle leur offrait des opportunités professionnelles plus réjouissantes. Ils étaient attachés à sa langue ; sa vie politique, sociale et culturelle les captivaient de plus en plus, au point que certains d'entre eux désiraient désormais participer activement à la contestation étudiante. L'histoire de cette génération de juifs née ou arrivée en Allemagne dans l'immédiat après-guerre, dont les parents, originaires du monde yiddish disparu d'Europe orientale, avaient été brisés physiquement et psychiquement par la Shoah et contraints par un destin sournois à vivre parmi leurs anciens bourreaux, fut une odyssée identitaire. Une quête personnelle. À la fin des années 1960, ces jeunes gens avaient démystifié leur mirage sioniste. Ils avaient perdu les illusions qui les avaient bercés durant leur prime jeunesse, qui leur avaient permis d'accepter le fait qu'ils vécussent en Allemagne ; non, plus exactement, de faire abstraction et de refouler leur existence et leur éducation allemandes, si dérangeantes pour leur conscience. Ils étaient désormais de retour et animés de nouvelles intentions.

1970. Cilly Kugelmann se promenait dans le quartier étudiant de Francfort et se pinçait presque pour croire au spectacle que lui offrait sa ville natale. « Quatre ans après mon départ, je découvrais un pays inattendu. Je ne comprenais plus rien. J'étais littéralement fascinée par la nouvelle atmosphère qui régnait en ville. » Aux alentours de l'université, du rouge, beaucoup de rouge à l'horizon : des maos, des socialistes, des communistes, des trotskistes et des anarchistes. Les étudiants avaient changé d'aspect et d'attitudes. Ils avaient troqué leurs tenues strictes et sages pour des vêtements plus chamarrés et décontractés ; cheveux et barbes avaient poussé. Certains vivaient dans des communes, libérés. À sa description de Francfort à son retour, je n'avais pas pu m'empêcher de faire le lien avec l'avènement de la télévision en couleur à la même époque. En l'écoutant, j'avais la sensation qu'elle avait quitté une ville un tantinet grise, en noir et blanc, et qu'elle retrouvait une cité bigarrée et panachée. Un univers en technicolor, infiniment plus aguichant et excitant pour la jeune femme qu'elle était. Piquée au vif et sa curiosité éveillée, Cilly Kugelmann ne voulut plus rester en marge de la société allemande. « Je désirais comprendre comment cette transition si rapide avait eu lieu. J'estimais qu'elle constituait une étape cruciale de mon histoire juive et allemande. » Les thèmes qui lui tenaient à cœur occupaient désormais bien des conversations, en particulier dans les milieux estudiantins et académiques qu'elle fréquentait. En arpentant les rayons des librairies, en parcourant les pages des magazines et les feuilletons des journaux, devant son poste de télévision, elle constatait que les œuvres consacrées au nazisme avaient pris une ampleur inédite. « Depuis le procès d'Auschwitz à Francfort, il y avait de plus en plus de livres, d'articles et de films qui questionnaient le passé. De nombreuses autobiographies étaient parues aussi. J'éprouvais une certaine euphorie. Je me disais que "tout était moi", je m'identifiais désormais à ce milieu et sans mauvaise conscience », m'avait-elle avoué.

À Munich, Rachel Salamander avait ressenti le même soulagement. « Les juifs n'étaient plus seuls ou presque à problématiser le IIIᵉ Reich. Dans les médias, le thème était devenu très populaire et une nouvelle génération d'historiens allemands avait mis à jour le fonctionnement de l'État nazi. Leurs recherches furent décisives pour la compréhension du processus d'extermination des juifs », expliquait-elle. À la fin des années 1960 et au début des années 1970, deux écoles s'affrontèrent. Les « intentionnalistes [3] » se focalisaient sur la personnalité démoniaque de Hitler, ses ambitions hégémoniques mondiales – qui devaient aboutir à une lutte finale contre les Américains et les Britanniques après la conquête de l'URSS – et davantage encore sur son obsession antisémite. Selon ce courant, la Solution finale était l'ultime étape d'un plan conçu, préparé et réalisé sur l'ordre du Führer mû par son délire obsidional qu'était sa haine des juifs. À l'opposé, les « fonctionnalistes » insistaient sur l'historicité du régime, en particulier sur son mode de fonctionnement et les structures complexes de l'appareil d'État SS. La Shoah n'aurait pas été planifiée mais se serait « imposée » à cause des vicissitudes de la guerre, notamment l'échec de l'offensive en URSS après Stalingrad, de la présence de millions de juifs dans les territoires sous contrôle allemand et des dizaines d'institutions rivales prises dans l'engrenage de la question juive[4]. Ces interprétations faisaient débat ; le passé devenait omniprésent ; l'Allemagne « déterrait » son histoire. L'un des grands mérites historiques de « 1968 » fut d'imposer et d'accélérer la confrontation trop longtemps différée avec le IIIe Reich en RFA. « L'ère de l'oubli avait pris fin. Le climat et la société avaient changé », affirmait Rachel Salamander.

Elle avait employé les mêmes termes dont Inge Marcus avait usé pour décrire les années 1950. Quand la vieille dame m'avait affirmé que « l'Allemagne avait changé » dès cette époque, j'étais sceptique. Je n'avais pas voulu contester son jugement, par respect et par sympathie pour elle. Mais en écoutant Rachel Salamander, je compris soudainement ce qu'Inge Marcus avait voulu me signifier et quelle avait été mon erreur : je l'avais jugée *a posteriori*, en connaissant la suite de l'histoire, et sans me mettre à sa place, alors. Pour sa génération, « l'Allemagne avait changé » parce qu'elle lui garantissait d'être une citoyenne de plein droit alors que seulement quelques années auparavant, elle la discriminait et la persécutait. Et elle l'aurait froidement assassinée si elle n'avait pas quitté *in extremis* son territoire. Pour les juifs de la génération suivante, les changements étaient d'une nature et d'une ampleur différentes, suivant l'évolution de la société allemande. Beate Klarsfeld incarnait la nouvelle jeunesse allemande dont Rachel Salamander, Cilly Kugelmann et ses camarades se sentaient proches. N'avait-elle pas giflé en public le chancelier Kurt Kiesinger à cause de son passé nazi ? « Ce jour-là, j'ai exprimé la révolte morale de ma génération », m'avait-elle affirmé. Début novembre 1968, un congrès de la CDU se tenait à Berlin. Beate Klarsfeld était journaliste à *Combat* et un collègue du magazine *Stern* lui avait procuré une invitation pour la grande messe du parti conservateur où le chancelier devait intervenir. « C'était le dernier jour du congrès et Kiesinger était en train de préparer son discours. Je me suis levée de ma place et me suis dirigée vers le podium, ma carte de presse en évidence et un bloc-notes à la main. L'huissier me laissa m'approcher de la tribune, convaincu que j'allais interroger l'un des intervenants. Je suis alors passée derrière l'estrade et j'ai giflé l'ancien propagandiste du IIIe Reich en criant "Kiesinger nazi, démission !". » Le soufflet au chancelier fut la première action spectaculaire du long combat que mènerait Beate Klarsfeld contre les anciens nazis ; elle lui valut un bouquet de roses de Heinrich Böll.

L'élection de Willy Brandt à la chancellerie à l'automne 1969 était bien plus qu'un symbole. Elle ne résultait pas d'une action spectaculaire et solitaire comme la gifle à Kiesinger, son prédécesseur. Elle marqua un tournant dans l'histoire de la démocratie ouest-allemande dont c'était la première véritable alternance politique. L'événement était considérable : la RFA tournait la page de l'après-guerre. La population avait porté à sa tête un authentique résistant au nazisme, un politicien éclairé et moderne qui avait gagné ses galons d'homme d'État lors de la crise de Berlin, dont il fut le maire, puis de la construction du Mur. Dans *Une mémoire allemande*, Heinrich Böll évoquait avec beaucoup d'émotion l'accession au pouvoir du grand dirigeant social-démocrate. « À l'étranger, on n'a pas vraiment saisi toute l'importance de la victoire de Willy Brandt, de la coalition sociale-libérale. Pour l'Allemagne, pour les Allemands, ce fut un bond en avant dans l'histoire. Les étrangers ne peuvent en mesurer la portée ni imaginer ce que cette victoire a représenté pour nous. [...] Une accession légale [au pouvoir], Dieu merci[5]. » Porté par le souffle encore brûlant de 1967-1968 et par les aspirations plus libérales et réformistes de la nouvelle génération, Brandt voulait « oser plus de démocratie », comme il l'avait proclamé lors de sa déclaration de politique générale au Bundestag. Il accordait une importance suprême à l'éducation, de l'école à l'université, dont il souhaitait transformer les structures hiérarchiques obsolètes, selon les revendications des étudiants contestataires. Mais ce fut en politique étrangère que le chancelier imprima immédiatement sa marque et des accents nouveaux. Il souhaitait parvenir à un rapprochement réglementé et à une certaine coopération avec la RDA ; à des relations plus apaisées et de normalisation pour « dépasser le passé » avec les États socialistes de l'Est.

Son ambitieuse Ostpolitik de détente conduisit Willy Brandt à Varsovie le 7 décembre 1970 pour signer un traité reconnaissant la ligne Oder-Neisse comme frontière occidentale de la Pologne. Cet événement, pourtant majeur puisqu'il scellait les espoirs allemands de recouvrer un jour les territoires perdus à l'Est en 1945, passa au second plan à cause de la génuflexion historique qui le suivit. Un vent frisquet balayait la capitale polonaise quand le chancelier d'Allemagne fédérale tomba littéralement à genoux sur le granit froid et mouillé du monument érigé à la mémoire des victimes juives du soulèvement du ghetto de Varsovie. Après avoir déposé une couronne,

Willy Brandt, la mine digne et grave, la tête inclinée, les mains croisées devant son buste fléchi, se recueillit en silence, prostré, méditatif, mystique comme un pécheur devant l'autel, à l'endroit même où « les SS se tenaient avec leurs lance-flammes et où un demi-million de juifs furent liquidés comme des punaises[6] », rappelait le magazine *Spiegel*, ébahi par la démarche du chancelier. Devant les caméras du monde entier, ce geste personnel, dont Brandt n'avait parlé à personne, pas même à ses conseillers les plus proches et que le gouvernement communiste polonais considéra d'un mauvais œil – à son grand désespoir, il accentuait la dimension juive des victimes de la guerre et s'opposait à la ligne du parti –, était un acte de contrition publique. Brandt honorait le devoir de mémoire de la tragédie juive. Il demandait grâce et implorait le pardon pour son peuple, même si lui n'avait personnellement rien à se reprocher. Si la droite allemande jugea cette initiative outrancière – une minorité, qui considérait toujours Brandt comme un traître, y vit même une humiliation volontaire de l'Allemagne –, elle fut saluée et même admirée par la gauche[7]. Les représentants officiels de la communauté juive d'Allemagne furent rassurés, eux qui craignaient que le rapprochement avec les pays de l'Est et l'URSS entrepris par Brandt ne se fît aux détriments du soutien de la RFA à Israël. À titre individuel, les juifs d'Allemagne étaient émus et soulagés. Le geste de Brandt les avait touchés au cœur, en particulier ceux qui avaient subi les persécutions nazies. Dans son autobiographie, Marcel Reich-Ranicki écrivait qu'en voyant le chancelier s'agenouiller devant le monument du ghetto, à l'endroit même où lui avait été enfermé, affamé et humilié, il était désormais certain d'avoir fait le bon choix en revenant vivre en Allemagne. Arno Lustiger considérait Brandt

comme un modèle pour l'Allemagne et il l'avait qualifié de
« Mensch [8] » ; Inge Marcus ne m'avait pas dissimulé son
émoi en évoquant le souvenir de ce jour de décembre
1970. Ralph Giordano revivait : « Je ne me sentais plus
isolé ; des millions de gens pensaient comme moi et le
voyage de Brandt à Varsovie me le confirmait. J'avais un
sentiment nouveau d'appartenance à la nation. Dès lors, je
savais que je pouvais vivre ici. J'avais fait le pari de rester
en Allemagne après guerre et je ne le regrettai pas finalement. »

« Les Allemands, surtout les plus jeunes, étaient prêts
désormais à affronter leur histoire, même ses aspects les
plus dérangeants [9] », affirmait Edgar Hilsenrath, le souffle
un peu court, confortablement lové dans son canapé, une
énième cigarette au bec. Lui le savait mieux que quiconque. J'avais fait la découverte de cet écrivain à succès
– il a vendu plus de cinq millions d'ouvrages dans le
monde –, mais aujourd'hui injustement méconnu en
France, par le plus grand des hasards. Il neigeait à gros
flocons ce jour-là et je me trouvais devant l'Académie des
arts de Berlin, sur la Pariser Platz, en face de l'ambassade
de France. Les fauteuils des salons éclairés et bien
chauffés de l'Académie me tendaient leurs bras et je m'y
précipitais. Mais, plutôt que de me réfugier à la buvette
comme j'en avais l'intention initiale, je décidais de jeter
un rapide coup d'œil à l'exposition consacrée à l'œuvre
d'un certain Edgar Hilsenrath dont je n'avais jamais
entendu parler, je l'avoue honteusement aujourd'hui.
Premier choc : avec ses cheveux blancs ébouriffés, son
épaisse moustache, son regards bon et facétieux, Edgar
Hilsenrath était le sosie d'Albert Einstein ! J'étais intrigué.
Je fus même captivé en lisant sa biographie affichée sur
de grands panneaux. Avant d'entrer en littérature, Edgar

Hilsenrath avait eu une vie d'aventurier picaresque et d'anti-héros pleine de rebondissements. Un CV modèle de juif errant des temps modernes. Né en 1926 à Leipzig, il avait fui en Bucovine roumaine à douze ans pour échapper aux nazis et à ses petits camarades des jeunesses hitlériennes qui ne cessaient de le tracasser à l'école. Pendant quelque temps, il eut une adolescence heureuse bercée par la musique yiddish et tsigane de la région. Son répit fut de courte durée. Le régime fasciste du maréchal Antonescu le déporta vers le ghetto ukrainien de Mogiloyov-Podolski, où il survécut jusqu'à l'arrivée de l'Armée rouge en mars 1944. Pour échapper à la conscription soviétique, il prit la fuite à pied, traversa la Bessarabie, pour rejoindre Czernowitz. Il y fut arrêté par les Soviétiques qui voulurent l'envoyer travailler dans une mine de charbon du Donbass. Il échappa par miracle à une nouvelle déportation grâce à l'aide d'un cousin polonais et débrouillard qui présenta au commandant russe de la prison des faux papiers qui rajeunissaient Hilsenrath de deux ans. Il prit alors la direction de Bucarest où des représentants sionistes le convainquirent de partir pour la Palestine. En chemin, il se fit à nouveau écrouer par les Soviétiques, à Sofia, cette fois. Après deux mois d'internement, il fut libéré avec ses compagnons d'infortune grâce à David Ben Gourion, aussitôt accouru après l'immobilisation du train en Bulgarie. Hilsenrath reprit son odyssée ; il emprunta la ligne mythique du Bagdad-Bahn pour traverser l'Orient compliqué et arriva finalement en Palestine. Il fut dépêché dans un kibboutz, mais en fut chassé deux mois plus tard : il ne voulait pas suivre les cours d'hébreu dispensés quotidiennement après sa dure journée de labeur. Il rêvait d'une grande ville avec des cinémas et des dancings ; il opta pour Haïfa, où de nombreux immigrés allemands vivaient. Il n'eut guère l'occasion de profiter des charmes de la cité portuaire : il attrapa très vite la malaria et décida de mettre un terme à son aventure sioniste et de retrouver ses parents réfugiés en France. Quand il annonça à son père qu'il voulait rentrer en Allemagne pour devenir écrivain, ce dernier lui intima l'ordre de rester en France à ses côtés et de travailler comme fourreur. Hilsenrath junior se soumit, faute de ressource pour envisager un retour dans sa mère patrie. Il resta trois ans en France puis s'envola pour New York où il travailla pendant plus de vingt ans comme serveur dans de nombreux Delicatessen juifs de Manhattan. Puis vint la consécration littéraire.

L'Académie des arts rendait hommage à cet écrivain bourlingueur, récompensé par de nombreuses distinctions dont le prestigieux prix Alfred Döblin obtenu pour son roman *Le Conte de la pensée dernière*, dont la toile de fond était le génocide arménien. Il faudra un jour consacrer une étude au nombre d'auteurs et d'artistes juifs que l'Allemagne démocratique a honorés, distingués, primés, gratifiés et exposés depuis quelques décennies. Edgar Hilsenrath mit un terme à ses pérégrinations quand il revint s'installer à Berlin en 1975, où il vit depuis. Il me reçut un soir d'automne dans son salon enfumé et encombré de livres et de papiers en tous genres. Depuis ma visite initiatique à l'Académie, j'avais dévoré *Le Nazi et le Barbier*, un roman extraordinaire, étrange et grotesque qui fit la fortune de mon hôte. Dans cette satire dérangeante, où l'humour noir côtoyait la crudité sexuelle la plus égrillarde, Hilsenrath narrait l'épopée dramatique et amorale de Max Schulz. Après avoir grandi avec Itzig Finkelstein et travaillé comme apprenti chez son père coiffeur, Schulz s'engageait chez les nazis puis dans la SS. Au camp d'extermination où il avait été muté, Schulz assassina de ses propres mains ses voisins, amis et son maître barbier Finkelstein. Recherché après guerre, Schulz se fit passer pour Itzig Finkelstein et s'embarqua pour la Palestine où il réussit une carrière fulgurante de coiffeur et devint un vaillant défenseur de la cause d'Israël, en toute impunité.

« J'écrivis le livre en 1968-1969 et il fut rapidement publié aux États-Unis, en France et dans de nombreux pays. Mais j'eus de très grandes difficultés en Allemagne », me raconta-t-il. Il essuya le refus de plusieurs dizaines de maisons d'édition. « Certains prétextèrent que mon roman était dangereux et qu'il pourrait réveiller l'antisémitisme – une absurdité complète ; d'autres évoquèrent leur gêne et leur malaise devant le destin inique que je contais. » Un petit éditeur de Cologne se lança finalement dans l'aventure. *Le Nazi et le Barbier* sortit en 1977 avec un modeste premier tirage de 10 000 exemplaires. Quelques mois plus tard, il s'en était écoulé 250 000[10]. La presse était élogieuse – « Le *Zeit* consacra dix pages au livre », m'avait-il dit fièrement ; Heinrich Böll, désormais Prix Nobel de littérature, était impressionné par le tour de force réussi par son auteur. Comment expliquait-il son succès, lui qui ne ménageait guère les Allemands, qui tournait même en ridicule leur bêtise, leur médiocrité, leur bassesse et leur lâcheté sous Hitler ? La métamorphose de Schulz en Finkelstein n'était-elle pas une métaphore poussée à l'extrême de l'opportunisme et du cynisme dont ils avaient fait preuve après guerre ? « Je fus très heureusement surpris par les réactions du public et des médias. J'exprimais ma revanche personnelle dans le roman et je démasquais les Allemands, certes avec humour, mais je les démasquais quand même et sans fard. C'était un signe positif ; la

preuve que trente ans après la guerre, la nouvelle génération s'était véritablement rebellée contre celle des pères et
qu'elle condamnait le nazisme. » Dix ans plus tôt, un tel
livre n'aurait pas rencontré de public en Allemagne ; il
aurait choqué une audience qui n'était pas encore prête à
affronter son histoire. Ses droits d'auteur l'autorisèrent
finalement à se réinstaller en Allemagne ; Hilsenrath,
l'écrivain de langue germanique, choisit Berlin pour sa
scène littéraire. Il m'avait avoué qu'il aurait pu vivre aussi
bien à Vienne ou en Suisse : il n'avait aucune sentimen-
talité pour l'Allemagne et ne se considérait pas véritablement comme Allemand. Son histoire était différente. Il
fut heureux toutefois. « La page du passé avait été tournée ; l'Allemagne où je suis arrivé n'avait rien à voir avec
celle de mon enfance. »

CHAPITRE X

La trahison des clercs

Leurs doutes et leurs appréhensions se dissipaient lentement dans l'Allemagne plus libérale, plus ouverte et moins autoritaire de Willy Brandt. Nos trois jeunes juifs qui avaient échoué en Israël s'accommodaient plus aisément de leur sort ; leur présence en RFA et leur citoyenneté n'étaient plus sources de tensions permanentes, de questionnements pénibles et de tourments intérieurs. « Nos relations à l'Allemagne se clarifiaient, m'avait expliqué Cilly Kugelmann. Après nos fantasmes de shtetl, nous devenions pragmatiques. » Plus aventureux aussi : à la différence de leurs parents, ils ne fréquentaient plus seulement des juifs. Refroidis par leur échec sioniste et séduits par les revendications libertaires et émancipatrices de leurs contemporains, ils avaient décidé de quitter le ghetto de leur jeunesse et de s'ouvrir au monde qui les entourait. À l'instar de Walter Benjamin qui avait fini par choisir le marxisme, ou du moins ce qu'il pensait être le marxisme, pour pouvoir préserver ses liens avec l'Allemagne et la culture allemande, ils étaient attirés par la « Linke », la gauche de la gauche, qu'ils estimaient la plus en phase avec leurs aspirations et dont ils se rapprochèrent pour accélérer leur intégration. « Pour notre génération très politisée et compte tenu de nos antécédents, c'était la seule option envisageable, m'avait expliqué Cilly

Kugelmann. Avec qui aurions-nous pu nous lier ? Les néo-nazis ? Le parti libéral où tant d'anciens nazis avaient trouvé refuge après la guerre ? Les conservateurs chrétiens, dont certains avaient une relation quasi apologétique au IIIᵉ Reich ? La gauche n'avait pas de passé compromettant ; nous partagions des luttes et des idéaux communs. Nous nous sentions à l'aise. En nous engageant à gauche, nous donnions un sens à notre retour en Allemagne ; il nous était plus facile de l'accepter. Après avoir abandonné nos idéaux sionistes, nous avions le sentiment d'appartenir à une nouvelle famille, à une nouvelle communauté. »

Au sein de la grande famille du contre-milieu gauchiste de l'après-1968, la mouvance libertaire occupait une place à part. L'une de leurs figures de proue était le juif allemand le plus connu de France : Daniel Cohn-Bendit, revenu à Francfort suite à son interdiction de territoire français. Après les événements de mai dont l'ampleur l'avait dépassé et avait fait de lui un « jet setter » et une vedette internationale de la contestation étudiante, le « Rumpelstilzchen » rouquin – le lutin qui sautille – était aussi à la recherche de son identité. Dans *Le Grand Bazar*, ses mémoires de Mai 68, il écrivait qu'il était « fils d'émigrés, bâtard, ni français, ni allemand, ni juif ni non juif[1] » et qu'il n'avait jamais reçu d'éducation « nationale ». Au restaurant du Parlement européen de Bruxelles, une institution où il a désormais trouvé un cadre idoine à son cosmopolitisme, Daniel Cohn-Bendit me conta les relations complexes qu'il avait entretenues dans sa jeunesse avec l'Allemagne et le judaïsme.

Ses deux parents étaient des juifs allemands libéraux de gauche et agnostiques qui s'étaient réfugiés en France où il avait vu le jour en 1945. Son père avocat rentré à

Francfort dès 1950, il passa sa jeunesse à Paris avec sa mère, qui, bien qu'économe au lycée juif Maimonide, ne lui transmit aucune éducation religieuse. « Quand j'allais à "Maimo" le jeudi, je passais surtout mon temps avec le fils du jardinier espagnol, ironisait-il. Je n'ai même pas fait ma bar mitsva[2]. » Son premier souvenir d'Allemagne datait de ses huit ans. Il rendait visite à son père. « Avec Gaby, mon frère, on n'était pas ravi de se retrouver à Francfort. On avait conscience de l'histoire. On se baladait dans les rues, on observait les gens et tous ceux qui n'avaient pas l'air net, on les considérait comme des nazis. Je me rappelle aussi qu'on se moquait des Allemands qui faisaient la révérence. » En 1958, son père tomba malade. « J'étais déchiré : je n'avais aucune envie de vivre en Allemagne, mais je voulais revoir mon père. » Il dut poursuivre sa scolarité dans un internat près de Francfort. « Dans le train qui me conduisait vers l'Allemagne, j'ai pleuré toute la nuit, tellement j'étais désespéré. » À l'école Odenwald, qui avait une approche progressiste et humaniste de l'éducation, Dani fut cependant très épanoui. « C'était une île, totalement différente de l'Allemagne de l'époque et que fréquentaient les enfants de la bourgeoisie éclairée. Une fois, on nous emmena assister à une audience du procès d'Auschwitz. Les élèves avaient beaucoup de liberté et participaient à la cogestion de l'école », racontait-il. Son bac en poche, il retourna en France en 1966 pour étudier à l'université de Nanterre où, sous l'influence de son frère, il rejoignit Noir et Rouge, un groupuscule anarchiste. Excellent orateur, charismatique, trublion provocateur et vif, il se fit rapidement remarquer. Puis l'histoire s'emballa : « l'excellent garçon » que décrivait Hannah Arendt, une amie des parents

Cohn-Bendit, dans une lettre à Karl Jaspers, devint Dani le Rouge.

« Nous sommes tous des juifs allemands ! » : lui qui ne se sentait ni particulièrement juif ni spécialement allemand, comment avait-il réagi à ce slogan devenu légende que hurlait la foule immense en défilant à Paris un jour de mai 1968 ? Il délaissa un temps sa sole cuite à la vapeur, ses yeux pétillants brillèrent ; il esquissa un grand sourire. « Ce fut un moment magique et je crois aussi un grand jour dans l'histoire de la diaspora. Au sens sartrien du terme, la jeunesse m'identifiait au "juif allemand", en qui elle voyait le symbole de l'opprimé. Elle m'exprimait sa grande solidarité et refusait mon expulsion par les autorités françaises et ma marginalisation par les communistes, qui me détestaient. Je fus profondément touché. Les gens me connaissent depuis comme "juif allemand" alors que le judaïsme ne joue aucun rôle dans mon identité culturelle et dans ma vie quotidienne. »

Je n'étais pas tout à fait d'accord. Plus je l'écoutais et plus je pensais qu'il était un véritable juif allemand, au contraire. Mais un juif allemand « à l'ancienne », marqué par l'universel spinoziste, un juif comme l'Allemagne en avait produit avant le nazisme et dont Marx, Heine, Freud ou encore Rosa Luxemburg étaient les représentants les plus éminents. Un de ces juifs à la Weltanschauung universelle qui transcende les barrières parce qu'il se trouve historiquement et géographiquement à la confluence de différentes civilisations, religions et cultures nationales ; et parce qu'en marge de toutes. Un « juif non juif » selon la définition et les travaux d'Isaac Deutscher, le soviétologue et biographe de Trotski, un grand savant britannique d'origine polonaise. Interrogé un jour sur sa judaïté, Deutscher répondit en des termes que Cohn-Bendit avait employés, peu ou prou, au cours de notre entretien. Religieusement, Deutscher se considérait comme athée. Il n'était pas non plus un nationaliste juif ; il se revendiquait internationaliste. « En aucun sens suis-je de fait un juif[3] », écrivait-il. Pourtant, il se considérait comme tel à cause de la solidarité inconditionnelle qui le liait aux persécutés et aux damnés de la terre et parce qu'il voulait tout faire pour assurer la sécurité et le respect du peuple juif, dont il disait « sentir le pouls ». Après la Shoah, Deutscher considérait Israël comme une nécessité historique mais il n'avait pas dissimulé son scepticisme puis ses critiques après le « miracle » de 1967 : c'était pour lui une victoire à la Pyrrhus qui finirait par coûter cher à l'État hébreu.

À quinze ans, Dani Cohn-Bendit partit travailler dans un kibboutz. « Intuitivement, je devais avoir une position sioniste de gauche. Venant d'une famille juive, je ne me demandais jamais si l'État d'Israël devait exister ou non. Pour les juifs et particulièrement pour les juifs allemands, l'État d'Israël est le résultat logique et nécessaire du nazisme[4]. » Son séjour s'était admirablement passé. Il avait prisé la vie en communauté, la solidarité, l'entraide et l'égalité qui y régnaient, un avant-goût de sa vie future à Francfort. Toutes autres furent ses impressions après un nouveau voyage au printemps 1969. Il sonnait sa rupture avec son judaïsme inconscient, « cette naïveté somme toute sioniste », et il rapportait que son identité objectivement juive était cassée. Dani l'anarchiste cosmopolite avait très mal vécu la fièvre nationaliste qui s'était emparée d'Israël. En des termes très durs, avec la fougue – et l'inconscience – de sa jeunesse et de sa génération, qui guettait les « monstres fascistes » et les « hydres nazies » à chaque coin de rue, il condamnait sévèrement l'État hébreu dont il dénonçait le « caractère fascisant de la société ». Son séjour avait été une « cure de racisme et d'élitisme » et il comparait Israël à l'Afrique du Sud. « On a des difficultés à s'imaginer l'idéologie nazie de la race supérieure : eh bien, elle est établie en permanence en Israël[5] », écrivait-il dans *Le Grand Bazar*. Selon Dani le Rouge, les Palestiniens étaient désormais les juifs errants de la race supérieure israélienne.

J'étais mal à l'aise à la lecture de ces lignes. Non qu'on ne puisse critiquer la politique israélienne : il y a beaucoup à dire sur l'occupation des territoires palestiniens depuis 1967. Mais je ne m'aventurerai pas sur ce terrain-là dans ces pages. Il n'est pas question non plus d'accabler et d'instruire le procès de Daniel Cohn-Bendit. Depuis la publication du *Grand Bazar* en 1975, il a prouvé qu'il n'était pas un antisioniste fanatique mais un partisan d'une solution à deux États – « Je ne suis ni sioniste ni pro-palestinien », m'avait-il dit lors de notre déjeuner –, à l'instar de son ami Joschka Fischer, lui aussi issu des rangs de l'extrême gauche, qui, du temps où il était ministre des Affaires étrangères, bénéficiait de la confiance et d'un crédit personnel très fort chez les Israéliens. Non, ce qui était dérangeant et en réalité absurde était l'apposition de « l'idéologie nazie de la race supérieure » et de « société israélienne » dans une même phrase. C'était ne rien comprendre au nazisme, à sa nature et à son essence, à son idéologie totalitaire et génocidaire, à la sophistication de son industrie de la mort, qui, souhaitons-le, restera unique dans les annales de l'histoire. Le raccourci historique qu'empruntait malencontreusement Daniel Cohn-Bendit traduisait pour moi davantage la crise identitaire de la génération des juifs d'Allemagne d'après guerre, religieux ou agnostique, dont l'histoire et l'ascendance étaient sans doute trop lourdes à porter. Dans les années 1970, ils étaient nombreux à chercher leurs repères : ils ne pouvaient être « simplement » allemands ; ils avaient perdu la foi – religieuse ou sioniste ; il leur fallait « autre chose » pour combler leur vide. Cohn-Bendit reconnaissait ainsi que, depuis qu'il était gauchiste, il se construisait une nouvelle identité ; elle lui permettait aussi de refouler le fait que ses parents avaient dû quitter le pays. Dans sa communauté, il s'évertuait à transformer la vie quotidienne, les rapports sociaux, émotionnels et sexuels ; à définir une morale anti-autoritaire inédite. « C'est peut-être parce que j'ai souffert en tant que juif d'un manque d'attaches que je m'accroche tellement à ce qui me fournit une nouvelle identité[6] », confessait-il.

Micha Brumlik poursuivait également sa quête personnelle. À son retour de Jérusalem, fasciné par la scène francfortoise qu'il découvrait, il se demandait quel groupe il choisirait pour poursuivre son combat politique. Il alla de réunions en comités, d'assemblées générales en sit-in, de manifestations en happenings pour se faire sa propre idée. Il était anti-communiste depuis sa lecture de *1984* ; la rigidité doctrinale des léninistes et des maoïstes le rebutait ; il opta pour les anarchistes et rejoignit la Fédération de la nouvelle gauche, un vivier de futurs terroristes, comme il le découvrirait plus tard. Ses comparses étaient très marqués par la guerre d'Espagne et affichaient une solidarité sans faille avec les Palestiniens. Micha avait quant à lui trouvé une solution à la question sioniste : il souhaitait l'instauration d'un nouvel État socialiste au Moyen-Orient, qui regrouperait juifs et Arabes, dont les différences nationales et religieuses auraient disparu : les deux peuples devaient se convertir au marxisme. Il avait réglé, mais pour un temps seulement, sa propre question juive. Marxiste, il rejetait toute forme de traditions et condamnait l'assimilation qui menait au nationalisme intransigeant de la bourgeoisie.

La vie était belle, les nuits trop courtes, la bière coulait à flot ; Micha et ses amis se retrouvaient le soir dans les bars et cafés du quartier de Bockenheim à Francfort, où ils causaient philosophie et refaisaient le monde, dans une atmosphère toujours enfiévrée et enfumée[7]. La guerre de Kippour où l'existence d'Israël parut menacée un temps par les armées arabes laissa l'ancien sioniste militant de marbre : il avait le sentiment que le conflit était justifié. Cilly Kugelmann avait aussi rompu violemment avec son premier « amour ». « Israël nous posait un véritable problème moral. Nous l'avions tellement idéalisé que nous vécûmes la politique d'occupation comme une terrible trahison. Notre génération a été élevée dans un manichéisme et dans un rigorisme absolus : il y avait les bons et les mauvais, c'est-à-dire les victimes et les bourreaux de l'Holocauste. Après 1967, nos repères furent brouillés. Ce fut un processus de séparation très dur, comparable à celui que connurent des communistes quand ils quittèrent le PC », m'avait-elle expliqué. Une nouvelle rupture les guettait pourtant, sur fond de radicalisation de leur nouvelle « famille », l'extrême gauche allemande.

◆

Il n'y eut pas de Mai 68 en RFA. Étudiants et ouvriers ne collaborèrent pas comme en France et l'adoption des lois d'urgence au Bundestag, le 30 mai 1968, sonna le glas de l'opposition extra-parlementaire qui n'avait plus de raison d'être. Déçus, beaucoup considéraient désormais que l'agitation et l'activisme de l'APO n'avaient abouti à rien et, qui choqués par l'intervention soviétique à Prague, qui séduits par les œillades du SPD qui avait gauchisé son discours pour capter l'électorat contestataire en vue des prochaines élections, renoncèrent à la lutte. Le SDS se disloqua aussi, faute de dirigeant suffisamment charismatique pour agréger ses différentes composantes depuis l'attentat contre Dutschke, et faute de réponses satisfaisantes à la confusion ambiante. Tous n'avaient cependant pas enterré leurs rêves de « lendemain qui chante » et se dispersèrent dans une multitude de groupuscules communistes dogmatiques et rivaux, les « K Gruppen », dont Micha Brumlik avait fait la tournée à son retour à Francfort. Une frange se radicalisa et prônait désormais le recours à des actions directes et brutales pour résister au « fascisme » et au « terrorisme de la grande consommation ». L'État ne devait plus avoir le monopole de la violence physique. « Les manifs, les affiches, les tracts ne débouchaient sur rien, m'avait expliqué Hans Joachim Klein, qui avait été aspiré par ce tourbillon au début des années 1970. On manifestait contre les injustices de ce monde et en retour, on se faisait taper dessus. À un moment j'ai dit stop et je me suis dit que j'allais taper aussi. » Le Vietcong, qui tenait tête à l'impérialisme américain, était le modèle à suivre afin d'ouvrir un second front révolutionnaire dans les villes d'Allemagne, comme dans tout l'Occident. La fraction Armée rouge (RAF) s'y employa plus que tout autre : avant-garde révolutionnaire, son but était de pousser l'État dans ses retranchements afin de révéler sa véritable nature fasciste à l'opinion et de la faire basculer de son côté. Braquages, assassinats, attentats, incendies, enlèvements, prises d'otages… : la RAF mena une guérilla urbaine sanglante et féroce ; elle trouva sur son chemin un État résolu qui employa les grands moyens pour annihiler ses noirs desseins. Les violences culminèrent lors de l'«automne allemand» de 1977 : Hans Martin Schleyer, le patron des patrons allemands, fut enlevé et un avion de ligne de la Lufthansa détourné et ses passagers pris en otage. Dans un climat de tension extrême, les terroristes demandèrent la libération des chefs historiques de la première génération de la RAF – Baader, Raspe, Ensslin –, condamnés à la prison à vie, en échange de leurs otages. Le 18 octobre, les commandos d'élite de la police allemande s'emparèrent avec succès de l'aéronef ; apprenant la nouvelle à la radio, les trois détenus[8] se suicidèrent (à moins qu'ils n'aient été exécutés) dans leur cellule de la prison de haute sécurité de Stammheim ; Schleyer fut assassiné par ses geôliers quelques heures plus tard.

La Palestine faisait désormais partie de l'extension du domaine de la lutte de l'ultragauche allemande. Elle, qui avait contribué à briser le lourd silence qui obstruait le passé de l'Allemagne et avait admiré et soutenu Israël, le rejetait à présent violemment. Elle passa en quelques mois d'un philosémitisme absolu à un antisionisme radical qui masquait mal l'antisémitisme de certains de ses militants. Depuis la guerre de 1967, le sympathique État pionnier des rescapés de l'Holocauste était perçu comme la tête de pont de l'impérialisme américain au Moyen-Orient, comme une saillie désuète de l'Occident colonialiste à l'ère des mouvements de libération du tiers-monde dont s'était entichée la nouvelle gauche. Une excroissance admirée qui plus est par les cercles réactionnaires et bourgeois, en premier lieu par le groupe Springer philosémite et honni, visé plusieurs fois par des attaques. Un troisième front révolutionnaire devait s'ouvrir en Palestine, où une nouvelle «guerre d'extermination», comme au Vietnam, était menée par les «fascistes» israéliens.

La colère et le radicalisme de la gauche extrême procédaient de son interprétation marxiste orthodoxe du nazisme et d'Auschwitz qui, comme elle avait cours en URSS, passait sous silence les dimensions idéologiques, politiques et irrationnelles de l'industrie de mort de l'État hitlérien. Le nazisme, vidé de sa substance, coupé de ses racines allemandes et dénué de son caractère antisémite, était réduit à une abstraction fasciste, conséquence des seuls dysfonctionnements inhérents au capitalisme et au libéralisme, *in fine* des comportements prédateurs de la bourgeoisie. L'antisémitisme était perçu dans sa dimension fonctionnaliste, c'est-à-dire comme un instrument des classes dirigeantes pour distraire les masses de leurs vraies préoccupations. Auschwitz, aboutissement du fascisme, sortait de son contexte historique et perdait son unicité. Il n'était pas le symbole du martyre du peuple juif, mais représentait le Mal universel, dont les victimes étaient interchangeables : les juifs pendant la Seconde Guerre mondiale, les Vietnamiens et les Palestiniens à présent. Le dramaturge Peter Weiss en avait donné cette interprétation quelques années plus tôt dans sa pièce *L'Instruction*, tirée du procès de Francfort. Le mot « juif » n'y apparaissait pas une seule fois et Auschwitz devenait le « camp ». Les konzern en quête de profit étaient les responsables de l'extermination des « êtres humains ». « Weiss détachait le crime de l'histoire de l'Allemagne pour le placer dans un scénario de menace universelle[9]. » Dans la vision tragique du monde de l'extrême gauche, le « juif » n'était pas juif, mais désignait le damné de la terre, méprisé, humilié et persécuté, dans l'univers hostile et absurde du capitalisme. Quant au juif véritable, il était respecté s'il se pliait aux canons du juif errant, portant les malheurs du monde sur son dos fatigué. Mais il était

condamné dès lors qu'il prenait les traits vilains de l'Israélien, le nouveau bourreau, le nouveau fasciste.

Pour cette génération absolutiste et manichéenne, qui
avait grandi en jurant « plus jamais Auschwitz », l'heure
était à l'engagement et au combat auprès des organisations terroristes palestiniennes – Al Fatah puis le FPLP et
son émanation maoïste, le FDLP –, à présent investies de
ses espoirs révolutionnaires et anti-impérialistes. Les gauchistes les considéraient à l'avant-garde de leur combat
universel ; ils étaient les Vietcongs du Moyen-Orient ;
Hans Joachim Klein vénérait Arafat comme le nouveau
Che Guevara. Plus question de passer ses vacances au
kibboutz ! Cap devait être mis sur le Liban et la Jordanie
pour des voyages d'information et de sensibilisation. À
l'été 1969, une vingtaine de militants du SDS fit plus
qu'un « voyage d'information » : elle suivit une formation
paramilitaire dans un camp de fedayin au royaume haché-
mite. L'été suivant, ce fut au tour des membres de la
fraction Armée rouge, en fuite depuis l'évasion de Baader,
organisée par Meinhof et Ensslin, de s'initier aux techniques de guérilla dans un camp près d'Amman. La fusion
des groupes radicaux palestiniens et allemands s'opérait.
Agit 883, le journal des communistes libertaires, appelait
à frapper les sionistes en Israël et leurs partisans en RFA[10].
À Berlin, dans la nuit du 9 novembre 1969, un nouveau
pas fut franchi. Des tombes juives et des plaques commémoratives de la Shoah furent maculées de « Shalom,
Napalm, Al Fatah », slogan illustrant la Weltanschauung
confuse et perverse de ses auteurs. Quelques heures plus
tard, une bombe fut déposée au centre communautaire
juif ; par miracle, elle n'explosa pas et fut découverte plus
tard par une femme de ménage. Le 9 novembre n'avait
pas été choisi au hasard : c'était la date anniversaire de la

Nuit de cristal et la bombe devait exploser lors d'une cérémonie commémorative à laquelle plus de deux cent cinquante personnes assisteraient. Un communiqué signé des « Tupamaros Berlin-Ouest » revendiquait la tentative d'attentat et expliquait qu'une nouvelle Nuit de cristal se déroulait dans les territoires occupés, les camps de réfugiés palestiniens et les prisons israéliennes. « Les anciens réfugiés juifs étaient devenus les fascistes de l'époque contemporaine avec la collaboration du grand capital américain, la protection des industries ouest-allemandes et le soutien du régime de Bonn. » L'année suivante, une maison de retraités juifs fut la cible d'un nouvel attentat à Munich.

Dans ses diatribes antisionistes, l'ultragauche usait de tournures et de clichés qui rappelaient les formules nauséabondes de la propagande de Goebbels. Cette vieille odeur de moisi teutonique, que les « antifascistes » dénonçaient, empoisonnait en réalité leur esprit et imprégnait leur vision du monde. Quand Abba Eban, le ministre des Affaires étrangères israélien, se rendit en RFA en février 1970, le SDS de Francfort dénonça avec virulence l'État d'Israël « politiquement et économiquement parasitaire[11] ». Dans ses « lettres d'Amman », rédigées en réalité de son domicile, Dieter Kunzelmann, l'un des fondateurs de la première communauté de Berlin – la K1 – et membre des Tupamaros, appelait ses camarades et ses compatriotes à se libérer de leur complexe de culpabilité – « judenknacks » – à l'égard des juifs et de la « vache sacrée » israélienne. Brisant le plus grand tabou de l'Allemagne d'après guerre, il préconisait le recours à la terreur : il les exhortait à frapper les citoyens et les institutions juifs d'Allemagne, considérés comme les collaborateurs de l'impérialisme et du fascisme de l'État hébreu. L'itinéraire tortueux et misérable de Horst

Mahler, l'avocat de la RAF, l'un de ses membres fondateurs et le théoricien de la guérilla urbaine, illustre
l'obsession antisémite de cette gauche extrême. Jeune, il
fut révulsé par le passé nazi de l'Allemagne – il défendit
Beate Klarsfeld après sa gifle à Kiesinger –, puis vira à
l'antisionisme radical. De sa prison où il était incarcéré, il
salua avec Ulrike Meinhof le massacre des athlètes israéliens par les commandos de Septembre noir aux Jeux
olympiques de Munich. Après sa libération anticipée,
grâce aux talents de son avocat, le futur chancelier
Gerhard Schröder, il adhéra de plus en plus ouvertement
aux thèses de l'extrême droite dans les années 1980.
Antisémite fanatique et avoué, ultranationaliste[12], il a
désormais rejoint les rangs du NPD, le parti néo-nazi, et
ceux du «Deutsches Kolleg», un mouvement qui milite
pour l'avènement d'un IVe Reich.

   La dérive antijuive des mutants de la gauche extrême
allemande atteignit son paroxysme le 27 juin 1976 quand
un commando du FPLP, composé de deux Palestiniens
et de deux Allemands, Gabrielle Troecher-Tiedemann et
le chef du groupe, Wilfrid Böse, détourna sur Entebbe,
en Ouganda, un avion d'Air France parti de Tel-Aviv.
Böse, un proche «collaborateur» de Carlos et l'organisateur en 1975 d'une attaque au bazooka contre un
avion El Al à Orly, était «un homme dur et froid, antipathique, un véritable fanatique» selon Micha Brumlik,
qui l'avait connu dans un groupe anarchiste à Francfort.
À Entebbe, Böse accomplit une opération sinistre, très
lourde de symboles. L'antifasciste allemand, le rebelle
révolutionnaire, fit le tri parmi les passagers, isolant les
juifs des autres, comme sur la rampe d'Auschwitz. Les
premiers auraient certainement été exécutés si les com-

mandos israéliens n'avaient pas pris d'assaut l'aéroport
d'Amin Dada.

Hans Joachim Klein devait initialement participer au
détournement. Le jeune mécanicien révolté de Francfort
avait gravi en quelques années les échelons du terrorisme
international. Après avoir organisé avec son ami Joschka
Fischer et quelques autres un service d'ordre musclé pour
encadrer les manifestations – « si on chopait un flic, on
tapait dessus ou on le dépouillait », m'avait-il dit –, il était
entré au service de la RAF. Il fut d'abord chargé de
menues besognes : il trouva des appartements pour les
terroristes en cavale ; il devint le garde du corps de l'avocat
d'Andreas Baader ; il conduisit Jean-Paul Sartre à la prison
de Stammheim pour son audience avec Baader. Il fut alors
contacté par Böse qui lui proposa d'intégrer les Cellules
révolutionnaires, un autre groupuscule allemand dont
l'antisionisme était radical et qui avait aidé Septembre
noir à attaquer les athlètes israéliens à Munich. Klein
rejoignit l'équipe de Carlos et fit partie du commando
qui assaillit la réunion ministérielle de l'OPEP à Vienne
en novembre 1975 au nom du peuple palestinien. Grave-
ment blessé, il fut évacué dans un hôpital à Alger. Les
trois morts causées par l'opération de Vienne commençaient à peser sur sa conscience. Mais ce fut dans le camp
d'entraînement des fedayin du FPLP au Sud-Yémen, où il
avait atterri en février 1976, qu'il prit conscience de
l'impasse dans laquelle il se trouvait. « Ce combat n'avait
plus rien à voir avec la défense de la cause palestinienne. Il
s'agissait simplement de tuer le plus grand nombre de
juifs et de rayer Israël de la carte. » Au camp, il avait assisté
à la préparation d'une attaque contre un avion civil israélien à Nairobi – à laquelle des Allemands devaient participer – et d'attentats contre les dirigeants des communautés

juives de Berlin et de Francfort. Il fut également question d'assassiner les musiciens Yehudi Menuhin et Arthur Rubinstein. Carlos avait tiré à bout portant sur l'héritier de Marks & Spencer parce qu'il était juif et il avait établi une liste de ses coreligionnaires à abattre. « Ils n'avaient pas seulement trahi la cause révolutionnaire et l'antifascisme, mais ils étaient des antisémites fanatiques qui raisonnaient comme des nazis. Alors j'ai décidé de tout laisser tomber. » Le spectre de sa mère, déportée à Ravensbrück et décédée alors qu'il n'avait que quelques mois – il n'a jamais su si elle était juive –, hantait sa conscience. Il prit la fuite en France, entra dans la clandestinité, pour éviter et la police et les sicaires des cellules révolutionnaires, et finit par écrire une lettre retentissante au *Spiegel* où il annonçait sa sortie du terrorisme et dénonçait les plans macabres de ses anciens comparses. Trente ans après les faits, le souvenir de Wilfrid Böse obsède encore Klein, le repentant. « Il voulait que je participe à Entebbe ; j'en suis toujours malade. Quand je repense à lui, je le compare à Eichmann : c'était un manipulateur, un fonctionnaire de la terreur, un épicier du Mal. Et je me demande toujours comment il a pu procéder à la sélection des passagers juifs. »

◆

La conduite de Böse suscita une forte émotion en RFA et ébranla une faction de la nouvelle gauche : elle mesurait soudain les implications de son antisionisme. Joschka Fischer était de ceux-là : au matin du 27 juin 1976, il en vint aux mains avec les gens avec lesquels il vivait[13]. « Il ne se remit jamais du choc d'Entebbe[14] », m'avait raconté l'essayiste Paul Berman, que j'avais rencontré à New York après la publication de *Cours vite camarade*, son livre consacré à la génération 68. Berman avait la conviction que la métamorphose du gauchiste Fischer, qui le conduirait jusqu'à la tête de la diplomatie allemande, avait commencé dans la fournaise de l'été 1976. À l'instar de Klein, « Fischer réalisa que nombre de ses camarades ne combattaient pas mais imitaient les nazis. Ils s'étaient fourvoyés au point de rêver d'un monde meilleur en programmant l'assassinat de juifs ». Avec d'autres, il renonça au radicalisme et décida de poursuivre la lutte dans l'arène politique. Le parti des Verts, créé quelques années plus tard, fut le fruit de cette lente maturation intellectuelle. Dani Cohn-Bendit, qui avait toujours été opposé au recours à la violence et avait participé à des manifestations contre la RAF, le rejoindrait très vite. Dans la foulée d'Entebbe, une partie de la génération 68 faisait son autocritique et entamait sa mue démocratique et « anti-antisioniste » ; elle prendrait le pouvoir à l'automne 1998 avec l'arrivée à la chancellerie[15] de Gerhard Schröder, un ancien compagnon de route temporaire de l'extrême gauche.

Mais pour d'autres, Entebbe ne constitua aucunement un déclic ; ils préféraient dénoncer la violation de la souveraineté ougandaise par les commandos israéliens. Dans les milieux « anarcho-mao-spontex » de la scène alternative, de Francfort à Berlin, mais aussi au sein de l'intelligentsia de gauche, dans le monde universitaire et parmi l'avant-garde artistique, l'image d'Israël demeurait déplorable pour nombre d'entre eux, quels que fussent les excès des organisations terroristes palestiniennes. Israël était perçu comme un État raciste, nationaliste et colonialiste et sa place contestée au sein de la communauté des nations. Cette attitude n'était pas propre à la RFA, mais elle y fut probablement plus marquée qu'ailleurs. L'influence de la

RDA, dont le parti communiste était le plus hostile du bloc communiste à l'État hébreu et dont les services appuyaient logistiquement les organisations terroristes, n'y était peut-être pas étrangère. Pour ces Allemands nés dans les décombres de l'immédiat après-guerre, la fixation sur Israël et l'obsession palestinienne étaient une tactique de diversion pour se libérer psychologiquement et moralement du fardeau du passé. Le fedayin palestinien était leur bon sauvage ; il incarnait leur quête d'innocence. En omettant le fait que la création d'Israël avait été une réaction à l'antisémitisme de l'Allemagne nazie, ils se déchargeaient de leur culpabilité et de leur mauvaise conscience. Leur attitude ne se révélait en définitive guère plus digne que celle de leurs parents qu'ils avaient tant conspués. Les premiers avaient comparé Auschwitz aux bombardements de Dresde ; leurs enfants confrontaient Auschwitz aux opérations américaines au Vietnam et israéliennes dans les territoires palestiniens.

Jean Améry en fut dépité et effrayé. En écrivant *Par-delà le crime et le châtiment*, il invitait la jeunesse et la gauche allemandes à partager son combat pour la reconnaissance des crimes fascistes et à lutter contre leurs adversaires communs, les nazis, anciens et nouveaux. Dix ans plus tard, il se sentait trahi et plus isolé que jamais. Il avait certes été écouté mais ceux qu'il considérait comme ses alliés n'en avaient pas tiré les bonnes conclusions à force d'user et d'abuser de l'invective « fasciste ». Au point que celle-ci avait désormais perdu tout sens. Pour un homme qui avait connu le fascisme véritable et l'horreur quotidienne des camps, le constat était d'autant plus amer et insupportable que les jeunes gens exaltés et l'intelligentsia de gauche, arrogante et sûre de sa supériorité morale, manquaient cruellement d'empathie, de

LA TRAHISON DES CLERCS   231

psychologie et de sensibilité. Dans la nouvelle préface de son livre, rédigée en 1977, il criait au feu. «La victime nazie, à la fois juive et politique, que j'étais et que je suis, ne peut se taire quand sous l'étendard de l'antisionisme, elle voit se regrouper les audacieux représentants de l'ignoble antisémitisme d'antan[16]», écrivait-il. Il s'insurgeait contre ce présent qui permettait que «l'Inconcevable soit historiquement gelé et dès lors scandaleusement falsifié». Cette gauche extrême qui fonctionnait par syllogismes et dont le raisonnement pervers aboutissait à la désignation des mêmes ennemis que ceux de la génération brune – les juifs, les États-Unis, le libéralisme... –, le révulsait. Il constatait, effaré, la vulnérabilité de la nouvelle génération à l'argumentation idéologique, cette même structure de l'esprit qui avait perdu l'Allemagne ; elle trahissait à nouveau les idéaux des Lumières et de la raison dont Améry était le défenseur acharné. Le petit bonhomme qui aimait les femmes, à l'énorme front et à la constitution si fragile, en fut désespéré : il devait s'élever contre ses amis naturels. Irène Heidelberger m'avait dit que la gauche estudiantine avait été sa plus grosse fêlure. Elle l'a probablement achevé, après lui avoir ôté son dernier espoir d'une humanité meilleure. «Rien n'est cicatrisé et la plaie qui en 1964 était peut-être sur le point de guérir, se rouvre et suppure[17]», gémissait-il à la fin de sa préface. Jean Améry, hanté depuis des années par le suicide qu'il considérait comme sa liberté ultime, se donna la mort le 17 octobre 1978 dans un hôtel de luxe de Salzbourg. Avec une minutie extrême, comme Kleist, le poète tragique de l'Allemagne.

Les jeunes juifs qui fréquentaient les cercles d'extrême gauche ou qui s'y étaient personnellement investis étaient sous le choc. Henryk Broder était particulièrement furieux. L'année d'Entebbe, il décida de rompre ses liens avec ses amis de l'ultragauche, avec la violence et la haine que seuls les bons compagnons peuvent ressentir quand ils se séparent. Il n'avait jamais été gauchiste, mais, passionné de musique, il fréquentait la scène underground de Cologne. Dans un article dévastateur publié dans le *Zeit* en 1981, il régla définitivement ses comptes avec les gauchistes antisionistes. Il savait le mépris qu'ils avaient pour leurs parents ; il connaissait leur fierté d'avoir rompu avec l'histoire de leur pays et de leur haute moralité. Tout cela n'était que balivernes pour Broder : de la poudre aux yeux ! une douce illusion ! Ils étaient au contraire les dignes enfants de leurs parents, leurs héritiers spirituels qui ne s'étaient attaqués que très superficiellement au passé fasciste de leur famille et de leur pays. Ils avaient internalisé leurs préjudices et leurs prédilections, leur façon de penser et, en fin de compte, leurs sentiments. Comme eux, ils se montraient indifférents aux faits et préféraient se chercher un bouc émissaire ; comme eux ils avaient leur juif, en l'espèce, un « super-juif », l'État d'Israël. Et s'ils n'avaient pas tort de dénoncer le passé terroriste de Begin, Broder ne comprenait pas leur silence pudique sur les agissements de Kadhafi, Khomeiny et Amin Dada[18].

Cilly Kugelmann et Micha Brumlik étaient plus ébranlés encore : ils avaient cru trouver la clé de leur intégration via la nouvelle gauche. À défaut de rompre totalement leurs liens, ils prirent leurs distances. Au fil des ans, ils avaient dû se rendre à l'évidence des préjugés antisémites de certains de leurs camarades. Brumlik m'avait raconté qu'il en avait fait la douloureuse expérience lors des manifestations contre la spéculation immobilière à Francfort au début des années 1970, visant des juifs d'origine polonaise qui y avaient réalisé d'importants investissements. Il savait aussi que toutes les maisons squattées appartenaient à des juifs. Il évolua peu à peu et se réjouit même de l'intervention israélienne en Ouganda pour sauver les otages. Cilly Kugelmann était de plus en plus sceptique. Elle trouvait suspect le manichéisme absolu de cette gauche extrême qui séparait le monde en deux catégories, celle des « porcs » à abattre, comme les policiers, et celle des « Mensch », les camarades, qui rappelait étrangement la Weltanschauung binaire des nazis. La capacité des terroristes et des militants les plus engagés à aller au bout de leurs idées, même les plus meurtrières – une caractéristique des mouvements radicaux des sociétés post-fascistes comme les Brigades rouges italiennes ou l'Armée rouge japonaise –, sans éprouver le moindre sentiment humain, sans faire usage de sa conscience, lui évoquait de curieuses analogies avec le régime hitlérien. Cilly Kugelmann, Micha Brumlik et leurs autres camarades engagés rompraient définitivement avec la nouvelle gauche dans les années 1980, notamment après les manifestations contre l'intervention de Tsahal au Liban – auxquelles ils participèrent encore – où les Israéliens étaient traités de nazis et voués aux gémonies.

À l'évidence, l'Allemagne n'avait pas encore digéré son passé. J'en eus la certitude en regardant le film *L'Allemagne en automne* (*Deutschland im Herbst*), co-réalisé et co-écrit par la fine fleur de l'intelligentsia de gauche de l'époque – Alexander Kluge, Heinrich Böll, Rainer Fassbinder, Volker Schlöndorff… –, tourné à l'occasion des obsèques concomitantes de Hans Martin Schleyer et des trois dirigeants de la RAF. Ce « film contre l'oubli », selon la volonté de ses concepteurs, oscillait entre le documentaire et la méditation politique sur l'histoire contemporaine de l'Allemagne. «L'automne allemand» désemparait un Fassbinder paranoïaque et cocaïnomane plus vrai que nature : il buvait et fumait sans arrêt ; battait et enlaçait son compagnon Armin ; convoquait sa mère pour parler «démocratie» et ne trouvait pas de solution. Les images défilaient. L'enterrement de Schleyer, l'ancien SS érigé en martyr de la démocratie et de la liberté, auquel assistait le gotha politique et économique de la RFA ; les couronnes mortuaires des Flick, Krupp et consorts, les grands profiteurs de la guerre de pillage du IIIᵉ Reich. Des plans tournés chez Mercedes, que dirigeait Schleyer, confrontaient les travailleurs étrangers sur les chaînes de montage aux splendides limousines oblongues et noires des années 1930 du musée adjacent. Horst Mahler, le crâne chauve et la barbe christique, était interviewé dans sa cellule et expliquait son combat contre le fascisme. Une jeune professeur d'histoire s'interrogeait sur l'enseignement qu'elle devait dispenser ; une scène de violence conjugale ; des images d'archive de la Première Guerre mondiale et du IIIᵉ Reich ; des pendaisons sur le front Est ; des manœuvres militaires de 1977 ; l'hymne allemand en fond sonore. «Deutschland über alles»... Seuls manquaient quelques instantanés des camps de concentration à ce gigantesque panorama. Les auteurs du film avaient souhaité exprimer la voix et le regard alternatifs de leur génération ; à mes yeux, ils affichaient davantage leur confusion et leur désarroi ; l'image d'un pays encore malade de son histoire et gangrené par son passé.

Les années de plomb furent un douloureux révélateur de la société allemande ; elles dévoilèrent la grande violence qui subsistait en son sein et sa polarisation extrême. D'un côté, des «fascistes de gauche», selon l'expression de Jürgen Habermas, pris dans une spirale mortifère, absurde et sans issue, qui bénéficiaient d'une certaine complaisance de la part des intellectuels et de la jeunesse romantique, tous obnubilés par l'histoire qu'ils maîtrisaient mal et désireux d'en découdre avec le « fascisme ». Les malheureux : ils avaient une guerre de retard et ne combattaient que leurs fantômes. Au milieu des années 1970, ils agissaient comme s'ils étaient dans les années 1930, comme si le fait de donner asile pour une ou deux nuits à un terroriste en cavale et de cacher des armes était un acte de résistance au fascisme. De l'autre, des milieux conservateurs sûrs d'eux-mêmes et arrogants, à la mémoire bien courte, qui pouvaient compter sur les médias, notamment sur le groupe Springer, pour attiser le climat de peur. Une presse qui n'hésitait pas à publier des listes de sympathisants et à se livrer à la dénonciation, avec le même manichéisme que leurs adversaires, et comme aux heures les plus noires de l'histoire allemande. Karl Jaspers avait dès 1946 mis en garde ses compatriotes dans *La Culpabilité allemande* : s'ils refusaient de voir clair en eux, ils empêcheraient des adolescents idéalistes de devenir des hommes, moralement sûrs, politiquement lucides, capables de saisir avec la modération nécessaire leur destin. L'Allemagne des années 1970 paya le silence obstiné qu'elle avait gardé pendant plus de vingt ans sur son passé le plus douloureux.

Dans le tumulte des années de plomb émergèrent les premiers intellectuels juifs de gauche de RFA, nés dans l'immédiat après-guerre. Blessés sinon trahis par l'extrême gauche ; mal à l'aise dans ce climat d'hystérie collective qui révéla la part d'ombre de la société ouest-allemande et la fragilité et l'immaturité de sa démocratie ; dans l'incapacité de s'identifier à l'establishment politique du pays, qu'ils considéraient comme réactionnaire, et à la masse de leurs compatriotes, de par leur histoire, ils allaient désormais s'exprimer en leur nom et prendre part au débat pour affirmer leurs divergences. Décomplexés, ils n'hésiteraient plus à mettre en avant leur identité et à faire des déclarations publiques sur leurs relations à l'Allemagne et à commenter sa vie politique. Sans s'identifier benoîtement aux Palestiniens comme l'extrême gauche, ils garderaient leurs positions critiques vis-à-vis d'Israël et prendraient leurs distances vis-à-vis des institutions juives de RFA. Une identité juive alternative était née.

CHAPITRE XI

La famille Weiss

Meryl Streep et James Wood devraient figurer dans les manuels d'histoire des lycéens allemands. Je crois qu'il serait même légitime de les voir figurer au panthéon des quelques individualités exceptionnelles qui ont contribué à sensibiliser les Allemands à leur histoire et à façonner le rapport au passé de l'Allemagne fédérale contemporaine. Meryl Streep plus décisive que Jean Améry et que Theodor Adorno ? James Wood plus influent qu'Hannah Arendt ? À ces interrogations de prime abord saugrenues, sinon déplacées, je serais tenté de répondre par l'affirmative. Larmes, sanglots, tristesse, chagrin, colère, affliction, mélancolie, cafard, spleen : en plein cœur de l'hiver 1979, le feuilleton américain *Holocaust*, dont Meryl Streep et James Wood étaient les principaux protagonistes, suscita une immense vague d'émotion qui bouleversa l'Allemagne de l'Ouest. Son impact fut « kolossal ». Quatre soirs durant, du 22 au 26 janvier, la tragique destinée de la famille Weiss captiva de 15 à 20 millions de téléspectateurs, rivés à leur petit écran. Sans ménagement, l'Holocauste s'invitait à dîner dans les foyers allemands ; il envahissait brusquement leurs salles à manger et leurs salons ; il violait leur intimité. Trente-quatre ans après la fin de la guerre, il s'imposait enfin dans les consciences allemandes et parviendrait à délier les langues. La diffusion par la troisième chaîne de la super-production des studios de NBC provoqua un véritable changement de paradigme et une révolution culturelle en RFA. Le terme d'Holocauste passa dès lors dans le langage commun, se substituant à l'euphémisme nazi de « solution finale ».

Je n'avais jamais vu *Holocaust*. J'en connaissais l'existence, mais, par snobisme certainement, je n'avais pas éprouvé le désir de regarder une fiction télévisée populaire consacrée à ce thème. J'étais désormais très curieux de découvrir le film qui avait déclenché la « catharsis d'une nation », comme l'avait titré à l'époque le *Spiegel*. Difficile cependant d'en trouver aujourd'hui une copie dans un vidéoclub ou dans un magasin à Berlin. « *Holocaust* ? Il est passé tant de fois à la télévision. Nous ne l'avons pas », me rétorqua-t-on à chacune de mes tentatives. Je dus une nouvelle fois recourir à la diligence de ma mère. Elle me dénicha par miracle un coffret « collector » où figurait en bonus une longue interview de Meryl Streep. Elle y tenait le rôle d'Inga, une Allemande aryenne qui épousait au début du premier épisode Karl Weiss (James Wood), le fils aîné de la tribu Weiss.

Magnifiques Weiss ! Ils formaient une famille juive modèle du Berlin des années 1930, bourgeoise et libérale, totalement assimilée et fière de sa culture allemande. La mère était une mélomane avertie qui avait une confiance aveugle en l'Allemagne, sa patrie, le pays des « poètes et des penseurs » ; le père était un docteur charitable et généreux, un juif polonais immigré, en apparence parfaitement intégré à la bonne société berlinoise ; ils avaient deux autres enfants plus jeunes, Rudy et Anna, vertueux et délicieusement dissipés. *Holocaust* narrait pendant plus de huit heures la descente aux enfers de la famille Weiss : des

premières discriminations aux chambres à gaz d'Auschwitz
où périssaient les deux parents Weiss et leur fils Karl; du
pogrom de la Nuit de cristal aux massacres gigantesques
des SS sur le front Est, toutes les étapes de la Solution
finale défilaient à l'écran. Rien n'était épargné au téléspectateur qui était plongé dans l'horreur quotidienne de la
destruction des juifs d'Europe par l'Allemagne nazie, à
travers les déboires de la bonne et innocente famille
Weiss. Le film était remarquablement efficace : il fonctionnait comme un western ; il savait jouer sur les bons
sentiments du téléspectateur ; il le prenait à la gorge ; il en
faisait le témoin direct, impuissant et révolté de l'Holocauste. Comme les 250 millions de personnes dans le
monde qui se passionnèrent pour le feuilleton à la fin des
années 1970, je ne pus m'empêcher de m'identifier aux
Weiss et de partager leurs douleurs et leurs affres l'espace
de quelques heures. Pédagogique, il était aussi relativement réaliste dans sa description des Allemands sous
Hitler. À côté d'Inga-Meryl Streep, l'incarnation de l'Allemande intègre prête à tout pour sauver son mari juif,
figuraient quelques fanatiques, des techniciens déshuma-
nisés et obsédés par les performances de la machine de
mort nazie, et une armée d'opportunistes que menait le
« bad guy » du feuilleton, le SS Eric Dorf. Gentil chômeur
désabusé au début de la saga, il gravissait, sous l'emprise de
sa femme ambitieuse, les échelons de la hiérarchie nazie et
devenait l'assistant d'Heydrich puis le représentant de
Kaltenbrunner, chargé de superviser les camps d'extermination. Détail intéressant, le Führer n'apparaissait pas une
seule fois à l'écran. Les scénaristes avaient décidé de couper
court à la légende faustienne de Hitler. Au contraire, ils
mettaient en exergue la lutte d'influence qui opposa les

différents services du Reich aux prises avec l'extermination des juifs.

Des familles Weiss brisées et assassinées et des monstres froids et cyniques comme les Dorf, l'Allemagne des années brunes en compta des dizaines de milliers. *Holocaust* n'apprenait rien de nouveau sur cette période dramatique ; il se contentait de narrer des destins typiques mais en aucun cas uniques. Environ neuf cents films sur le nazisme, surtout des documentaires et quelques fictions antifascistes produites dans les pays de l'Est, avaient déjà été diffusés dans les cinémas de RFA et à la télévision ; plus de huit mille ouvrages consacrés à l'histoire juive en Allemagne et à sa fin tragique avaient été publiés avant la diffusion du feuilleton hollywoodien. Il fut pourtant un choc immense. L'émoi suscité par *Holocaust* prouvait que les Allemands n'avaient toujours pas exploré véritablement les renfoncements les plus obscurs de leur conscience et que les écoliers étaient mal sinon pas informés. Il démontrait que l'immense majorité de la population s'était contentée de refouler pendant plus de trente ans ses expériences traumatiques de la guerre.

À la fin des années 1970, le souvenir de la dictature hitlérienne s'étiolait lentement. Elle apparaissait de plus en plus lointaine aux Allemands de l'Ouest : l'usure du temps faisait doucement son œuvre et nul ne semblait le regretter. Les Allemands affichaient même une étonnante désinvolture à l'encontre de leur passé, en particulier à l'égard de Hitler. En 1977, le plus gros succès du cinéma allemand fut un film ambigu de Christian Herrendörfer et de l'historien Joachim Fest consacré à la vie du Führer. Ils ne s'appesantissaient guère sur l'extermination des juifs, mais insistaient davantage sur les réalisations économiques et sociales des débuts du régime ; les parades aux flambeaux et autres démonstrations de puissance de la dictature paraissaient même exercer une certaine fascination morbide sur les auteurs. Une pernicieuse « vague Hitler » déferla à la suite du film. On nota une recrudescence des revendications et des actes néo-nazis ; on tourna des films porno d'un genre un peu particulier : entre deux scènes de sexe, les protagonistes se saluaient par un retentissant « Heil Hitler » et les actrices portaient des petites culottes à croix gammée. Sur les marchés aux puces, les badauds se précipitaient sur les reliques du IIIe Reich et le prix des étoiles jaunes s'envolait. *La Guerre de Hitler*, un ouvrage iconoclaste de l'historien britannique révisionniste David Irving[1], où il arguait que le Führer ne connaissait pas l'existence de la Solution finale, connut un succès éditorial stupéfiant. Les adolescents accrochaient à leurs vestes d'anciens insignes du parti en toute quiétude. Une enquête effectuée en 1977 par un jeune professeur auprès de milliers d'écoliers révélait leur méconnaissance sinon leur ignorance complète du régime nazi et d'Adolf Hitler. La même année, un sondage indiquait que seulement 20 % des Allemands condamnaient l'ensemble de son « œuvre »[2]. Une partie non négligeable de la population estimait toujours que le nazisme n'avait pas été une si mauvaise idée et que seule la guerre l'avait fait dévier de sa trajectoire. Elle trouvait à leur ancien Führer quelques vertus : n'avait-il pas réduit le chômage et construit de belles autoroutes ?

L'Allemagne se croyait libérée de ses démons, et Hitler et le nazisme n'étaient plus tabous. L'antisémitisme et la Shoah le demeuraient en revanche. Les procès des années 1960 avaient certes sensibilisé la jeunesse au passé de l'Allemagne et nourri ses ressentiments à l'égard de la génération des pères. Mais elle s'était très vite focalisée sur le « fascisme » dont la lecture marxiste avait brouillé la compréhension du nazisme et de son antisémitisme géno-cidaire, sa spécificité principale. La droite et les milieux conservateurs s'étaient toujours contentés d'accabler Hitler et sa garde rapprochée de nazis fanatiques ; ils avaient gardé un silence pudique sur la participation des institutions administratives et économiques à la Solution finale ; ils n'évoquaient jamais leurs compatriotes qui n'avaient pas bronché quand leurs voisins juifs étaient emmenés par la Gestapo à l'heure du laitier. La culpa-bilité d'essence religieuse et les remords des années Adenauer avaient été supplantés par un soutien massif, quoique déclinant depuis le premier choc pétrolier, à Israël. L'État hébreu dont la politique dans les territoires palestiniens depuis 1967 avait encore davantage perturbé le travail de mémoire et la conscience historique d'une partie de la gauche. Certes, des milliers de livres sur la tragédie juive au XXᵉ siècle étaient disponibles et des historiens allemands avaient réalisé de remarquables recherches sur le sujet. Mais ils s'adressaient à une élite ou, du moins, seule une petite minorité éclairée s'était saisie de la question. Quant à la télévision et au cinéma ouest-allemands, médias des masses par excellence, ils n'avaient produit quasiment aucun film de fiction sur l'antisémitisme. Les personnages juifs étaient étrange-ment absents des écrans depuis les années 1950. Sujets tabous pour les réalisateurs plus âgés qui avaient collaboré avec le régime hitlérien, ils ne l'étaient guère moins pour le nouveau cinéma allemand des années 1960-1970, sem-blait-il toujours très mal à l'aise à l'idée de s'aventurer sur ce terrain périlleux. Ses jeunes et brillants réalisateurs – Wenders, Fassbinder, Schlöndorff… –, dont certains étaient politiquement très engagés, ne réalisèrent aucun

film sur l'Holocauste. À la différence de leurs contemporains du nouvel Hollywood qui s'étaient immédiatement
emparés de la guerre du Vietnam pour produire quelques
chefs-d'œuvre – *Apocalypse Now*, *Voyage au bout de
l'enfer*… –, ils semblaient tétanisés ou simplement incapables de s'approprier le thème. « L'ombre de la Shoah
était trop grande pour eux », m'avait laconiquement lâché
Micha Brumlik. À la fin des années 1970, l'opinion
publique n'avait jamais été véritablement confrontée aux
traditions antisémites et racistes de l'Allemagne qui
avaient conduit à la Shoah.

Puis la vague *Holocaust* se mit à déferler. Un long et
fiévreux marathon médiatique avait précédé sa diffusion :
des documentaires, des débats télévisés, des couvertures de
magazine… Le feuilleton avait connu un immense succès
aux États-Unis, en Israël et dans d'autres pays et les Allemands devaient être préparés à affronter le « choc ». Partis
politiques et Églises encouragèrent leurs ouailles à le regarder. Pour la première fois dans l'histoire de la RFA, l'anniversaire de la Nuit de cristal avait été commémoré
solennellement le 9 novembre 1978 par les autorités, en
présence du chancelier Helmut Schmidt. Son discours, où
il dénonçait la passivité et le silence des Allemands au
cours de cette nuit de persécutions et de violences comme
aucun chancelier ne l'avait fait avant lui, fut l'occasion
d'aborder les crimes perpétrés par le IIIe Reich contre les
juifs. La tension montait : des groupes d'extrême droite
avaient attaqué des émetteurs à Coblence et Münster en
prévision de la diffusion tant annoncée, tellement atten-
due et, apparemment, par une minorité, redoutée ; les
chaînes de télévision recevaient des appels exigeant qu'on
« laissât tranquille le bon peuple allemand ». Dans les pages
feuilleton des grands journaux s'affrontaient les défenseurs

et les opposants à la mini-série américaine dont les contempteurs, pas toujours de bonne foi, reprochaient qui l'approche triviale et manichéenne, qui les erreurs historiques et l'esthétique commerciale de l'industrie culturelle hollywoodienne. Ces discussions passionnées mais somme toute vaines furent balayées dès la première soirée de diffusion. « Un événement unique dans l'histoire de la télévision ouest-allemande », m'avait dit un ami, jeune adolescent à l'époque, qui était rivé à son poste de télévision, ce 22 janvier 1979, comme des millions de ses compatriotes.

Pas de chiffres abstraits, pas de monceaux de cadavres empilés les uns sur les autres, pas de fantômes émaciés anonymes et flottant dans des tuniques rayées derrière des barbelés ; mais de la chair, des visages, des destins personnels, des bons sentiments et de l'humanité, tous brisés par la machine d'extermination nazie. La tragique odyssée des Weiss réussit à susciter ce que nul n'était parvenu à cristalliser en Allemagne depuis 1945 : de l'émotion, de l'empathie et de la sensibilité à l'égard des victimes juives du IIIe Reich. Une prise de conscience aussi. Partageant les peurs, les souffrances et les injustices endurées par les Weiss, le téléspectateur s'identifiait naturellement à cette famille berlinoise et à tous les juifs que le film exhibait : les loques des camps de concentration, les emmurés du ghetto de Varsovie, les déportés, les torturés… Son référentiel s'inversait soudain. Pour la première fois, il internalisait les douleurs de « l'autre » et, l'espace de quatre petites soirées, devant son récepteur, il frémissait. Il prenait la place du mort ; il réalisait finalement le traumatisme de la Shoah et ses dimensions monstrueuses. Il paniquait aussi parce qu'il était allemand. Des tréfonds de leur mémoire resurgirent peut-être chez les plus âgés quelques scènes ou quelques secrets qu'ils espéraient y avoir enfouis à jamais. Les plus jeunes regardèrent leurs aïeux d'un œil nouveau et brusquement inquisiteur. Le mur de verre était brisé. Après ces cinq jours d'émotion collective, l'Allemagne n'eut plus d'échappatoire.

Je crois que Jean-Luc Godard a un jour affirmé non sans raison que la télévision fabriquait de l'oubli et le cinéma des souvenirs. *Holocaust* le contredit. Les soirs de diffusion, les standards des stations de télévision furent pris d'assaut. Des dizaines de milliers de téléspectateurs tenaient à s'épancher, qui pour une confession douloureuse, qui pour manifester leur honte ou leur surprise. Souvent, le téléphone pleurait. Dans les journaux, des personnalités firent leur « coming out » et reconnurent leur indifférence et leur insensibilité au sort des juifs pendant la guerre. Au bureau, à l'usine, au club de sport, à l'école ou à une fête de famille, il y avait toujours plusieurs personnes qui avaient vu le feuilleton et désiraient en discuter. La culpabilité personnelle, la persécution des juifs, les camps, la résistance, la passivité des Églises et de la population…, les questions fusaient. Dans tout le pays, l'antisémitisme et l'Holocauste étaient enfin abordés publiquement et sans fausse pudeur. Pour son film *David*, Peter Lilienthal rafla l'Ours d'or à la Berlinale[3] qui se tint quelques semaines après la diffusion du feuilleton. Il y contait l'histoire d'un jeune juif qui parvenait à s'évader *in extremis* de l'Allemagne nazie pour rejoindre la Palestine. L'emballement médiatique et éditorial se poursuivit pendant des mois et il s'est prolongé jusqu'à présent, tant l'offre demeure considérable et quotidienne sur « ce passé qui ne veut pas passer ».

En 1979, la grande majorité des Allemands découvrait les rescapés de la Shoah. Les survivants des camps, dont certains allaient briser leur silence pour la première fois,

étaient courtisés comme jamais ils ne l'avaient été par les
médias ; ces derniers s'intéressaient également aux anciens
gardes d'Auschwitz ; quelques-uns acceptèrent d'accorder
des entretiens. Des journaux et des mémoires de déportés
furent publiés ; le public manifestait un intérêt croissant
pour l'histoire juive allemande d'avant 1933. Les jeunes
furent les plus émus par le feuilleton. Ils étaient bien souvent confrontés pour la première fois de leur vie à l'histoire
de la destruction des juifs d'Europe et ils étaient avides
d'en savoir plus. À leur demande, les écoles organisèrent
régulièrement des visites dans les camps de concentration
et invitèrent des survivants à témoigner. Grâce à *Holocaust*,
des thèmes qui n'intéressaient qu'un cercle éduqué relativement restreint jusqu'alors rencontrèrent une audience
infiniment plus vaste.

La tragédie de la famille Weiss eut des conséquences
politiques et judiciaires. Quelques mois après la diffusion
de la série, le Bundestag devait se prononcer sur la pro-
longation éventuelle des délais de poursuite des crimes
nazis. Si la loi n'était pas modifiée au 31 décembre 1979,
ils ne pourraient plus être l'objet de poursuites judiciaires.
Avant *Holocaust*, la population s'était montrée indiffé-
rente et seule une très faible minorité (15 %) désirait la
levée de la prescription. Quelques semaines plus tard, ils
étaient désormais 39 % à la souhaiter. Le climat avait
changé. La presse libérale, bien secondée par des députés,
principalement issus du SPD, dressait le procès de la
magistrature allemande et de sa troublante désinvolture
à l'encontre des criminels nazis. Elle réclamait plus de
temps pour que justice fût rendue. Au cours des débats,
des parlementaires firent référence au mélodrame hollywoodien. Le 3 juillet 1979, le Bundestag, par 253 voix
contre 228, dont celle du futur chancelier Helmut Kohl,

opposé au projet à l'instar de l'immense majorité de ses
collègues de la CDU-CSU, abolissait le statut de limita-
tion pour les cas de crimes et de génocides. La République fédérale, qui avait toujours été très ferme vis-à-vis
de l'extrême gauche et avait usé des grands moyens, quelquefois à la limite de l'État de droit, pour combattre
les terroristes de la RAF et des cellules révolutionnaires,
accordait à présent une attention croissante aux agissements des radicaux de droite et des néo-nazis, sous la
pression de la population. En juin 1979, 50 000 personnes se réunirent à Francfort pour un « Rock gegen
Rechts » (le rock contre la droite) afin d'empêcher une
réunion de nostalgiques du IIIᵉ Reich et de nazillons.

Certes, une minorité de la population, soit plusieurs
millions de personnes tout de même, fustigeait le manichéisme du feuilleton et son silence sur les souffrances
allemandes. D'autres voulaient simplement qu'on les laissât en paix une fois pour toutes avec leur passé. À en croire
les sondages, les Allemands ne se sentaient guère plus
coupables personnellement après la diffusion d'*Holocaust*.
Certes, Karl Carstens, un avocat conservateur, ancien
membre du parti nazi, fut élu à la présidence fédérale en
1979. Et les réactions de la nouvelle gauche furent ambiguës, une partie condamnant sans ambages une série qui
ne « servait que les intérêts impérialistes américains, israéliens et ouest-allemands [4] ». *Holocaust* initia toutefois un
profond bouleversement de la culture politique. La prise
de conscience et les innombrables débats et discussions que
déclenchèrent les tribulations dramatiques de la famille
Weiss établirent la Shoah au cœur de l'identité ouest-allemande contemporaine. Le tabou se mua en obsession.
L'ombre gigantesque et effrayante de l'Holocauste plane
depuis sur l'Allemagne ; il demeure le point de référence

obligé et constitutif de son identité, l'objet d'innombrables commémorations officielles et de lieux de mémoire, que symbolise le Mémorial des juifs assassinés, planté en plein centre de Berlin. Il a généré un rituel de repentance propre à la RFA, un pays qui « honore » ses drames et entretient leur souvenir comme nul autre au monde. « Jusqu'à la fin des temps, les hommes se souviendront d'Auschwitz comme un élément de notre histoire allemande », déclara solennellement Philipp Jenninger, de la CDU, alors président du Bundestag, lors des cérémonies du cinquantième anniversaire de la Nuit de cristal, en 1988. Jenninger n'était pas le premier politicien conservateur à relever la signification nouvelle de la Shoah dans les consciences allemandes, signe qu'elle faisait désormais l'objet d'un consensus chez une grande majorité de la population – un changement décisif « catalysé » par la diffusion d'*Holocaust*. Le 8 mai 1985, pour les quarante ans de la capitulation inconditionnelle du Reich, le président Richard von Weizsäcker, dont le père avait été secrétaire d'État aux Affaires étrangères sous Hitler, avait publiquement reconnu que le « génocide des juifs était sans exemple dans l'histoire. [...] Tous les Allemands avaient pu constater ce que leurs concitoyens juifs avaient été contraints de subir, de la froide indifférence à l'intolérance cachée et à la haine ouverte ». Interpellant ses concitoyens, il leur avait demandé comment ils avaient pu « conserver leur innocence » après les souffrances endurées par les juifs.

Les milieux ultraconservateurs étaient sur la défensive : chaque tentative visant à (ré)enterrer le passé, à le distordre et à le disculper provoquait à présent des effets opposés et contribuait à le maintenir plus vivant que jamais. L'historien Ernst Nolte l'apprit à ses dépens. En juin 1986, il avait publié un article retentissant dans le *Frankfurter*

Allgemeine Zeitung (*FAZ*) où il remettait en cause l'unicité historique du génocide nazi et le présentait comme un acte de légitime défense aux massacres de classes qu'avait perpétrés l'Union soviétique dès les années 1920. « Le national-socialisme et Hitler n'auraient-ils pas accompli un acte "asiatique" simplement parce qu'ils se considéraient comme des victimes potentielles d'un acte "asiatique" ? », s'interrogeait-il. Auschwitz n'aurait dès lors été qu'une innovation technique. Ce faisant, Nolte, qui avait déjà prétendu quelques années plus tôt que toute grande puissance et tout mouvement idéologique – notamment le sionisme – traversait une « période Hitler », disculpait partiellement l'Allemagne et son ancien Führer de leur crime le plus vil. La « querelle des historiens » était lancée et allait emplir les pages feuilleton des journaux pendant des mois, à défaut de passionner véritablement les foules. Certains collègues conservateurs de Nolte, dont Joachim Fest, l'éditeur des pages débat du *FAZ*, biographe de Hitler et de Speer, approuvèrent sa démarche « comparatiste » à condition qu'elle ne légitimât pas le forfait hitlérien. Mais, dans l'ensemble, Nolte s'attira les foudres d'une grande majorité d'intellectuels et en particulier de Jürgen Habermas, qui lui adressa la réplique la plus cinglante. Il l'accusa de promouvoir un programme idéologique de résurrection de la conscience nationale allemande et d'éloigner la RFA de l'Occident. Pour Habermas, les principes constitutionnels universalistes s'y étaient implantés seulement après et via Auschwitz, à travers « le filtre d'une conscience du mal commis ». Minorer la Shoah revenait à rompre l'ancrage à l'Ouest de la RFA. La révision apologétique de l'histoire avait échoué et l'Holocauste était bien devenu « le trait marquant d'une appréhension critique de l'identité allemande[5] ».

La secousse initiale d'*Holocaust* fut suivie d'infinies répliques. La thématique de la Shoah envahit la sphère culturelle. Expositions, telle « Survie et résistance », constituée à partir de matériaux prêtés par le musée d'Auschwitz-Birkenau, et qui tourna dans toute l'Allemagne pendant des mois au début des années 1980, et documentaires, auxquels les télévisions accordèrent une place considérable, se multiplièrent[6]. À l'automne 1982, l'ARD et la ZDF, les deux premières chaînes, diffusèrent pas moins de cent cinquante heures de programme consacrées à la prise de pouvoir de Hitler et des nazis dont on allait « célébrer » le cinquantième anniversaire quelques semaines plus tard[7]. Elles se mirent à produire des téléfilms et des mini-séries[8], calqués sur le modèle d'*Holocaust*[9]. La culture juive connut un engouement sans précédent : le grand public découvrait finalement une partie importante de son patrimoine. La Haute École des études juives à Heidelberg ouvrit ses portes en 1979 et fut suivie par la création d'autres instituts universitaires spécialisés. De nouveaux musées juifs ouvrirent leurs portes – le premier fut inauguré à Francfort en 1988 –, un événement inédit depuis le nazisme. Quatre ans plus tard se tint à Berlin la plus grande et la plus chère exposition – « Les mondes juifs » (Jüdische Lebenswelten) – jamais consacrée à la culture juive, et la villa où se tint la conférence de Wannsee fut transformée en musée et en centre de documentation[10]. Des citoyens partirent à la recherche des traces du passé juif de l'Allemagne : leurs initiatives furent à l'origine des nombreux panneaux qu'on trouve aujourd'hui dans les villes du pays et qui indiquent les lieux d'emplacement des anciens quartiers juifs, des synagogues ou des cimetières détruits… *Holocaust*, qui avait popularisé une vision d'Europe centrale et orientale de la Shoah[11], avait suscité une certaine curiosité et de la nostalgie aussi pour la culture yiddish, une culture que la grande majorité des juifs allemands, avant le nazisme, avait dédaignée sinon rejetée. Dans les festivals de films yiddish ou à la télévision – la ZDF n'hésita pas à programmer un cycle de fictions yiddish des années 1930 en « prime time » –, le grand public se familiarisa pour la première fois avec « Tewje le laitier » et les aventures de Menahem Mendl, l'anti-héros de Sholem Aleikhem. Et, étonnante alchimie, par mauvaise conscience ou par goût véritable, je ne sais, il fut conquis. Au point que le kitsch yiddish et l'esthétique du *Violon sur le toit* font désormais partie du paysage culturel allemand. Les fans de musique Klezmer sont les plus nombreux : à Berlin, mais aussi dans tout le pays – en visite à Weimar à l'été 2006, je fus étonné de constater que la ville organisait un festival Klezmer –, des groupes font des tournées triomphales depuis des années.

◆

L'intérêt pour la culture juive de la population, notamment chez les jeunes, était stimulé par la visibilité nouvelle des juifs d'Allemagne. Pendant plus de trente ans, ils avaient léché leurs plaies en silence. Ils s'étaient tenus cois et avaient fait profil bas, par pudeur et par discrétion, par crainte aussi de réveiller l'antisémitisme. Les nouvelles générations, en particulier les enfants des rescapés de la Shoah, originaires d'Europe orientale, ne l'entendaient plus ainsi et revendiquaient désormais leur identité. Davantage intégrés et socialisés que leurs parents, qui avaient toujours vécu en marge de la société, ces citoyens ouest-allemands s'estimaient en droit d'afficher leurs opinions et leurs divergences politiques, tant à l'encontre de l'État que des institutions juives officielles. Ils étaient en profond désaccord avec le Zentralrat, le consistoire, dont ils rejetaient le conservatisme et qu'ils jugeaient incapable de représenter dignement les juifs d'Allemagne et de veiller à leurs préoccupations essentielles. Depuis l'établissement du partenariat privilégié avec l'État ouest-allemand et les accords de restitution et d'indemnisation conclus dans les années 1950, les relations du Zentralrat avec les gouvernements, quelles que fussent leurs couleurs, suivaient un cours paisible. Indéfectible soutien d'Israël et défenseur des traditions, le Zentralrat était généreusement financé par l'État qui, en échange, pouvait compter sur son soutien docile. Aux yeux de ses jeunes contempteurs, l'organisme s'était trop aisément satisfait du philosémitisme officiel et de la version cosmétique du passé que diffusaient l'État et les milieux conservateurs ; il l'avait laissé réprimer et refouler l'antisémitisme et s'était insuffisamment battu pour faire comparaître en justice les anciens criminels nazis : il s'interdisait en somme toute critique de sa politique et de ses ambiguïtés.

Werner Nachmann, le président de l'organisme depuis 1969, était le principal objet de leur courroux : entrepreneur prospère à Karlsruhe et membre de la CDU, Nachmann était accusé de mener une politique d'apaisement et de prestige, personnelle et solitaire, néfaste aux intérêts de la communauté. Sous sa conduite, le Zentralrat s'était arrogé une autorité « pontificale » moralisatrice et moralisante ; il s'apitoyait sur les malheurs du monde et s'exprimait sur les grandes questions internationales du moment, du terrorisme au désarmement, au lieu de conforter le bien-être des juifs d'Allemagne, de défendre leur mémoire et de faire preuve de vigilance à l'encontre des néo-nazis, ses fonctions premières[12]. Nachmann s'était même érigé en défenseur de l'Allemagne, notamment dans les forums des institutions juives internationales. En 1978, sa défense de Hans Filbinger, le ministre-président du Bade-Wurtemberg, suscita au mieux l'incompréhension de ses amis mais plus généralement un sentiment de trahison chez de très nombreux juifs. Cette année-là, il avait été découvert que Filbinger, un ancien juge de la marine nazie, avait condamné à mort dans l'immédiat après-guerre un soldat pour ses sentiments anti-hitlériens. Contraint à la démission, il n'avait manifesté ni remords ni regrets et s'en tenait à une ligne de défense qu'usa des années plus tard Maurice Papon : « Ce qui était légal hier ne pouvait être illégal aujourd'hui », disait-il en substance.

Henryk Broder, dont les parents avaient été déportés, était fou de rage. Comment Nachmann pouvait-il soutenir un tel personnage ? Pis, dans la mesure où Nachmann était président du Zentralrat, sa réaction laissait accroire aux médias et à l'opinion que tous les juifs d'Allemagne accordaient un blanc-seing à Filbinger. Il décida d'allumer un contre-feu en réunissant une trentaine de contributeurs qui exprimeraient dans un livre la véritable opinion des juifs sur cette affaire ténébreuse. *Étranger dans son pays* (*Fremd im eigenen Land*), publié en 1979, fut, je crois, l'un des premiers, sinon le premier ouvrage où les juifs, bien au-delà de l'affaire Filbinger, évoquaient sans fard leur condition en RFA et la complexité de leur identité. Broder ouvrait le bal et réglait ses comptes avec le Zentralrat, désigné comme un « opéra de nain en cinémascope », et ses représentants, accusés d'être des marionnettes manipulées par le pouvoir et des ambitieux narcissiques obnubilés par leur petite carrière et les querelles de personnes. Ils étaient qualifiés de « juifs professionnels » et de « juifs

alibis » des autorités publiques : au lieu de représenter
dignement les juifs d'Allemagne, ils étaient les juifs des
Allemands. Broder comme d'autres leur contestait désormais publiquement le droit de s'exprimer en leur nom.
Cilly Kugelmann, Micha Brumlik et quelques intellectuels
de gauche fondèrent à Francfort le Groupe juif (Jüddische
Gruppe), un forum alternatif où ils discutèrent tant des
relations entre juifs et Allemands que de l'antisémitisme,
de la nouvelle gauche ou du militarisme israélien. À partir
de 1986, ils publièrent leur propre revue, *Babylon*. À côté
du Zentralrat, il existait désormais des sensibilités différentes, notamment chez les survivants de l'Holocauste et
parmi leurs enfants, moins enclins que le judaïsme officiel
à accorder leur pardon et leur mansuétude à l'Allemagne et
à son peuple, plus réticents à faire la paix et à se réconcilier
avec leurs anciens bourreaux. Près de trente-cinq ans
s'étaient écoulés depuis la guerre, mais le traumatisme
psychique n'avait pas disparu. Il avait été refoulé et transmis à la seconde génération qui profitait de la vague *Holocaust* pour affirmer son tempérament et son identité, à
présent que ses propres fêlures étaient connues et recon-
nues par l'immense majorité des Allemands. Ces jeunes
juifs n'étaient ni des martyrs ni de bons samaritains,
comme s'évertuaient à les présenter le trop politiquement
correct Zentralrat.

Dans une nouvelle de *L'Aleph*, Jorge Luis Borges
raconte qu'un matin, Emma Strunz trouve une lettre lui
apprenant la mort de son père. La triste Emma voudrait
se trouver déjà le lendemain ; elle désirerait faire abstraction du deuil qui la frappe. « Elle comprit tout de suite
que ce souhait était inutile car la mort de son père était la
seule chose qui se soit produite au monde et qui continuerait à se produire éternellement[13] », écrivait le conteur

argentin. Dans l'Allemagne des années 1980, les enfants de rescapés de la Shoah se trouvaient dans les mêmes dispositions psychologiques que l'héroïne de Borges : d'une certaine façon, quoi qu'ils entreprissent, l'Holocauste était la seule chose qui se soit produite au monde et qui continuerait à se produire éternellement. Gamins, leurs parents n'avaient rien voulu leur raconter ou ils s'étaient spontanément tenus à l'écart de leurs terribles récits ; adolescents, ils avaient été nombreux à mythifier le sionisme ; jeunes gens, certains avaient cru pouvoir échapper à leur lourde hérédité en militant au sein de la nouvelle gauche. Désormais adultes, ils réalisaient qu'ils avaient épuisé leurs subterfuges. Le constat était cruel : non seulement ils ne pouvaient se dérober à leur histoire, mais toutes leurs perceptions et leurs expériences en demeuraient conditionnées. Pour ces juifs non religieux, dont certains avaient été déçus par le sionisme, la Shoah était le caractère déterminant de leur identité, une identité ethnique, peu spirituelle. « Vous pouvez sauver un juif du camp de concentration, mais vous ne pouvez détacher le camp de concentration d'un juif », m'avait soutenu Broder. Cette situation n'était pas propre à l'Allemagne, elle était même courante dans les autres communautés de la diaspora. Certes, mais le fait de vivre en Allemagne, d'y avoir été éduqué et d'y être socialisé, décuplait leur malaise existentiel et accroissait leur hypersensibilité. Leurs relations à l'autre étaient biaisées à l'origine ; elles ne pouvaient être normales.

Henryk Broder relatait dans son livre une anecdote qui en disait long sur son état d'esprit de l'époque. Il se rendait à l'épicerie et désirait acheter un concombre. Ils n'étaient vendus que par lots de trois, pour le prix de 1,15 mark. Mais il n'en voulait qu'un. Il eut beau supplier

et quémander, lui proposer un prix avantageux, la caissière
ne céda point : trois ou rien ! De la rigidité absurde de la
commerçante à l'obéissance servile des SS dans les camps
de concentration, il n'y avait qu'un pas que Broder fran-
chissait allègrement. La mentalité des Allemands était restée la même : ils avaient gardé leurs réflexes de garde-
chiourme ; un ordre demeurait un ordre et il était toujours
impensable d'en discuter la cohérence et la logique. Le
formalisme germanique l'agaçait au plus haut point de
même que la loyauté et le respect aveugles qu'éprouvaient
ses concitoyens à l'encontre de l'État. Il en concluait que la
vieille Allemagne n'était pas morte. « Quand il n'y a pas de
place ni à gauche ni à droite. Ça goutte d'en haut, ça gicle
en bas. Eh bien, va ton chemin[14]. » Henryk Broder, qui
continuait parallèlement de ferrailler avec l'antisionisme de
ses anciens amis de la nouvelle gauche, s'installa en Israël
en 1981.

Lea Fleischmann y vivait depuis déjà un an. Avant de
partir, elle avait publié un livre qui avait créé quelques
remous à sa parution. Dans *Ce n'est pas mon pays – une
juive quitte la RFA* (*Das ist nicht mein Land – Eine Judin
verlässt die BRD*), elle réglait également ses comptes avec
son pays natal. Lea Fleischmann n'était pas une gauchiste
désappointée ni une habituée des soirées underground de
Cologne comme l'avait été Broder. Fille de deux survivants de la Shoah, née dans un camp de DP's près d'Ulm,
Lea Fleischmann était enseignante et jeune maman.
L'attitude de ses collègues la décida à émigrer. Non qu'ils
fussent mal disposés à son égard, bien au contraire. Mais
leur stricte adhésion aux règlements, même les plus aber-
rants, leur conformisme et leur intolérance la mirent très
mal à l'aise. Elle non plus ne put s'empêcher d'établir le
lien entre ces traits de caractère réputés germaniques et le

système concentrationnaire où ces qualités, que possédaient des milliers de petits bureaucrates besogneux et
disciplinés, firent « merveille ». Elle en venait presque à
assimiler le système éducatif allemand à « un camp
d'entraînement à la banalité du Mal », à une chaîne de
montage de « sujets », ces créatures qui assimilaient la
révolte au crime et célébraient l'ordre établi. Des pantins
qu'avait raillés Heinrich Mann dès 1914 dans *Le Sujet*, sa
satire prophétique de la part sombre et idolâtre de l'Allemagne wilhelminienne. Fleischmann et Broder furent
parmi les rares de leur génération à quitter la RFA à cette
époque. Mais ils n'en exprimaient pas moins l'embarras
de ces juifs désormais trentenaires, fils et filles de déportés, qui percevaient tant les Allemands que leur environnement social et professionnel au prisme déformant de la
Shoah.

◆

Une jolie femme, la quarantaine épanouie, au café
Select à Montparnasse. Gila Lustiger, fille d'Arno Lustiger, y a trouvé refuge au terme d'un long et sinueux
parcours. Le bac en poche, elle s'empressa de quitter son
Allemagne natale. Adolescente, elle avait très mal vécu
l'ultra-violence de l'automne allemand et les réactions
musclées de l'État, les lois d'exception et la mise sur
écoute de millions de citoyens. « L'Allemagne avait failli
basculer dans le fascisme[15] », assurait-elle. Bien qu'il le
dissimulât, elle avait perçu le trouble de son père. Beaucoup plus jeune que Broder et Fleischmann, elle atteignit
l'âge adulte dans une Allemagne qui faisait preuve désormais d'une prévenance et d'une considération constantes
à l'égard de ses concitoyens juifs. À l'écouter, elles

semblaient même outrancières et démesurées. Difficiles à vivre en tout cas. Le philosémitisme lui était pénible. Il faisait sentir au juif qu'il était spécial et il restreignait son autonomie : on attendait de lui un comportement de surhomme. « Il nie le libre arbitre de l'individu. C'est une autre forme de racisme. Selon un déterminisme ethnique, historique et culturel, le juif devrait agir d'une certaine manière. Or, nul n'est tenu d'intégrer et d'accepter l'image que "l'autre" a fixée pour vous », m'expliquait-elle. Pour jouir de sa liberté, Gila Lustiger partit en Israël faire des études de… littérature germanique. À l'université de Jérusalem, où elle suivit les enseignements de quelques grandes figures intellectuelles de l'exil, elle parvint finalement à se réconcilier avec la culture allemande.

Les Allemands ; les juifs. Mais les Allemands *et* les juifs ? *Quid* de leurs relations personnelles et de leurs liaisons amoureuses ? Robert Schindel, un poète et écrivain viennois, en a fait le miel de son roman *Le Mur de verre* (*Gebürtig*) où il décrit leur rare complexité, avec humour et maestria. L'histoire se déroule au milieu des années 1980 entre l'Autriche et l'Allemagne. Intrigues et personnages y sont multiples et s'enchevêtrent les uns les autres. Les personnages juifs se demandent toujours ce qu'ils font là, égarés entre la côte Baltique et les pâturages du Vorarlberg ; certains éprouvent un « plaisir fou à s'agrafer l'étoile jaune » et multiplient les provocations ; d'autres n'évoquent jamais le passé et revendiquent leur « normalité ». Leurs comparses non juifs, collègues, amis, amants et maîtresses, sont perplexes et désarçonnés. Qu'ils soient maladroits, indifférents, perclus de remords ou excessivement attentionnés, ils éprouvent les plus grandes difficultés à comprendre cet « autre », si proche mais si différent. Entre les deux groupes, les interactions sont souvent malsaines et névrotiques ; les amours toujours passionnées ; l'attraction sexuelle immense et exaltée encore par le parfum d'interdit, le tabou qui flottent autour d'eux. Les relations ne sont jamais normales mais empreintes de culpabilité. L'ombre de la Shoah n'est jamais très loin. Ainsi ce fragment de dialogue entre Katz le juif et Sachs[16], le fils de l'ancien gouverneur général de Pologne, hanté par sa terrible hérédité et qui n'ose l'avouer à quiconque, pas même à sa femme : « Croyez moi, Katz, pour moi ce n'est pas amusant d'être allemand. » Et Katz de lui répondre : « Ni pour moi d'être juif[17]. »

Après la vague *Holocaust*, enfants de victimes et enfants de bourreau durent partager le fardeau du passé. C'est manifeste dans les œuvres de Bernard Schlink, l'auteur à succès du remarquable *Liseur* et de quelques autres romans et nouvelles dont les protagonistes sont confrontés aux lourds antécédents de l'Allemagne. Schlink, qui est né en 1944, appartient à la même génération que Broder, Schindel et Fleischmann, mais lui décortique le malaise de l'autre versant, le versant allemand. Ses héros appartiennent à sa génération perdue, prise dans l'étau de l'amour – pour les pères, les oncles, les vieux professeurs – et de la culpabilité. Pour Schlink, dont la littérature est l'expression d'une honte vécue dans la chair mais enfouie et souvent refoulée, les fils ont implicitement endossé la faute des pères[18]. S'établit ainsi, dans les années 1980, entre juifs et Allemands de cette génération, une « symbiose négative », selon la formule de Dan Diner, un ancien gauchiste qui appartenait au cercle d'intellectuels juifs progressistes de Micha Brumlik et de Cilly Kugelmann à Francfort. La rupture de civilisation que fut Auschwitz, désormais érigée en mythe fondateur de la RFA et perçue comme le symbole de l'horreur que l'Allemagne de Hitler avait infligée au monde, façonnait leurs modes de pensée, leurs réactions et leurs rapports mutuels[19]. Elle les unissait tout comme elle fixait entre eux une frontière subjective – le mur de verre de Schindel –, très difficilement franchissable. Ils s'identifiaient respectivement à travers un complexe jeu de miroirs, mais, au contraire d'Alice, il leur était délicat sinon impossible de passer de l'autre côté.

Michael Wolffsohn refusait de se laisser piéger par ce qu'il considérait être une chausse-trappe identitaire. Grand, sec, les cheveux coupés en brosse et légèrement grisonnants, une poigne de fer qui manqua de me briser quelques phalanges, Michael était le fils de Thea Wolffsohn. Il m'avait donné rendez-vous à Munich à la Konditorei Kreutzkamm, un salon de thé très germanique où se pressaient de vieux messieurs élégants et des dames délicatement pomponnées pour déguster de copieuses pâtisseries et lire les journaux. Dans les années 1980, Michael Wolffsohn, alors jeune historien, avait aussi commencé sa carrière de polémiste. Il avait pris la plume pour défendre son identité juive et allemande, dont il était fier et qui ne suscitait chez lui aucun conflit. « Les enfants de survivants des camps avaient toujours été mal dans leur peau et désorientés. Leurs parents leur avaient transmis leur mauvaise conscience. Ils n'avaient jamais cessé de se poser des questions existentielles. Tel n'était pas mon cas[20] », affirmait-il. L'Allemagne était son pays et il s'y sentait bien. Il se considérait comme un patriote juif allemand et avait même poussé le « vice » jusqu'à enseigner à l'université de la Bundeswehr à Munich, deux aberrations selon Broder, avec qui Wolffsohn batailla pendant des années par voie de presse. « J'ai eu une enfance et une jeunesse très heureuses à Berlin dans les années 1950-1960 et j'ai pu constater l'évolution positive de la démocratie ouest-allemande. J'y étais très attaché. » Il y voyait le signe de la rédemption de son pays. Il refusait de voir l'histoire juive et sa propre identité circonscrites au seul drame de l'Holocauste. Raphael Seligmann, carrure et chevelure clairsemée à la Woody Allen, romancier et essayiste, contestait également cette fixation morbide sur la Shoah. « Elle définissait une identité négative, fondée sur une catastrophe dont les juifs n'étaient pas responsables et qu'ils avaient subie. La Shoah constituait un socle commun à tous ceux qui ne savaient rien de leur culture et qui ne croyaient pas en Dieu [21]. » Tous deux s'évertuaient à composer une identité positive, fondée sur l'étude des textes sacrés, l'histoire et la culture et en particulier sur le richissime passé judéo-allemand. Telle était aussi l'ambition du professeur Julius Schoeps, descendant direct de Moses Mendelssohn, arrogant et éminentissime spécialiste de l'histoire juive allemande, tant il a écrit sur le sujet. « Schoeps ? s'était exclamé Micha Brumlik. C'est un Prussien qui essaie de représenter le "juif allemand" éternel. Son père était monarchiste et lui fut élevé dans un internat avec les enfants d'Albert Speer et de Rudolf Hess. Il a toujours considéré que le judaïsme allemand était le meilleur et le plus brillant au monde. Et je crois qu'il avait honte du développement des communautés après guerre. » Issus de vieilles familles juives allemandes, Wolffsohn, Seligmann et Schoeps étaient parmi les derniers représentants d'une culture en voie de disparition. Ils essayaient d'en préserver l'héritage et d'en ressusciter l'esprit. Leurs parents ayant passé la guerre en exil, ils n'avaient pas le même rapport à la Shoah que les enfants de déportés ; ils en étaient plus détachés et se trouvaient à l'aise dans l'Allemagne des années 1980. Les clivages entre la minorité de juifs allemands et la majorité de juifs polonais apparus dans l'après-guerre, qui remontaient à la période d'avant le nazisme, se poursuivaient une génération plus tard. Ils s'exposaient désormais sur la place publique à travers des romans, des études historiques, des revues, et contribuaient à façonner une nouvelle culture juive allemande, une première depuis l'avènement du nazisme, cinquante ans plus tôt.

Les « Indiens d'Allemagne », comme Seligmann désignait non sans humour les juifs – « plus présents comme mythe qu'en réalité » – relevaient la tête. Ils ne se contentaient pas de s'exprimer et d'extérioriser qui leur malaise, qui, plus rarement, leur loyauté à l'Allemagne démocratique. Ils n'hésitaient plus à protester, à donner de la voix et même à agir quand le respect de leur mémoire et leurs intérêts seraient en jeu. Le début de la décennie fut marqué par la crise de la seconde démocratie allemande. L'économie encaissa rudement le second choc pétrolier ; le chômage enregistra une forte hausse ; les travailleurs étrangers et les demandeurs d'asile furent les cibles d'actes de violence récurrents. L'opposition de droite attisait les peurs de la population et une partie importante de la gauche n'en finissait plus de s'angoisser à l'idée d'un « Holocauste nucléaire » – le terme était désormais associé à toute sorte de catastrophe – et s'opposait tant aux grands projets nucléaires civils qu'à la modernisation des armements stationnés en RFA par les forces de l'OTAN. Le scandale des financements occultes de tous les partis politiques suscita la défiance de nombre de citoyens qui estimaient la « république vendue », le titre d'un ouvrage à succès de l'époque. L'identité nationale demeurait imprécise. Sur quelles traditions et sur quels sentiments patriotiques devait-elle s'établir ? Quelle attitude adopter vis-à-vis de la RDA dont les gouvernements de Bonn s'étaient rapprochés depuis les débuts de l'Ostpolitik de Brandt, mais qui était de plus en plus étrangère à une grande partie de la population ? Le fardeau des horreurs de la Shoah avait poussé certains Allemands de l'Ouest à développer un patriotisme négatif. Des libéraux voulaient s'en remettre à un « patriotisme constitutionnel » fondé sur les principes de l'État de droit de la Loi fondamentale et sur l'héritage historique de la révolution avortée de 1848. Les néo-conservateurs ne voulaient pas de cette abstraction sans vie ni relief. Ils désiraient s'adjoindre des motifs d'identification plus charnels et redonner une identité positive aux Allemands. Dans ces milieux, Konrad Adenauer, le père de la nation, était plébiscité. Le nouveau chancelier Helmut Kohl était un fervent admirateur de son lointain prédécesseur. Patriote, pragmatique, partisan d'un ancrage réaffirmé à l'Occident comme l'avait été en son temps Adenauer, Kohl comptait s'inspirer de la stratégie de réconciliation qu'il avait mise en œuvre avec succès dans l'après-guerre. Les temps avaient changé, mais l'idée demeurait d'actualité. Adenauer avait su se concilier les bonnes grâces de l'immense majorité des Allemands en leur épargnant les vérités les plus dérangeantes sur leur passé et en évoquant davantage leurs souffrances que celles de leurs victimes, en particulier celles des juifs. Kohl, qui s'était vanté un jour d'avoir la « grâce d'être né trop tard » – il avait quinze ans à la fin de la guerre – voulait désormais les réconcilier avec leur passé. C'est du moins l'interprétation que je faisais de sa fâcheuse visite au cimetière militaire de Bitburg.

Le 5 mai 1985, dans le cadre des commémorations du quarantième anniversaire de l'armistice, il s'y rendit en compagnie du président Reagan. Deux généraux à la retraite se serrèrent la main. La symbolique était forte, vainqueurs et vaincus, Reagan et Kohl, ensemble, devant un champ de stèles. Sauf qu'à Bitburg reposaient également des dépouilles de Waffen SS. De nombreuses associations de vétérans américains, des sénateurs, des organisations juives et surtout le Zentralrat, sorti de sa torpeur, avaient vainement tenté de persuader les deux dirigeants d'annuler les cérémonies de Bitburg. Ils consentirent seulement à visiter le camp de Bergen-Belsen avant de procéder aux solennités très ambiguës du cimetière militaire. Chez les juifs comme chez de nombreux observateurs, le malaise était fort : au nom de la réconciliation, la journée du 5 mai laissait accroire que la guerre n'avait fait que des victimes ; que les frontières les séparant des coupables étaient très floues désormais. Face à cette manipulation de l'histoire, les juifs allemands ne se contentèrent pas de protester : événement inimaginable seulement quelques années plus tôt, ils manifestèrent leur courroux et leur incompréhension devant Bergen-Belsen au moment où Kohl et Reagan s'y trouvaient.

Quelques mois plus tard, ils récidivèrent à Francfort où devait être présentée la première de *L'Ordure, la ville et la mort* de Rainer Fassbinder. Sa pièce charriait toutes les ambivalences et les équivoques de la nouvelle gauche à l'encontre des juifs : Fassbinder souhaitait dénoncer l'antisémitisme rampant de la société allemande, mais il ne parvenait *in fine* à aligner qu'une série de stéréotypes dignes de la propagande de Goebbels et des caricatures du *Stürmer* de Julius Streicher ! « Le juif riche » – le personnage de Fassbinder n'a pas de nom[22], il n'est même pas « un juif riche » –, « *le juif riche* », vil spéculateur, réalise grâce à l'appui de la municipalité de gros profits en mettant en œuvre des programmes immobiliers qui défigurent la ville et rendent infernale la vie de ses habitants. Solitaire, antipathique, méprisant et odieux, « le juif riche » s'éprend d'une prostituée qu'il couvre de cadeaux afin qu'elle l'écoute. Elle refuse et lui demande de l'étrangler. Il l'assassine. Fassbinder aurait voulu démontrer que les édiles locaux et le système capitaliste exploitaient en coulisse le juif. Le public retenait cependant avant tout sa description du juif, maître d'œuvre de la déshumanisation de la ville et bâtissant son empire financier sur le dos des petites gens[23].

Le soir de la première, le 31 octobre 1985, alors que la polémique faisait rage depuis plusieurs années déjà – la pièce avait été écrite en 1976 –, des juifs de Francfort, parmi lesquels Micha Brumlik et Arno Lustiger, se réunirent devant l'opéra pour manifester contre la représentation. « J'ai rencontré un journaliste et il me fit entrer dans la salle. D'autres juifs s'y étaient déjà engouffrés, m'avait raconté Brumlik. L'atmosphère était très tendue. Puis, je suis monté sur scène avec une trentaine de personnes pour empêcher le spectacle de commencer. Nous avons aussi agi pour dénoncer les subventions publiques à des pièces antisémites. » Ce soir-là, elle ne fut pas jouée. Le théâtre se transforma en agora où l'on débattit de l'Holocauste et de l'antisémitisme. Dommage que Fassbinder fût mort à 37 ans, trois ans auparavant : j'aurais été très curieux d'entendre sa défense. Finalement, après plusieurs mois de controverses, la pièce fut retirée du répertoire. En août 1987, la communauté francfortoise se mobilisa une nouvelle fois. Au cours de la construction d'un immeuble administratif, des vestiges du vieux ghetto avaient été découverts. Quand la ville avait été reconstruite après guerre, une partie avait été enterrée sous l'une des nouvelles artères de la cité. Cette fois, les juifs réagirent : ils occupèrent le site et la municipalité accepta finalement d'incorporer au nouveau bâtiment les ruines, en les mettant sous verre, comme dans un musée.

Les années 1980 furent décisives pour le destin des juifs d'Allemagne de l'Ouest. Portés par la vague *Holocaust* qui institua le génocide des juifs en mythe fondateur de la seconde démocratie allemande, les juifs bénéficièrent d'une exposition et d'un intérêt inédits depuis la création du pays. Davantage présents dans les médias, sollicités par le public, auteurs de romans et de quelques essais remarqués, ils affirmèrent leur(s) identité(s) contrastée(s) au moment où la RFA débattait concurremment de son identité et de sa culture nationales. La question juive, l'antisémitisme et la Shoah avaient pris une telle ampleur que de nombreux Allemands de l'Ouest, pas toujours bienveillants par ailleurs, étaient persuadés que les juifs étaient des centaines de milliers sinon plus en RFA. Illusion trompeuse. La communauté demeurait « minuscule » : au milieu de la décennie, elle recensait 28 300 membres, soit quelque 2 000 individus de plus seulement que vingt ans auparavant. La population juive d'Allemagne de l'Ouest n'excédait certainement pas 40 à 50 000 personnes en comptant tous les juifs non affiliés à une communauté. Elle s'était stabilisée mais ne parvenait pas à croître : elle fonctionnait comme un aéroport, avec un flux constant de départs et d'arrivées. Outre le retour des « rémigrés » dans les années 1950, elle avait successivement accueilli des juifs roumains, hongrois, polonais, tchécoslovaques et soviétiques. 1 300 coreligionnaires iraniens s'étaient établis principalement à Hambourg ; 9 à 10 000 Israéliens avaient aussi débarqué. Certains ne restaient que quelques années ; d'autres s'installaient, mais leurs enfants étaient souvent tentés d'émigrer à leur tour : psychologiquement, il demeurait difficile de vivre en Allemagne ; partir était toujours une option. Dans ces communautés très hétérogènes, dont les membres étaient très rarement religieux ou même seulement nantis d'une petite culture juive, les souvenirs de la Shoah et de la guerre – leur nouveau récit fondateur – et une solidarité très forte avec Israël, même quand ils n'étaient pas sionistes, constituaient le ciment intégrateur. Les « autochtones » étaient une infime minorité, de l'ordre de 10 %. La culture juive allemande avait quasiment disparu. L'âge moyen – 45-50 ans – des juifs d'Allemagne était plus élevé que la moyenne nationale. Les mariages mixtes atteignaient des niveaux records : près de deux unions sur trois. À la veille de la chute du mur de Berlin, l'existence de la petite communauté juive d'Allemagne était menacée à terme. Sauf miracle…

CHAPITRE XII

Au pied du Mur :
les juifs en Allemagne antifasciste

En omettant les panneaux publicitaires et les voitures occidentales, je me serais presque cru dans l'ancienne Allemagne de l'Est. Cette autre Allemagne, grise et triste, où les soldats défilaient au pas de l'oie et en uniformes « feldgrau », que j'avais découverte enfant, quand un ami militaire de mon père nous avait invités à Berlin et nous avait fait passer de l'autre côté du Mur, l'espace de quelques heures. De hautes tours d'habitation sans grâce, des bâtiments universitaires modernistes mais déjà fort décatis, beaucoup de béton, quelques espaces verts, un petit bassin devant la faculté de droit. Berlin-Est ? Dresde ? Leipzig ? Non, le quartier de l'Esplanade à Strasbourg où, par le plus grand des hasards, j'avais rendez-vous avec une ancienne Allemande de l'Est. L'écrivain et peintre Barbara Honigmann vit dans la capitale alsacienne depuis plus de vingt ans, depuis qu'elle a quitté sa RDA natale. La cinquantaine dynamique, volubile et affable, elle me convia dans un petit café où elle tenait beaucoup à réaliser notre entretien. Barbara Honigmann est issue d'une famille juive « typique » de l'ancienne Allemagne socialiste : ses parents furent des communistes engagés qui s'installèrent à Berlin-Est sitôt la guerre terminée afin de bâtir une nouvelle et meilleure Allemagne. « Quand Hitler accéda au pouvoir, mon père était le correspondant à Londres du *Vossische Zeitung*, le grand journal de la bourgeoisie éduquée libérale. Il y est resté et y a rencontré ma mère, d'origine hongroise mais née à Vienne, qui avait épousé en premières noces le fameux Kim Philby, l'agent double du SIS britannique qui travaillait pour les services soviétiques, et dont elle s'était rapidement séparée. Comme mon père était allemand, les Britanniques l'envoyèrent dans un camp au Canada en 1940. Il y devint communiste puis leur porte-parole au cours de sa détention. À son retour à Londres, il fut nommé directeur du bureau européen de Reuters. Il avait un excellent travail. Il n'avait pas besoin de rentrer pour des raisons professionnelles. Mais il avait été contacté par le parti et l'idée de construire une nouvelle Allemagne avec les Russes le séduisait. Il s'envola pour Berlin en 1946[1] », me raconta-t-elle. Sa mère, une révolutionnaire dans l'âme qui avait été embastillée pour avoir participé à l'insurrection des ouvriers viennois de 1934, le rejoignit un an plus tard. Les premières années furent ardentes et passionnantes, conformes à leur idéal. Les Soviétiques faisaient confiance aux juifs dont l'antifascisme ne prêtait pas à suspicion. Georg Honigmann fut l'un des fondateurs de l'agence de presse est-allemande ADN et fut nommé rédacteur en chef du *Berliner Zeitung*; son épouse dirigeait le service de presse de la DEFA, les grands studios de cinéma créés par l'occupant après guerre. Leur fille Barbara naquit en 1949. Pour la famille Honigmann, le vent tourna cependant au cours de l'hiver 1952-1953 : « Comme tous les juifs qui avaient émigré à l'Ouest pendant le nazisme, ils furent écartés. » Bien qu'encartés au parti communiste est-allemand (SED), ses parents perdirent leur emploi, notamment son père qui fut évincé de son journal et contraint de travailler à son compte. Les grandes purges « anti-cosmopolites » avaient commencé.

Sitôt sa fondation, la RDA se stalinisa. Le SED exclut les nombreux sociaux-démocrates qu'il comptait encore dans ses rangs ; la commission de contrôle du parti central, la terrible ZPKK, fut chargée de renforcer la conformité idéologique et de faire la chasse aux déviants avec le soutien de la nouvelle Stasi, son bras armé. L'État pouvait aussi compter sur le concours de la Cour suprême, à ses ordres, qui ne condamna pas moins de 75 000 individus pour crimes politiques au cours de la première année de son mandat. La guerre froide était à son apogée : la paranoïa aiguë et le règne du soupçon qui s'étaient emparés du Kremlin avaient gagné les nouveaux satellites d'Europe orientale de l'URSS. Tous les « camarades » entrés en contact avec l'Occident impérialiste et son chef de file américain étaient désormais suspects de collusion avec l'ennemi. Les éléments « cosmopolites » étaient parmi les plus louches. Ces hommes « d'argent et sans attaches », indifférents au destin de leur pays et aux souffrances du prolétariat, ces exploiteurs inhumains des travailleurs, incarnations du capitalisme rapace, selon un article de la revue culturelle *Einheit* à l'été 1949, étaient les nouveaux ennemis d'État[2]. L'Amérique était le centre nerveux de ce complot cosmopolite et les juifs désignés comme ses plus fidèles alliés, comme le sous-entendait la glose d'*Einheit* qui avait recours à tous les stéréotypes antisémites du juif. Quelques années seulement après la Shoah, les juifs d'Allemagne de l'Est, dont la plupart étaient pourtant des communistes convaincus, affrontaient de nouvelles et très sérieuses turbulences. L'impulsion venait certes de Moscou et de Staline en personne ; mais les dirigeants est-allemands allèrent au-delà des espérances du maître soviétique et firent preuve d'un zèle empressé pour poursuivre les « traîtres cosmopolites ». Dans leurs arguties marxistes-léninistes se mêlaient le vieux fond antisémite, la haine et la répugnance à l'encontre des sociétés libérales et ouvertes que partageaient l'extrême droite et l'extrême gauche allemandes. Pour Walter Ulbricht, le secrétaire général du comité central du SED, l'heure était au « national-communisme » : dans le contexte de guerre froide, pour combattre le fascisme renaissant en RFA et sauver les Allemands menacés de colonisation par l'Occident et de perdre leur indépendance, priorité devait être donnée à l'union nationale. L'essentiel n'était pas le douloureux passé nazi et encore moins le génocide des juifs mais l'allégeance au parti, dans un seul et unique but : détruire le capitalisme. En toile de fond, une lutte intense opposait les dirigeants du parti qui avaient fui à Moscou pendant le nazisme et ceux qui s'étaient réfugiés à Mexico. La faction « moscovite » en sortirait victorieuse.

Paul Merker, le chef du parti à Mexico, avait plaidé plus que tout autre dirigeant du SED pour la restitution des biens juifs aryanisés et l'intensification de la lutte contre l'antisémitisme. En 1950, avec cinq autres accusés qui étaient tous juifs, il avait été démis de toutes ses fonctions au parti et contraint à travailler comme serveur dans un restaurant au motif d'être un agent de l'impérialisme anglo-américain ; ses nombreux contacts avec des « cosmopolites » depuis l'épopée mexicaine étant une preuve supplémentaire de sa duplicité. Le 3 décembre 1952, il fut arrêté par les hommes de la Stasi. Ce même jour, à Prague, avait été pendu Rudolf Slansky, le numéro deux du PC tchécoslovaque. Quelques jours plus tôt, Slansky et ses treize coaccusés – onze, dont Slansky lui-même, étaient des juifs – avaient été condamnés comme agents impérialistes et sionistes. L'heure des grandes purges avait sonné et Merker faisait un Slansky est-allemand idéal, même s'il n'était pas juif. Leo Zuckermann, son comparse de Mexico, qui avait également milité pour la cause des juifs en exil et à Berlin à la fin des années 1940, se sentait menacé. Il avait été interrogé deux ans avant le procès Slansky sur les contacts entre les communistes allemands et les exilés juifs à Mexico. Il était désormais persuadé qu'il devait renier son engagement auprès de ses coreligionnaires s'il voulait survivre. Il proposa deux fois sa démission du parti et se livra à une autocritique douloureuse et pathétique à laquelle Merker résista toujours. L'antifasciste Zuckermann reconnut que l'impact profond de la destruction des juifs d'Europe lui avait fait commettre des erreurs : il avait malencontreusement soutenu la création de l'État d'Israël et les demandes de restitution aux survivants. Dans sa seconde lettre de démission, il s'excusait d'avoir rejoint après guerre la communauté juive, « une réaction sentimentale erronée » et inutile dans la mesure où la RDA avait résolu le problème de l'antisémitisme et trouvé la juste place de la communauté dans la nouvelle Allemagne. Malgré ses reniements, Zuckermann, qui se savait suspecté d'être un agent à la solde de l'étranger, était aux abois. La pendaison de Slansky et l'arrestation de Merker le paniquèrent. Il pressentait être la prochaine victime de la chasse aux sorcières cosmopolites : avec femme et enfants, il prit la fuite vers le Mexique après un court séjour en RFA.

Fin décembre 1952, au moment où Staline déclarait devant le comité central du PCUS que tout juif était un ennemi potentiel à la solde des États-Unis, Hermann Matern, le grand inquisiteur du ZPKK, tirait les leçons pour la RDA du procès contre la « conspiration Slansky ». Les organisations sionistes, dirigées en sous-main par l'impérialisme américain et les intérêts capitalistes juifs, menaient des activités criminelles en vue d'anéantir les démocraties populaires d'Europe de l'Est. Le poison du chauvinisme et du cosmopolitisme menaçait d'infecter les travailleurs. Un complot juif se tramait contre la nouvelle Allemagne socialiste. Paul Merker, le défenseur des « avantages monopolistes juifs », en était le cerveau : s'étant fait soudoyer par les Américains et les riches juifs émigrés qu'il avait côtoyés à Mexico, le traître Merker méprisait les résistants communistes et les victimes du nazisme de la classe ouvrière. Les attaques contre la « nature destructive du judaïsme » s'accéléraient désormais. Otto Winzer, un cacique du SED et futur ministre des Affaires étrangères de la RDA, laissait entendre que les juifs étaient en partie responsables de la montée du nazisme ; Hans Jendretsky, membre du Comité central, souhaitait l'exclusion des juifs de la vie publique et les considérait comme les ennemis de l'État[3].

Après les attaques par voie de presse, les persécutions contre les juifs de RDA entrèrent dans une phase active en janvier 1953. En dix jours seulement, leur sort bascula. Le 6 janvier, Julius Meyer, un communiste historique, membre de la Chambre du peuple et dirigeant de la Fédération des communautés juives de RDA, fut interrogé sur un voyage et ses contacts en Israël. Après deux jours de détention, il fila prévenir les responsables des autres communautés de RDA des dangers qui les guettaient et leur donna pour seule consigne de quitter le pays au plus vite. Le 13 janvier, quand l'agence Tass et la *Pravda* révélèrent la gigantesque conspiration des « médecins empoisonneurs » juifs contre l'Union soviétique – le fameux complot des blouses blanches –, Meyer et sa famille passèrent à l'Ouest. Craignant une nouvelle Nuit de cristal, les dirigeants des communautés de RDA firent de même. Les autorités est-allemandes leur avaient transmis des doléances inadmissibles qui décidèrent les plus hésitants à hâter leur départ. Elles avaient exigé qu'ils condamnassent le Joint, l'organisme qui distribuait l'aide alimentaire aux rescapés des camps, à cause de ses « activités d'espionnage au profit des Américains » – à Moscou, le Joint était même considéré comme une « organisation de terreur de la bourgeoisie juive internationale ». Les leaders juifs devaient dénoncer la justice criminelle américaine, les accords de restitution conclus quelques mois plus tôt entre la RFA et Israël – ils exploitaient le peuple allemand et la RDA s'y opposait –, le sionisme en tant que fascisme et Ben Gourion comme agent de l'impérialisme américain. Ils étaient également sommés de proclamer leur soutien au verdict du procès Slansky.

En quelques jours, cinq cent cinquante juifs quittèrent le pays ; la communauté de Berlin, qui était encore unifiée et dont les locaux étaient situés à l'est de la ville, ferma ses portes et déménagea à l'Ouest. En guise de représailles, le gouvernement ferma toutes les institutions juives, à l'exception des cimetières, et établit une nouvelle instance à Berlin-Est dont les représentants étaient presque tous de loyaux fonctionnaires du parti, auxquels s'ajoutaient quelques informateurs de la Stasi. Pour enrayer l'exode vers l'Ouest, les domiciles de la plupart des juifs furent perquisitionnés, leurs papiers d'identité confisqués et ils furent assignés à résidence ou à proximité au cours de l'hiver[4]. À l'instar des parents de Barbara Honigmann, tous les juifs de RDA furent affectés par les purges : ils perdirent leur travail et furent déclassés, même les communistes les plus orthodoxes, ceux qui soutenaient les positions antisionistes, anti-américaines et anti-restitutions du gouvernement. Le « pire » fut évité grâce à la mort inopinée de Staline le 5 mars 1953. Deux historiens russe et américain suggèrent que le « pire » aurait pu être une « Shoah à la soviétique ». Staline, en quête d'un ennemi intérieur pour remobiliser son bon peuple et lancer une nouvelle campagne de répression au sein de l'appareil dirigeant, aurait envisagé une déportation massive des juifs comme le laissaient entendre les travaux entrepris pour agrandir les camps de concentration du goulag au-delà du cercle polaire, que les deux chercheurs ont mis à jour[5]. Les autorités est-allemandes auraient-elles suivi leur éclaireur soviétique s'il avait mis son plan à exécution ? Il leur aurait été difficile de s'opposer à sa volonté toute-puissante, d'autant qu'elles firent preuve d'un antisémitisme zélé dans l'affaire Merker. Les procès-verbaux de ses interrogatoires sont formels. Bien après la mort de Staline – Merker fut gardé en « détention provisoire » jusqu'à son procès secret en mars 1955 –, ses inquisiteurs de la Stasi le traitèrent de « serviteur des juifs » et de « roi des juifs » ; ils l'accusèrent « d'avoir été acheté par les juifs » et de « vouloir leur vendre la RDA »[6]. Merker fut condamné à huit ans de détention. Le procureur général de RDA qui supervisa son procès était Ernst Melsheimer, un ancien juge nazi désormais au service de la lutte anti-cosmopolite de l'Allemagne socialiste.

◆

Merker fut libéré en janvier 1956, quelques semaines avant le vingtième congrès du PC soviétique où Khrouchtchev lança la déstalinisation. La même année, tous les juifs de RDA furent réhabilités et purent recouvrer leurs fonctions professionnelles et politiques. Les purges de l'hiver 1953 avaient toutefois marqué une césure très profonde :

elles définirent les lignes rouges que la minuscule minorité juive du pays ne devait en aucun cas franchir si elle voulait vivre en paix. En fait, l'épuration anti-cosmopolite façonna de manière décisive l'identité, le destin et la vie quotidienne des juifs de RDA, et ce, quasiment jusqu'à la chute du régime. Malgré l'histoire du pays et le passé de ses habitants, qu'ils partageaient en tous points avec leurs cousins de l'Ouest, ni les juifs ni leurs défenseurs ne pourraient dorénavant commémorer la mémoire de la Shoah et revendiquer de quelconques réparations pour les crimes commis au nom de l'Allemagne et par de nombreux Allemands de l'Est. La solidarité entre juifs et communistes scellée sous la bannière de l'antifascisme pendant et après la guerre était brisée, à l'instar de la grande alliance des Alliés et de la Russie soviétique avec les débuts de la guerre froide. À Moscou comme à Berlin-Est, les juifs étaient considérés comme les alliés de l'Occident ; or l'Occident était devenu l'ennemi juré, engagé dans une lutte à mort avec le bloc socialiste. Tous ceux qui avaient été émus par le génocide et étaient d'avis que la nouvelle Allemagne socialiste avait des obligations morales et financières vis-à-vis des juifs, avaient été traités comme des criminels et poursuivis comme tels par la police et la justice politiques.

La RDA avait désormais une mémoire officielle et une doctrine historique que nul ne pouvait contester, sous peine de graves sanctions. Elle s'inspirait de la doctrine Dimitrov du Kominterm, élaborée dans les années 1930, et selon laquelle les tractations des éléments chauvins, impérialistes et agressifs du capital financier allemand avaient porté au pouvoir les nazis. Grâce au régime hitlérien, ils avaient pu étouffer la révolution prolétarienne imminente et déclencher la guerre contre l'Union soviétique. Cette approche biaisée de l'histoire permettait au

SED de dédouaner de toute responsabilité les travailleurs allemands qui passaient pour des victimes du régime nazi. Lequel régime les avait abusés et avait persécuté leurs représentants politiques[7]. Or, si les dirigeants et les intellectuels communistes furent en effet tourmentés par les nazis, et certains le payèrent de leur vie, la classe ouvrière allemande avait, à quelques exceptions près, fait preuve de la même passivité que le reste de la population après 1933. Sans surprise, la propagande est-allemande n'évoquait jamais le pacte germano-soviétique de 1939 et demeurait silencieuse sur les responsabilités du KPD dans l'accession des nazis au pouvoir : en refusant de s'allier aux sociaux-démocrates – sans cesse vilipendés et traités de « sociaux-traîtres » –, il avait ouvert la voie de la chancellerie à Hitler. Dans sa réécriture de l'histoire, la RDA partageait finalement d'étonnantes similitudes avec la RFA : à l'Ouest, le régime survalorisait les putschistes conservateurs qui avaient attenté à la vie du Führer ; à l'Est, les autorités magnifiaient la résistance des communistes. Bonn et Berlin-Est possédaient chacune ses héros en qui leur population respective pouvait s'identifier ; les deux Allemagne pouvaient prétendre que leur population avait été « victime » des nazis : l'une ensorcelée par Hitler ; l'autre fourvoyée par le grand capital.

Quatre leçons fondamentales devaient être tirées de cette narration idéologique du passé. Les Allemands de l'Est, citoyens de la RDA antifasciste, étaient innocents ; les martyrs étaient les antifascistes ; l'antisémitisme fanatique ou opportuniste des nazis et l'Holocauste échappaient à la logique de cette dialectique marxiste de l'histoire et se trouvaient relégués aux marges de la mémoire du conflit ; les fascistes vivaient en Allemagne de l'Ouest, Bonn n'ayant pas rompu avec le capitalisme.

Telles furent les « lois d'airain » sur lesquelles s'établit l'identité est-allemande jusqu'à la disparition de la RDA. L'héroïsme des combattants antifascistes était célébré dans une conception hégélienne de l'histoire, une histoire en marche vers un avenir radieux et une société sans classes qui donnait toute sa légitimité à la RDA. Les nombreuses cérémonies commémoratives officielles étaient davantage tournées vers le présent et le futur afin de mobiliser la population que vers un passé encombrant et douloureux pour les Allemands de l'Est, furent-ils citoyens d'un État socialiste. Les juifs victimes, au même titre que les tsiganes et les homosexuels, n'avaient pas leur place dans cette vision optimiste de l'histoire ; leurs souffrances n'étaient pas exploitables à des fins politiques. Ainsi ne furent-ils pas même mentionnés sur les mémoriaux dressés solennellement et en grande pompe par les autorités aux camps de Buchenwald en 1958 puis de Sachsenhausen, trois ans plus tard.

Les communautés juives avaient été décapitées et considérablement affaiblies par les purges. Ces dernières avaient fait fuir leurs dirigeants et leurs membres les plus jeunes et les plus actifs. En 1956, elles ne comptaient plus que 1 900 membres contre 3 800 huit ans plus tôt. Désormais sceptiques et méfiants, de nombreux juifs quitteraient la RDA jusqu'à la construction du Mur, à l'instar des centaines de milliers de leurs concitoyens qui « voteraient avec leurs pieds » et gagneraient la RFA. En 1974, la communauté ne recensait plus que huit cents âmes dont 90 % avaient entre 55 et 90 ans ; seules dix-huit personnes étaient âgées de moins de 21 ans dans la congrégation de Berlin-Est qui abritait plus de la moitié des ressortissants juifs de RDA[8]. En voie d'extinction rapide, les communautés furent au fil des années l'objet de soins de plus en plus attentionnés de la part du régime. L'Allemagne anti-fasciste ne pouvait résolument devenir « Judenrein » : même Hitler avait échoué dans cette tâche. Pour améliorer son image internationale, la RFA avait financé le Zent-ralrat et favorisé le retour de ses citoyens juifs en leur accordant des réparations ; l'Allemagne de l'Est allait désormais protéger ses dernières « pièces de musée » et veiller à leur bien-être. Il ne fut plus question de leur restituer leurs biens ou de leur offrir de quelconques com-pensations financières. Les juifs perçurent toutefois des pensions supérieures à la moyenne – mais inférieures à celles des « combattants du fascisme » – et purent prendre leur retraite cinq ans plus tôt que leurs collègues. Leur furent aussi accordés quelques jours de vacances supplé-mentaires et la gratuité des transports publics. L'entretien de la petite vitrine juive du régime avait un prix, aussi modique fût-il. L'État finança par ailleurs la rénovation de certaines synagogues et de quelques cimetières ; les juifs pouvaient pratiquer librement leur culte. Leur auto-nomie n'allait pas plus loin. Le gouvernement nomma, jusqu'au milieu des années 1970, les administrateurs de la communauté et même son rabbin – un certain Martin Riesenburger fut surnommé le « rabbin rouge » tant il était docile aux diktats du parti. Des dirigeants de la commu-nauté, l'État attendait louanges, reconnaissance et félicita-tions pour les anniversaires de ses dignitaires et des grandes dates des luttes antifascistes. Tout signe de connivence et de soutien à Israël devait disparaître et, à défaut d'appuyer publiquement les diatribes antisionistes des autorités – bien qu'ils fussent régulièrement « incités » à le faire –, les dirigeants communautaires devaient au moins garder un silence consentant. La vie juive était moribonde et d'une pauvreté extrême : à l'exception des offices et des enterrements, les cours d'hébreu et de yiddish, d'histoire et de culture juives étaient interdits, comme les livres, les journaux et les périodiques venus de l'Ouest. L'État maintenait artificiellement en vie les huit communautés du pays mais en contrôlait le fonctionnement et les hommes.

La majorité des juifs de RDA n'appartenaient pas toutefois à ces communautés minuscules – certaines ne comptaient qu'une dizaine de fidèles dans les années 1970. « Nous n'avions aucun contact avec elles. Leurs membres avaient une autre histoire que la nôtre. Ils étaient fermés et très petits-bourgeois ; leur éducation était faible. Ils habitaient en RDA par accident, parce qu'ils n'avaient pas d'autres options, comme la majorité des juifs de RFA[9] », m'expliquait Irene Runge. Petite, vive, le regard malicieux, Irene Runge avait au contraire vécu en Allemagne socialiste par conviction. Ses parents étaient des intellectuels marxistes qui avaient fui l'Allemagne dès la prise de pouvoir de Hitler et s'étaient réfugiés d'abord à Paris puis à New York, où Irene était née en 1942. Ils s'étaient installés dans la zone d'occupation soviétique après guerre. « Dans mon enfance, le judaïsme n'était jamais abordé. Mes parents étaient internationalistes et romantiques. Ils avaient foi en la nouvelle Allemagne et étaient persuadés que les choses allaient changer. Ils n'étaient pas là par hasard. » La méfiance était la règle entre les juifs traditionalistes des communautés, souvent originaires de Pologne et survivants de l'Holocauste, et leurs coreligionnaires socialistes et idéalistes, allemands et laïcs sinon athées, qui avaient passé les années brunes à l'étranger. Ce deuxième groupe était très représentatif d'un courant très important du judaïsme allemand d'avant 1933 et quasiment disparu en RFA après guerre : la « Bildungsbürgentum » ou bourgeoisie éclairée, un milieu d'intellectuels et d'artistes très cultivés, progressistes et très assimilés qui avaient par ailleurs souvent manifesté un certain dédain pour les Ost-juden religieux et archaïques à leurs yeux. Passé l'orage des grandes purges, leur vie en RDA ne fut pas désagréable. Ils appartenaient à l'élite culturelle du pays et menaient une vie somme toute privilégiée. « Le régime était reconnais-sant de la fidélité et de l'engagement de mes parents et de leurs cercles d'amis. Pour eux, le parti et l'idée du parti étaient supérieurs à toute chose. Le critiquer, c'était faire le jeu des fascistes. Je crois qu'ils appartenaient au groupe le plus idéaliste du pays, un groupe assez marginal du reste mais fort utile au gouvernement », analysait Irene Runge. Sa jeunesse, elle l'avait passée dans les villas de Pankow, un quartier tranquille au nord-est de Berlin, avec d'autres émigrés prestigieux, tel le grand écrivain Arnold Zweig, président de l'Académie allemande des arts. « Mes parents et leurs camarades formaient une communauté très sou-dée et assez isolée ; ils vivaient comme ils l'avaient fait en exil à Paris, Mexico, Londres ou New York. » Les souve-nirs d'enfance de Barbara Honigmann ne différaient guère de ceux d'Irene Runge. « Mon père avait un chauffeur et nous avions une bonne à la maison. L'été et les week-ends, nous allions dans notre datcha de Bad-Saarow, une station thermale très prisée des milieux du cinéma d'avant guerre et désormais le lieu de villégiature préféré des artistes adoubés par le régime. Nous y retrouvions Bertolt Brecht, les écrivains Anna Seghers et Stefan Heym. En fait, tous menaient une vie des plus bourgeoises, mais leurs convictions communistes étaient profondes », racon-tait-elle. À l'inverse des juifs affiliés à la communauté, dont les autorités se méfiaient, les juifs comme les Runge et les Honigmann, antifascistes loyaux et laïcs, méfiants sinon hostiles à la RFA, avaient toute leur confiance. Ils

étaient protégés et pouvaient même se permettre certaines
fantaisies impensables et interdites au commun des Allemands de l'Est. « Ma mère avait gardé d'excellentes relations avec l'Angleterre depuis la guerre. Elle recevait très
régulièrement des amis britanniques et des colis de leur
part. D'une certaine façon, elle vivait toujours un peu
là-bas. Jusqu'à la construction du Mur, en 1961,
nous allions aussi régulièrement à Vienne », se souvenait
Barbara Honigmann.

Leur vie était certes plaisante. Mais n'étaient-ils pas
troublés à l'idée de vivre en Allemagne, aussi socialiste
fût-elle ? Quelle place avait la Shoah dans leur identité ?
« Minime, me dit-elle. Mes parents, comme tous les émi-
grants juifs de retour au pays, avaient quitté l'Allemagne
très tôt. L'Holocauste n'appartenait pas à leurs histoires
personnelles. Ils en parlaient très rarement : ma mère
n'évoquait jamais les membres de sa famille restés en
Autriche pendant la guerre. Mon père, qui avait une
grande culture allemande, était chez lui. Je crois qu'il
pensait représenter la vraie Allemagne. Ses compatriotes
qui avaient suivi Hitler étaient des pauvres types à ses
yeux. Vivre là-bas n'était source d'aucune angoisse pour
lui. Et pour moi non plus, dois-je dire. Je m'y sentais à
l'aise. » Irene Runge avait eu davantage de difficultés.
Après une enfance choyée et très protégée au sein de la
petite communauté des « rémigrés » juifs, elle avait quelquefois ressenti un certain malaise avec ses camarades de
classe. « Il m'arrivait de les observer et soudainement je
me demandais ce qu'avaient fait leurs parents », m'avait-
elle confié. Mais ses doutes étaient généralement balayés
quand elle songeait qu'elle vivait dans l'Allemagne antifasciste. « J'étais persuadé que les bons Allemands vivaient
ici et les mauvais à l'Ouest. »

La propagande du régime était d'une redoutable efficacité, relayée, il est vrai, par la réalité de l'Allemagne de l'Ouest : un grand nombre d'anciens nazis occupaient d'éminentes fonctions en RFA. À la fin des années 1950, la RDA était sur la défensive. Après avoir été saignée par le grand frère soviétique qui s'était octroyé après guerre des pans entiers de son industrie en guise de réparations, son économie peinait à se redresser. Le régime était isolé, reconnu des seuls États frères du pacte de Varsovie. À l'opposé, tout semblait sourire à sa jumelle capitaliste : reconstruction prodigieuse, miracle économique, intégration européenne, stabilité politique, reconnaissance internationale… Pis, chaque année, 150 000 à 200 000 Allemands de l'Est traversaient l'Elbe pour s'installer à l'Ouest et goûter aux fruits de sa prospérité. De grands intellectuels, souvent juifs ou d'origine juive, pourtant socialistes convaincus et très motivés à l'idée de construire une meilleure Allemagne à leur retour dans l'immédiat après-guerre, avaient aussi déserté. L'écrivain Alfred Kantorowicz avait plié bagage en 1957 après l'intervention des chars soviétiques à Budapest et l'interdiction de sa revue *Ost und West*. Le philosophe Ernst Bloch, condamné pour son « révisionnisme », quitta la RDA en 1961 au moment de la construction du Mur. Son ami Hans Mayer, spécialiste de littérature comparée, s'établit aussi en RFA deux ans plus tard.

L'image de bonne Allemagne que les autorités de RDA s'évertuaient à véhiculer pâtissait de cet exode massif et du départ de certains de ses penseurs les plus prestigieux. Elles accentuèrent derechef leur campagne de propagande afin de discréditer « la RFA revancharde » que dirigeaient les « nazis de Bonn ». Le grand ordonnateur de cette offensive médiatique fut Albert Norden, un fils de rabbin. Directeur du « Comité de l'unité allemande » et responsable de

l'« agitation », Norden commença par diffuser en 1957
une liste de cent dix-huit juges et procureurs nazis encore
en fonction en RFA. Il récidiva deux ans plus tard avec un
nouvel inventaire de neuf cents juges. En 1965, Norden
fit publier le « livre brun » où figuraient près de deux mille
anciens nazis embusqués aux plus hauts échelons de l'establishment ouest-allemand. Entre-temps, il avait réussi ses
deux plus belles opérations : deux « vrais-faux » procès soigneusement mis en scène contre deux personnalités émi-
nentes et parmi les plus controversées du gouvernement
Adenauer. Theodor Oberländer, son ministre des Réfugiés de l'Est, qui avait des décennies auparavant participé
au putsch manqué de Hitler, ancien gradé des SA et
commandant d'une unité ukrainienne qui concourut à
l'offensive de la Wehrmacht contre l'Union soviétique,
dut démissionner de ses fonctions. La Cour suprême est-
allemande l'avait reconnu coupable de crimes de guerre,
notamment pour sa participation à un pogrom contre
les juifs de Lvov. Oberländer était certes un personnage
peu fréquentable mais les documents présentés à son
procès avaient été falsifiés. Pour Norden, condamner
Oberländer, c'était surtout désavouer Adenauer, le responsable de la « restauration fasciste » en RFA, qui devait
connaître les états de service de son ministre. Le chancelier
ouest-allemand était visé plus directement encore par le
second procès à sensation que Norden organisa contre
Hans Globke, son éminence grise. Globke, ancien co-
rapporteur des questions juives au ministère de l'Intérieur
du Reich, était – à juste titre, pour une fois – la bête noire
des autorités est-allemandes. Norden s'était inspiré du
procès public d'Eichmann pour faire instruire son procès.
Il présenta Globke comme le « Eichmann de Bonn » et
l'accusa d'avoir été le bras droit de Himmler et d'avoir

coopéré de son fait avec Eichmann. Malgré le passé compromettant de Globke, ces accusations étaient tout aussi fantaisistes. Elles réussirent toutefois à discréditer la RFA et à rehausser par ricochet le prestige de la RDA. Les menées de Norden ne pouvaient pas être considérées uniquement comme de la propagande communiste : elles avaient touché le point le plus sensible de la république de Bonn et eurent un impact décisif sur la nouvelle gauche ouest-allemande. Comme tant d'autres idées venues de RDA, par ailleurs.

Albert Norden appartenait à la troisième catégorie de juifs que comptait la RDA, celle qui était la plus appréciée des autorités. Serviteurs loyaux et dévoués du régime, ces apparatchiks avaient totalement abandonné leur identité juive pour se consacrer corps et âme à l'édification du socialisme et, accessoirement, faire carrière dans les plus hautes sphères de la nomenklatura. Ces hommes se méfiaient du peuple allemand et des partis bourgeois ; ils soutenaient la « dictature éclairée » de l'État marxiste. Ils ne reculèrent devant aucune compromission pour se maintenir parmi l'élite du parti et furent parmi les contempteurs les plus enragés de l'Occident, quitte à travestir l'histoire et à la réécrire dans le sens de la « marche de l'histoire » comme l'espéraient leurs maîtres. Avant de devenir le propagandiste en chef du pays, Albert Norden se signala à l'époque des grandes purges par ses écrits « nationaux-communistes » d'une rare violence, afin de faire oublier ses racines juives et ses années d'exil à New York. Il joignit sa voix à celles qui condamnaient en chœur les cosmopolites. Dans son ouvrage *Pour la nation* (*Um die Nation*) publié en 1952, le fils de rabbin estimait que les cosmopolites étaient comparables aux impérialistes hitlériens et qu'ils complotaient contre les intérêts nationaux de l'Allemagne. Il avait

cru mettre à jour les affinités culturelles et intellectuelles
entre le nazisme et les États-Unis, et préférait s'étendre sur
la machination ourdie par la finance internationale pour
dominer le monde plutôt que de confronter ses compatriotes à leurs responsabilités passées ou évoquer ne serait-
ce que la catastrophe juive, totalement absente de ses
écrits[10]. Après la guerre des Six Jours, Norden donna pour
consigne aux médias de dénoncer l'agression militaire
israélienne et de la mesurer à l'aune de l'invasion de
l'URSS par Hitler. Il fut membre du Politburo du SED de
1958 à 1981.

Pour être juif et avoir passé la guerre au Mexique aux
côtés de Paul Merker, Alexander Abusch fut relevé de ses
fonctions au parti en 1950. Il mit tout en œuvre pour
obtenir sa réhabilitation au plus vite. Dans le *Freies Deutschland*, le quotidien du parti, il se désolidarisa publiquement
de son camarade et proclama ne pas s'intéresser au sort des
juifs. Il refusa tout contact avec Merker et dénonçait au
parti chacune de ses tentatives pour le joindre ou quand il
lui envoyait un courrier. Réhabilité dès 1951, Abusch
travailla pendant cinq ans comme informateur de la Stasi.
Il devint l'un des panégyristes les plus vibrants de Staline,
de l'Union soviétique et de la nouvelle Allemagne socialiste, proclamée « patrie de la renaissance de l'humanisme »
au moment où les purges battaient leur plein. Abusch fut
ministre de la Culture entre 1958 et 1961. Le maître
espion Markus Wolf fut aussi parmi les serviteurs les plus
zélés du régime. « L'homme sans visage », qui dirigea pendant plus de trente ans les services étrangers de la Stasi,
était le fils de Friedrich Wolf, un médecin et écrivain juif
de renom, exilé à Moscou pendant la guerre. Bien que très
peu nombreux, les juifs jouèrent un rôle important dans
l'édification de la RDA et dans les secteurs essentiels de la

société : dans une brochure de la fin des années 1960 où étaient présentées les notices biographiques de quatre-vingt-quinze grands antifascistes, Vincent von Wroblesky identifiait dix-sept personnes « d'origine juive » sans que cela fût mentionné pour aucune d'entre elles[11].

Vincent était philosophe de formation et avait été le meilleur spécialiste de Sartre dans la défunte RDA. Il m'avait reçu à déjeuner chez lui à Köpenick, une banlieue à l'extrême est de Berlin. En 1950, il était arrivé en RDA à l'âge de onze ans après avoir passé son enfance en France, où ses parents s'étaient réfugiés. Il n'avait aucune envie de découvrir l'Allemagne et avait trouvé les filles mal fagotées à son arrivée, mais sa mère, membre du PCF, en avait décidé autrement. Il m'avait conté une anecdote qui, à mon sens, en disait long sur la Weltan-schauung des « rémigrés » juifs à leur arrivée en zone soviétique : « À notre atterrissage à l'aéroport de Tempel-hof, j'avais vomi. Ma mère était persuadée que c'était le coca-cola qu'on nous avait offert à Francfort avant d'embarquer[12]. » Il avait écrit un livre sur l'« étrange amour » qui unissait les juifs à la RDA, étrange amour que j'avais les plus grandes difficultés à comprendre, lui avais-je dit. « Les juifs de la nomenklatura avaient totale-ment renié et refoulé leur judéité. Pas seulement pour faire avancer leur carrière. Ils étaient des marxistes ortho-doxes pour qui la pratique de la religion, fausse conscience issue des comportements humains aliénés, était incompa-tible avec leur vision du monde. Chez Marx, la transfor-mation du juif – et de la société bourgeoise – le sauvait en tant qu'individu, mais faisait disparaître le juif », m'avait-il expliqué. Étrange amour en effet et curieuse histoire : après la Shoah, des juifs allemands participèrent active-ment au détournement de la mémoire de leurs « frères » orchestré par le parti. Pour moi, ce détournement n'était que la variante socialiste du refoulement du passé de l'Allemagne. Passé que la RDA refusait d'assumer et dont elle s'estimait affranchie dès sa fondation, de par la nature antifasciste de son régime.

Libérée d'un coup de baguette idéologique du fardeau du nazisme, l'Allemagne de l'Est n'éprouva aucune mauvaise conscience à devenir le contempteur le plus radical d'Israël du bloc communiste. Elle estimait n'avoir aucune obligation morale et historique particulière à son égard. Dès les années 1950, elle n'eut de cesse d'invectiver et de dénoncer l'agresseur sioniste et de mener une politique d'hostilité active à l'encontre de l'État hébreu. Certes, la RDA ne pouvait se départir de la ligne très antisioniste adoptée par Moscou. Je savais aussi qu'elle s'était considérablement rapprochée des États arabes et de l'OLP à mesure que la RFA avait développé ses relations avec Israël. Berlin-Est voulait rompre son isolement international et cherchait la reconnaissance d'autres États que les seuls satellites de l'astre soviétique. Elle était aussi de plus en plus dépendante de son commerce avec les États arabes, notamment de l'Irak qui absorbait une part importante de ses exportations. Il n'empêche que la RDA se singularisa par la violence de ses diatribes contre Israël, notamment après 1967. Outre l'éternel refrain de l'impérialisme entonné depuis des années, la presse est-allemande fit circuler d'effarantes « rumeurs anti-cosmopolites » : le Printemps de Prague était le fruit d'une conspiration sioniste ; des scientifiques israéliens et ouest-allemands collaboraient à un programme de stérilisation des Arabes ; des milliers d'experts ouest-allemands en armement et en nucléaire travaillaient en Israël[13]... Ces accusations fantaisistes et les nombreuses caricatures pernicieuses qui les accompagnaient souvent ne faisaient guère avancer la cause palestinienne mais rappelaient, par leur ton et leur contenu, la propagande nazie. Alerté, Simon Wiesenthal diligenta une enquête et découvrit en effet que trente-neuf anciens nazis officiaient désormais dans la presse et les services de propagande à Berlin-Est[14]. En 1975, le représentant est-allemand à l'ONU vota sans remords aucun la résolution qui qualifiait le sionisme de racisme et la Stasi fournit une aide logistique précieuse au commando de Septembre noir lors du massacre des athlètes israéliens aux Jeux olympiques de Munich. En 1989, la RDA était le seul État du bloc socialiste à ne pas avoir noué de relations diplomatiques avec Israël.

◆

Les grandes parades en uniformes, les slogans emphatiques, la propagande antifasciste, les défilés militaires et les processions des jeunesses communistes en chemises bleues et foulards : Barbara Honigmann en fut très vite saturée. « À douze ans, j'ai commencé à me détacher. Tout ce cérémoniel était ridicule. J'observais que l'attitude de mes parents évoluait aussi. » La rupture fut consommée en 1968. « Le socialisme à visage humain du Printemps de Prague avait suscité de grands espoirs pour ma génération. Mais après l'intervention soviétique, c'était fini, nos illusions s'étaient envolées. Mes parents n'y croyaient plus non plus. Prague sonna le glas du communisme », m'avait-elle affirmé. Elle qui avait grandi au milieu d'artistes et d'auteurs chercha refuge au théâtre, un univers plus critique et plus détaché ; une bulle pour s'évader de la triste et oppressante réalité est-allemande.

Dans ses coulisses, elle eut une illumination. Une véritable révélation. « Dans ma jeunesse, j'avais une certaine identité ethnique et culturelle juive. Mais elle n'était pas du tout spirituelle ; mes parents ne célébraient aucune fête à la maison et je n'ai jamais eu d'éducation religieuse. Au début des années 1970, je dus me rendre à Moscou pour des recherches sur le grand metteur en scène russe Vsevolod Meyerhold, l'inspirateur de Brecht, assassiné par les sbires de Staline. Ce voyage fut un grand, grand tournant dans ma vie. Il fut ma découverte de l'Amérique. À Moscou je me suis définitivement "dé-RDA-isée" ! Dès cette époque, plus personne ne croyait au communisme en Union soviétique. » Elle y fréquenta pour la première fois des juifs religieux qui s'apprêtaient à partir en Israël. « J'ai véritablement pris conscience de mon identité juive à ce moment précis. Ce fut pour moi une renaissance », m'avait-elle assuré. En 1977, elle franchit un nouveau cap et s'inscrivit à la communauté de Berlin-Est. Elle y rencontra quelques personnes dans sa situation, aux balbutiements de leur quête spirituelle. « On a formé un petit groupe pour en savoir plus. On se retrouvait tous les mois, discrètement. Et j'ai eu une chance merveilleuse : dans ce groupuscule – nous n'étions même pas dix –, j'ai rencontré mon futur mari. Avec Peter – aujourd'hui directeur des Archives juives allemandes à Heidelberg –, on s'est mis à apprendre l'hébreu, à étudier de plus en plus. Nous avions créé une dynamique. J'étais enthousiaste et me sentais libérée : un nouvel univers s'ouvrait à nous ; c'était transcendant. » Elle m'avait montré une photo de leur mariage religieux célébré à la synagogue de Berlin-Est, en 1981, elle les cheveux couverts d'un foulard, lui arborant une barbe imposante. Le couple religieux qu'ils formaient n'avait désormais plus rien à faire en RDA : l'illustre Gershom Scholem, un proche de la tante de Peter, le leur avait dit en personne. Au cours d'un nouveau séjour moscovite, Barbara et son époux retrouvèrent dissidents et refuzniks[15] en partance pour la terre promise et partagèrent la ferveur mystique des loubavitchs. À leur retour en RDA, leur décision était prise : ils devaient trouver une terre d'asile bienveillante où ils pourraient étudier et mener à leur guise la vie juive pratiquante à laquelle ils aspiraient, sans avoir à se justifier, sans avoir la désagréable sensation d'être constamment épiés, sans craindre le regard ou l'incompréhension de l'autre. Barbara et Peter n'avaient pas l'âme sioniste ; ils s'installèrent en 1984 à Strasbourg ; au préalable, le régime leur avait retiré leur nationalité, comme tous ceux qui quittaient la RDA avec un « aller simple ».

À la même époque, Vincent von Wroblesky et Irene Runge avaient aussi découvert leurs racines juives, dans une perspective plus culturelle que religieuse toutefois. Vincent et Irene étaient des déçus du communisme. Ils y avaient pourtant cru, elle surtout. « Pendant des années, je n'avais jamais songé qu'il pût y avoir une alternative à la RDA. Je travaillais à la télévision dans un milieu idéaliste et socialiste convaincu. Politiquement, je revendiquais mon identité est-allemande. J'approuvais l'existence du Mur : les Allemands l'avaient mérité ; il était la conséquence de leur histoire. La RFA était truffée d'anciens nazis ; les États-Unis étaient empêtrés au Vietnam. J'étais solidaire des mouvements de libération du tiers-monde : l'Algérie, Lumumba, l'Afrique noire, Cuba… De nombreux étrangers séjournaient à Berlin-Est, c'était passionnant et très excitant », m'avait raconté Irene Runge, chez qui j'avais distingué une pointe de nostalgie pour les temps glorieux de l'internationale prolétarienne et libertaire, sexuellement du moins, dont elle me disait avoir profité. Dans les années 1970, elle avait collaboré aussi quelque temps avec la Stasi, comme agent informel – la RDA en compta 100 000 –, sous le nom de code IM Stefan. « J'étais très engagée et patriote. En quelque sorte, j'estimais que renseigner la Stasi faisait partie de mes obligations. » *Je ne suis pas un espion* (*Ich bin kein Spion*) : elle me cita le titre du livre d'entretiens qu'elle avait réalisé avec Markus Wolf pour m'expliquer sa démarche, même si elle reconnaissait qu'elle était difficile à accepter aujourd'hui.

Vincent ne fut pas un communiste exalté ; il n'avait jamais eu la fougue d'Irene. Il avait néanmoins rejoint le SED en 1970. « J'adhérais au principe du socialisme réel, mais j'étais aussi conscient des failles du régime. J'étais chercheur à l'institut philosophique de l'Académie des sciences depuis trois ans quand je suis entré au parti. Je sentais que ma carrière ne progresserait pas si je ne franchissais pas ce pas. C'était une décision très rationnelle : je ne voulais pas rester en marge », m'avait-il déclaré sans détour. Irene et Vincent ne partageaient pas l'antisionisme d'empreinte stalinienne du régime. Mais ils s'en accommodaient, comme ils s'accommodaient globalement de leur en existence en RDA, sans guère se soucier de leur identité juive et à l'écart des institutions communautaires.

Jusqu'au tournant des années 1980. La RDA traversait à présent une très mauvaise passe. La population adhérait de moins en moins au socialisme dont l'horizon ne cessait de reculer à mesure que les difficultés s'amoncelaient : l'économie fléchissait dangereusement ; le combat de Lech Walesa en Pologne avait marqué les esprits ; le mythe de l'antifascisme ne galvanisait plus personne. Il ne faisait plus illusion. Le régime décida de puiser dans la mythologie nationale et de redonner son rang aux grandes figures de l'histoire allemande pour accroître sa légitimité. Il réhabilita la Prusse et Bismarck – la statue de l'empereur Frédéric le Grand fut remise à son emplacement de l'avenue Unter den Linden, l'artère la plus prestigieuse de Berlin-Est – et célébra avec faste le cinq centième anniversaire de la naissance de Martin Luther, en 1983. Même les opposants conservateurs à Hitler faisaient désormais l'objet d'un jugement plein de compréhension[16]. Les interventions publiques d'Erich Honecker, le secrétaire général du parti, prenaient des accents de plus en plus nationaux. Le vernis socialiste commençait à craquer de toutes parts. Dans les limites très strictes du régime autoritaire est-allemand, ils étaient nombreux à développer une identité alternative, qui à découvrir leurs racines régionales, qui à se rapprocher des Églises, qui à affirmer leurs différences homosexuelles, écologistes, sorabes[17] ou punks. Les juifs suivirent le mouvement. « Notre génération avait trop misé sur le communisme. Sans renier nos engagements, nous voulions désormais renouer avec notre héritage culturel, trop longtemps négligé », m'avait expliqué Vincent. Point de « révélation » chez l'immense majorité d'entre eux, mais davantage un vide spirituel à combler, à mesure que la faillite de l'Allemagne socialiste devenait de plus en plus perceptible.

Meryl Streep et James Wood avaient aussi laissé leurs empreintes en RDA. Bien que les autorités aient refusé de diffuser la série *Holocaust*, la triste saga de la famille Weiss émut des millions d'Allemands de l'Est qui captaient les chaînes de leurs cousins occidentaux. Elle n'eut certes aucune portée officielle. Mais elle fut un choc pour nombre d'« Ossies ». Pour les juifs, en premier lieu. Ils réalisèrent que la mémoire de la Shoah était très marginale et que le quotidien des camps était fort méconnu en RDA. Non que le passé y fût occulté. Barbara Honigmann m'avait raconté que la lecture du *Journal d'Anne Frank* était obligatoire à l'école, du moins dans sa jeunesse. Quelques fictions comme *Jacob le menteur* de Jurek Becker, premier film de la DEFA à être sélectionné aux Oscars, ou *Nu parmi les loups*, tiré d'un livre de Bruno Hapitz, évoquaient le génocide des juifs. Mais ils y étaient cantonnés à des rôles ingrats de faibles et de victimes expiatoires auxquels il était impossible de s'identifier. À l'opposé des communistes et de l'Armée rouge, présentés comme les héros homériques de la lutte contre le fascisme et comme sauveurs de l'humanité. L'historiographie est-allemande n'avait jamais su, voulu ou pu produire d'ouvrage objectif sur la destruction des juifs d'Europe, l'antisémitisme germanique et l'histoire judéo-allemande. Quand ces thèmes étaient abordés, ils l'étaient toujours dans une perspective marxiste et pour glorifier la classe ouvrière. « Vers 1970 encore, les récits de la Seconde Guerre mondiale ne mentionnaient pas que les juifs avaient été les principales victimes des massacres systématiques perpétrés par les SS en Pologne[18]. »

Vincent, Irene et bien d'autres de leur génération revendiquaient désormais leur identité et partirent à la découverte de leurs racines. Ils se rapprochèrent d'abord des communautés. Les vieux juifs d'origine polonaise étaient soulagés de leur raconter leurs expériences de la guerre et du « yiddishland » de leur jeunesse, mais ils ne les accueillirent pas à bras ouverts. « Leurs sentiments étaient contradictoires. Ils avaient l'espoir d'un renouveau ; ils célébrèrent avec nous les fêtes et participèrent à notre initiation rituelle. Parallèlement, ils étaient sceptiques et craignaient de perdre leur pouvoir », se souvenait Vincent. Irene Runge ne se sentait guère à l'aise au sein de la communauté : « trop petite, trop repliée sur elle-même, trop conformiste et trop petite-bourgeoise », m'avait-elle lâché. Deux voyages aux États-Unis – née à New York, elle avait toujours conservé son passeport américain – la convainquirent de créer une nouvelle instance plus libérale et plus conviviale, dédiée davantage au dialogue et à la culture qu'au culte, sur le modèle des congrégations américaines. À partir de mai 1986, une petite centaine de personnes, issues de l'intelligentsia et non affiliées à la communauté pour la plupart, se retrouvèrent régulièrement pour parfaire sinon commencer leur éducation juive.

Irene Runge put compter sur la bénédiction du régime pour mener à bien son projet. Au milieu des années 1980, celui-ci avait radicalement changé son attitude à l'égard des juifs. Il les encourageait désormais à s'exprimer, les laissait voyager – quasiment tous découvrirent Israël à cette époque – et augmenta considérablement les subventions à la culture juive et aux communautés. Erich Honecker avait de grands desseins : il se figurait invité d'honneur de la Maison-Blanche et reconnu des grandes puissances occidentales ; il souhaitait rapprocher la RDA des pays développés pour réanimer son économie exsangue. Le pays devait rompre avec sa triste réputation et son image austère. Pour parvenir à ses fins, il comptait notamment jouer la carte juive. L'amélioration de leur sort serait interprétée favorablement, le signe que la RDA changeait. Il ne lui avait pas échappé qu'une décennie plus tôt, l'URSS s'était vu accorder la clause de la nation la plus favorisée par Washington quand elle avait commencé à laisser quelques

juifs émigrer librement. Si Brejnev avait réussi, pourquoi pas lui, Erich Honecker ? Sa vision n'était guère différente de celle qui prévalait à l'époque des grandes
purges : les « cosmopolites » étaient influents et disposaient
d'un vaste réseau de contacts internationaux. À une exception notable cependant. Ils ne menaçaient plus l'Allemagne socialiste ; au contraire, ils pouvaient lui être utile,
la sortir de son isolement et lui éviter la banqueroute qui la
guettait. Il en était persuadé. Encore fallait-il gagner le
cœur et la conscience des institutions juives internationales afin qu'elles lui servent d'intermédiaires auprès des
puissants de ce monde.

Honecker ne ménagea dès lors plus sa peine et engagea
des moyens pharamineux pour une communauté d'environ… quatre cents âmes. Un certain Mario Offenberg
arriva à Berlin-Est au milieu des années 1980 avec le fol
espoir de ressusciter la congrégation orthodoxe « Adass
Israël », dont les propriétés – synagogue, cimetière… –
étaient passées sous la coupe de l'État après 1945. La
Stasi était sur le point de construire immeubles et bureaux
sur une parcelle du cimetière, laissé à l'abandon et en
piteux état, quand Offenberg intervint. Il alla plaider sa
cause auprès de Honecker et lui annonça qu'il avait invité
à Berlin-Est des anciens d'Adass Israël, éparpillés aux
quatre coins du monde depuis sa fermeture par les nazis,
pour une réunion en juin 1986. Quelques années plus
tôt, Offenberg se serait certainement fait éconduire rudement et il n'aurait jamais eu accès au secrétaire général du
parti. Mais, téméraire et futé, il avait compris que le vent
avait tourné pour les juifs de RDA. Honecker fut tout
sourire et lui prêta une oreille attentive : il donna l'ordre
de restaurer le cimetière promptement et fit allouer des
ressources matérielles et humaines considérables pour que

les travaux fussent réalisés à temps[19]. Deux ans plus tard, Honecker accueillit Edgar Bronfman, le président du Congrès juif mondial, avec tous les honneurs. Sa réception fut digne d'un chef d'État. Honecker lui remit la « grande étoile de l'amitié des peuples » et son ministre des Affaires étrangères lui demanda d'interférer en faveur de la RDA afin qu'elle pût nouer au plus vite des relations commerciales avec les États-Unis. 1988 fut placée sous le signe de l'étoile de David. Toute la population fut mobilisée pour commémorer le cinquantième anniversaire de la Nuit de cristal. Le régime voulait montrer à la communauté internationale la nouvelle place des juifs en RDA. Nombre de synagogues et de cimetières furent restaurés pour l'occasion ; la rénovation de la grande synagogue de l'Oranienburger Strasse – à laquelle était alloué un budget de 85 millions de marks et qui durerait six ans – commençait enfin. Des plaques et des monuments dédiés à la mémoire de la Shoah furent élevés dans tout le pays ; un timbre fut émis pour l'occasion ; articles, publications et expositions relataient les événements tragiques de la nuit du 9 novembre 1938. Aux cérémonies officielles, auxquelles avaient été conviés de nombreux représentants d'organisations et de communautés juives étrangères, notamment américaines et israéliennes, Erich Honecker et Horst Sindermann, le président de la Chambre du peuple, furent éloquents : ils soulignèrent la contribution des juifs à la culture, l'économie, la technologie et la science germaniques. L'Allemagne socialiste reconnaissait finalement la mémoire et les souffrances des juifs. Un an jour pour jour avant la chute du Mur, ils étaient érigés en monument de l'antifascisme.

CHAPITRE XIII

La terre promise

Un colosse et un nabot. Parmi les nombreuses images de l'automne de la réunification allemande, celle-ci m'avait marqué. Je me souvenais d'un petit bonhomme à l'allure sévère et à l'éternel costume gris anthracite, à la monture de lunettes épaisse et au teint albâtre, serrant la main d'un Helmut Kohl plus rayonnant que jamais, rose de bonheur, sous les flashs des photographes accourus au Bundestag pour cet événement historique. Lothar de Maizière, dernier Premier ministre de RDA et son premier dirigeant élu démocratiquement dans la foulée de la chute du Mur, paraissait minuscule et maigrichon aux côtés de son homologue ouest-allemand, vainqueur de l'histoire, immense et radieux, souriant et trop bien portant. L'accolade de ces deux hommes, si physiquement dissemblables, me paraissait la métaphore facile de la réunification des deux Allemagne, la riche et prospère RFA « avalant » la RDA ruinée et en faillite idéologique. Dans mes souvenirs d'adolescent et sur des photos que j'ai revues plus récemment, Kohl le géant semblait s'apprêter à ne faire qu'une bouchée du menu de Maizière. Près de vingt ans après la réunification, l'ancien chancelier a beaucoup vieilli et la digestion de feu la RDA s'est avérée infiniment plus difficile qu'il ne le prévoyait alors. Le poids des années semble en

revanche avoir épargné Lothar de Maizière. Même coiffure stricte, identique costume gris de coupe classique, la
mine toujours austère d'un pasteur luthérien, seuls ses
cheveux et sa barbe en collier ont quelque peu blanchi et
il a changé de lunettes, adoptant une monture plus
moderne. L'homme est simple et abordable, en témoignait son cabinet d'avocat installé en plein cœur de Berlin
mais côté est, où il me reçut très tôt et cordialement, un
joli matin de juin. Son étude était sobre, presque spartiate, sans fioritures aucunes, sans œuvres d'art et sans
photos de VIP qui décorent généralement les bureaux
des anciens hommes d'État.

Lothar de Maizière, éphémère Premier ministre de
transition et liquidateur de l'Allemagne socialiste, est
entré dans l'histoire à ce double titre. Il devrait y figurer
à un troisième : en tant que sauveur des juifs d'Allemagne, menacés d'extinction au moment où la RDA
quittait la scène. Un Moïse des temps modernes ? N'exagérons rien. Mais un homme juste et droit, certainement ;
un homme pour qui la RDA, avant de disparaître, avait
des responsabilités historiques à l'égard des juifs. À peine
nommé, il décida d'ouvrir sans restriction les frontières de
son pays aux juifs d'URSS qui désiraient y émigrer.
Lothar de Maizière fut le promoteur d'un des phénomènes les plus étonnants mais pourtant fort méconnus
de l'Allemagne contemporaine : l'arrivée au « pays des
meurtriers » de 220 000 juifs d'ex-Union soviétique, en
une quinzaine d'années seulement. Un exode qui fait
désormais de la communauté d'Allemagne la troisième
d'Europe et la plus dynamique au monde par sa croissance, et qui constitue un immense bouleversement pour
la petite minorité juive dont un nouveau chapitre s'est

ouvert dans les alcôves du pouvoir, à Berlin-Est, en avril
1990.

« Passionné depuis l'enfance par l'histoire de Berlin, je
connaissais le rôle capital que jouèrent les juifs dans le
rayonnement de la ville et l'immense perte culturelle que
constitua pour elle leur disparition[1] », m'avait raconté
de Maizière, lointain descendant d'une famille de hugue-
nots français émigrés dans le Brandebourg, comme son
nom l'indiquait. Son arrière grand-père avait construit la
coupole dorée de la grande et majestueuse synagogue de
l'Oranienburger Strasse. L'avocat Lothar de Maizière avait
défendu l'« aventurier » Mario Offenberg quand celui-ci
avait réclamé au régime est-allemand, au nom de la
congrégation Adass Israël, ses terrains et bâtiments aryanisés par les nazis puis confisqués par les communistes.
« Mon grand-père appartenait à la branche de l'Église
évangélique qui s'opposa à Hitler. Il émigra d'ailleurs en
Amérique du Sud. Je n'avais aucun sentiment de culpabilité personnelle : ma famille s'était bien comportée sous
le IIIe Reich et je suis né en 1940. J'étais cependant
convaincu que la nation allemande, dans son ensemble,
avait une responsabilité dans la destruction des juifs
d'Europe. Mon engagement auprès d'Offenberg s'inscrivait dans cette perspective. Nous devions reconnaître
notre responsabilité et notre participation », plaidait-il.
De Maizière, qui devint ministre des Cultes dans le nouveau gouvernement formé immédiatement après la chute
du Mur, restitua à l'Adass Israël l'ensemble de ses biens
dès décembre 1989 et lui octroya une aide financière
annuelle de 810 000 marks quelques semaines plus tard.
Tête de liste de la CDU aux élections de mars que le
parti conservateur remporta, Lothar de Maizière devint
Premier ministre. Le 12 avril, la Volkskammer affronta

son histoire. Le Parlement est-allemand demanda pardon aux Soviétiques pour les atrocités perpétrées pendant la Seconde Guerre mondiale et aux Tchécoslovaques pour la répression du Printemps de Prague à laquelle les troupes est-allemandes avaient participé ; il déclarait intangibles les frontières orientales du pays. Et la RDA reconnaissait, pour la première fois de son histoire et à l'unanimité générale, la responsabilité de toute l'Allemagne pour les crimes de l'Holocauste. Il implorait le pardon des juifs du monde entier ; il demandait au peuple israélien d'absoudre la politique est-allemande de son hypocrisie et de son hostilité à l'encontre de son État et de lui pardonner la persécution des citoyens juifs en Allemagne de l'Est, même après 1945[2]. La RDA souhaitait désormais nouer des relations diplomatiques avec Israël ; le gouvernement octroya aussitôt une aide de 3,65 millions de dollars à la fondation israélienne Amcha qui offrait un soutien psychologique aux survivants de la Shoah.

En quelques jours seulement, la RDA de Lothar de Maizière avait su trouver les mots pour assumer son passé et rétablir la vérité historique que l'Allemagne socialiste s'était évertuée à tordre pendant les quarante années de son existence. La question des réparations financières demeurait toutefois en suspens. La RDA n'avait pas daigné répondre aux sollicitations israéliennes et juives du début des années 1950, qui avaient conduit sa jumelle capitaliste à signer les accords du Luxembourg et à dédommager les victimes du nazisme et le jeune État hébreu. Des discussions informelles avaient commencé dans les années 1970 avec la Claims Conference et s'étaient quelque peu intensifiées la décennie suivante, quand Berlin-Est avait souhaité établir de meilleures relations commerciales avec Washington. Mais l'Allemagne antifasciste d'Honecker refusait invariablement de payer pour les forfaits de sa devancière nazie. « Nous voulions rompre avec les pratiques du régime précédent. La reconnaissance de notre responsabilité morale n'était pas qu'une déclaration d'intention. Elle impliquait des réparations de notre part et nous étions prêts à les assumer. Mais une politique de Wiedergutmachung financière, à l'instar de celle de la RFA, était inconcevable : le pays était proche de l'asphyxie économique ; il était dans l'incapacité de payer la somme plancher de 100 millions de dollars qu'avaient fixée la Claims Conference et le Congrès juif mondial. Par ailleurs, à mesure que la réunification se précisait, il m'était impossible de m'engager au nom de la RDA, un État qui allait bientôt disparaître », m'avait indiqué Lothar de Maizière. Décidé toutefois à « réparer » les méfaits commis au nom de l'Allemagne et à venir en aide à ses victimes, le dernier gouvernement de RDA s'engagea dès lors à ouvrir ses frontières aux juifs d'Union soviétique. Sans mesurer les conséquences historiques de sa décision.

Un certain Zwi Weinman, rabbin jérusalémite orthodoxe de son état, se trouvait à Berlin-Est en février 1990. Il fut le véritable initiateur de l'arrivée des premiers juifs soviétiques dans la capitale est-allemande, à en croire Irene Runge, désormais très impliquée dans sa vie communautaire. « Tous les jours, nous recevions des lettres et des appels de juifs soviétiques qui nous imploraient de les inviter en RDA. Ému, le rabbin Weinman nous demanda pourquoi l'État n'ouvrait pas ses portes à ces malheureux », se souvenait-elle. Séduits par sa suggestion, Irene Runge et ses collègues alertèrent l'ambassade soviétique à Berlin-Est et le gouvernement, alors dirigé par Hans Modrow. « On leur a notamment transmis les lettres des juifs soviétiques. Mais à quelques semaines des premières élections libres du pays, le gouvernement vivait ses dernières heures et il était débordé. Il n'a pas répondu à nos sollicitations. Après le scrutin, le nouveau Premier ministre de Maizière y prêta en revanche une oreille attentive. L'ouverture des frontières aux juifs soviétiques menacés de persécutions et de discriminations donnait une légitimité certaine au régime », racontait Irene Runge. La Wiedergutmachung de la RDA commença au printemps 1990 : les premiers juifs d'Union soviétique pouvaient désormais entrer sans formalité dans la nouvelle Allemagne de l'Est.

« Connaissez-vous Wladimir Kaminer ? »
« Avez-vous lu Kaminer ? »
« As-tu rencontré Kaminer ? »
Au cours des deux premiers mois qui suivirent mon arrivée à Berlin, j'eus le sentiment qu'une vague de « kaminerite » aiguë avait submergé la capitale : quand j'expliquais mon intérêt pour les immigrés juifs de l'ancienne URSS, mes bienveillants interlocuteurs, ceux qui n'avaient pas quarante ans du moins, après avoir patiemment écouté mon sabir, n'avaient qu'un nom à la bouche. Celui de Wladimir Kaminer. Kaminer par-ci, Kaminer par-là. Il était omniprésent sur la scène berlinoise. Il contribuait aux pages littéraires des très sérieux *Zeit* et *Frankfurter Allgemeine Zeitung* ; il tenait une rubrique mensuelle dans le magazine politico-culturel *Cicero*, très couru des yuppies locaux. Il modérait une émission sur la station de radio Multikulti et faisait danser les foules aux rythmes endiablés de sa Russendisko dans une discothèque bien connue des noctambules berlinois. Dans les librairies, ses recueils de

petites nouvelles étaient en tête de gondole et figuraient
régulièrement aux palmarès des meilleures ventes. Les gens
se bousculaient pour assister à ses lectures publiques, données aux quatre coins de l'Allemagne. Wladimir Kaminer
fut l'un des premiers juifs soviétiques à tenter l'aventure
allemande à l'été 1990. Dans l'une de ses comptines, il
narrait non sans humour les conditions de son départ de
Moscou. Une rumeur y circulait que la RDA accueillait les
juifs d'URSS. Un oncle d'un de ses amis le lui confirma :
« À Berlin-Est, Honecker accueille les juifs. Pour moi, c'est
trop tard, j'ai déjà transféré tous mes millions vers l'Amérique. Vous êtes jeunes et vous n'avez rien. Pour vous,
l'Allemagne est le pays idéal ; les branleurs comme vous y
pullulent. Ils ont un excellent système social. Quelques
jeunes de plus là-bas ne se feront pas remarquer [3] », écrivait
Kaminer. Quelques jours plus tard, le jeune Wladimir
grimpait à bord d'un train à destination de la gare de
Berlin Lichtenberg, sans visa, en vertu des dispositions
adoptées par le gouvernement de Maizière, avec pour seul
viatique un billet acheté une poignée de roubles. Son épopée germanique commençait.

   Dans le grand empire soviétique, la rumeur que les juifs
pouvaient se rendre librement en RDA allait bon train.
Des centaines de personnes firent le même trajet que
Wladimir Kaminer et gagnèrent la capitale est-allemande
au printemps et à l'été 1990. À quelques semaines de la
réunification, le gouvernement de Bonn mit cependant
un terme à la généreuse politique d'asile de la RDA mou-
rante. Il ordonna à ses consulats en URSS de cesser les
procédures d'émigration pour les juifs et fit la même
requête aux autorités est-allemandes. Le 2 octobre, à la
veille des grandes retrouvailles nationales, les frontières
étaient closes aux juifs soviétiques. « Le chancelier Kohl

ne voulait pas poursuivre notre politique, se souvenait
Lothar de Maizière. Il réclamait des quotas et un durcisse-
ment des conditions d'entrée. » Les juifs continuaient
cependant d'affluer, plus ou moins légalement, qui pour
visiter quelque parent, qui pour découvrir les charmes de
la campagne allemande. Le très pusillanime et autoritaire
Heinz Galinski, à nouveau président du Zentralrat et à la
tête de la communauté de Berlin-Ouest sans discontinuité
depuis la fin des années 1940, plaida la cause de ses
coreligionnaires soviétiques. D'abord réticent à l'initiative
est-allemande, le rescapé d'Auschwitz, désormais octogénaire, saisissait l'opportunité historique que présentait
pour sa petite communauté la poursuite de l'immigration : sa survie et son renouveau démographique. Il
désirait l'admission sans quotas des « Evrei » ; les autorités
de l'Allemagne réunifiée devaient leur octroyer un droit de
résidence permanente. Obstiné et combatif, Galinski fer-
railla avec le gouvernement mais aussi avec l'État d'Israël,
à qui les juifs soviétiques ne devaient pas échapper, et avec
une partie de sa congrégation, réticente à l'idée d'accueillir
ces lointains cousins désargentés. À la fin de l'année,
Galinski eut une longue explication avec la chancellerie
puis avec les partis représentés au Bundestag. Il obtint
gain de cause : en janvier 1991, les juifs d'Union soviétique étaient autorisés à émigrer au titre de « réfugiés du
contingent » ; les premiers arrivants des mois précédents
avaient leur situation régularisée. Aucun quota annuel
n'était fixé ; leur droit de séjour était permanent. Ils
seraient répartis sur l'ensemble du territoire selon les capacités financières et d'accueil des Länder. Leur hébergement serait assuré ainsi qu'un cours de langue ; ils
percevraient des aides sociales de l'État avant de retrouver
leur autonomie financière.

Surprenante et troublante Allemagne : après ses tergi-versations initiales, sa législation s'inspirait de la loi du retour en vigueur en Israël. Tous les citoyens soviétiques de nationalité juive ou dont l'un des parents était juif pouvaient émigrer en ses terres. Au lendemain de la guerre, Hannah Arendt avait rêvé d'une future répu-blique allemande où tout juif, quel que soit son lieu de naissance, pourrait à tout moment et du simple fait de sa nationalité juive devenir citoyen égal en droit de cette république. Quarante ans plus tard, son désir se voyait presque exaucé, du moins pour les juifs d'URSS. La volte-face des autorités était spectaculaire, généreuse et calculée. Leur décision permettrait d'accroître considéra-blement la population juive d'Allemagne et se révélait, dans l'immédiat, excellente et rassurante pour l'image du pays, au moment où ses partenaires et ses voisins appré-hendaient les ambitions continentales du colosse recons-titué et s'inquiétaient du regain de nationalisme très perceptible depuis la chute du mur de Berlin. Des juifs cherchant refuge dans la nouvelle et grande Allemagne ! Elle n'aurait pu trouver meilleur symbole pour apaiser quelque peu les angoisses de la communauté internatio-nale à son encontre.

L'exode vers la terre promise allemande commença aus-sitôt et ne cessa pas jusqu'en 2005[4]. Plus de 12 500 juifs soviétiques arrivèrent dès 1991. En 2002 – près de 20 000 juifs posèrent leurs valises sur son sol –, l'Alle-magne accueillit plus de juifs que l'État d'Israël où la seconde Intifada et les attentats suicides faisaient rage. Aux 220 000 immigrés ces quinze dernières années, 80 000 pourraient encore s'adjoindre[5].

À l'entrée de la bibliothèque du centre communautaire de Berlin, une carte immense et intimidante de l'Europe de l'Est indique l'emplacement des camps de concentration et d'extermination de la machine de mort nazie. Ce jour-là, deux hommes, fort avancés en âge, papotaient en russe devant le planisphère, indifférents à sa sinistre géographie. Ils étaient attendrissants ces deux messieurs ; ils semblaient se raconter une bonne histoire ; leurs visages sillonnés et burinés étaient détendus et réjouis. Je les observais et je scrutais la carte : ils étaient assez vieux pour avoir connu l'enfer de la guerre sur le front Est, les ghettos, les massacres des Einsatzgruppen et les déportations massives. La mort avait rôdé autour d'eux. Combien de leurs parents et amis avait-elle fauché ? Pourquoi avaient-ils choisi d'émigrer en Allemagne à l'automne de leur vie ? Quand le plus enveloppé des deux prit congé, j'engageais immédiatement la conversation avec son comparse, un petit bonhomme très élégant, chemise à fines rayures et écharpe à motifs cashmere. Il était visiblement ravi de papoter un peu ; il avait tout son temps, le concert qu'organisait la communauté ne commençait que dans une heure. L'ancien lieutenant de l'Armée rouge Jan Ofmanis était né à Riga en 1925 et avait émigré à Berlin près de soixante-dix ans plus tard. En Lettonie, il avait fait une honnête carrière de professeur d'économie à l'université. « Elle aurait pu être plus brillante mais en tant que juif, mes possibilités d'avancement étaient limitées[6] », m'assurait-il. Jan Ofmanis avait quitté son pays natal parce qu'il s'y sentait de plus en plus mal à l'aise. « Après l'écroulement de l'Union soviétique, la Lettonie a recouvré son indépendance, mais la situation était très difficile, notamment sur les plans économique et social. J'étais inquiet, le climat politique était malsain, xénophobe. Les juifs étaient dans la ligne de mire des néo-nazis, comme les étrangers. En Russie voisine, l'atmosphère était encore plus détestable », m'avait-il affirmé.

Inflation, chômage, trafics, privatisations sauvages, pénurie, rationnement, anarchie, putschs, guerre civile et sécession dans les nouveaux États indépendants du Caucase, craintes de démembrement de la grande Russie : au début des années 1990, l'espace post-soviétique se délitait de toutes parts. Le frisson nationaliste qui parcourait l'échine des peuples soudainement libérés du joug communiste ne disait rien de bon aux juifs. En Russie, les diatribes anti-occidentales et racistes de Vladimir Jirinovski, la propagande et les menées violentes des groupes ultranationalistes Pamiat (Mémoire) et Otechestvo (Patrie) faisaient craindre une très forte recrudescence de l'antisémitisme que l'antisionisme pervers et délirant des autorités soviétiques avait entretenu des décennies durant, des premières années de la tyrannie stalinienne aux derniers feux gorbatchéviens. La presse avait assimilé Israël à l'enfer et l'avait systématiquement désigné comme la plus coupable des nations. Le portrait-robot qu'elle dressait du juif était effrayant : du temps de l'URSS, il était dépeint sous les traits d'un adorateur de l'argent, ivrogne et malhonnête, un parasite réactionnaire, potentiellement subversif. Certaines carrières prestigieuses, dans la diplomatie, l'armée, le commerce extérieur et les industries stratégiques, leur étaient fermées ; ils furent aussi sous-représentés au sein des organes politiques, des soviets de quartier aux plus hauts rangs de la nomenklatura. Longtemps discriminés socialement et professionnellement, aisément identifiables – leur nationalité juive était inscrite dans leur passeport –, de très nombreux juifs, maintenant qu'ils avaient enfin la possibilité d'émigrer[7], désiraient s'en aller au plus vite. Notamment ceux qui vivaient en Russie, en Biélorussie et en Ukraine, terres ancestrales de l'antisémitisme slave et orthodoxe, et qui sont les plus fortement représentés en Allemagne aujourd'hui. « L'immense majorité des migrants du début des années 1990 est partie parce qu'elle avait peur. Après des décennies de pressions et d'angoisses, nous recherchions la sécurité », indiquait Jan Ofmanis. Un sondage confirmait les dires du vieux professeur. Interrogés sur les raisons qui les avaient poussés à quitter leur pays, les immigrés juifs soviétiques d'Allemagne mentionnaient en premier lieu la menace croissante de l'antisémitisme et de déplaisantes expériences à l'école, dans les administrations et sur leur lieu de travail[8].

Sauve qui peut. Leur volonté de quitter l'URSS et ses États successeurs où leur avenir s'écrivait en pointillé, je la comprenais aisément : les juifs soviétiques luttèrent des décennies durant pour quitter leur pays, dont ils furent les prisonniers et des citoyens de second rang. Mais pourquoi ont-ils été si nombreux à prendre le chemin de l'Allemagne et non celui de la terre qui leur était promise, l'État d'Israël qui les réclamait et où un million de leurs frères étaient en train de s'installer ? Pourquoi ne sont-ils pas allés aux États-Unis où de grandes figures de la dissidence et bien d'autres avaient trouvé refuge quelque temps auparavant ? « J'avais songé à émigrer en Israël : mon frère et ma sœur y vivent. Mais je n'avais aucune connaissance de l'hébreu et la mentalité israélienne m'était étrangère. Au contraire de l'allemand et de la culture germanique qui ont baigné mon enfance. Dans la Lettonie indépendante de l'entre-deux-guerres, les juifs parlaient le yiddish et l'allemand, l'idiome vecteur de la haute culture. J'ai appris la langue très jeune à l'école juive et je la parlais avec mes grands-parents dont la famille était originaire d'Allemagne. » Il s'interrompit

soudain et s'empara de mon stylo. Il écrivit son nom et le
scinda en deux – Ofman-is – afin de mettre en valeur sa
racine allemande. Convaincu que sa maîtrise de la langue
faciliterait son intégration et lui permettrait de poursuivre
ses activités intellectuelles, il fit de l'Allemagne sa terre
d'élection.

Quelques jours avant ma rencontre inopinée avec le
professeur Ofmanis, j'avais fait la connaissance d'Arkadi
Schneidermann, établi à Berlin-Ouest depuis trente ans et
qui siégeait à présent au conseil des représentants de la
communauté juive de la ville. Né à Minsk au milieu des
années 1930 dans l'Union soviétique de Staline, il n'avait
pu connaître la proximité culturelle et linguistique avec
l'Allemagne dont avait bénéficié Ofmanis au cours de sa
jeunesse lettone. Schneidermann avait refait sa vie à Berlin
faute de s'être épanoui véritablement en Israël où il avait
séjourné quatre ans, après sa sortie d'URSS. S'était-il senti
coupable de s'être installé en Allemagne ? Après lui avoir
posé cette question triviale, il m'avait regardé de ses yeux
sombres et perçants, avait remué sa carrure encore imposante, hoché son crâne rasé et caressé sa barbichette taillée
en pointe. « Mon cher ami, me dit-il, avez-vous seulement idée de ce qu'était notre vie en URSS ? Croyez-vous
qu'avec mon nom et ma gueule, j'avais la moindre chance
de décrocher un emploi intéressant ? J'étais adolescent
quand les purges "anti-cosmopolites" ont commencé et
jusqu'à mon départ, je n'ai cessé de subir discriminations
et brimades. J'ai certainement croisé beaucoup d'anciens
nazis au cours de mes premières années en Allemagne.
Mais à Riga, à Vilnius ou à Kiev, ne côtoyais-je pas certains de leurs collaborateurs les plus zélés qui conduisirent
tant de juifs à la mort ? Au contraire, ajoutait-il, en Allemagne de l'Ouest, le contraste était saisissant avec l'URSS.

Ici, les médias ne cessaient d'évoquer la Shoah et d'ausculter le passé ; en Union soviétique, l'Holocauste était passé sous silence. Imaginez seulement qu'avant d'aller à Yad Vashem, je ne connaissais pas le nombre de victimes juives du nazisme. Pendant des décennies, aucun monument ne fut érigé à Babi Yar[9]. Les autorités soviétiques avaient enterré notre histoire. Non, je n'avais aucune culpabilité à vivre en Allemagne, et encore moins à Berlin-Ouest, une ville ouverte et internationale, alors occupée par les forces alliées[10] », avait-il tonné. J'avais interrogé Jan Ofmanis sur le même thème. Il avait marqué un temps d'arrêt puis avait levé ses yeux pâles dans ma direction. Il me scrutait. Mais son regard était tout autre que celui de Schneidermann. « Vingt-huit membres de ma famille ont été exterminés. Mon père est mort en 1942 devant Moscou. Émigrer en Allemagne ne fut pas une décision facile. Mais je savais que le pays avait changé. Surtout je pensais au bien-être de mes enfants – ils m'ont rejoint deux ans après mon arrivée – et de mes petits-enfants. L'Allemagne me semblait la meilleure option pour leur avenir. »

L'avenir pour les plus jeunes. La sécurité pour les anciens. Telles étaient leurs principales motivations. Les Ostjuden de l'après-guerre froide qui optèrent pour l'Allemagne n'étaient pas des idéalistes. Il leur était difficile d'émigrer aux États-Unis ; Israël leur paraissait une aventure risquée et fort incertaine, notamment après la recrudescence du conflit avec les Palestiniens. Le long service militaire qui guettait leurs enfants en effrayait plus d'un. Ils disaient craindre le climat, si différent de celui de leur Biélorussie ou de leur Ukraine natale, la mentalité orientale qui leur était étrangère, l'éloignement de leurs proches restés au pays. Pour les couples mixtes, très nombreux en URSS, l'Allemagne paraissait une option plus simple que l'État juif. Dans l'imaginaire soviétique, l'Allemagne était surtout le pays de cocagne, le plus riche et le plus puissant d'Europe, pourvu d'une industrie florissante, d'un marché du travail en pleine expansion et d'une économie dynamique. Son système de protection sociale, très généreux, et sa médecine moderne avaient aussi éveillé l'intérêt des juifs soviétiques. Jan Ofmanis ne s'en était pas caché : « À Riga, j'avais perdu mon emploi et ma pension de retraite aurait été misérable. Ici, elle est dix fois plus élevée – 900 euros par mois – et je suis infiniment mieux soigné que si j'étais resté en Lettonie. » Pour les plus jeunes, l'éventualité d'émigrer en Allemagne, inconcevable quelques années seulement auparavant, était une chance historique à saisir, l'occasion de s'affranchir du passé et de changer de vie, de jouir de nouvelles libertés et d'opportunités économiques inédites. Artistes, musiciens et écrivains associaient l'Allemagne à la démocratie, l'art et la philosophie ; ils concevaient leur émigration comme une aventure formidable et exaltante. Leur conscience ne s'encombrait guère de l'histoire de la seule nation occidentale qui voulait bien leur ouvrir ses portes : au moment de plier bagage, elle pesait moins que les brillantes perspectives qui leur tendaient les bras, ils en étaient convaincus. Ils abandonnaient les incertitudes et le quotidien morose et menaçant de leur pays en transition pour un état prospère, ouvert et européen. De leur vision idéalisée et romantique de l'eldorado germanique étaient nées des attentes immenses et irréalistes, très éloignées des réalités économiques et sociales de l'Allemagne contemporaine, en proie à de sérieuses difficultés et dont le fameux modèle rhénan – celui qui les faisait tant fantasmer – était en crise.

Quels doux rêves faisait la jeune et troublante Irina Mozisyna à la veille de quitter Odessa ? À dix-huit ans à peine, comment imaginait-elle son avenir ? Certainement pas à Francfort-sur-l'Oder, petite cité grise et morose, frontalière de la Pologne, où elle et sa famille furent dépêchées un matin de 2001. « Nous avons d'abord vécu dans un foyer de demandeurs d'asile, sans grand confort, à l'étroit, dans des conditions de logement assez difficiles et dans un univers qui nous était totalement étranger. J'aurais souhaité poursuivre ma scolarité dans un lycée juif, mais la ville n'en possédait aucun. J'ai aussi cherché un job d'étudiant mais c'était peine perdue, tant le chômage était élevé et mon allemand balbutiant à l'époque[11] », racontait-elle. La famille Mozisyna déménagea dans un petit appartement six mois après son arrivée, mais l'intégration d'Irina ne progressait guère. Dans cette ville de province dénuée de tout charme, si différente de la métropole agitée et cosmopolite qu'elle avait abandonnée, elle se sentait plus isolée que jamais. Aliénée presque. « J'avais encore de grandes difficultés à m'exprimer ; je n'avais pas d'amis. Il n'y avait rien à faire à Francfort-sur-l'Oder. C'était si triste que j'ai sérieusement songé à rentrer en Ukraine. Les deux premières années ont vraiment été très difficiles », m'avait-elle confié.

Ses débuts pénibles furent le lot commun de la majorité des juifs soviétiques immigrés. S'ils n'avaient pas de parents à retrouver ou s'ils ne possédaient pas de contrat de travail, ils devaient se résigner à vivre dans le lieu que les autorités leur avaient arbitrairement désigné, en fonction des capacités d'accueil des Länder. Ils furent nombreux à s'implanter dans des petites villes dont ils n'avaient jamais entendu parler ; à découvrir une Allemagne qui ne correspondait en rien à leurs clichés, surtout quand le destin leur avait infligé une destination en ex-RDA. Logés la première année dans des foyers de réfugiés et de demandeurs d'asile, dans des pensions et, pour les plus malchanceux, dans d'anciennes casernes de l'Armée rouge quelque peu réaménagées, ils se plaignaient de leurs mauvaises et spartiates conditions d'hébergement, de sanitaires défectueux ou du manque d'intimité. Certains en venaient presque à regretter les appartements communautaires – les mouchards en moins, toutefois – de feu l'Union soviétique ! Leur faible niveau d'allemand, malgré les enseignements qui leur étaient prodigués, les empêchait de nouer des relations sociales. Un an après leur arrivée, seule une infime minorité (11,8 %) avait des contacts réguliers avec des Allemands[12]. Et, sans la maîtrise de la langue, décrocher un emploi relevait du miracle. Une étude publiée au milieu des années 1990 révélait que seuls 7,7 % des juifs soviétiques immigrés travaillaient à temps plein et 7,3 % à temps partiel au bout des deux premières années de leur séjour. Leurs nouvelles fonctions ne correspondaient jamais ou presque à leurs qualifications ou à la profession qu'ils exerçaient dans leur pays d'origine[13].

L'éden germanique se faisait cruellement désirer. Esseulés dans des lieux de résidence qui leur avaient été imposés, désorientés par leur nouvel environnement culturel et linguistique, découvrant les affres du chômage – inexistant en URSS –, dépendant des subsides de l'aide sociale, leurs désillusions étaient grandes au terme des deux premières années de leur exil. Amers, angoissés, ils en venaient à douter d'eux-mêmes et de leurs capacités à s'épanouir dans leur patrie d'adoption. Accoutumés aux grands centres urbains de l'empire soviétique – Moscou, Odessa, Kharkov, Leningrad, Kiev… –, le dépaysement était brutal dans les bourgades où ils avaient été dépêchés et dont ils étaient souvent les seuls juifs. En les « saupoudrant » sur l'ensemble du territoire, le gouvernement avait souhaité ressusciter les anciennes communautés juives disparues depuis le IIIᵉ Reich, mais il n'avait pas facilité leur intégration, qu'elle fût sociale, professionnelle ou religieuse. Dès qu'ils en eurent la possibilité, bon nombre filèrent vers une grande ville, en premier lieu vers Berlin, cité mythique dans l'imaginaire juif soviétique et dotée d'une forte minorité russophone, où ils espéraient trouver des conditions de vie plus adéquates à leur tempérament et davantage propices à leur réussite.

Eleonora Shakhnikova avait suivi cet itinéraire. Originaire de Saint-Pétersbourg où elle avait enseigné le russe et l'histoire juive après la chute du régime communiste, cette trentenaire sympathique et dynamique arriva en Allemagne en décembre 1997. « La malchance ne nous avait pas épargnés : mes parents et moi avons été envoyés dans un village de Saxe, entre Dresde et Chemnitz. Pendant six mois, nous avons vécu tous les trois dans douze mètres carrés, dans une ancienne caserne de l'armée soviétique. Nous devions nous établir dans une ville du Land, mais notre vœu le plus cher était de nous installer à Berlin[14] », m'avait-elle conté. Bonne connaisseuse de la culture allemande et de sa langue qu'elle avait étudiées à l'école, Eleonora eut le bonheur de trouver un emploi dans la capitale, six mois seulement après son arrivée. Elle y déménagea et ses parents, soulagés de quitter la campagne saxonne, furent autorisés à la suivre. Trois ans plus tard, après plusieurs tentatives infructueuses, elle rejoignait le bureau chargé de l'intégration professionnelle à la communauté juive de Berlin, qu'elle dirige à présent.

Son travail consiste à assister ses coreligionnaires d'ex-URSS dans leurs démarches de retour à l'emploi.

Rude mission, me laissa-t-elle entendre. « Si je parviens à "placer" 10 à 15 % des gens qui me sollicitent chaque année, c'est une réussite », déclarait-elle. La grande majorité des immigrés sont pourtant des professionnels très qualifiés – ingénieurs, techniciens, économistes, médecins… –, diplômés en règle générale de l'enseignement supérieur. « Certes, mais leur arrivée a coïncidé avec une montée spectaculaire du chômage, qui n'a jamais été aussi fort depuis l'après-guerre. L'Allemagne comptait plus de quatre millions de demandeurs d'emploi ces dernières années. La situation est encore plus dramatique à Berlin où le chômage s'élève à 17-18 %. Beaucoup de juifs soviétiques travaillaient dans l'industrie. Or Berlin est une ville d'administrations et de petits prestataires de services ; elle n'abrite quasiment aucun complexe industriel d'envergure. » La non-reconnaissance des diplômes de l'Union soviétique et de ses États successeurs est le principal obstacle qui barre la route de l'emploi aux immigrés juifs d'ex-URSS, à en croire Eleonora Shakhnikova. Pour exercer à nouveau leur métier, ils doivent retourner à l'université et obtenir des équivalences puis faire un stage obligatoire de deux ans et enfin passer l'examen d'État. À l'issue de ces longues épreuves, ils n'ont aucune garantie de trouver un poste. Huit cents enseignants étaient sans emploi à Berlin en mai 2006 quand j'avais rencontré Eleonora. « Les jeunes professionnels sont prêts à fournir ces efforts, affirmait-elle. Ils les considèrent comme un investissement rentable. Mais les plus âgés y renoncent : ils n'ont plus l'énergie nécessaire. » Jusqu'à peu, ils pouvaient compter sur les subsides et autres allocations de l'État qui, ajoutés à quelques menues besognes non déclarées à l'adminis-

tration fiscale, leur permettaient de vivre dans des conditions décentes, meilleures en tout cas qu'en Union soviétique. Mais, avec l'entrée en vigueur de la nouvelle
législation sociale Hartz IV, les indemnités de chômage
ont été réduites et, comme tous les Allemands dans leur
situation, ils sont dans l'obligation d'accepter les emplois
qui leur sont proposés. «Je les encourage à prendre des
initiatives, à créer leurs propres entreprises, d'autant qu'ils
peuvent compter sur le soutien financier et fiscal de
l'État», indiquait-elle. Dans l'arrondissement de Charlottenburg, au centre-ouest de Berlin, de nombreux petits
commerces, épiceries, traiteurs et restaurants, salons de
coiffure et de manucure, arborant des devantures et des
menus en caractères cyrilliques, ont été ouverts par des
juifs ces dernières années. Ajoutés aux boutiques tenues
par d'autres «Russes», ils redonnent au quartier ses airs de
«Charlottengrad» qu'il avait connus dans les années 1920,
quand la capitale allemande avait attiré des dizaines de
milliers d'exilés fuyant la révolution bolchevique.

Eleonora Shakhnikova me semblait très consciencieuse
et dévouée à sa tâche. Lucide, elle ne pratiquait pas la
langue de bois : elle ne ménageait pas ses critiques à
l'encontre de ses compatriotes. «S'adapter à une nouvelle
culture et maîtriser une langue étrangère n'a jamais été
chose aisée. Mais s'intégrer à un système économique et
social aux antipodes de celui que vous avez connu votre vie
durant est plus complexe encore et requiert une volonté de
fer. Or les juifs d'ex-URSS ont de grandes difficultés à
appréhender leur nouvel environnement et les exigences
d'une économie libérale, déplorait-elle. Beaucoup me
racontent qu'ils sont frustrés, qu'ils n'en savaient pas suffisamment avant d'émigrer. Mais ces gens cultivent
leurs frustrations ! La vérité est qu'ils ne veulent pas tous

travailler ou, plus exactement, qu'ils ne sont pas prêts à
fournir les efforts nécessaires pour décrocher un emploi.
Beaucoup sont inflexibles. Ils estiment avoir consenti à de
grands sacrifices en s'installant en Allemagne. Ils ne
veulent plus bouger et refusent de travailler dans une
autre branche que celle qui était la leur en Ukraine ou en
Russie. Malgré les discriminations dont ils étaient la cible,
ils avaient réussi dans leur pays et ils s'attendent à retrouver ici le même emploi et un statut identique. Ils se
bercent d'illusions », s'inquiétait-elle. Je n'ai pas trouvé
de statistiques officielles récentes quant au chômage des
nouveaux juifs d'Allemagne. Eleonora estimait qu'environ
70 % de la communauté juive de Berlin, composée aux
trois quarts de juifs d'ex-URSS, étaient sans emploi.
D'autres sources donnaient des approximations du même
ordre pour l'ensemble de l'Allemagne. Il existe, évidemment, de nombreuses exceptions à ce cruel constat : certains ont créé des entreprises très performantes, à l'instar
des frères Feldmann, installés à Berlin et à la tête d'un petit
empire médiatique dont les publications s'adressent aux
deux à trois millions de russophones du pays ; médecins et
infirmières sont très sollicités ; des musiciens, des artistes
et quelques écrivains ont également réussi à s'imposer dans
le paysage culturel. Il n'en demeure pas moins que, pour la
grande majorité, l'adaptation est rude et la situation précaire. Les actifs, notamment les femmes, ont souvent dû
accepter des postes très inférieurs à leur niveau de qualifi-
cation. À Berlin, il n'est pas rare de croiser un chauffeur de
taxi qui fut ingénieur dans l'industrie lourde soviétique.
Déconcertés par les difficultés insoupçonnées de leur intégration, déclassés, ils se sont tournés vers les petites
communautés juives afin de trouver un peu de réconfort.
Un soutien psychologique, financier et social, que ces

dernières, faute d'hommes et de moyens, ne sont pas toujours en mesure de leur apporter.

◆

Rififi à la Fasanenstrasse, siège de la communauté berlinoise[15]. Ce jour-là, Arkadi Schneidermann avait accepté que je l'accompagne à un conseil des représentants. Son amie Irene Runge, qui, en tant que juive de l'ex-RDA, « compte les points » entre les factions « allemandes » et « russes » de la congrégation, m'avait vivement recommandé d'y assister une fois, « pour comprendre » : « Si le "dialogue des civilisations" t'intéresse, vas-y faire un tour, m'avait-elle lancé, goguenarde. Tu seras vite fixé sur le mode de fonctionnement et l'état d'esprit qui règne à la communauté. » Quelques semaines après mon arrivée à Berlin, un article du *Spiegel* m'avait donné un avant-goût du spectacle qui m'attendait. À la sortie d'une réunion houleuse du conseil, l'honorable professeur Schoeps déclarait au magazine qu'il en « allait comme d'un hôpital psychiatrique », avant de démissionner de son poste de chef des représentants avec fracas[16]. Au moment de pénétrer dans la salle de réunion, je sentais l'atmosphère électrique. La tension était palpable. En guise de prélude, les rabbins, se succédant à la tribune, s'efforçaient d'apaiser les esprits qui s'échauffaient déjà. Ils n'avaient pas fini leur sermon et leurs appels à la tempérance que les invectives commençaient à fuser de toutes parts. Chaque point de l'ordre du jour était sujet à polémiques et à d'infinies palabres. Tous se coupaient la parole ; nul n'écoutait personne ; les « handys[17] » des représentants et du public sonnaient à tour de rôle, accentuant encore le brouhaha général. Le jeune président de la communauté avait beau agiter sa cloche pour ramener le calme, ses administrés n'en continuaient pas moins leur cirque. Tous formaient un aréopage étrange où se côtoyaient de jeunes loups tout de noir vêtus et que j'imaginais originaires du Caucase ou d'une lointaine république d'Asie centrale, de vieilles dames élégantes et pugnaces, hérauts du judaïsme allemand, des notables des quartiers chics du sud-ouest de la capitale, un cordonnier en provenance de Bakou, un commerçant bedonnant et moustachu qui venait peut-être d'Ukraine et Arkadi Schneidermann, dont l'imposante carrure et le regard noir ne semblaient effrayer personne... Cénacle cocasse, symbole de l'hétérogénéité nouvelle de la communauté et du choc des cultures qui s'y affrontent.

« Sous quelle menace vivent-ils ? De quelle obscure puissance sont-ils prisonniers[18] ? » Elie Wiesel, l'auteur de ces questions, était parti à la rencontre des juifs d'Union soviétique au milieu des années 1960. Il en était revenu traumatisé. De ce voyage devenu expérience, sinon épreuve, il avait tiré un petit opuscule – *Les Juifs du silence* – qui décrivait admirablement leurs conditions de vie. À Kiev, à Moscou ou à Leningrad, Wiesel avait constaté la peur sur leur visage d'hommes traqués, une peur « omniprésente, opaque, occulte » défiant l'imagination ; une terreur « noire, maléfique, présente partout, dans le regard, la parole, le bruit des pas dans la nuit [...], collant à la peau, envahissant les silences ». Selon la Constitution soviétique, les juifs constituaient une minorité religieuse et nationale. L'une comme l'autre était les plus brimées du grand empire communiste, multiconfessionnel et pluriethnique. Toutes les religions y furent attaquées, mais le judaïsme fut traité avec une sévérité particulière. Des grandes purges anti-cosmopolites des débuts de la guerre froide à la fin des années 1980 – la déstalinisation ne changea rien à leur sort –, l'URSS empêcha les juifs de pratiquer leur culte et de conserver leurs traditions rituelles. Sa politique visait à « les isoler de l'ensemble du peuple juif et de les retrancher du corps vivant d'Israël[19] », écrivait Wiesel. La grande majorité des synagogues fut fermée ; il n'existait aucune école juive pour une population de l'ordre de trois millions de personnes ; il était impossible d'y suivre un cours d'instruction religieuse, fût-ce en langue russe ; il était interdit de fabriquer et d'importer des objets de culte[20]... Les communautés n'étaient pas autorisées à entrer en contact et à se regrouper dans un organisme central. Leurs dirigeants qui tentaient de prendre quelques initiatives éducatives et de desserrer l'étau autour de leurs ouailles furent souvent arrêtés et condamnés, qui pour « menées nationalistes », qui pour « espionnage pour le compte de l'ennemi sioniste ». Nationalité officiellement reconnue, les juifs auraient dû bénéficier d'une certaine autonomie culturelle, à l'instar des autres minorités. Les Allemands de Russie et du Kazakhstan disposaient d'écoles, de journaux, de clubs, de bibliothèques et de livres importés de RDA. À l'exception d'une courte période d'épanouissement, entre 1925 et 1935, la culture juive ne bénéficia jamais de tels avantages. Au contraire, elle devint taboue au fil du temps. L'hébreu avait été interdit au lendemain de la révolution ; avant de mourir, Staline avait fait massacrer ses meilleurs écrivains. La langue et la culture yiddish avaient quasiment disparu. Quand l'URSS s'écroula, il n'était plus enseigné depuis des décennies ; publications et livres étaient rarissimes. Seuls neuf ouvrages – dont cinq rééditions – avaient paru entre 1949 et 1962. Les Iakoutes, petit peuple de moins de 250 000 âmes, avaient diffusé soixante-huit livres dans leur langue, pour la seule année 1964[21].

Au lendemain de la révolution, Lénine avait jugé que le judaïsme disparaîtrait par voie d'assimilation avec la fin du capitalisme. L'entreprise de « génocide spirituel » et d'assimilation oppressive des juifs soviétiques réussit dans une très large mesure. Certes, les juifs des républiques baltes, caucasiennes et d'Asie centrale parvinrent à cultiver une partie de leurs traditions et une petite minorité hassidique subsista. Mais la grande majorité qui vivait en Russie, en Ukraine et en Biélorussie était déjudaïsée au moment de l'effondrement de l'empire : la plupart des jeunes et de leurs parents ne connaissaient rien de leur héritage et de leur religion ; les plus âgés n'avaient que de vagues réminiscences de leur lointaine jeunesse et certains parlaient encore un peu le yiddish. La vie et la culture juives s'étaient éteintes progressivement. L'Allemagne a accueilli parmi les plus déjudaïsés de ces juifs déjudaïsés, les plus religieux d'entre eux préférant gagner Israël. « Ils savent qu'ils sont juifs mais ils ne savent pas ce qu'est le judaïsme », déclara un jour à leur encontre Paul Spiegel, l'ancien président du Zentralrat, décédé en 2006. Jolie formule : elle résumait d'un trait d'esprit l'immense défi auquel sont confrontées les communautés allemandes, dont les « autochtones » sont aujourd'hui ultra-minoritaires.

L'Argentine venait de battre la Côte d'Ivoire. Dans les rues de Berlin, l'air était doux et parfumé ; la nuit serait longue et festive, en ce premier samedi de Coupe du monde. Wladimir Kaminer le pressentait. Il était d'excellente humeur : le Kaffeeburger, où il s'apprêtait à mixer sa « Russendisko », ferait le plein. J'avais longuement bataillé pour obtenir un rendez-vous avec l'écrivainjournaliste-animateur-DJ, coqueluche hyperactive de la scène berlinoise qui, de guerre lasse, m'avait convié à le retrouver dans son antre, avant qu'il ne passe aux platines. L'entretien fut de relativement courte durée. Non que Kaminer ne désirât me parler. Certes les gens commençaient à affluer et une équipe d'une télévision brésilienne attendait que je lui cède ma place. Mais il était aimable et tout disposé à évoquer les écrivains qui avaient influencé sa prose. Notre interview fut brève parce qu'il n'avait rien à raconter ou presque sur sa judaïté. « Je me sens soviétique[22] », me dit-il, quelque peu corseté dans un t-shirt dont le logo « Russendisko » était surmonté d'une grosse étoile rouge. « Je n'ai aucune nostalgie et je me sentais étranger à Moscou, dans ma jeunesse. Mais je suis parti à Berlin avec cette culture. » Il se souvenait que ses grands-parents avaient une identité juive certaine mais que celle de ses parents était déjà très faible. « En URSS, j'étais proche des milieux dissidents. Les juifs que je connaissais à Moscou livraient un combat politique. Ils n'étaient pas religieux. Ils faisaient des manifestations pour sortir du pays. Beaucoup ont émigré. C'est aussi mon histoire », expliquait-il. Ce fut à peu près tout ce que je réussis à lui arracher. La judaïté de Kaminer, pur produit du soviétisme, se limitait, avant son arrivée en Allemagne, à une nationalité vide de sens et fort encombrante, source d'infinies tracasseries et de discriminations nombreuses. Aujourd'hui, il ne se considère pas vraiment comme juif et n'a jamais eu de contacts avec la communauté depuis son arrivée. « Dans mon entourage, nul ne se préoccupe de la foi ou de la nationalité de l'autre. C'est totalement insignifiant à nos yeux », m'avait-il déclaré. Post-national et post-religieux, Kaminer est un Berlinois comme la capitale en compte tant en ce début de siècle, un homme heureux de vivre dans une ville « multikulti » où ne coexistent pas moins de quatre-vingt-huit nationalités, selon ses dires. Sa réussite est exceptionnelle : il a vendu plus de 1,2 million de livres en quelques années seulement. Mais Kaminer représente aussi l'archétype d'une partie des « juifs » soviétiques – environ la moitié, sinon plus, si l'on en croit les statistiques de la communauté juive – qui ont émigré récemment en Allemagne. Leur « nationalité » leur fut exceptionnellement utile pour gagner la première puissance économique d'Europe, mais ils n'ont jamais cherché à y développer leur identité juive. À l'instar de Kaminer, écrivain immigré russe, qui a bâti sa fortune éditoriale en promenant son regard moqueur et son ironie mordante de picaro post-soviétique sur l'Allemagne contemporaine.

La grande majorité de ses coreligionnaires – le terme de compatriotes serait sans doute plus approprié en l'espèce – qui rejoignirent les congrégations juives allemandes n'avait aucune idée véritable de ce qu'était une communauté religieuse. Leurs démarches étaient rarement spirituelles. Ils concevaient davantage les communautés comme des groupements culturels et ethniques ; comme les associations les plus à même de défendre leurs intérêts, de leur fournir des prestations sociales supplémentaires et de les aider dans leurs démarches administratives et professionnelles. Ils les imaginaient beaucoup plus riches et puissantes qu'elles ne l'étaient en réalité. Leurs « cousins allemands » étaient souvent déconcertés, sinon sceptiques devant cet afflux de juifs soviétiques, infiniment plus soviétiques que juifs. Ils s'interrogeaient sur l'authenticité de leur foi et soupçonnaient certains de se faire passer pour juifs afin de bénéficier de leurs services et de leur bonne volonté. De la collision de ces deux cultures antinomiques, des préjugés que chaque groupe nourrissait à l'égard de l'autre et de leurs mémoires divergentes et parfois concurrentes sont nés de multiples malentendus et des conflits plus ou moins exacerbés, selon la composition démographique des communautés.

« Elena » est arrivée à Berlin au début des années 1990, en provenance de Moscou. Parce qu'elle travaille dans l'une des institutions juives de la capitale, elle m'a demandé de lui attribuer un pseudonyme. « Au début, ils se sont réjouis de notre arrivée qui renforçait considérablement leurs petites communautés. Mais ils n'avaient pas prévu que nous viendrions si nombreux ; ils ont rapidement été débordés. Avant notre immigration, les congrégations fonctionnaient comme des clubs dont les membres se connaissaient et avaient une identité commune. Ils formaient une grande famille. Ils nous reprochent aujourd'hui d'avoir perturbé le bon fonctionnement et l'harmonie de leur vie communautaire. » Elena concédait que les « Russes » avaient en effet troublé son « intimité » ; elle se disait toutefois choquée de l'attitude de certains. « Ces gens auxquels je pense estimaient que nous allions nuire à l'image des juifs en Allemagne. Ils ont eu la même réaction frileuse et hostile que tant de juifs allemands au début du siècle quand de nombreux Ostjuden sont arrivés ici. » Elle ne décolérait pas : « Ils ont la mémoire bien courte car l'immense majorité d'entre eux a aussi immigré. Ce ne sont pas des juifs allemands à l'origine. Je crois par ailleurs qu'ils s'attendaient à ce que nous démontrions davantage de respect pour leur culture et leurs traditions et fassions preuve d'une plus grande considération pour leur accueil et leur générosité. Or nous sommes nombreux à penser qu'ils n'ont pas fait preuve d'une si forte solidarité à notre

encontre. Surtout, ils ne sont pas ouverts ; ils ne veulent
rien savoir de nous. Notre histoire et nos souffrances ne
les intéressent pas. Pour eux, antisémitisme = Hitler et les
camps de concentration. Mais que connaissent-ils du
stalinisme, des purges antisionistes et des discriminations
que nous subissions au quotidien ? Rien ou presque. Ils
ne font aucune différence entre un Ukrainien, un Lithua-
nien ou un Caucasien. Ils nous mettent tous dans le
"même sac", celui des "Russes". De plus, ils nous considèrent comme des "losers", presque comme des men-
diants. Mais nous venons de familles éduquées, d'un
milieu intellectuel, pétri de culture russe. Et nous ne
sommes pas des victimes : nos pères ont gagné la guerre »,
m'expliquait-elle.

Du côté « allemand », on perçoit évidemment les choses
d'une manière bien différente. L'une des mémoires de la
communauté berlinoise, la douce Inge Marcus, qui n'hésitait pas cependant à donner de la voix à son conseil des
représentants, comme j'avais pu le constater, ne cachait
pas sa déception. « Notre devoir était de les accueillir.
Mais leur intégration se passe mal. Pendant des années,
des juifs polonais et de bien d'autres nationalités nous ont
rejoints. Ils se sont tous donnés de la peine pour se fondre
dans notre collectivité. Il en va autrement avec les Russes :
ils restent entre eux, ils ne font pas d'efforts. Beaucoup ne
parlent même pas allemand. Quand j'étais en Angleterre
pendant la guerre, je me suis immédiatement mise à
l'anglais. C'est un minimum », estimait-elle. J'avais devisé
avec d'autres personnes, mais elles ne souhaitaient pas être
nommément citées. Parmi les reproches qu'ils adressaient
à leurs coreligionnaires ex-soviétiques, le « manque d'autonomie » revenait le plus fréquemment. « Après guerre,
dans des conditions très difficiles, nous sommes partis de

zéro pour rebâtir nos congrégations, sans l'aide de personne. Nous ne pouvions compter que sur nous-mêmes. Les "Russes" ont, à l'opposé, une mentalité d'assistés. Ils veulent tout, et tout de suite. Ils attendent que la communauté et l'État subviennent à leurs besoins », m'avait-on dit à plusieurs reprises. Nombre de ces membres historiques ne reconnaissent plus aujourd'hui leur congrégation – certains l'aurait même quittée – qui se serait transformée, à les en croire, en une agence de services en tout genre à l'usage exclusif des « Russes », comme tous les surnomment.

Cultures, traditions, habitus, mémoires, langues, histoires, mentalités : à leur arrivée en Allemagne, un univers séparait les juifs d'ex-URSS de leurs hôtes. Leur intégration ne pouvait se dérouler sans heurts. Le contraire eut été surprenant. Désormais ultra-majoritaires – ils sont même parfois les seuls juifs dans les petites villes où ils furent assignés –, ils revendiquent davantage de prérogatives et une plus forte représentation au sein des instances communautaires dont les directions demeurent traditionnellement entre les mains de la petite minorité juive allemande qui n'entend pas lâcher les rênes du pouvoir aux nouveaux arrivants. Cette lutte d'influence est manifeste à Berlin, la plus importante congrégation du pays. Un « conflit de classes » oppose également les migrants venus de l'Est, sans grandes ressources et dont la situation sociale est encore précaire, aux notables allemands ou d'origine polonaise des communautés qui profitèrent des décennies de forte croissance de l'ancienne Allemagne de l'Ouest. Le tableau de ce début du siècle ne doit pas être noirci cependant. Un nouveau chapitre de l'histoire juive allemande s'est ouvert ; il n'en est qu'à son prologue, à une phase de transition délicate. Toutes les communautés fonctionnent désormais en russe, la *lingua franca* des expatriés, très nombreux parmi leurs employés ; leurs annonces et autres gazettes sont systématiquement publiées dans les deux langues. Surtout, n'oublions pas l'essentiel : l'exode des Evrei soviétiques vers l'Allemagne, terre promise postmoderne, a sauvé d'une disparition certaine sa communauté. Deux chiffres feraient presque taire les difficultés et les conflits de ces dernières années. 107 677, soit le nombre de membres que comptait la communauté en 2005. Et 9 977, celui qu'elle recenserait si l'Allemagne réunifiée n'avait pas ouvert ses frontières aux juifs de l'ex-URSS[23].

CHAPITRE XIV

L'impossible retour ?

Son intégration était finalement achevée. Il se trouvait presque heureux en Allemagne de l'Ouest et Munich, sa latinité et sa douceur de vivre, Munich, où il habitait alors, lui plaisait. Étudiant puis journaliste au magazine alternatif *Tempo*, il s'était épanoui dans la métropole bavaroise, davantage qu'à Hambourg, incontestablement, ville froide et austère selon ses dires, où il avait passé son adolescence tumultueuse. Munich, l'ancienne capitale de la bohème de l'empire wilhelminien, lui rappelait sa chère ville de Prague où il avait vu le jour et qu'il aimait tant, dont il avait la secrète nostalgie. Maxim Biller, que l'on présente aujourd'hui comme l'enfant terrible des lettres allemandes, écrivait, folâtrait et papillonnait au pied des Alpes, le long de l'Isar, à l'ombre de la Frauenkirsche et dans les cafés de Schwabing, quand le mur de Berlin s'écroula. Le tournant. « Mes rapports à l'Allemagne ont commencé à se détériorer à cette époque[1] », m'avait-il affirmé, confortablement lové dans mon œuf scandinave, une veille de Pâques. Il était passé chez moi boire un thé, en voisin, lui qui habitait aussi à Prenzlauer Berg, l'ancien quartier ouvrier puis des artistes et des écrivains en marge du régime est-allemand, désormais transformé en gigantesque parc d'attractions pour post-adolescents où cafés, restaurants, disquaires, boutiques de pacotilles kitsch faussement estampillés RDA et magasins de meubles vintage se succèdent.

Maxim Biller arriva en 1970 en Allemagne ; il avait dix ans. Pour des raisons qu'il n'a jamais totalement éclaircies, ses parents, des juifs soviétiques installés à Prague après guerre, quittèrent la capitale du socialisme à visage humain après la répression du Printemps tchécoslovaque. Destination Hambourg, son port, ses putes et ses riches bourgeois. Le petit Maxim ne pipait pas un mot d'allemand à son arrivée. Il flâna deux ans à l'école sans rien comprendre, mais fut délicatement traité. Camarades et professeurs étaient bienveillants à l'encontre du jeune héros de la guerre froide. Ils le considéraient comme un dissident en culottes courtes. À Prague puis à Hambourg, il n'eut jamais d'éducation religieuse ; ses parents étaient des progressistes laïcs. Il savait toutefois qu'il était juif et quand il se regardait dans le miroir, il avait conscience de son altérité. Ses traits, ses cheveux, la couleur de sa peau, sa mine plus sombre le différenciaient de ses amis pragois et bien plus encore de ses nouvelles connaissances de la ville hanséatique. La trilogie de Lion Feuchtwanger consacrée à Flavius Josèphe, le juif romain, qu'il dévora dans sa traduction russe, la langue qu'il parlait au foyer familial, fut son catéchisme. Adolescent, il se rendait souvent en Israël où vivait sa sœur aînée. Son intégration fut lente ; il avait le mal du pays ; il n'était pas très à l'aise à Hambourg. Des amis de Francfort, fils de DP's, le sensibilisèrent à l'univers des Ostjuden et du shtetl. Sa conscience s'affirmait, elle était de plus en plus juive, mais Maxim n'avait aucun souci métaphysique à vivre en Allemagne. « Ma famille fut évacuée vers l'Oural pendant la guerre et échappa aux persécutions nazies ; l'Holocauste ne fut jamais mon obsession ; les blagues sur les fours crématoires que j'entendais ici ou là ne m'affectaient pas. Le stalinisme m'a davantage marqué. Des proches et en particulier mon père en furent les victimes. » Les Allemands étaient pour lui et ses amis un objet d'étude et de fascination dont ils ne se lassaient jamais. « Leurs complexes étaient immenses. Ils étaient si ennuyeux et si sérieux. C'était terrible. Pesant. Nous étions très différents, jeunes et arrogants aussi », avait-il ajouté. Il les admirait cependant pour leur modestie et leur curiosité, notamment celle que manifestait la bourgeoisie intellectuelle. « Les Allemands n'étaient jamais fiers d'eux. Seuls les anciens nazis et les nationalistes l'étaient. Les militaires de la Bundeswehr ressemblaient à John Lennon. À l'époque, personne n'aurait songé à accrocher un drapeau allemand à sa fenêtre. »

Puis l'histoire s'emballa. Maxim Biller fut pris au dépourvu, comme des dizaines de millions de ses concitoyens qui n'avaient jamais espéré voir le Mur s'écrouler de leur vivant. Il ne partageait guère leur euphorie toutefois. La nouvelle atmosphère extatique des retrouvailles interallemandes et le vertige nationaliste ne lui convenaient pas. Les Allemands n'étaient plus les mêmes. Il leur trouvait quelque chose de changé. Une certaine arrogance, une fierté inédite, une vague condescendance, accentuée encore par la Coupe du monde de football que la Mannschaft du Kaiser Beckenbauer remporta en Italie cette année-là. Tout un symbole. L'Allemagne divisée et occupée, c'était fini. Terminée aussi la petite et humble RFA, géant économique et nain politique à la diplomatie du chéquier. Il pressentait qu'un chapitre de l'histoire allemande se closait et qu'une nouvelle ère, riche d'incertitudes, débutait. D'autres, et non des moindres, partageaient ses appréhensions. Margaret Thatcher convoqua au 10 Downing Street les meilleurs historiens de l'Allemagne afin de faire le point et de la rassurer ; elle craignait l'avènement d'un IVe Reich. À Maastricht, François Mitterrand extorqua à Helmut Kohl sa puissante monnaie, le roi D-Mark, en échange de la réunification. Elie Wiesel et Yitzhak Shamir, le Premier ministre israélien, s'inquiétaient. Et les juifs d'Allemagne, dans leur immense majorité, avaient des difficultés à se réjouir ; ils se tracassaient et faisaient de drôles d'associations. Ils étaient dans l'expectative. Peut-être étaient-ils injustes, partisans et subjectifs. Peut-être se trompaient-ils. Peut-être faisaient-ils aux Allemands un procès d'intention. Ils n'en pouvaient mais : ces masses qui défilaient au flambeau et au nom du « Volk » les mettaient mal à l'aise ; chez certains, elles réveillaient de vieux traumas. Leurs réactions étaient comme épidermiques.

La guerre du Golfe, qui suivit de quelques mois la résurrection de la grande Allemagne, cristallisa leurs angoisses. Les Scud irakiens pleuvaient sur Tel-Aviv ; Saddam Hussein menaçait d'équiper ses missiles de têtes chimiques ; Israël éprouvait la pire terreur jamais connue depuis sa création. L'État hébreu pris en otage mais se gardant de répliquer au *casus belli* du dictateur irakien, les juifs d'Allemagne présumaient que la population et le gouvernement feraient preuve de la même solidarité à son encontre qu'en 1967, notamment parce que Bonn et ses industriels avaient considérablement renforcé l'arsenal chimique et la portée des Scud irakiens qui s'abattaient désormais sur les villes israéliennes. Ils croyaient pouvoir compter sur l'appui de la gauche libérale et des intellectuels humanistes, en premier lieu de Günter Grass, la bonne conscience du pays, qui avaient manifesté compréhension et compassion des décennies durant. « En ce moment historique unique, l'entité allemande aurait pu s'adresser à l'entité juive, les descendants innocents des assassins auraient pu exprimer un sentiment de responsabilité et une empathie envers les descendants des victimes[2] », écrivait Yoram Kaniuk dans *Le Dernier Berlinois*, en écho aux espoirs déçus de ses coreligionnaires allemands. Las, à quelques exceptions près, tel le philosophe Magnus Enzensberger, qui fut la cible de virulentes attaques, la gauche, l'auteur du *Tambour* en tête, préféra se mobiliser contre le conflit et discourir sur la notion de guerre juste quand les civils israéliens se terraient dans les abris, leur masque à gaz à portée de main. Face à l'indifférence de ces « hyènes hurlantes de la paix », les juifs d'Allemagne étaient désarçonnés, déçus, hystériques aussi. Quelques-uns évoquaient la probabilité certaine d'un second Holocauste ; d'autres comparaient Saddam à Hitler. Henryk Broder, revenu d'Israël quelques années plus tôt, croisa à nouveau le fer avec les gauchistes, ses meilleurs ennemis, et les accusa de n'aimer que les juifs morts. À trois mille kilomètres du théâtre des opérations, l'Allemagne s'offrait un des psychodrames dont elle avait le secret depuis la chute du IIIe Reich. Pro- et anti-guerre projetaient leurs anxiétés et leurs névroses sur les dunes du désert irakien ; ils rejouaient le drame de la Seconde Guerre mondiale ; le front était transféré sur les plateaux de télévision et dans les rubriques feuilleton des journaux à grands tirages. La gauche pacifiste évoquait le souvenir de Dresde en flammes pour condamner les bombardements « chirurgicaux » qui détruisaient Bagdad ; elle s'en prenait aux menées des « Anglo-Saxons ». Dépité, Micha Brumlik en concluait que les juifs ne pourraient plus jamais se sentir tout à fait chez eux en Allemagne.

Au révélateur de la guerre du Golfe, le malaise grandissant des juifs apparut en pleine lumière. L'assertion

péremptoire de l'universitaire francfortois en témoignait.
La réunification les prenait de cours. Ils étaient sur le qui-
vive. Ils s'interrogeaient sur leur place dans la nouvelle
Allemagne, eux qui avaient fini par trouver la leur, difficilement, en RFA, et en RDA dans une moindre mesure,
au fil des décennies. Une enquête réalisée quelques mois
après la chute du Mur corroborait leurs appréhensions.
Ses résultats étaient aussi surprenants qu'inquiétants.
57 % des Allemands de l'Ouest estimaient que l'Allemagne n'avait aucun devoir particulier à l'égard d'Israël
(40 % à l'Est) ; 45 % des Allemands de l'Ouest répondaient que les juifs instrumentalisaient l'Holocauste
(20 % à l'Est) ; près de la moitié des « Wessis » pensaient
que les juifs exerçaient une trop forte influence dans la
politique mondiale (20 % des « Ossis »)[3]. Les agressions
racistes qui se multiplièrent en 1991 et 1992 avivèrent
encore leurs craintes. À Rostock, à Mölln et à Hoyes-
werda, à l'ouest comme à l'est, néo-nazis et skinheads
mirent le feu à des foyers d'immigrés et assassinèrent.
L'ancien camp de concentration de Sachsenhausen, dans
la banlieue de Berlin, fut dégradé ; des cimetières israé-
lites profanés ; des citoyens juifs battus. « La république
fédérale réagit très mollement, malgré les morts que ces
attaques provoquèrent. Les opposants au racisme et à
l'antisémitisme devaient faire front commun et ameuter
l'opinion publique », se souvenait Ralph Giordano. Indi-
gné par l'apathie des autorités, il envoya une lettre
ouverte et provocante au chancelier Kohl dans laquelle il
prônait le recours à l'autodéfense tant les juifs, à son
instar, se sentaient menacés après la vague de violences
xénophobes et antisémites des derniers mois. Puis les
choses rentrèrent dans l'ordre ; le calme revint. Si la nouvelle Allemagne eut jamais caressé des rêves de grandeur

continentale et l'envie de renouer avec son Sonderweg, ce dont je doute, malgré son cavalier seul en ex-Yougoslavie[4], elle dut rapidement y renoncer tant elle avait sousestimé les difficultés de la réunification. Non seulement la situation économique des Länder de l'Est était catastrophique, mais les retrouvailles interallemandes furent plus laborieuses que prévu : le mur qui avait séparé les deux Allemagne fut aussi culturel et psychologique ; il mettra longtemps encore à disparaître. Quelques années seulement après la réunification, l'euphorie avait disparu et la grande Allemagne avait perdu de sa superbe. Elle rentrait dans le rang.

◆

Standing ovation! Le public était debout et applaudissait à tout rompre. Seul Ignatz Bubis, le président du Zentralrat, et quelques marginaux demeuraient cois, surpris, interloqués par la violence de l'invective. Le plus grand tabou de l'après-guerre venait d'être brisé. Enfin, se disait-on dans l'assistance ! Quelqu'un avait osé. Enfin, quelqu'un énonçait tout haut ce que tant d'Allemands pensaient intérieurement. Et l'orateur qui s'exprimait avec tant de liberté et tant d'aplomb, devant les plus hauts dignitaires de la République fédérale et les médias, était une personnalité insoupçonnable de collusion avec la droite extrême et révisionniste. Il était l'un des romanciers les plus connus et les plus respectés du pays, un ancien du Groupe 47, un intellectuel de gauche engagé qui avait soutenu la rébellion de la jeunesse dans les années 1960 et avait apporté sa pierre à la démocratisation de l'Allemagne d'après guerre. Ce 11 octobre 1998, en l'église Saint-Paul de Francfort, haut lieu de l'Allemagne démocratique et libérale[5], Martin Walser voyait son œuvre couronnée par le prix des Libraires de Francfort, la plus prestigieuse distinction littéraire allemande. Le lauréat sut à son tour récompenser son auditoire. Mieux, Martin Walser libéra tout un peuple. Dans son discours intitulé la « banalité du bien », il vitupéra contre la « représentation permanente de la honte », contre « la routine de la culpabilisation » et contre « l'instrumentalisation d'Auschwitz dans le débat public ». Il dénonça la manipulation de la conscience nationale et la « massue morale » qui menaçait de s'abattre sur l'Allemagne en toute circonstance[6]. Jamais la Shoah, désormais érigée en mythe fondateur de l'Allemagne moderne, n'avait été attaquée avec une telle véhémence et par une personnalité du charisme et de l'importance de Walser. Une gigantesque polémique suivit son intervention, encore attisée par les médias allemands qui savent si bien les orchestrer. En quelques semaines seulement, pas moins de cinq cents articles, éditoriaux et opinions diverses commentèrent et analysèrent ses propos. Le débat était passionnel car l'enjeu était immense : il portait sur la place que la nouvelle Allemagne réunifiée devait accorder à l'Holocauste, à ses responsabilités historiques, à sa mémoire et à son identité à l'aube du siècle nouveau.

L'espiègle et pétillant Ignatz Bubis, pressenti un temps pour devenir président de la République fédérale et dont le père avait disparu à Treblinka – lui-même avait été déporté dans un camp de travail forcé –, ne tarda pas à retrouver ses esprits. Il traita Walser d'« incendiaire spirituel ». Puis se rétracta. Les deux hommes s'expliquèrent, mais le romancier persista, inflexible, sûr de la haute moralité de son jugement, persuadé aussi d'avoir l'assentiment de l'opinion publique. Bubis était en effet isolé, en dissension avec la majorité silencieuse, elle aussi désireuse de s'affranchir du passé. Comme Walser, les Allemands se sentaient écrasés par le poids de l'Holocauste et par ses millions de victimes. Comme à Walser, la référence constante à Auschwitz leur paraissait inique et illégitime, plus de cinquante après la chute du IIIe Reich. Ils refusaient désormais d'être jugés au prisme déformant de la Shoah ; ils aspiraient à être laissés en paix avec l'épisode le plus dramatique de leur histoire, une époque trouble que la majorité d'entre eux n'avait pas vécue et dont ils refusaient de porter la croix *ad aeternam*. Dans les milieux politiques et intellectuels, ils étaient nombreux à caresser ces velléités d'émancipation et à refuser de borner l'identité allemande à son passé le plus honteux. Dans les années 1980, au plus fort de la vague *Holocaust*, l'intelligentsia estimait qu'en raison d'Auschwitz, l'Allemagne ne pouvait prétendre à la normalité. À présent, la plupart de ses représentants tenaient le raisonnement inverse : parce que l'Allemagne avait assumé Auschwitz, elle pouvait revendiquer sa normalité. Elle était en droit de lever la chape de plomb qui l'étouffait depuis des décennies et de revisiter son passé, plus librement, sans contester la Shoah, mais sans y voir l'unique aboutissement de son histoire et le seul fondement de son identité contemporaine et de sa démocratie.

Martin Walser délivra ses concitoyens de leurs inhibitions ; il les libéra de leurs fantômes. Depuis, les Allemands se sont réapproprié des thèmes et des idées qui paraissaient encore infréquentables quelque temps auparavant ; qui étaient bien souvent l'apanage des nostalgiques de l'empire, du IIIe Reich et de la droite nationaliste ; que l'on évoquait certes dans les veillées familiales mais que les grands médias et la gauche se gardaient d'approcher. La

Prusse par exemple. Depuis la fin de la guerre, elle était considérée comme le berceau du militarisme allemand ; elle symbolisait la soumission de l'individu à l'État, cette obéissance servile dont on avait fait le procès. *Le Sujet* d'Heinrich Mann ; les hobereaux réactionnaires du *Stechlin* de Theodor Fontane. Or la Prusse est aujourd'hui réhabilitée. Des historiens, tel l'ineffable professeur Schoeps, ont entrepris de trier son bon grain humaniste de l'ivraie belliciste de l'après-Bismarck et la présentent comme le prototype de la modernité, un embryon d'État de droit à l'ère des absolutismes. Ils vantent l'éthique et la déontologie de ses fonctionnaires, sa tolérance ; ils relativisent son autoritarisme. Voltaire et les philosophes à la cour de Frédéric le Grand, folâtrant et discourant au Sans Souci à Potsdam, telle est l'image qu'on loue à présent. Les célébrations du trois centième anniversaire de sa fondation en 2001 ont redonné son lustre au royaume disparu. Une centaine d'expositions tournèrent dans le pays et les grandes chaînes publiques de télévision lui consacrèrent plusieurs soirées spéciales[7]. L'année suivante, le Bundestag approuva à une large majorité la reconstruction, à Berlin et à son emplacement historique, du château des Hohenzollern que les autorités de RDA avaient dynamité dans l'immédiat après-guerre.

« On n'a pas eu l'droit de causer du Justloff. Chez nous à l'Est, en parlons pas. Et chez toi à l'Ouest, si jamais on parlait d'l'époque, c'était toujours pour d'autres trucs, des mauvais. Auschwitz et tout ça[8]. »

Comme la mère du personnage principal de *En crabe* de Günter Grass, les Allemands revendiquent le droit de « parler », d'évoquer leurs blessures de la guerre, les drames des réfugiés expulsés de Pologne et de Tchécoslovaquie et la perte des territoires de l'Est. Désinhibés, ils ne veulent plus taire leurs souffrances occasionnées par les deux dernières années du conflit où leurs cités furent rasées et leurs aïeux jetés sur les routes du terrible hiver 1945. Avec son roman publié en 2002, Grass, le *Praeceptor Germaniae*, a initié la tendance, une relecture plus commode et affective de l'histoire où les Allemands se présentent volontiers en victimes, comme ils s'étaient apitoyés sur leur sort à la chute du IIIe Reich, dans les ruines de leurs villes calcinées. Grass commence son roman par un « pourquoi si tard ? » qui indique sa démarche et parle à un peuple désireux de s'épancher sur son passé. Sur fond de torpillage du navire *Wilhelm-Gustloff* qui transportait des milliers de réfugiés de Poméranie et de Prusse orientale fuyant l'avancée des troupes soviétiques, il évoque les bombardements, les pillages, les viols, les femmes battues à mort par la soldatesque de l'Armée rouge. Sa prose puissante sait admirablement jouer sur les émotions et la compassion du lecteur. L'année suivante, Peter Glotz, un cacique du SPD, narrait dans *L'Expulsion* la tragédie des Allemands des Sudètes chassés par les autorités tchécoslovaques à la fin de la guerre. Lui aussi dépeignait les brutalités et les massacres collectifs dont furent victimes ses compatriotes – Glotz était né en 1939 dans les Sudètes. Il vilipendait les fameux décrets Benes qui confisquèrent les terres des Allemands et les privèrent de leur nationalité tchécoslovaque. La débâcle de l'hiver 1945, à travers l'histoire fictive d'une aristocrate prussienne, constitue aussi la trame de *La Fuite* (*Die Flucht*), un téléfilm diffusé en mars 2007 par la première chaîne et qui fut suivi par treize millions de téléspectateurs. Dans *L'Incendie*, Jörg Friedrich, un historien longtemps proche de l'extrême gauche, décrivait chirurgicalement la « stratégie de la terreur » des alliés anglo-saxons mus, selon lui, par le désir ardent de se venger sur les populations citadines. Il employait des termes et des expressions jusque-là réservés à l'Holocauste pour décrire les bombardements aériens qui réduirent les villes allemandes à un lit de braises. Troublantes analogies : Friedrich considérait que les Américains et les Anglais avaient lancé une « campagne d'extermination planifiée » ; le régiment de la Royal Air Force responsable de la destruction du centre historique de Dresde était qualifié d'Einsatzgruppe ; les abris où se réfugiaient les civils devenaient des « crématoires ». *En crabe*, *L'Expulsion*, *L'Incendie* : autant de best-sellers attestant de la tentation de la victimisation mais plus encore du désir des Allemands de se voir reconnaître leurs souffrances, au même titre qu'ils estiment avoir assumé depuis longtemps les blessures infligées aux autres peuples, aux juifs en particulier.

Le juif, tabou ultime de l'Allemagne contemporaine, ne résista pas à la normalisation du siècle balbutiant. Martin Walser, encore lui, porta les premières banderilles. Il attaqua *ad hominem*. Dans son roman *Mort d'un critique*, Marcel Reich-Ranicki était la cible de sa vindicte. Le très médiatique critique littéraire y était décrit en homme méprisant, avide de pouvoir et d'honneurs, prêt à toutes les bassesses et aux plus petites mesquineries pour satisfaire son ego surdimensionné et parvenir à ses fins. Les saillies de Walser avaient-elles pour autant des connotations antisémites ? Pour le directeur des pages littéraires du *Frankfurter Allgemeine Zeitung*, qui renonça à publier l'ouvrage en avant-première bien qu'il le désirât initialement, cela ne faisait aucun doute. Il évoqua un « document de haine » accumulant les clichés antisémites. Walser se résigna à modifier son manuscrit afin qu'il soit édité⁹. Ce pamphlet de mauvais goût aurait pu n'être qu'une nouvelle provocation d'un écrivain en butte à la morale judéo-chrétienne et affirmant vouloir s'affranchir de tous les tabous. Or elle signalait davantage la fin de l'« état de grâce » des juifs d'Allemagne que l'affaire Möllemann allait bientôt confirmer.

Au printemps 2002, Jürgen Möllemann, ambitieux vice-président du FDP – le parti libéral dont Bubis avait été membre – et chef de sa fédération de Nord-Westphalie, invita Jamal Karsli à rejoindre son groupe parlementaire à l'Assemblée régionale. Député vert d'origine syrienne, Karsli venait d'être exclu de son groupe pour avoir proféré des accusations contre le « lobby sioniste » qui « bloquait toute parole en Allemagne » et qualifié les méthodes de l'armée israélienne dans les territoires palestiniens de « nazies »¹⁰. Le Zentralrat réagit vivement par l'intermédiaire de son vice-président, le flamboyant et médiatique Michel Friedman. Möllemann répliqua à son tour : il attaqua l'État hébreu avec une violence inédite et déclara comprendre les Palestiniens qui commettaient des attentats suicides. Il s'en prit surtout à Friedman – à ses « manières intolérantes et haineuses » – et à Ariel Sharon, le Premier ministre israélien, qui, parce que trop voyants, seraient tous deux responsables de la montée de l'antisémitisme en Allemagne. Le « chasseur de rats », comme le surnomma un journaliste du *Zeit*, réitéra ses invectives peu avant les élections de l'automne. Il fut finalement exclu de sa formation – non pour ses déclarations mais pour avoir enfreint la loi sur les financements des partis politiques – et se suicida de manière spectaculaire, en sautant en parachute, quelques mois plus tard. Après la dénonciation de la « massue morale » de Walser, Möllemann, le politicien libéral, brisa un nouvel interdit.

Moins pour ses invectives contre Sharon, fréquentes dans l'Europe du début des années 2000, que parce qu'il pointait du doigt un juif, en l'espèce un dirigeant de la communauté, une première en Allemagne depuis la chute du nazisme. Selon Möllemann, un bon juif était un juif qui ne se voyait pas ; un juif qui n'avait pas l'audace de s'exprimer et de dénoncer l'antisémitisme. Sinon il était « coupable [11] ».

Le Zentralrat reprenait à peine ses esprits qu'un nouveau scandale éclata. Dans un contexte délicat – seconde Intifada, guerre en Irak, fort anti-américanisme, antisionisme – et alors qu'un complot d'extrême droite visant la cérémonie de la pose de la première pierre de la nouvelle synagogue de Munich venait d'être déjoué, il lui fallait cette fois parer sur sa droite. Martin Hohmann, député CDU, dégageait de ses limbes la vieille antienne du « judéo-bolchevisme ». Il qualifiait les juifs de « peuple de bourreaux » pour leur participation active aux crimes de la révolution bolchevique. Il reçut immédiatement le soutien du général Günzel, commandant des troupes spéciales de la Bundeswehr, réjoui que « la vérité soit enfin dite » aux Allemands et que l'on mette fin au joug de l'histoire. Déconcerté, le patriote « juif-allemand » Michael Wolffsohn, professeur à l'université de la Bundeswehr, se demandait si cette nouvelle Allemagne était encore son pays [12].

Elle l'était, à considérer les déclarations solennelles des parlementaires qui suivirent les allégations de Hohmann et de Günzel : ils rejetèrent absolument et vigoureusement la tentation antisémite. Le général fut limogé sur-le-champ par le ministre SPD de la Défense ; Hohmann fut exclu de la CDU ; ses deux principaux dirigeants, Angela Merkel et Edmund Stoiber, ce dernier pourtant proche des milieux conservateurs, s'étaient prononcés pour sa révocation[13]. Wolffsohn et les juifs d'Allemagne ne pouvaient pas ne pas avoir relevé que la grande presse, conservatrice et progressiste, ne les avait pas abandonnés et qu'elle persistait à souligner les obligations particulières de l'Allemagne à lutter contre l'antisémitisme.

La république de Berlin assume et perpétue en effet son devoir de mémoire du nazisme ; elle a conscience de ses responsabilités devant l'histoire ; elle a décrété impératif le souvenir de la Shoah. Depuis 1996, le 27 janvier, date de la libération d'Auschwitz, a été institué « Jour du souvenir des victimes du nazisme ». L'Allemagne compte plus de cent quatre-vingts mémoriaux sur les sites d'anciens camps de concentration, de prisons ou de synagogues détruites. Et le plus important de tous, le « Denkmal » des juifs assassinés d'Europe à Berlin, immense, effrayant, planté au cœur de la capitale, a finalement été inauguré en 2005. L'Allemagne a versé environ 80 milliards de dollars de compensations aux victimes juives du nazisme ; en 2030, elles devraient atteindre la somme de 104 milliards de dollars[14]. Nombre d'Allemands, dont l'intérêt pour la culture juive ne se dément pas, ne tournent pas le dos à leur passé : l'exposition photographique sur les crimes de la Wehrmacht, qui brisa le mythe des bons soldats opposés aux mauvais SS, seuls exécuteurs de la Shoah, circula de ville en ville et connut un succès considérable ; des millions de spectateurs furent bouleversés par *La Liste de Schindler* de Steven Spielberg. Daniel Goldhagen fut célébré tel un prophète pour son ouvrage *Les Bourreaux volontaires de Hitler*. Il n'épargnait guère ses lecteurs pourtant : sur des centaines de pages, il expliquait que seul l'antisémitisme fanatique des Allemands ordinaires, antisémitisme dont la société avait été nourrie au long de son

histoire, avait permis la Shoah. Ses conférences furent
prises d'assaut et le livre, malgré son interprétation mono-
causale contestable de l'Holocauste, devint un best-seller.
Conjointement à une nouvelle salve d'ouvrages célébrant
les putschistes conservateurs de l'attentat raté du 20 juillet
1944 contre Hitler, des auteurs et des colloques ont
rendu hommage aux résistants anonymes qui sauvèrent
au péril de leur vie des compatriotes juifs. Ces Justes
n'avaient jamais été reconnus précédemment par les autorités allemandes[15]. Et Joschka Fischer, l'ancien gauchiste
converti à la démocratie parlementaire qui devint l'un de
ses plus brillants ministres des Affaires étrangères, affirme
encore aujourd'hui que la Shoah demeure le socle fondateur de la république de Berlin. « Ce ne peut être
qu'Auschwitz, assurait-il dans un entretien avec Bernard-
Henri Lévy. C'est le souvenir d'Auschwitz. Le "plus
jamais ça" d'Auschwitz est le seul fondement possible à
mes yeux[16]. »

La nouvelle Allemagne estime cependant avoir dépassé
le stade de la contrition et de la probation. Elle assume son
passé, mais refuse qu'il étouffe son avenir et d'en être
l'otage. Persuadée d'avoir digéré son histoire, elle considère la chute du Mur et la réunification comme l'an I de sa
refondation. Environ 90 % des Allemands savent, ne
serait-ce qu'approximativement, ce que fut Auschwitz
– les néo-nazis aussi, même s'ils cherchent à nier ou à
relativiser l'Holocauste –, mais environ deux sur trois ne
veulent plus y penser et être accablés pour les crimes
commis contre les juifs. Un plus grand nombre encore
n'éprouve aucune culpabilité personnelle[17]. La Shoah est
une « référence », mais elle n'est plus une obsession, à la
différence des années 1980. Joschka Fischer appartient
aujourd'hui à une minorité dont l'ancien chancelier

Gerhard Schröder ne fait pas partie. Son autobiographie, parue en 2006, éclaire le Zeitgeist de l'Allemagne contemporaine. Son premier chapitre rappelle la jeunesse de Lula da Silva, le président du Brésil : une enfance très pauvre, une mère courageuse, la passion du football, les petits boulots. Puis il retrace son ascension, sa conquête du pouvoir, ses deux mandats ; enfin l'avocat Schröder défend ses choix et la justesse de sa politique. Quant à la mémoire de la dictature hitlérienne, il l'évoque tantôt en dénonçant la « monstruosité des crimes nazis », tantôt en rappelant le devoir qui incombe à l'Allemagne « d'accepter son passé, seule condition qui puisse [lui] permettre d'avoir un avenir » ; il se félicite de l'accord d'indemnisation des travailleurs forcés intervenu sous sa législature et confie son admiration pour Willy Brandt et son geste courageux de Varsovie. Mais sa prose manque de souffle et de chaleur ; sa réflexion et son style sont impersonnels. Schröder se révèle incapable d'exprimer une émotion à propos de la destruction des juifs d'Europe. Il emploie des formules types, consacrées par le rituel commémoratif de la République fédérale auquel il n'a jamais failli quand il était chancelier, mais il ne va pas plus loin. Et, chose étonnante mais instructive, il ne consacre pas une ligne, pas même un mot à Israël. Il préfère s'épancher sur l'ami Poutine – le grand démocrate sportif, accueillant, spirituel, ascétique et brillant germaniste… – à qui il offre des pages entières [18].

Gerhard Schröder ou l'incarnation de l'Allemagne au tournant du siècle. Comme lui, la plupart de ses concitoyens ressentent une honte certaine à l'évocation du passé, mais ils n'ont plus aucun complexe à être allemands aujourd'hui. Le temps de l'opprobre est révolu ; celui du patriotisme constitutionnel désincarné d'Habermas, de l'indifférence sinon du rejet des symboles nationaux l'est également. Dans le monde globalisé de l'après-guerre froide et de l'après-11 septembre, dans la nouvelle Europe dont elle est l'épicentre, la république de Berlin s'affirme et aspire à un nouveau statut, à un siège permanent au Conseil de sécurité de l'ONU par exemple. Ses revendications ne sont pas illégitimes : elle est une grande démocratie, stable et libérale, en paix avec ses voisins ; l'Europe a besoin d'une Allemagne dynamique qui assume ses responsabilités. La participation de ses troupes aux opérations de maintien de la paix dans les Balkans, en Afghanistan et au Congo est précieuse à la communauté internationale. Ce fut d'ailleurs en écho au « plus jamais Auschwitz » que Joschka Fischer décida de faire intervenir la Bundeswehr au Kosovo, ouvrant une nouvelle ère de la politique étrangère de son pays.

L'Allemagne décomplexée, où la parole s'est libérée et où le refoulé n'a plus cours, peut aussi offrir une face plus sombre et perturbante. Inquiétante même. J'y fus personnellement confronté en visitant l'exposition consacrée aux « migrations forcées du XXe siècle », qui s'est tenue à Berlin à l'été 2006. Imre Kertesz estime qu'il est temps que les Allemands se plaignent de leurs propres souffrances. Soit. À une condition toutefois, dois-je m'empresser d'ajouter : que les responsabilités historiques de l'Allemagne hitlérienne demeurent clairement établies ; que la narration des événements permette de restituer les raisons et les conditions ayant conduit à la destruction de ses villes et aux expulsions sauvages des territoires de l'Est. Or certains auteurs ne le font pas. Quand Friedrich évoque dans *L'Incendie* les effroyables bombardements sur Dresde, il omet de mentionner que Goering et sa Luftwaffe rasèrent au préalable Rotterdam et Coventry ; qu'il fallait certainement vaincre « Hitler par Hitler » et décourager à jamais les Allemands de se lancer dans une nouvelle guerre de revanche. Le conflit n'a pas commencé en 1945. Mon malaise à la lecture de Friedrich, je l'éprouvais à nouveau, quelques semaines plus tard, à cette exposition. Elle présentait les tragédies des réfugiés dont l'Europe avait été la matrice au XXᵉ siècle. Arméniens, Grecs, Turcs, Juifs, Allemands, Polonais, Ukrainiens, Lettons, Bosniaques… : tous avaient droit à une dizaine de photos et à quelques panneaux explicatifs. D'expulsions en pillages, de viols en assassinats, les destins se croisaient et les récits s'entremêlaient. Tous avaient connu l'errance, la misère et la détresse. Une communauté de destins les rassemblait. Le martyre d'un peuple ressemblait à celui des autres. L'histoire au prisme de la douleur et de la catastrophe. Et les Allemands et les juifs, dont les panneaux étaient presque mitoyens, figuraient ensemble, victimes des horreurs de la guerre, de la barbarie, de la folie des hommes à l'ère des totalitarismes. Une ligne rouge a été franchie. La mémoire s'est brouillée ; la vérité a disparu. L'histoire, travestie, ne distingue plus de bourreaux ; elle n'a produit que des victimes, dont les souffrances sont semblables. À l'heure où les derniers témoins disparaissent, un nombre croissant d'Allemands appréhende ainsi l'histoire funeste du XXᵉ siècle, sa cohorte macabre de massacres et de déportations. Juifs, Allemands, Arméniens, Polonais, Bosniaques, Lettons, Grecs sont tous rassemblés et jetés dans un même sac que l'on s'apprête à léguer au musée des horreurs du siècle passé. Pour enfin passer à autre chose.

Matthias Matussek est déjà passé à « cette autre chose ». Le rédacteur en chef des pages culturelles du *Spiegel* est fou de l'Allemagne, jusqu'à friser la caricature. Il ne s'en cache pas, il s'en vante même et a décidé de transmettre sa passion dans un livre intitulé *Nous les Allemands*, un hymne béat à la « germanitude ». Son ode, Matussek la concoctait depuis la réunification. De longues années comme correspondant à l'étranger l'ont convaincu de la publier en 2006 ; l'air du temps s'y prêtait admirablement. De l'Angleterre, Matussek a retenu la fierté des insulaires ; des États-Unis, le patriotisme et la ferveur du drapeau étoilé ; du Brésil, il a réalisé que les trains allemands étaient fort ponctuels et qu'il avait moins de chance de se faire assassiner en pleine rue à Dortmund qu'à Rio. De ses diverses pérégrinations, il tire une conclusion unique : les Allemands doivent s'aimer et se sentir à l'aise dans leur peau d'Allemands. Son enthousiasme paraît sans bornes. « Soyez fiers » ; « cessez de vous tourmenter » ; « ne rougissez pas de votre riche culture et de votre grande histoire », déclame-t-il à ses compatriotes. Et notre panégyriste exalté de citer Charlemagne, Heinrich Heine, Heidi Klum, Franz Beckenbauer, Ludwig von Beethoven…

Matussek est bien sûr en désaccord complet avec Joschka Fischer : Auschwitz ne saurait être le fondement de l'Allemagne moderne. Il doute d'ailleurs que l'ancien ministre tienne les mêmes propos hors caméra. Hitler ? Il s'étonne qu'aucun Allemand n'ait jamais eu l'audace de penser qu'il fut un accident[19]. Matussek ne doute de rien, pas même de proférer quelque contrevérité historique et de reprendre à son compte le mythe faustien du Führer que la droite réactionnaire avait élaboré après guerre afin de disculper le bon peuple allemand de toute responsabilité dans les exactions nazies. Les violences xénophobes du début des années 1990 ? Il assure qu'elles n'avaient rien de propre à l'Allemagne et qu'elles s'inscrivaient dans la lignée des autodafés racistes que l'Europe connut à l'époque. « Des perdants s'en prenant à d'autres perdants[20] », écrit-il. Cela dit, la route est dégagée pour

notre chantre ; il peut partir à la découverte de son grand
et beau pays. Matussek au pays des merveilles. La cuisine
allemande, la nouvelle bourgeoisie allemande, la néo-pop
allemande le comblent d'aise. Je ne peux résister à mentionner quelques passages d'anthologie de son entretien
avec la ravissante et blonde Heidi Klum, la nouvelle
Marianne nationale. Il commence par lui demander si
elle sait préparer le rôti de porc braisé aux boulettes de
pommes de terre – grande spécialité locale ; puis pourquoi les femmes allemandes sont si belles et, *last but not
least*, si elles ne sont pas, simplement, les créatures les
plus célestes de la planète. Tous deux conviennent que
les Allemands sont plus ouverts et plus drôles qu'on ne le
croit à l'étranger ; qu'ils sont infiniment curieux et qu'ils
adorent voyager, plus qu'aucun autre peuple au monde,
évidemment. Enfin le clou de l'interview : à quelles
périodes de l'histoire l'Allemagne fut-elle le pays le plus
sensationnel de la terre ? Il lui suggère trois options : les
Lumières de Goethe, les folles années 1920 ou... aujour-
d'hui[21]...

Le livre de Matussek n'est jamais agressif ; il est irritant et
un peu niais, provincial aussi, à mon très humble avis. Il a
cependant un mérite : il témoigne de la révolution des
mentalités qui s'est opérée ces dernières années. Une vague
de *cool Germania* dont Berlin est la crête submerge l'Allemagne contemporaine. De jeunes designers s'emparent
sans complexes des symboles nationaux et drapent leurs
mannequins de vêtements aux couleurs noir, rouge et or ;
un luxueux magazine de mode *trendy* s'intitule sobrement
Deutsch. Ce regain de ferveur patriotique n'est pas réservé à
la « branchitude » berlinoise ; les Allemands dans leur
ensemble ont recouvré leur fierté et la célèbrent en toute
décontraction, comme les y invitent les médias, à l'occasion

de l'élection du pape Benoît XVI, de l'Oscar attribué au film *La Vie des autres*, du titre de champion du monde de handball… Et il y eut la Coupe du monde de football, la « WM ». Avant son coup d'envoi, l'orgueil national avait été savamment flatté : à l'automne 2005, la campagne *« Du bist Deutchland »* (Tu es l'Allemagne) devait galvaniser le moral de la population, puis l'exposition « Allemagne terre des idées » magnifia sa culture et sa science. Je me souviens notamment d'une gigantesque sculpture devant l'université Humboldt : des chefs-d'œuvre de la littérature germanique, empilés les uns sur les autres. Les mêmes livres qui furent brûlés au même endroit par les nazis en 1933, disais-je aux amis qui m'accompagnaient ce jour-là. Mais j'étais rabat-joie. Les Allemands d'aujourd'hui préfèrent regarder devant eux. Et l'avenir immédiat, à cet instant précis, c'était la Coupe du monde.

Matthias Matussek fut certainement aux anges pendant ces quatre semaines de délire collectif noir, rouge et or. Quelle ferveur ! Quelle fièvre patriotique ! Un déferlement de drapeaux, de fanions, de casques à pointe, de coiffes iroquoises et de maillots, tous aux couleurs de la Mannschaft. Et ces millions d'Allemands aux visages grimés, communiant, chantant à gorges déployées et sans retenue le *Deutschland über alles*, à l'instar de Jürgen Klinsmann, l'entraîneur globe-trotter qui vit en Californie avec une femme américaine d'origine chinoise, et de son équipe multiculturelle ! Oui ce fut une fête magnifique, bon enfant et cosmopolite. Le symbole d'une Allemagne en apparence réconciliée avec elle-même et ouverte au monde.

Les Allemagne. Celle de Fischer ; de Klinsmann ; de Schröder ; de Matussek ; de Walser ; de Hohmann et du général Günzel. C'est dans cette nation complexe et protéiforme que les juifs, les survivants de l'Holocauste et leurs petits-enfants, les Russes et les Moldaves, les artistes israéliens et les vieux exilés de retour, les intellectuels et les DJ's, les rabbins et les anciens communistes de RDA, évoluent à présent. Des juifs inquiets de la montée des actes racistes et antisémites, perpétrés par des néo-nazis ou des jeunes issus de l'immigration ; de l'antisionisme latent et croissant d'une partie de la population depuis les attaques du 11 septembre 2001 ; du succès des partis d'extrême droite dans les Länder de l'Est. Des juifs rassurés par le traité d'État signé par le Zentralrat avec le gouvernement en 2003. Il pérennise leur existence et garantit la survie financière de leurs congrégations. Des juifs dont les médias intrigués – d'aucuns diraient obsédés – célèbrent la renaissance et dont les cérémonies d'inauguration de synagogues et les ordinations de rabbins sont retransmises en direct à la télévision comme une finale de Coupe du monde ou un grand prix de Formule 1. Tous forment une communauté en transition qui n'a jamais compté autant de fidèles depuis le nazisme, et dont les identités multiples et contradictoires sont à l'image de l'Allemagne contemporaine. Et c'est à Berlin, dans cette ville « qui ne cesse de devenir sans être jamais », comme l'écrivit le philosophe Ernst Bloch, c'est à Berlin, cité laboratoire, que se façonne l'être juif allemand du siècle naissant.

◆

Je pensais à lui depuis mon arrivée. Je savais qu'il vivait ici. Il y a quelques années, il avait publié un texte magnifique qui s'intitulait « Pourquoi Berlin ? » dans la revue *Les Temps modernes*. Mais où le dénicher ? Comment le

rencontrer ? Appeler son éditeur ? Illusoire. Un Prix Nobel
de littérature est constamment sollicité. Non, il faudrait un
contact sûr, un bon intermédiaire. Ou, éventuellement,
miser sur la chance. C'est elle qui me sourit, un après-midi
d'hiver, gris et maussade. L'illustre écrivain se tenait devant
moi, emmitouflé dans un long manteau sombre, les bras
chargés, à la sortie d'un supermarché. Je reconnus son
visage sous son grand feutre noir. J'abordai immédiatement Imre Kertesz. Surpris, il n'était vraisemblablement
pas habitué à être approché en pleine rue, telle une starlette
de cinéma. Il me pria, hélas, de contacter son éditeur. Une
seconde rencontre inopinée ne changea rien. Il refusa à
nouveau de me communiquer son numéro de téléphone.
La troisième fut la bonne : il finit par accéder à mes sup-
pliques. Nous nous verrions au bar de l'hôtel Kempinski.

Imre Kertesz n'avait pas quinze ans quand il fut déporté
à Auschwitz. Kertesz dont l'œuvre est entièrement marquée du sceau de l'expérience concentrationnaire et de ses
« êtres sans destin » ; qui avait déclaré « penser toujours à
Auschwitz quand il pensait à un nouveau roman ». Pourquoi avait-il fait de l'ancienne capitale du IIIe Reich sa
patrie d'adoption ? Oui, pourquoi Berlin ? « J'aime cette
cité. Je m'y sens bien. C'est une grande métropole cosmopolite, ouverte, curieuse et libérale. C'est peut-être la plus
européenne des villes. Et elle ressemble à New York : personne ne vous demande d'où vous venez. Je ne m'y sens
pas étranger[22] », me dit-il. Dans *Les Temps modernes*, il
écrivait qu'il l'admirait pour son indestructible force vitale
et son inépuisable énergie, lui qui traîne sa « mélancolie de
plomb » d'écrivain de la Mitteleuropa. Berlin et son prestigieux passé littéraire, par où transitèrent Roth, Canetti,
Koestler et Nabokov, par où passèrent tant d'autres lettrés
d'Europe orientale pour aller vers les autres langues et vers

la littérature universelle[23]. Une ville médiatrice comme Kertesz fut un passeur de cultures en Hongrie socialiste. Avant de devenir romancier, il fut en effet traducteur d'auteurs germaniques. « J'ai ainsi gagné ma vie pendant des années. J'ai traduit vers le hongrois Roth, Nietzsche, Hofmannsthal, Schnitzler, Freud... L'allemand, que j'ai appris à l'école avant guerre, m'a permis de m'évader pendant la dictature. Il était mon seul moyen d'accès à la "littérature interdite". » Kertesz échappa au rapport traumatique qu'entretinrent tant d'anciens déportés avec la langue de leurs bourreaux. Primo Levi par exemple, qui, dans *Si c'est un homme*, garda le vocabulaire des camps dans sa version originale – *Lager* (le camp), *Häftling* (le détenu), *Arbeit macht frei*... – comme s'il désirait transmettre son dégoût et sa répulsion pour un idiome qui ne peut plus être que celui de ses tortionnaires. Pour Kertesz, la langue allemande ne se réduisait pas au langage ordurier de ses geôliers SS. Elle fut au contraire un vecteur de haute civilisation, un jardin secret que les staliniens et les petits apparatchiks ambitieux ne pouvaient pénétrer. Et s'il se trouve si bien aujourd'hui à Berlin, c'est parce qu'il est immergé dans cette atmosphère culturelle et linguistique ; parce que la langue allemande l'entoure, le domine et l'enveloppe pour ainsi dire.

« Je me suis exilé dans ma langue étrangère. Même si j'écris en hongrois, l'allemand est propice à mon travail ; l'Holocauste n'y est pas étranger ; mon environnement berlinois m'aide à traduire mes blessures », m'affirmait-il, lui qui travaillait à son autobiographie au moment de notre rencontre. L'Allemagne est aussi le pays où il est devenu réellement écrivain et où ses livres ont produit leur plus forte impression. Il y a trouvé la reconnaissance et un public. « J'ai reçu beaucoup de lettres, notamment

de jeunes lecteurs. Ils voulaient savoir; ils pouvaient me
suivre et j'ai le sentiment que beaucoup m'ont compris.
En Hongrie, ce ne fut jamais le cas. Mes livres étaient
perçus comme des romans étrangers. La Shoah y a longtemps été tabou et n'a jamais intéressé grand monde. Ici,
"juif" n'est pas un gros mot et Berlin ne cache pas son
passé monstrueux. » Dans les salons feutrés du Kempinski,
dans le grand fauteuil en cuir où il avait pris place, Kertesz,
chaleureux, bienveillant, dégageait une grande sérénité.
Un vieux sage en paix avec lui-même. N'avait-il jamais
éprouvé de rancune ou quelques réserves à l'encontre des
Allemands? « Je n'ai jamais cru qu'ils haïssaient les juifs.
L'histoire allemande, ses Lumières ne mènent pas à Auschwitz. Les nazis avaient besoin d'un bouc émissaire et ils ont
choisi le juif. C'est classique. Par la suite, une dynamique
totalitaire s'est enclenchée. C'est le phénomène totalitaire
qui a prévalu », assurait-il. Ses propos me rappelaient un
passage des *Années de guerre* de Vassili Grossman; sa vision
du totalitarisme, qu'il fût hitlérien ou stalinien. Grossman
ne considérait pas les Allemands et les Russes comme
intrinsèquement mauvais; il incriminait l'État tout-puis-
sant qui terrorisait, rejetait le concept d'individu et opérait
par masses énormes. « Ce qui doit faire horreur, ce sont
moins ces êtres que l'État qui les a tirés de leurs trous, de
leurs ténèbres, de leurs souterrains, parce qu'ils lui étaient
utiles, nécessaires, indispensables[24] », écrivait-il, en découvrant les assassins de Treblinka. Le rejet du totalitarisme:
Kertesz s'inscrivait dans la lignée de Grossman, de Sandor
Marai aussi, son admirable compatriote, auteur des déchi-
rants *Mémoires de Hongrie*, où il décrivait la transition
d'un totalitarisme à l'autre dans l'immédiat après-guerre.
Kertesz entretient cette tradition propre à l'Europe centrale et orientale, à ceux qui furent pris dans l'étau du

nazisme puis du communisme stalinien. Ni moraliste ni revanchard, il a retrouvé sa liberté et son inspiration à Berlin. « C'est une bonne ville pour un écrivain juif européen mais sans patrie, laïc et sans idéal sioniste », conclut-il.

Werner Max Finkelstein se félicite également de son choix. Son pari était audacieux : revenir à Berlin au terme d'une existence aventureuse et palpitante, soixante ans après l'avoir quittée en catastrophe, à quelques jours du début de la Seconde Guerre mondiale. Mais Werner Max Finkelstein est un bourlingueur ; il n'a jamais eu froid aux yeux. Werner Max Finkelstein, Tintin mosaïque de Prusse orientale, possède un nom que je trouve extraordinaire, un nom de héros picaresque – celui du personnage principal dans *Le Nazi et le Barbier* d'Edgar Hilsenrath –, une gueule digne du *Salaire de la peur* de Clouzot, et des yeux vifs et malicieux. Un amoureux de la vie, que la vie, bien qu'elle l'ait ballotté au gré des vicissitudes du siècle, a su récompenser. « Je suis toujours passé entre les gouttes ; j'ai eu beaucoup de chance[25] », m'annonça l'octogénaire facétieux, une cigarette aux lèvres. Finkelstein est né en 1925 à Gumbinnen, une petite ville aux confins de la Prusse orientale, qui appartient aujourd'hui à l'oblast de Kaliningrad en Russie. Son père y possédait un commerce et un hôtel ; il avait vaillamment combattu pour le Kaiser pendant le premier conflit mondial et présidait la petite communauté juive de la cité. En 1935, les Finkelstein déménagèrent à Berlin : « Nous pensions qu'il nous serait plus aisé de vivre dans une grande ville anonyme. Or les choses allèrent de mal en pis. Mon père mourut et après la Nuit de cristal, nous comprîmes, ma mère et moi, qu'il nous fallait quitter l'Allemagne au plus vite. » Le jeune Max fut envoyé en août 1939 en Suède dans un foyer sioniste ; un an plus tard, sa mère obtenait miraculeusement un visa pour la Bolivie.

Débuta alors l'étonnante odyssée de Werner Max Finkelstein, en goguette autour du monde afin de retrouver sa mère. Parce que l'Europe de l'Ouest était sous la coupe des nazis et que la guerre faisait rage dans l'Atlantique, il dut prendre la direction de l'est. À quelques semaines du début de l'opération Barberousse, le voilà parti. « J'ai traversé la Finlande, puis l'Union soviétique de Staline à bord du Transsibérien. À Vladivostok, j'ai pris un bateau pour le Japon ; puis de Kobé un navire en direction de San Francisco. À l'escale d'Honolulu, j'ai goûté mon premier ananas. J'ai ensuite gagné le Chili et enfin La Paz », me raconta-t-il. La guerre, il la passa en Bolivie où il fut successivement employé dans une fabrique de tapis appartenant à un juif hongrois, électricien, contrôleur de mines, maçon, chasseur d'alligators et vendeur de sel. Le conflit terminé, il s'installa à Buenos Aires – « une capitale, un port, des femmes et la culture », m'expliqua-t-il – où il poursuivit un temps son existence erratique. Il y fut notamment bijoutier et vendeur de pièces détachées d'automobiles, fonda un club de jazz et finit par devenir journaliste à l'*Argentinisches Tageblatt*, un des deux journaux de la communauté allemande du pays – « l'autre s'adressait aux nazis », précisa-t-il –, et au *Semanario Israelita*. Il en fut le rédacteur en chef pendant vingt ans et jusqu'à sa disparition, en 1999. À 74 ans, quel démon le poussa à reprendre son baluchon et à retourner à Berlin alors qu'il pouvait couler une paisible retraite aux côtés de ses enfants ? « Je n'ai jamais cessé de penser à l'Allemagne. Je dirais que pendant des décennies mes pieds étaient en Argentine, mon cœur à Jérusalem et ma tête à Berlin. Après-guerre, je ne ressentais que colère et déception : l'immense majorité de la famille avait été assassinée et tous nos biens étaient aux mains des Russes. Je n'y suis retourné qu'au début des années 1980 ; j'étais très partagé. Je constatais que l'Allemagne avait changé, mais j'étais toujours mal à l'aise quand je croisais des personnes de ma génération ou plus âgées. » Au fil de ses voyages, il s'y plut toutefois de plus en plus. Le tournant fut un coup de foudre ; une rencontre miraculeuse. Sa bonne étoile, encore une fois. Finkelstein et une stagiaire allemande du *Semanario Israelita*, de quarante-neuf ans sa cadette, tombèrent éperdument amoureux. Elle le convainquit de quitter l'Argentine et de la suivre à Berlin. Je compris à cet instant de son récit que la jolie jeune femme qui m'avait reçu était son amie. « La boucle est bouclée. Je suis de retour à la maison. J'ai été très bien accueilli. J'ai pris ma carte au SPD et suis actif à la communauté juive. »

Finkelstein respirait le bonheur et la joie de vivre. Malgré les blessures et le chagrin, un fragment d'Allemagne l'avait toujours habité. L'espoir aussi de rentrer un jour, peut-être, au pays, et de refermer la douloureuse parenthèse. D'autres exilés, à l'automne de leur vie, sont revenus à Berlin ces dernières années. Je me souviens d'avoir croisé un soir dans un café le vieux Joseph Weizenbaum et son étonnant catogan, professeur émérite d'informatique au MIT de Boston et l'un des créateurs de l'intelligence artificielle. Heinz Berggruen, grand marchand d'art parisien d'après guerre et collectionneur inlassable, ami de Picasso et fugace amant de Frida Kahlo qu'il avait croisée à New York au milieu des années 1930, fut certainement le plus prestigieux de ces « rémigrés » tardifs. En 1996, Berggruen revint à l'âge de 82 ans dans sa ville natale, suivi de sa prodigieuse collection privée de toiles cubistes.

Au tournant du siècle, il les céda pour un prix dérisoire à une fondation de la ville ; elles sont désormais présentées dans un pavillon néo-classique – qui a pris le nom de musée Berggruen – en face du château de Charlottenburg. D'autres ont renoué à distance avec leur histoire. Le banquier new-yorkais Henry Arnhold, descendant d'une des plus prestigieuses dynasties financières de la république de Weimar, participa au financement de la rénovation de la Frauenkirche, l'église emblématique de Dresde qu'il avait quitté adolescent en 1936. Et le grand Helmut Newton, né Neustädter, d'un père juif, à Berlin en 1920, a offert sa collection de photos à sa ville natale, quelques mois avant sa mort en 2004.

Il est toutefois des épreuves dont on se ne remet jamais. Lola Waks, la jeune adolescente du ghetto de Lodz qui fut l'esclave des SS et dont toute la famille avait été massacrée, n'a elle jamais pardonné. Sa colère et son aversion sont intactes. Elle les cultive, elle souffle sur leurs braises, comme si la rancœur avait guidé son existence depuis plus de soixante ans. Le passé cogne en elle comme un second cœur ; elle entretient la douleur de son membre fantôme. Inutile de lui mentionner les transformations de l'Allemagne, sa reconnaissance de ses responsabilités, son travail sur le passé, les nouvelles générations ; encore moins d'évoquer une éventuelle réconciliation. « Je n'ai jamais eu d'amis allemands. Jamais. Pour moi, les Allemands seront éternellement coupables. Les Polonais et les Ukrainiens aussi. D'ailleurs, je ne crois pas aux "changements" de l'Allemagne ni au travail de mémoire. Ce sont des légendes. Tant que la génération des victimes et des bourreaux sera là, le conflit durera toujours. Jusqu'au dernier souffle du dernier survivant. »

Pourquoi est-elle demeurée en Allemagne ? Pourquoi s'être infligé cette torture quotidienne ? « Non, vous n'avez rien compris. Je ne souffre pas. Au contraire, je suis bien ici. Quand les Allemands entendent le mot "juif", ils se font tout petits. Depuis des décennies, je cherche à les mettre mal à l'aise, je joue avec leur culpabilité et avec leur mauvaise conscience, surtout celles des plus vieux. Je raconte à tout le monde que je suis juive et je jouis de l'effet que je provoque. J'en ai profité dans les administrations, avec les policiers… J'ai même dénoncé un gamin qui plaisantait sur les chambres à gaz dans un tramway de Düsseldorf. J'en suis fière. C'est ma vengeance personnelle. Je ne suis restée que pour cela. Je suis toujours en guerre. » Ses yeux brillaient de haine.

La vie de Lola Waks semble s'être arrêtée en 1945. Elle me disait n'avoir jamais lu que des ouvrages consacrés à l'Holocauste. Elle se prévalait que l'un de ses fils, historien en Israël, possédât deux chambres emplies de livres sur la Shoah. En l'écoutant, je songeais à ces vers du poème *Si c'est un homme* de Primo Levi :

> « N'oubliez pas que cela fut,
> Non, ne l'oubliez pas :
> Gravez ces mots dans votre cœur.
> Pensez-y chez vous, dans la rue,
> En vous couchant, en vous levant ;
> Répétez-les à vos enfants. »

Lola Waks enfila sa veste et descendit avec moi dans la rue. « J'ai quelque chose à vous montrer. » Elle me conduisit à un réverbère. Lisez, me dit-elle. « Il est interdit aux juifs d'émigrer. 23 octobre 1941. » Elle me prit le bras et me désigna un deuxième écriteau : « Les juifs sont exclus des chorales. 16 août 1933. » Puis un troisième, quelques

mètres plus loin. « L'achat de nourriture n'est autorisé aux
juifs qu'entre 16 et 17 heures. 4 juillet 1940. » Lola Waks
habitait la Bayerische Platz, le seul lieu de Berlin – à ma
connaissance – où la municipalité avait rétabli les affi-
chettes antisémites du IIIᵉ Reich ! Un maléfice la poursuivait ; le destin s'acharnait sur elle ; jamais il ne laisserait
sa mémoire en paix, jamais il ne la laisserait mettre un
terme à sa haine. Elle serra les poings. Dans son gros
anorak et ses pantoufles, elle frissonnait. Il se faisait tard,
nous prîmes congé. Je regardai sa petite silhouette s'éloigner, son ombre s'évanouir dans un sillage de silence, à la
lueur des lampadaires, ces lampadaires qui la replongeaient
chaque jour dans ses pires ténèbres.

◆

Monsieur Zucker joue son va-tout (*Alles auf Zucker*) fut la
grande surprise cinématographique de 2005. Une réussite
commerciale – plus d'un million de spectateurs ; un film
salué par la critique et la profession, récompensé de plusieurs Lolas, les Césars allemands, et du prestigieux prix
Lubitsch. La première comédie juive allemande depuis le
nazisme fut à l'affiche pendant six mois ; à mon arrivée, le
Spiegel en offrait le DVD à ses nouveaux abonnés. Dani
Levy, son réalisateur d'origine suisse, arrivé à Berlin, la
ville où naquit sa mère, en 1980, dut pourtant batailler
trois ans avant de trouver son financement. Les producteurs rechignaient, mal à l'aise, troublés à l'idée de faire un
film dont les personnages ne répondaient pas aux canons
traditionnels du juif qu'affectionne le cinéma allemand ;
ils lui expliquaient qu'ils n'étaient pas intéressés par des
« fictions sur les minorités », guère rentables au box-office.
En somme, qu'il n'y avait pas de public en Allemagne

pour une comédie juive contemporaine. Ils se trompaient : les spectateurs ont beaucoup ri des mésaventures des frères ennemis Zuckermann. Samuel, juif orthodoxe à la barbe fleurie et prospère investisseur immobilier à Francfort, n'a plus parlé à Jackie depuis des lustres, un ancien journaliste sportif vedette de la télévision est-allemande, un joueur invétéré qui n'a pas digéré la réunification. Ils sont néanmoins contraints de se réconcilier sous les bons auspices d'un rabbin, sous peine de perdre l'héritage de leur mère qui vient de décéder ; sinon, il sera versé à la communauté juive. Le film de Levy m'a plu. Ses deux personnages principaux sont caricaturaux, presque grotesques mais leur opposition de style et celle de leurs familles fonctionne efficacement. Les répliques fusent ; le rythme ne s'essouffle pas ; *Alles auf Zucker* est une comédie enlevée.

« La grande majorité des Allemands n'a jamais de contacts avec les juifs. Au cinéma et à la télévision, ils n'en ont qu'une représentation limitée à l'Holocauste où ils sont dépeints en nobles victimes ou en héros du ghetto de Varsovie. Avec ce film, j'ai voulu mettre fin à ces préjugés. Je souhaitais démythifier les juifs, montrer qu'ils pouvaient être idiots et méchants, qu'ils mentaient, jouaient et menaient des vies imparfaites. Bref, qu'ils étaient des gens tout à fait normaux dont on pouvait rire, sans mauvaise conscience aucune[26] », m'expliqua Dani Levy. L'une de ses sources d'inspiration fut le film français *La vérité si je mens*. « Ces juifs séfarades ont une identité culturelle très forte, mais ils sont ancrés dans la réalité française et le film a pu, de fait, attirer un public très large. Telle était l'ambition d'*Alles auf Zucker* : à partir d'une culture minoritaire, je souhaitais délivrer un message plus "universel". Ce n'est pas une comédie juive. » Non, en effet, *Alles auf Zucker* est une comédie sociale

allemande dont les personnages sont des juifs. Les spectateurs peuvent s'identifier aux frères Zuckermann ; l'un
incarne un riche bourgeois de l'Ouest, le second un loser
de l'ex-RDA ; leurs rapports conflictuels évoquent les préjugés, les incompréhensions et les tensions qui perdurent
entre « Wessis » et « Ossis » dans l'Allemagne contemporaine. C'est l'intérêt majeur de la comédie de Levy, quels
que soient ses qualités ou le jugement qu'on puisse porter
sur elle. Ce jeu de miroirs qu'elle esquisse entre juifs et
Allemands constitue une grande première depuis le
nazisme. Une petite révolution : par ses personnages,
Levy revendique la normalisation de la situation du juif
en Allemagne. Ce ne sont plus les juifs contre les Allemands, ni même les juifs et les Allemands mais des juifs
allemands, de même que *La vérité si je mens* dépeint des
juifs français et les premières comédies de Woody Allen
décrivent les turpitudes et les angoisses d'un juif américain
névrosé. « Une partie de la culture allemande est marquée
d'une forte empreinte juive. Les Allemands, notamment
les Berlinois et les Allemands de l'Est, peuvent avoir un
humour très proche de celui des juifs : un certain cynisme,
de l'autodérision, le goût du sarcasme. Je crois que les
cultures juive et allemande peuvent à nouveau fonctionner
ensemble », affirmait le cinéaste, qui, porté par le succès de
Monsieur Zucker, a brisé un nouveau tabou en 2007 en
réalisant *Mon Führer*, la première comédie allemande
consacrée à Hitler. Malgré de mauvaises critiques et une
intrigue très discutable[27], le film a connu un vif succès :
plus de 800 000 spectateurs en trois mois. Levy a trouvé
son public et se trouve bien en Allemagne. « On peut très
vite devenir paranoïaque ici. Mais je pense que les Allemands ont tiré les leçons du nazisme. Je crois à l'Allemagne d'aujourd'hui, je lui fais confiance. »

Maxim Biller s'étranglerait probablement à la lecture de ces lignes. Il appartient à la même génération que Levy mais leurs visions diffèrent radicalement. Biller, lui, ne fait pas confiance à l'Allemagne d'aujourd'hui. Au contraire, elle l'indispose et le contrarie ; elle l'irrite au plus haut point quand elle ne l'inquiète pas. Dans ses œuvres romanesques et plus encore dans ses chroniques journalistiques, Biller se révèle un feuilletoniste acerbe et narquois. Souvent drôle et caustique, quelquefois injuste et méchant, il ne cesse de maugréer, de vitupérer et d'invectiver ses contemporains. Un passage d'une de ses nouvelles écrite au début des années 1990 en dit long sur les relations conflictuelles qu'il entretient avec l'Allemagne. « Je détestais ses petits politiciens, ses auteurs non professionnels et parvenus, ses universitaires sans âme, son délire pathétique et romantique du passé. Je détestais la cuisine allemande, je détestais les conversations allemandes, l'humour allemand, les femmes allemandes, le manque de politesse allemand. Je détestais le manque de raison et de bon sens qui habitait chaque discours allemand [...]. Je détestais le mépris que les Allemands exprimaient à l'égard de ceux que, durant les années de guerre, ils avaient dominés, je détestais leurs plaintes et leur avarice[28]... » La diatribe de son narrateur se poursuit sur plus d'une page. Il en va ainsi depuis une quinzaine d'années. Maxim Biller promène son regard acéré et sa plume vengeresse, depuis que l'Allemagne a entamé sa normalisation, sa droitisation, en vérité, selon ses dires. « Elle fonctionne par vagues : la querelle des historiens initiée par Nolte, la réunification, les violences xénophobes, Walser, Möllemann, la victimisation actuelle... Elles ont certes rapidement reflué. Cependant, elles ont laissé des empreintes durables sur la société. Les traditions allemandes sont aujourd'hui réhabilitées. Or

celles-ci ne sont pas libérales mais autoritaires et autocra-
tiques. Je ne divague pas : je sais que le pays ne renouera ni
avec la politique impériale de Guillaume II ni avec le
nazisme. Mais attention ! Il faut garder en mémoire que les
Allemands ont rejeté les Lumières ; l'Allemagne n'est pas
comparable aux États-Unis ou à la France », m'avait-il
assuré. L'hystérie collective de la Coupe du monde et
son délire « national-positif » l'ont exaspéré comme jamais.
Enragé presque. Maxim Biller ou l'art du contre-pied ;
à rebrousse-poil de l'immense majorité de ses concitoyens. « Ces drapeaux accrochés à toutes les fenêtres et
aux antennes radio des voitures étaient une manifestation d'autoglorification. Ils n'étaient qu'un prétexte. Les
Allemands ont perdu leur modestie et leur humilité, leur
curiosité aussi. Ils n'ont jamais été si arrogants et si égocen-
triques. Or, imagine que tu possèdes un jardin dans lequel
sont enterrés 50 millions de morts et que tes parents et tes
grands-parents en furent les jardiniers. Comment peut-on
y être heureux ? », m'avait-il lancé. Il disait ne pas faire de
l'Holocauste une obsession. Mais à le lire et à l'entendre,
son traumatisme paraissait plus profond qu'il ne le prétendait ; j'avais le sentiment qu'il se réveillait dans le climat
d'insouciance actuel. Ou bien qu'il s'en servait pour pro-
voquer les Allemands, pour les inciter à davantage de
mesure et de décence en leur rappelant le trou noir de leur
histoire. Maxim Biller et l'insoutenable légèreté de l'être
allemand. Si insoutenable que, fin 2006, il a menacé de
quitter le pays pour s'installer en Israël.

   « Mon monde est juif comme celui de Walser est allemand. Mes personnages ne sont pas prisonniers de leur
histoire. Je les décris sans fard, tels qu'ils sont, avec leurs
hantises et leurs angoisses : les Allemands, le sexe et les
juifs, évidemment. Les romanciers américains le font

depuis des décennies. Ils ont cependant la chance d'avoir un public, ainsi qu'en disposaient les auteurs juifs en Allemagne avant le nazisme. De nos jours, il est très difficile de s'imposer ici avec son identité singulière. Les critiques y sont provinciaux et pseudo-romantiques ; ils encensent volontiers les auteurs étrangers, mais ils sont très réticents à l'encontre des romanciers allemands qui revendiquent une culture différente. Je suis un marginal intégré », m'avait-il confié. Maxim Biller n'a pas – encore ? – mis sa menace à exécution. Il est resté en Allemagne et de son *no man's land* intellectuel, de sa position flottante entre le dedans et le dehors, il poursuit son corps à corps avec sa patrie d'adoption. Par son ironie mordante et ses penchants à la provocation, par ses sarcasmes, Biller, comme Henryk Broder, est dans la lignée des polémistes juifs – Karl Kraus à Vienne ; Kurt Tucholsky à Berlin – qui firent les grandes heures de la presse germanique de l'entre-deux-guerres. Je ne le crois pas cependant mot pour mot quand il affirme rencontrer des difficultés à s'imposer. Bourreau de travail, Biller est au contraire aussi médiatique que médiatisé, dans les journaux et à la télévision, par ses pièces de théâtre et par ses romans. En tant qu'écrivain juif de langue allemande et par son indéniable talent, il a su trouver sa place dans le paysage littéraire. À mes yeux, il incarne une facette de la relation judéo-allemande contemporaine. Une relation empreinte d'un masochisme certain. À jamais traumatisés par le passé, très marqués psychologiquement, ataviquement méfiants ou seulement agacés, des juifs n'aiment rien tant que de se plaindre de leurs concitoyens – antisémites, philosémites, indifférents –, qui pour certains adorent se faire sermonner et rappeler à l'ordre par leurs contempteurs juifs.

Les plus jeunes aspirent à dépasser ce rapport quelque peu pervers. « C'est très bien que Biller et Broder soient là. Ils me font rire mais sont aussi très irritants : ils ne peuvent s'empêcher de tout critiquer. Ils se rendent la vie impossible, même si leur posture est certainement lucrative[29] », estimait Shelly Kupferberg, une charmante trentenaire, journaliste à la radio Multikulti de Berlin. Jeune maman épanouie, elle adore sa ville. Née à Tel-Aviv, elle n'avait qu'un an quand ses parents, des enfants de juifs allemands et autrichiens ayant fui l'Europe avant guerre, l'ont emmenée à Berlin-Ouest. Elle a grandi dans un milieu de gauche laïc et cultivé, et a baigné dans la culture allemande – « Goethe, Schiller, Brecht, Seghers » – que son grand-père maternel, professeur d'histoire, lui fit apprécier. Jamais religieuse, « à l'exception d'une courte phase mystique à l'adolescence », m'avait-elle précisé, elle revendique une identité culturelle juive positive et un fort attachement à Israël et à l'hébreu.

« J'ai la chance d'avoir cette double culture et je peux l'exprimer facilement à Berlin. » Une jeune femme juive, socialement et professionnellement intégrée, n'aurait-elle plus de complexes, plus aucune difficulté à vivre en Allemagne ? A-t-elle atteint cette « normalité » que nombre de juifs et d'Allemands revendiquent de nos jours ? « Pas tout à fait, me dit-elle. Plus jeune, j'ai eu une longue relation avec un garçon allemand. Les rapports avec sa famille étaient difficiles : ils ne savaient pas se comporter avec moi ; ils étaient très mal à l'aise. C'était vraiment étrange. » Le passé, aussi, peut resurgir très vite. Au détour d'une conversation, d'une expression ou d'un regard. Le mur de verre n'a pas totalement disparu. « La Coupe du monde s'est déroulée dans une ambiance bon enfant. Mais de voir les Allemands rassemblés en masse, exhibant fièrement leur drapeau, m'a gênée. Je fais vite des associations. Je crois qu'en chacun de nous, plus ou moins enfouie, perdure l'idée que Hitler est encore là, tapi dans l'ombre. Je surveille toujours d'un œil. Nous sommes hypersensibles. C'est notre maladie juive allemande. Mais mon ami italien réagit aussi de cette manière », assurait-elle. En tournée avec sa radio, Shelly eut quelques surprises désagréables. « Berlin est une exception. Quand je voyage dans de petites villes, notamment à l'est du pays, je ne me sens pas chez moi. Une fois, dans un restaurant de l'île d'Usedom en Baltique, un lieu de villégiature qu'adoraient les juifs avant le nazisme, j'entendis le patron raconter que lorsque les juifs étaient dans l'eau, les poissons puaient. Ce fut toutefois le silence embarrassé de mes collègues qui m'affecta le plus. Aucun n'a réagi. Dans l'ensemble, les Allemands manquent toujours de courage civique. »

De prime abord, les frères Toubiana ont une allure sérieuse. Pourtant ce sont des pitres. Avi et David forment le duo burlesque des Tadbrothers [30] qui commence à percer sur la scène allemande. Les premiers articles qui leur ont été consacrés les ont rapidement désignés comme des « comiques juifs ». Une étiquette qu'ils semblent réfuter. « Nous avons été influencés par les Marx Brothers, Mel Brooks, Jerry Lewis, Louis de Funès, Danny Kay et Peter Sellers. Il est vrai qu'un certain nombre d'entre eux étaient juifs. Mais étaient-ils des comiques juifs pour autant ? Je n'en suis pas persuadé. Sauf à considérer que les grimaces, l'absurde, le mime ou les jeux de mots sont des caractéristiques typiquement juives [31] », s'amusait Avi, le cadet. Les Tadbrothers espèrent néanmoins profiter de la curiosité que manifeste le public pour toutes les formes d'art et de divertissement estampillées comme « juives ». « La nostalgie joue un rôle important. Beaucoup d'Allemands aimeraient renouer avec l'âge d'or du cinéma et du cabaret qu'était la république de Weimar, avant que les nazis ne cassent tout et que la plupart des artistes n'émigrent, contraints, à Hollywood », poursuivait-il. Je suggérai à Avi que les Allemands ont un besoin impérieux de valoriser leurs quelques écrivains, artistes, cinéastes, présentateurs de télévision et comédiens juifs parce que leur présence les rassure. Elle est un signe de normalité retrouvée ; que la parenthèse maudite du nazisme est enfin refermée. Il acquiesça.

Les frères Toubiana sont nés à Düsseldorf à la fin des années 1970. Élevés dans un milieu traditionaliste, assez solitaires à l'école – « nous nous sentions plus juifs qu'allemands » –, ils n'ont jamais compris pourquoi leurs parents, qui s'étaient rencontrés en Israël, étaient venus vivre en Allemagne. Eux, en tout cas, ne désiraient pas y faire carrière. Sitôt le bac en poche, ils partirent étudier à l'école d'acteurs Lee Strasberg de New York puis gagnèrent Toronto ; David passa aussi quelques années à Londres. « C'est à l'étranger que nous avons pris conscience de notre germanité. Pour les juifs américains et anglais, il était toujours inconcevable que des juifs habitent en Allemagne. Pour eux, Hitler vivait encore. Ces rengaines ont fini par nous lasser », expliquait David. Ils réalisèrent aussi qu'il leur était plus facile d'écrire et de jouer en allemand. Avi s'est installé à Berlin en 2003 ; son frère l'a rejoint une année plus tard. « Nous avons pris le meilleur de l'histoire allemande. Nous n'avons pas le poids des autres. À Berlin, nous ne nous sentons pas exotiques comme à Düsseldorf ou à Dortmund quand nous étions gamins. La ville compte de nombreux juifs et beaucoup d'étrangers. Et les Allemands, surtout ceux de notre génération, ont évolué : ils sont plus ouverts et leur relation aux juifs est plus décontractée », me déclarèrent-ils en chœur. Malgré leur succès croissant, je ne les sentais pas totalement sereins. Ils ne dégageaient pas la quiétude et l'assurance enjouée de Shelly Kupferberg. Je crois qu'ils ne se résolvaient pas à être allemands. Pas complètement du moins. « La langue c'est une chose. Mais je dirais que nous avons une culture d'Européens de l'Ouest. Et si une offre d'Amérique, d'Angleterre ou d'Italie nous parvient, nous partirons », assurait David.

Yuri Gurzhy, lui, n'a pas l'intention de quitter l'Allemagne et encore moins Berlin, où ses petites affaires de DJ et de musicien prospèrent. Aux platines de la Russendisko, il est le compère de Wladimir Kaminer. Mais, à la différence de son ami, Yuri revendique sa judaïté qu'il exprime volontiers par sa musique. Il a fondé les « Shtetlsuperstars[32] », un groupe qui mélange allègrement aux chants yiddish et russes traditionnels et aux mélodies Klezmer et tsiganes, le punk, le ska, le reggae et le hip hop… : des « Funky jewish sounds », *dixit* Yuri, un petit bonhomme au crâne rasé et à la fine barbe rousse, né en 1975 à Kharkov en Ukraine d'un couple mixte et arrivé vingt ans plus tard à Potsdam. « Je ne suis pas religieux et je n'ai aucun lien avec la communauté, mais je me sens juif. J'appartiens à cette culture[33] », me dit-il. Enfant, il passait des heures en compagnie de son grand-père qui possédait une fabuleuse collection de disques de musique yiddish. À Berlin, il a trouvé un public sensible à ces mélopées depuis le revival Klezmer des années 1980. « Beaucoup d'Allemands aiment cette musique. Mais ils se méprennent sur son sens. Ils lui donnent une dimension solennelle et mélancolique ; ils l'écoutent religieusement, assis, au Philharmonique ou dans de grandes salles de concert. Leur Klezmer correspond à la représentation généralement tragique qu'ils se font des juifs. C'est un peu leur BO de l'Holocauste. Or le Klezmer n'est pas triste, bien au contraire. Au début du siècle, en Europe orientale, ses interprètes étaient des rebelles, l'équivalent des premiers rockers des années 1950. C'étaient des musiciens errants, souvent ivres », m'expliqua-t-il. Avec les Shtetlsuperstars et dans ses sets de DJ, Yuri renoue avec l'esprit festif des origines. « La Russendisko a eu un succès considérable. Les gens se sont pris au jeu alors qu'ils ne connaissaient rien à la pop russe. Pourquoi n'en feraient-ils pas de même sur des rythmes juifs ? Je les invite à danser, à s'enivrer afin qu'ils découvrent une autre facette de cette culture, sans penser à l'Holocauste ou au conflit du Proche-Orient. Ma musique a une dimension spirituelle ou politique, dans la mesure où, justement, elle n'est pas politique », affirmait-il.

Rimon aussi connaît la musique. Il est le grand ordonnateur et l'animateur en chef des soirées des jeunes de la communauté de Berlin. C'est, je crois, le seul point commun qu'il partage avec Yuri, outre le fait qu'il est comme lui originaire de l'ex-URSS. Casquette vissée sur le crâne en toute saison, l'allure nonchalante, Rimon est un personnage truculent, très différent des autres juifs soviétiques que j'ai eu l'occasion de rencontrer en Allemagne. Il maîtrise ou baragouine sept langues, son contact est chaleureux, sa gouaille presque méditerranéenne. Religieux, fin connaisseur de sa culture, fier de ses origines, il est infiniment plus juif aussi. En fait il n'a plus rien de soviétique. Il incarne à mes yeux la figure légendaire et disparue du juif de l'Est. Je l'imagine à son aise dans le Berlin des années 1920, arpentant inlassablement le quartier des Granges où vivaient alors des dizaines de milliers d'Ostjuden.

Arrivé de Lituanie en 1991 à l'âge de treize ans, ses débuts furent pénibles, semblables à ceux de ses camarades d'exil. Paumé, décontenancé par son nouvel environnement, incapable de prononcer un mot d'allemand, Rimon, fort inspiré par les films de guerre soviétiques, avait de plus une image effrayante de son pays d'accueil. « "Achtung" ; "Hände hoch" ; "Hitler kaputt" étaient les seules expressions que je connaissais. J'étais persuadé d'arriver à "Naziland". J'ai frissonné quand j'ai vu les douaniers. Les premiers mois au foyer, je m'attendais toujours au pire[34]. » Esseulé à l'école, il trouva le salut à la communauté. Graduellement. « On m'a d'abord pris pour un plouc, un Russe qui ne connaissait rien à la religion et à la culture juive. Or en Lituanie, il nous était plus facile de maintenir nos traditions, surtout à la fin des années 1980. Passons. Puis les choses se sont améliorées. J'ai commencé à fréquenter le centre des jeunes et j'ai participé à des camps de vacances. Ces activités furent décisives pour mon intégration ; elles m'ont servi de tremplin. J'ai rencontré des non-russophones et, à leur contact, mon allemand s'est amélioré ; je m'y suis fait des amis aussi. » Il prit ses marques, acquit suffisamment de confiance pour affronter sans appréhension et avec moins de préjugés la société qui l'entourait. « Je me souviens notamment de la première Love Parade. C'était extraordinaire. Puis à l'université – qu'il fréquente plus ou moins assidûment depuis bientôt dix ans –, j'ai fait la connaissance de gens plus ouverts, très intéressants. » Il est devenu président des étudiants juifs de Berlin puis de toute l'Allemagne. S'il n'est pas toujours à l'aise quand il quitte Berlin – « je suis trop sombre ; j'ai l'air étranger », me dit-il –, il se sent désormais chez lui dans la capitale. Il y est très attaché et n'a aucunement l'intention d'en partir. « J'ai déjà émigré et je sais combien il est difficile de s'adapter à un nouveau pays : les paperasseries, les administrations, la solitude… Et puis ici, j'ai ma vie. Je suis fiancé – à une juive allemande, comme il le désirait – et je peux pratiquer le judaïsme tel que je le souhaite. » Et il s'est acculturé, certainement davantage qu'il ne l'aurait envisagé dix ans plus tôt. « J'ai développé un lien avec la musique et la culture, avec la langue aussi. Quand je rencontre un Russe, je préfère converser avec lui en allemand. Je me surprends même à soutenir le représentant allemand à l'Eurovision et me suis identifié à la Mannschaft pendant la Coupe du monde, sans arrière-pensée. » Rimon ou la preuve que la greffe de cellules soviétiques sur la souche judéo-allemande peut réussir.

Je ne pouvais achever mon long périple sans m'entretenir avec un rabbin. Ma mère m'y incitait depuis des mois ; son vœu est enfin exaucé. Yitzhrak Ehrenberg lui plaisait beaucoup par ailleurs. Au Conseil des représentants de la communauté berlinoise, dans le tumulte général, il avait gardé son calme et sa dignité. Avec sa longue barbe blanche, son accent yiddish inimitable, son costume noir trois pièces dont dépassaient ses tsitsits – les franges rituelles –, un halo de lumière mystique flottait autour de lui dans cette atmosphère chaotique. Le rabbin orthodoxe, qui officie à Berlin depuis plus de dix ans après de longs séjours à Munich et à Vienne, me semblait un interlocuteur idéal pour conclure cette enquête. Il considérait sa charge comme un cadeau de la providence. « Ma mission est exaltante. Des décennies durant, les juifs d'Allemagne étaient des hommes et des âmes blessés, en proie à de terribles conflits intérieurs. Leur cœur était ailleurs ; ils étaient complexés. Mais, par leur présence, ils ont montré que le nazisme avait échoué. Ils se sont toutefois distanciés des rites ; or, sans traditions, le judaïsme est menacé de disparition. Mon devoir est de les aider à renouer avec elles afin qu'une existence juive perdure en Allemagne. C'est une responsabilité historique. Le second défi consiste à intégrer les dizaines de milliers de "Russes" qui sont venus pour des raisons économiques. Leur immigration constitue un miracle, mais si nous ne parvenons pas à les initier et à les maintenir dans le judaïsme, elle n'aura servi à rien[35] », mettait en garde le rabbin Ehrenberg.

Il insistait sur le fait que l'Allemagne était le seul pays avec Israël dont la communauté croissait. « L'arrivée des Russes a tout changé. Au sein des congrégations, bien évidemment. Mais elle a aussi transformé le regard que portent les juifs du monde entier sur la communauté allemande. Ils ne contestent plus sa légitimité. Ils savent que de nombreux juifs vivent ici désormais ; c'est un fait indéniable. Et les institutions ne peuvent pas les abandonner. Beaucoup ont ouvert un bureau en Allemagne et financent des projets culturels ou religieux, à l'instar de la fondation Lauder qui parraine la yeshiva de Berlin. » Toutes participent au renouveau de la vie juive que l'immigration russe a initié. Il a fallu ouvrir des écoles et construire de nouvelles synagogues, mettre sur pied des programmes éducatifs et des activités culturelles. En septembre 2006, pour la première fois depuis le nazisme, des rabbins ont été ordonnés. La communauté se diversifie. Le mouvement libéral (Union progressiver Juden in Deutschland), deux cents ans après sa fondation ici même, connaît une forte expansion. Pour les couples mixtes, il constitue une alternative au courant orthodoxe du rabbin Ehrenberg et à la petite congrégation ultrareligieuse des loubavitchs. Les communautés et plus encore le Zentralrat ne sont plus seulement des instances morales tournées vers le passé et gardiennes de la mémoire ; elles doivent désormais répondre aux défis de l'avenir[36].

L'avenir : comment l'envisageait le rabbin Ehrenberg ? Il parut hésiter. « De nombreux juifs d'ex-URSS se réapproprient leur héritage culturel et religieux. Il y a les enfants qui vont à l'école ou au lycée juifs et qui initient leurs parents. Les plus vieux, qui se sont réfugiés dans les communautés, renouent avec leur histoire. Mais d'ici quelques années, la plupart seront perdus pour le judaïsme. Ils s'assimileront, comme partout ailleurs. Si la communauté parvient à conserver la moitié de ses membres actuels – plus de 110 000 –, ce sera un succès. Mais c'est déjà une revanche sur l'histoire : grâce à l'immigration, la pérennité de la communauté d'Allemagne est assurée. Elle vivra et continuera de vivre. »

◆

« Ça ne finit pas. Ça ne finira jamais », écrivait-il en épilogue de *En crabe*. Günter Grass, métaphore de l'Allemagne contemporaine, de ses métamorphoses et de sa part d'ombre depuis le nazisme : sa conscience démocratique, sa quête identitaire, son lourd passé et, finalement, sa lâcheté. À l'été 2006, en épluchant ses oignons, l'écrivain fit pleurer tout un peuple. Certains de rage et d'amertume, chagrinés par ses révélations sur son passé de jeune Waffen SS et de son trop long silence, persuadés d'avoir été dupés par un faux prophète. D'autres de joie, enchantés de se venger, enfin, de cette gauche moralisante qui n'avait cessé de les tracasser depuis des décennies. Günter Grass, ni pire ni meilleur que tous les Allemands de sa génération, qui n'avait jamais fait son examen de conscience pour élucider sa « culpabilité allemande ». Ses aveux perturbèrent le bel ordonnancement de l'été où les couleurs noir, rouge et or brillaient de tous leurs feux dans le ciel azur et limpide d'une l'Allemagne autocélébrant sa normalité retrouvée. Le passé revint par effraction hanter la nation dont la conscience morale avait failli.

« Ça ne finit pas et ça ne finira jamais. »

Les juifs d'Allemagne le savent bien. Ils vivent depuis soixante ans à l'ombre de la Shoah. Elle n'a pas disparu et ne disparaîtra jamais. Son contour est inévitable ; sa silhouette gigantesque et effrayante. Quelques-uns lui tournent le dos pour s'exposer à la clarté du jour, en pleine lumière, pour jouir de la nouvelle Allemagne. Quelques autres restent dans son sillage, à jamais prisonniers de ses ténèbres. La majorité hésite, entre ombre et lumière, entre chien et loup, tiraillés. Conscients de vivre dans une grande démocratie dont ils sont citoyens de plein droit. Mais sur le qui-vive aussi, pas totalement apaisés, pas encore « normalisés ». Ils se félicitent de l'intérêt des médias pour les juifs, mais craignent que leur surexposition ne finisse par se retourner contre eux ; ils revendiquent leur normalité mais craignent l'oubli. La perte de mémoire.

L'Allemagne. Une angoisse métaphysique, irrationnelle. Mais il y a la vie, une vie nouvelle, plus intense et plus dense que jamais depuis Adolf Hitler le maudit. Le rabbin Ehrenberg a raison. Jan Ofmanis, ses médailles de vétéran fièrement suspendues à la poitrine, célèbre la victoire du 8 mai 1945 avec ses compagnons de l'Armée rouge à la communauté de Berlin. Ralph Giordano sillonne le pays à 84 ans avec sa nouvelle autobiographie sous le bras ; Maxim Biller et Henryk Broder raillent et tempêtent ; Cilly Kugelmann prépare une nouvelle exposition au musée juif. Rimon et Yuri mixent ce soir ; le dandy Efraim Habermann peint et photographie, monte et descend inlassablement sa Fasanen Strasse. Et de vieux Ukrainiens jouent aux cartes au restaurant Gabriel ; Shelly Kupferberg élève son petit Aron en italien et en hébreu. La belle Irina d'Odessa est retournée au lycée et prépare son bac. Des gamins russes lisent Zweig et Feuchtwanger à l'école juive Heinz Galinski. L'impossible retour ? Il est en marche.

Notes

Chapitre premier

1. Gershom Scholem, *Haaretz*, 4 octobre 1946.

2. Ces expressions sont tirées de l'ouvrage *Si c'est un homme* de Primo Levi, Robert Laffont, « Bouquins », 2005.

3. Interview de Peter Gay avec l'auteur, 3 novembre 2006 à New York.

4. Amos Elon, *The Pity of It All*, Penguin Books, 2004.

5. George L. Mosse, *German Jews Beyond Judaism*, Indiana University Press Bloomington, Middland Book Edition, 1985.

6. Fritz Stern, *Five Germanys I Have Known*, Farrar, Straus & Giroux, New York, 2006.

7. Walther Rathenau incarnait ce malaise existentiel. Il demandait à ses coreligionnaires de renoncer à leurs particularismes afin qu'ils se fondent mieux dans la collectivité germanique, quitte à reprendre à son compte certains clichés antisémites, comme dans son article « Écoute, ô Israël » en 1897.

8. Les juifs allemands émigrés en Israël.

9. Entretien de Gad Granach avec l'auteur, 30 mars 2006 à Berlin.

10. Stefan Müller-Doohm, *Adorno*, Gallimard, 2004.

11. Thomas Mann, *Le Docteur Faustus*, Le Livre de Poche, 2004, p. 215.

12. Enzo Traverso, *Paul Celan et la poésie de la destruction*, 1997, www.anti-rev.org/textes/Traverso97a6/index.html.

13. Paul Celan, *Choix de poèmes*, Gallimard, « NRF Poésie », 1998, p. 55.

Chapitre II

1. Entretien d'Arno Lustiger avec l'auteur, 18 juillet 2006 à Francfort.

2. Entretien de Lola Waks avec l'auteur, 15 novembre 2006 à Berlin.

3. Ces chiffres sont tirés de l'ouvrage de Michael Brenner, *Nach dem Holocaust, Juden in Deutschland 1945-1950*, Verlag C. H. Beck, 1995.

4. *Ein Leben aufs Neu, Das Robinson Album*, Verlag Christian Brandstätter, 1995.

5. Primo Levi, *Si c'est un homme, op. cit.*, p. 38.

6. Tous les camps de personnes déplacées n'étaient pas des « camps » au sens propre du terme. Certaines étaient logées dans des bâtiments en dur, des casernes notamment. Les résidants de Zeilsheim vivaient dans l'ancienne cité ouvrière de l'entreprise IG Farben. Une minorité logeait même au cœur des villes allemandes.

7. Les Sonderkommandos étaient des prisonniers désignés par les SS pour travailler aux fours crématoires des camps d'extermination. Ils avaient pour mission de rassembler les cadavres des personnes gazées puis de les dépouiller avant de les brûler aux crématoires.

8. « Flics » en allemand.

9. Ruth Gay, *Safe among the Germans, Liberated Jews after World War II*, Yale University Press, 2002.

10. *Ibid.*, p. 89.

Chapitre III

1. Le Walhalla est un temple de marbre construit par le roi Louis Ier de Bavière à la mémoire des Allemands illustres au XIXe siècle. Le Walhalla était le paradis guerrier dans la mythologie germanique.

2. Thomas Nipperdey, *Réflexions sur l'histoire allemande*, Gallimard, « Bibliothèque des Histoires », 1992, p. 224.

3. Entretien de Ralph Giordano avec l'auteur, Cologne, 11 mai 2006.

4. Heinrich Böll, *Der Spiegel*, n° 18, 1982.

5. Ralph Giordano, *Les Bertini*, Hachette, 1983, p. 594.

6. *Ibid.*, p. 650.

7. Primo Levi, appendice à *Si c'est un homme*, 1976, in *Si c'est un homme, op. cit.*, p. 137.

8. Stig Dagerman, *Automne allemand*, Actes Sud, 1980, p. 15.

9. Konrad H. Jarausch, *After Hitler, Recivilizing Germans, 1945-95*, Oxford University Press, 2006, p. 54.

10. En octobre 1946, l'occupant soviétique adopta une directive qui permettait de punir tous ceux qui, après le 8 mai 1945, « mettaient en péril ou risquaient de mettre en péril la paix du peuple allemand ou la paix du monde en répandant la propagande nazie ou militariste ; qui inventaient et diffusaient des rumeurs tendancieuses ». Cette loi permit de poursuivre les nostalgiques du IIIᵉ Reich en zone soviétique mais également de tourmenter des opposants politiques qui ne partageaient pas toutes les orientations de l'occupant soviétique.

11. Jeffrey Herf, *Divided Memory*, Harvard University Press, 1997, p. 73.

12. À la fin de 1950, 89 % des procureurs et 63 % des juges étaient membres du SED, l'héritier du KPD, le parti communiste est-allemand.

13. Il faut noter que plus de soixante ans après la fin de la guerre, et malgré les nombreux travaux historiques la démentant, la légende du « peuple otage des nazis » survit encore. Lors de son discours à Birkenau, en mai 2006, le pape allemand Benoît XVI attribua les crimes nazis à « un groupe de criminels » qui « abusèrent » du peuple allemand pour s'en servir « comme instrument de leur soif de destruction et de domination ». Voir *Le Monde* du 28 mai 2006.

14. Joseph Rovan, préface du *Questionnaire* d'Ernst von Salomon, Gallimard, 1982, p. VI.

15. Ernst von Salomon, *Le Questionnaire*, Gallimard, 1982, p. 573.

16. Jospeh Rovan, préface du *Questionnaire, op. cit.*, p. X.

17. Thomas Mann, « Germany Today », *The New York Times*, 25 septembre 1949.

18. Götz Aly, *Comment Hitler a acheté les Allemands*, Flammarion, 2005, p. 269.

19. Johannes Becker, *Aufbau*, janvier 1946.

20. Norman Bentwich, *Nazi spoliation and German Restitution. The Work of the United Nations Office*, Leo Institute, Baeck Yearbook, 1965.

21. Pour plus de détails, voir la dernière partie de l'ouvrage

monumental de Raul Hilberg, *La Destruction des juifs d'Europe*, tome III, Gallimard, « Folio-Histoire », 2006, consacrée aux conséquences de l'Holocauste.

22. *Ibid.*, p. 2159 et 2160.

23. La JRSO (Jewish Restitution Successor Organization) dans la zone américaine ; la JTC (Jewish Trust Corporation) dans la zone anglaise ; la Branche française dans la zone française.

24. Karl Jaspers, *La Culpabilité allemande*, Les Éditions de Minuit, 1990, p. 65.

25. Kurt Schumacher, cité par Jeffrey Herf, *Divided Memory*, *op. cit.*, p. 253 ; traduction de l'auteur.

26. Karl Jaspers, *La Culpabilité allemande*, *op. cit.*, p. 121.

27. *Ibid.*, p. 76.

28. Constantin Goeschler, *The Attitude towards Jews in Bavaria after the Second World War*, Leo Baeck Institute, Yearbook 1991.

29. Discours de Konrad Adenauer à Wuppertal du 5 mai 1946.

30. Margarete L. Myers, *Jewish Displaced Persons Reconstructing Individual and Community in the US Zone of Occupied Germany*, Leo Baeck Institute, Yearbook 1997.

31. « Bekenntnis zur Verpflichtung », *Allgemeine Wochenzeitung*, 25 novembre 1949.

32. Jeffrey Herf, *Divided Memory*, *op. cit.*, p. 312.

Chapitre IV

1. Entretien de Thea Wolffsohn avec l'auteur, Berlin, 5 octobre 2006.

2. Un sondage de 1949 indiquait que 31 % des Allemands étaient opposés à toute forme de compensations, perçues comme un diktat des puissances occupantes.

3. Interview de Elieser Sudit, qui envoya la bombe à la chancellerie selon les recommandations de Begin, *Spiegel Online*, 19 juin 2006.

4. Raul Hilberg, *La Destruction des juifs d'Europe*, *op. cit.*, p. 2164 *sq.* pour le détail des ayants droit et les types de pertes susceptibles d'entraîner réparation.

5. Tobias Winstel, *Healed Biographies ? Jewish Remigration and Indemnification for National Socialist Injustice*, Leo Baeck Institute, Yearbook 2004.

6. Le terme sabra désigne les Israéliens nés en Palestine ou plus tard en Israël, après son indépendance en 1948.

7. Escalopes panées particulièrement prisées de tous les gastronomes d'Allemagne, d'Autriche et d'Europe centrale et l'un des plats favoris des Israéliens.

8. Entretien de Yoram Kaniuk avec l'auteur, Tel-Aviv, 17 avril 2006.

9. Yoram Kaniuk, *Le Dernier Berlinois*, Fayard, 2003, p. 20.

10. *Ibid.*, p. 20.

11. Manifeste de l'Agence juive aux juifs d'Allemagne de novembre 1949, cité par Meron Mendel, *The Policy for the Past in West Germany and Israel: The Case of Jewish Remigration*, Leo Baeck Institute, Yearbook 2004.

12. Eliahu Livneh cité par Meron Mendel, *ibid.*, p. 130.

13. Ruth Gay, *Safe among the Germans, Liberated Jews after World War II*, *op. cit.*, p. 143.

14. Elie Wiesel, « An Appointment with Hate », *Commentary*, décembre 1962.

15. Jay Howard Geller, *Jews in Post-Holocaust Germany, 1945-53*, Cambridge University Press, 2005, chap. VIII.

16. Leo Katcher, *Post-Mortem*, Delacorte Press New York, 1968, p. 20.

17. Michal Bodemann, *Jews, Germans Memory*, The University of Michigan Press, 1996, p. 30.

Chapitre V

1. Entretien d'Inge Marcus avec l'auteur, Berlin, 21 mars 2006.

2. Hannah Arendt, « The Aftermath of Nazi Rule, Report from Germany », *Commentary*, octobre 1950.

3. Heinrich Winkler, *Histoire de l'Allemagne contemporaine XIXᵉ-XXᵉ siècle. Le long chemin vers l'Occident*, Fayard, 2005, p. 607.

4. Peter Schmid, « The Germans' Present Conservatism : Its Roots », *Commentary*, novembre 1953.

5. Heinrich Winkler, *Histoire de l'Allemagne XIX-XXᵉ siècle. Le long chemin vers l'Occident*, *op. cit.*, p. 648.

6. *Ibid.*, p. 120.

7. *Almanach du Groupe 47*, Rowohlt Reinbek, 1962, p. 271.

8. Arnd Bauerkämper, *Americanisation as Globalisation? Rémigrés to West Germany after 1945 and Conceptions of Democracy: The Cases of Hans Rothfels, Ernst Fraenkel and Hans Rosenberg*, Leo Baeck Institute, Yearbook 2004.

9. Adorno écrivit une multitude d'articles sur la musique pour la plupart incompréhensibles aux non-initiés. Il se livra aussi à certaines analyses étranges, sur le jazz par exemple, qui « aurait des affinités avec le fascisme » et serait à la fois une « machine castratrice et une machine à coïter ». Quant à la fonction de syncope, elle serait l'expression « de l'éjaculation précoce provoquée par des angoisses d'impuissance ». Voir *Adorno, op. cit.*, la biographie d'Adorno de Stefan Müller-Doohm.

10. *Ibid.*, p. 177.

11. Il est fascinant d'observer que la RDA tint le même type de raisonnement. En 1988, alors que le pays connaissait une conjoncture économique désastreuse, le régime Honecker passa par l'entremise du Congrès juif mondial pour amorcer des discussions commerciales avec les États-Unis.

12. Entretien d'Efraim Habermann avec l'auteur, Berlin, 24 avril 2006.

Chapitre VI

1. Heinrich Böll, *Les Enfants des morts*, Seuil, « Points », 1955, p. 236.

2. *Ibid.*, p. 237.

3. Nicolas Berg, *Hidden Memory and Unspoken History: Hans Rothfels and the Postwar Restoration of Contemporary German History*, Leo Baeck Institute, Yearbook 2004.

4. Hannah Arendt, *Eichmann à Jérusalem*, 1963, in *Les Origines du totalitarisme, Eichmann à Jérusalem*, Gallimard, « Quarto », 2002, p. 1115.

5. Discours du président Heuss à l'université libre de Berlin, 19 juillet 1954.

6. Rothfels ne niait pas l'existence de l'Holocauste. Au contraire, il était même un antinazi convaincu. En 1953, Hans Rothfels publia dans les *Vierteljahrshefte für Zeitgeschichte*, la principale revue d'histoire allemande dont il était le responsable, le « Rapport Gerstein ». Kurt Gerstein s'était rendu aux Français en 1945 et il avait écrit en

captivité, avant de se suicider, un rapport extrêmement détaillé sur le fonctionnement des camps de la mort. Comme Waffen SS, il avait directement été impliqué dans la mise au point du Zyklon B, le gaz qu'utilisaient les nazis dans les chambres à gaz. Gerstein avait parallèlement averti les Alliés et des pays neutres de la réalité de l'Holocauste mais nul ne l'avait cru. Mais, comme nationaliste allemand, Rothfels refusait de prendre conscience du soutien dont bénéficia Hitler pendant de très longues années dans tous les milieux, y compris chez les nationalistes et l'aristocratie.

7. Entretien de Johannes Willms avec l'auteur, Paris, 4 janvier 2006.

8. Johannes Willms, *La Maladie allemande*, Gallimard, 2005.

9. Entretien de Cilly Kugelmann avec l'auteur, Berlin, 16 octobre 2006.

10. Gila Lustiger, *Nous sommes*, Stock, 2005, p. 75-76.

11. Lettre d'Hannah Arendt à Karl Jaspers, 17 août 1946, in Hannah Arendt et Karl Jaspers, « *La philosophie n'est pas tout à fait innocente* », Payot, « Petite bibliothèque », 2006, p. 47.

12. Hannah Arendt, art. cit., p. 342.

13. Marcel Reich-Ranicki, *Ma vie*, Grasset, 2001, p. 21.

14. *Ibid.*, p. 58.

15. Constantin Goschler, *The Politics of Restitution for Nazi Victims in Germany West and East (1945-2000)*, Institute of European Studies, Occasional Papers, University of California, Berkeley, 2003.

16. Entretien de Stéphane Moses avec l'auteur, Berlin, 18 octobre 2006.

17. Marcel Reich-Ranicki, *Frankfurter Allgemeinen Sonntagszeitung*, 13 avril 2004.

18. Ces citations sont tirées du chapitre « Parler de la corde au pays du bourreau » de l'ouvrage de Stefan Müller-Doohm, *Adorno, op. cit.*, p. 388-396, et de l'article de Lars Rensmann, « Returning from Forced Exile : Some Observations on Theodor W. Adorno's and Hannah Arendt's Experience of Postwar Germany and Their Political Theories of Totalitarianism », Leo Baeck Institute, Yearbook 2004.

19. Voir l'ouvrage de Norbert Frei, *Adenauer's Germany and the Nazi Past, The Politics of Amnesty and Integration*, Columbia University Press, 2002.

20. *Ibid.*, p. 24.

21. Même les chefs des Einsatzgruppen reçurent un soutien massif

de la population et de la classe politique. Ils furent cependant pendus le 7 juin 1951, McCloy ne voulant pas céder pour ces hommes responsables de la mort de centaines de milliers de civils. Ce furent les dernières exécutions pratiquées en RFA.

Chapitre VII

1. Hannah Arendt, *op. cit.*, p. 1034.

2. Martha Gellhorn, « Eichmann and the Private Conscience », *The Atlantic*, février 1962.

3. Hannah Arendt, *op. cit.*, p. 1068.

4. *Ibid.*, p. 1175.

5. Hannah Arendt, « Auschwitz en procès », 1966, in *Responsabilité et jugement*, Payot, 2005, p. 275.

6. *Ibid.* p. 252.

7. Horst Krüger, *Un bon Allemand*, Actes Sud, « Babel », 1984, p. 209.

8. *Ibid.*, p. 210.

9. Vassili Grossman, *Vie et destin*, Robert Laffont, « Bouquins », 2006, p. 632.

10. Horst Krüger, *op. cit.*, p. 247.

11. Leo Katcher, *op. cit.*, p. 234.

12. Entretien de Peter Lilienthal avec l'auteur, Munich, 28 septembre 2006.

13. Entretien de Fritz Stern avec l'auteur, New York, 2 novembre 2006.

14. Stefan Müller-Doohm, *op. cit.*, p. 395.

15. Entretien d'Irène Heidelberger avec l'auteur, Bruxelles, 29 novembre 2006.

16. Jean Améry, *Par-delà le crime et le châtiment*, Actes Sud, « Babel », 1995, p. 181.

17. *Ibid.*, p. 8.

18. *Ibid.*, p. 81.

19. *Ibid.*, p. 88.

20. *Ibid.*, p. 160.

21. *Ibid.*, p. 162.

22. *Ibid.*, p. 167.

Chapitre VIII

1. Marcel Reich-Ranicki, *op. cit.*, p. 324-325.

2. Heinrich Winkler, *op. cit.*, p. 671.

3. Entretien téléphonique de Beate Klarsfeld avec l'auteur, 5 février 2007.

4. Entretien téléphonique d'Hans Joachim Klein avec l'auteur, 13 février 2007.

5. Les BdM étaient la fédération des jeunes filles allemandes au sein de la jeunesse hitlérienne.

6. Herbert Marcuse, *L'Homme unidimensionnel*, préface de l'édition française, février 1967, Seuil, « Points », 1970, p. 7.

7. Entretien d'Henryk Broder avec l'auteur, Berlin, 19 novembre 2006.

8. Entretien de Micha Brumlik avec l'auteur, Francfort, 18 juillet 2006.

9. Nombre de futurs leaders du mouvement étudiant en Allemagne purent bénéficier de programmes d'échanges universitaires avec des institutions américaines. C'est aux États-Unis qu'ils se familiarisèrent avec la nouvelle gauche, le mouvement des droits civiques, la contestation à la guerre du Vietnam, les sit-in…

10. Lily Gardner Feldman, *The Special Relationship between West Germany and Israel*, George Allen & Unwin, 1984, p. 225.

11. *Ibid.*, p. 218.

Chapitre IX

1. Yoram Kaniuk, *op. cit.*, p. 243.

2. Entretien de Rachel Salamander avec l'auteur, Munich, 28 septembre 2006.

3. Voir par exemple l'ouvrage *Hitler idéologue* d'Eberhard Jäckel de 1969.

4. Voir l'ouvrage *Anatomie de l'Etat SS* de Martin Broszat et Helmut Krausnick de 1970, les travaux de Hans Momsen. Pour une synthèse de ces différentes écoles historiques, consulter le livre d'Enzo Traverso, *Les Juifs et l'Allemagne*, La Découverte 1992, p. 150 *sq.*

5. Heinrich Böll, *Une mémoire allemande*, Le Seuil, 1978, p. 21.

6. *Der Spiegel*, 51/1970.

7. Winkler, *op. cit.*, p. 703.

8. Expression yiddish désignant un homme bon, droit, digne et responsable.

9. Entretien d'Edgar Hilsenrath avec l'auteur, Berlin, 5 octobre 2006.

10. Le livre fut distribué dans vingt-deux pays et traduit en seize langues. Dommage qu'il soit aujourd'hui indisponible en France.

Chapitre X

1. Daniel Cohn-Bendit, *Le Grand Bazar*, Belfond, 1975, p. 9.

2. Entretien de Daniel Cohn-Bendit avec l'auteur, Bruxelles, 29 novembre 2006.

3. Isaac Deutscher, *Non Jewish Jews and other Essays*, 1968, et « Message of the Non Jewish Jew », accessible sur www.marxists.org/history/etol/newspape/amersocialist/deutscher01.htm.

4. Daniel Cohn-Bendit, *op. cit.*, p. 10.

5. *Ibid.*, p. 18.

6. *Ibid.*, p. 21.

7. Micha Brumlik, *Kein Weg als Deutscher und Jude*, Luchterhand, 1996, p. 95.

8. Ulrike Meinhof s'était déjà donné la mort en 1976 en prison.

9. Peter Reichel, « Auschwitz », in *Mémoires allemandes*, Gallimard, 2007, p. 565.

10. Reinhard Renger, *Die deutsche « Linke » und der Staat Israel*, Forum Verlag Leipzig, 1994, p. 60.

11. *Ibid.*, p. 56.

12. Une visite de son site Internet donne une idée de ses idées politiques : www.horst-mahler.de. Voir aussi le site du Deutsches Kolleg, www.deutsches-kolleg.org auquel le site de Mahler renvoie.

13. Bernard-Henri Lévy, « Allemagne année zéro ? Les damnés et les autres », *Le Monde*, 7 février 1999.

14. Entretien de Paul Berman avec l'auteur, New York, 1er novembre 2006.

15. Dans son gouvernement figurait aussi Otto Schily, l'un des avocats de la RAF, qui deviendrait un très efficace ministre de l'Intérieur.

16. Jean Améry, *op. cit.*, p. 20.

17. *Ibid.*, p. 30.

18. Henryk Broder, « You are still your Parents' Children », 1981, *in* Henryk Broder, *A Jew in the New Germany*, University of Illinois Press, 2004.

Chapitre XI

1. David Irving sera par la suite condamné pour négationnisme.

2. *Time Magazine*, 29 août 1977.

3. Le grand festival de cinéma de Berlin.

4. Jeffrey Herf, « The *Holocaust* Reception in West Germany », in *Germans and Jews since the Holocaust*, Anson Rabinbach & Jack Zipes, Holmes and Meier, 1986, p. 222.

5. Heinrich A. Winkler, *op. cit.*, p. 827.

6. L'historien Guido Knopp est ainsi devenu une star du petit écran grâce à ses très nombreux documentaires sur la période nazie. En mars 2007, ils étaient encore diffusés sur la ZDF en « prime time » à 20 h 15.

7. Anson Rabinback et Jack David Zipes, *Germans and Jews since the Holocaust : the changing situation in West Germany*, New York, Holmes and Meier, 1986.

8. La plus populaire et la plus importante fut *Sang et héritage : les jeunes sous Hitler* (*Blut und Ehre : Jugend unter Hitler*).

9. *Les Bertini*, tiré du roman de Ralph Giordano, fut adapté pour la télévision en 1987.

10. L'historien Wulf avait suggéré dès les années 1960 d'installer un lieu commémoratif dans la villa de Wannsee. Les médias et la classe politique refusèrent, prétextant que l'Allemagne n'avait pas besoin d'un mémorial macabre supplémentaire.

11. Les juifs allemands commémoraient davantage le souvenir de la Nuit de cristal.

12. Michal Bodemann, *Jews, Germans, Memory*, The University of Michigan Press, 1996, p. 34.

13. Jorge Luis Borges, *L'Aleph,* Gallimard, « L'Imaginaire », 1967, p. 77.

14. Robert Schindel, *Le Mur de verre*, Stock, 2005, p. 17.

15. Entretien de Gila Lustiger avec l'auteur, Paris, 5 avril 2006.

16. Le personnage de Sachs est directement inspiré de Niklas

Frank, le fils de Hans Frank, gouverneur général de Pologne de Hitler. Journaliste au magazine *Stern*, Niklas Frank a violemment condamné puis rejeté les actes de ses parents. Il a écrit plusieurs ouvrages sur son père et sa mère.

17. Robert Schmidel, *Le Mur de verre, op. cit.*

18. *Le Monde*, 22 février 2007.

19. Dan Diner, « Negative Symbiose », *Babylon*, Heft 1/1986.

20. Entretien de Michael Wolffsohn avec l'auteur, Munich, 27 septembre 2006.

21. Entretien de Raphael Seligmann avec l'auteur, Berlin, 25 janvier 2006.

22. Fassbinder s'était en réalité inspiré d'Ignatz Bubis, le président de la communauté juive de Francfort et futur président du Zentralrat dans les années 1990.

23. Alain Dieckhoff, « Der reiche Jude », *R. W. Fassbinder ou l'ambiguïté*, Pardès, 5/1987.

Chapitre XII

1. Entretien de Barbara Honigmann avec l'auteur, Strasbourg, 7 mars 2007.

2. Jeffrey Herf, *op. cit.*, p. 111.

3. *Ibid.*, p. 131 et 133.

4. Robin Ostow, « Imperialist Agents, Anti-Fascist Monuments, Eastern Refugees, Property Claims : Jews as Incorporations of East German Social Trauma, 1945-94 », *in* Michal Bodemann, *op. cit.*, p. 231.

5. Jonathan Brent et Vladimir Naumov, *Le Dernier Crime de Staline*, Calmann-Lévy, 2006.

6. Jeffrey Herf, *op. cit.*, p. 145.

7. Peter Reichel, « Auschwitz », *op. cit.*, p. 559.

8. Ruth Gay, *Safe Among the Germans*, Yale University Press, 2002, p. 223.

9. Entretien d'Irene Runge avec l'auteur, Berlin, 29 mars 2006.

10. Jeffrey Herf, *op. cit.*, p. 173.

11. Vincent von Wroblewsky, *Un étrange amour, être juif en RDA*, Honoré Champion, 2005, p. 29.

12. Entretien de Vincent von Wroblewsky avec l'auteur, Berlin, 22 avril 2006.

13. Helmut Eschwege, *The Churches and the Jews in the German democratic Republic*, Leo Baeck Institute, Yearbook 1991.

14. « The same Language : first for Hitler – Now for Ulbricht », *in* Jeffrey Herf, *op. cit.*, p. 189.

15. Les refuzniks étaient les juifs soviétiques auxquels les autorités refusaient le droit d'immigrer.

16. Heinrich A. Winkler, *op. cit.*, p. 817.

17. Peuple slave ayant vécu en Allemagne orientale dont la langue est encore pratiquée dans la Saxe et le Brandebourg.

18. Heinrich A. Winkler, *op. cit.*, p. 818.

19. Ruth Gay, *op. cit.*, p. 246.

Chapitre XIII

1. Interview de Lothar de Maizière avec l'auteur, Berlin, 14 juin 2006.

2. Angelika Timm, *Jewish Claims against East-Germany*, Central European University Press Budapest, 1997, p. 177.

3. Wladimir Kaminer, « *Russen in Berlin* », *Russendisko*, Goldmann Verlag, 2000, p. 12, traduction de l'auteur.

4. L'arrivée massive de juifs d'ex-Union soviétique s'est poursuivie sans interruption jusqu'en 2005. Le gouvernement allemand a alors gelé leur immigration pendant dix-huit mois. Depuis juillet 2006, de nouvelles régulations plus restrictives – connaissance de la langue, emploi à l'arrivée… – ont été adoptées à l'encontre des migrants juifs.

5. « Bundesamt für Migration und Flüchtlinge, Jüdische Zuwanderer in Deutschland », Working Papers 3/2005.

6. Entretien de Jan Ofmanis avec l'auteur, Berlin, 28 mars 2006.

7. Les juifs qui demandaient à émigrer du temps de l'URSS étaient mis au banc de la société. Ils perdaient leur emploi et risquaient d'être arrêtés et condamnés pour « parasitisme social », un délit selon la loi soviétique. Voir à ce propos le roman *La Corde et la Pierre* d'Arkadi et Gueorgui Vaïner, qui dépeint admirablement la situation dramatique des candidats à l'exil.

8. Julius Schoeps, Willi Jasper et Bernhard Vogt, *Russische Juden in Deutschland*, Belt Athenäum, 1996, p. 46.

9. Lieu-dit dans les environs de Kiev où plusieurs dizaines de milliers de juifs (jusqu'à plus de 100 000, selon certaines estimations) furent massacrés à la mitrailleuse par les SS (Einzatsgruppe C), en quelques jours, à l'automne 1941.

10. Entretien d'Arkadi Schneidermann avec l'auteur, Berlin, 23 mars 2006.

11. Entretien d'Irina Mozisyna avec l'auteur, Berlin, 17 mai 2006.

12. Julius Schoeps, Willi Jasper et Bernhard Vogt, *op. cit.*, p. 72.

13. *Ibid.*

14. Entretien d'Eleonora Shakhnikova avec l'auteur, Berlin, 8 mai 2006.

15. À l'automne 2006, elle a retrouvé son siège historique et majestueux de l'Oranienburger Strasse, dans la partie orientale de la ville.

16. *Spiegel*, 45/2005.

17. Téléphones portables.

18. Elie Wiesel, *Les Juifs du silence*, Seuil, 1966, p. 23.

19. *Ibid.*, p. 79.

20. Voir Gérard Israel, *Jid, les juifs en URSS*, édition spéciale, 1971, et Alfred D. Low, *Soviet Jewry and Soviet Policy, East European Monographs*, Columbia University Press, 1990.

21. Henry Rouvier, *Documents*, in Elie Wiesel, *op. cit.*, p. 122 *sq.*

22. Entretien de Wladimir Kaminer avec l'auteur, Berlin, 10 juin 2006.

23. « Zentralwohlfahrtsstelle der Juden in Deutschland », Mitgliederstatistik, janvier 2006.

Chapitre XIV

1. Entretien de Maxim Biller avec l'auteur, Berlin, 7 avril 2007.

2. Yoram Kaniuk, *op. cit.*, p. 149.

3. Régine Robin, *Berlin chantiers*, Stock, 2001, p. 325.

4. L'Allemagne se précipita pour reconnaître les indépendances de la Slovénie et de la Croatie en 1991 sans même consulter ses partenaires européens, entérinant l'éclatement de la Yougoslavie.

5. L'Assemblée nationale élue après la révolution de mars 1848 siégea dans l'église Saint-Paul.

6. « Die Banalität des Guten », *Frankfurter Allgemeine Zeitung*, 12 octobre 1998.

7. Jacques-Pierre Gougeon, *Allemagne, une puissance en mutation*, Gallimard, « Folio », 2006, p. 341.

8. Günter Grass, *En crabe*, Seuil, 2002, p. 53-54.

9. C'est cette version expurgée qui fut publiée en France en 2006 aux Éditions des Syrtes. André Roi-Desaulneurs, alias Marcel Reich-Ranicki, « comptait également des juifs parmi ses ancêtres et parmi eux, des victimes de l'Holocauste ». C'est la seule vague référence faite au passé de Reich-Ranicki.

10. Dominique Trimbur, « L'Allemagne et sa communauté aujourd'hui : entre spécificité et normalité », *Études germaniques*, avril-juin 2004, p. 424.

11. *Ibid.*, p. 429.

12. Michael Wolffsohn, « Ist das noch unser Land ? », *Jüdische Allgemeine*, 26 mars 2003.

13. Dominique Trimbur, art. cit., p. 436.

14. Rolf Schuette, « German-Jewish Relations, Today and Tomorrow, A German Perspective », American Jewish Committee, New York, mars 2005.

15. Jacques-Pierre Gougeon, *op. cit.*, p. 308-309.

16. Bernard-Henri Lévy, « Allemagne, année zéro ? Les damnés et les autres », *Le Monde*, 7-8 février 1999.

17. Rolf Schuette, art. cit.

18. Gerhard Schröder, *Ma vie et la politique*, Odile Jacob, 2006.

19. Matthias Matussek, *Wir Deutschen*, S. Fischer, 2006, p. 14.

20. *Ibid.*, p. 17.

21. *Ibid.*, p. 262.

22. Entretien d'Imre Kertesz avec l'auteur, Berlin, 27 octobre 2006

23. Imre Kertesz, « Pourquoi Berlin ? », *Les Temps modernes*, n° 625, août-novembre 2003, p. 20.

24. Vassili Grossman, « L'enfer de Treblinka », in *Années de guerre*, Autrement, 1993, p. 266, cité par Tzvetan Todorov, in *Œuvres de Vassili Grossman*, Robert Laffont, 2006, p. XXII.

25. Entretien de Werner Max Finkelstein avec l'auteur, Berlin, 18 octobre 2006.

26. Entretien de Dani Levy avec l'auteur, Berlin, 15 juin 2006.

27. À la fin de la guerre, Adolf Grünbaum, un comédien juif, est sorti d'un camp de concentration afin de secourir un Hitler geignard, insomniaque, démotivé et déprimé, découragé par la défaite devenue inéluctable.

28. Maxim Biller, « Un triste fils pour Pollock », *Au pays des pères et des traîtres*, Flammarion, 1998, p. 55.

29. Entretien de Shelly Kupferberg avec l'auteur, Berlin, 10 avril 2007.

30. www.tadbrothers.com.

31. Entretien de David et Avi Toubian avec l'auteur, Berlin, 10 avril 2007.

32. www.myspace.com/shtetlsuperstarssoundsystem.

33. Entretien de Yuri Gurzhy avec l'auteur, Berlin, 11 avril 2007.

34. Entretien de Rimon avec l'auteur, Berlin, 12 avril 2007.

35. Entretien du rabbin Ehrenberg avec l'auteur, Berlin, 12 avril 2007.

36. Dominique Trimbur, art. cit., p. 444.

Bibliographie sélective

Jüdisches Leben in Deutschland, Surkhamp Taschenbuch, 1999.

Götz Aly, *Comment Hitler a acheté les Allemands*, Flammarion, 2005.

Jean Améry, *Par-delà le crime et le châtiment* [1995], Actes Sud, « Babel », 2005.

Hannah Arendt, *Eichmann à Jérusalem* [1963], in *Les Origines du totalitarisme, Eichmann à Jérusalem*, Gallimard, « Quarto », 2002.

Hannah Arendt, *Responsabilité et jugement*, Payot, 2005.

Hannah Arendt et Karl Jaspers, *« La philosophie n'est pas tout à fait innocente »*, Payot, « Petite bibliothèque », 2006.

Paul-Laurent Assoun, *L'École de Francfort*, PUF, « Que sais-je ? », 1990.

Arnd Bauerkämper, *Americanisation as Globalisation ? Rémigrés to West Germany after 1945 and Conceptions of Democracy : The Cases of Hans Rothfels, Ernst Fraenkel and Hans Rosenberg*, Leo Baeck Institute, Yearbook 2004.

Wolfgang Benz, *Angelika Königseder, Judenfeinschaft als Paradigma*, Metropol, 2002.

Nicolas Berg, *Hidden Memory and Unspoken History : Hans*

Rothfels and the Postwar Restoration of Contemporary German History, Leo Baeck Institute, Yearbook 2004.

Paul Berman, *Cours vite camarade*, Denoël, 2006.

Hugo Bettauer, *The City without Jews*, Bloch Publishing Co, 1926.

Maxim Biller, *Au pays des pères et des traîtres*, Flammarion, 1998.

Michal Bodemann, *Jews, Germans, Memory*, University of Michigan Press, 1996.

Heinrich Böll, *L'Honneur perdu de Katharina Blum*, Le Seuil, « Points », 1975.

Heinrich Böll, *Une mémoire allemande*, Le Seuil, 1978.

Heinrich Böll, *La Grimace*, Le Seuil, « Points », 1997.

Heinrich Böll, *Les Enfants des morts*, Le Seuil, « Points », 2001.

Jorge Luis Borges, *L'Aleph* [1967], Gallimard, « L'Imaginaire », 1977.

Dominique Bourel, *Moses Mendelssohn*, Gallimard, 2004.

Michael Brenner, *Nach dem Holocaust, Juden in Deutschland 1945-1950*, Verlag C. H. Beck, 1995.

Jonathan Brent et Vladimir Naumov, *Le Dernier Crime de Staline*, Calmann-Lévy, 2006.

Henryk Broder, *A Jew in the New Germany*, University of Illinois Press, 2004.

Micha Brumlik, *Kein Weg als Deutscher und Jude*, Luchterhand, 1996.

Wolfgang Büscher, *Allemagne, un voyage*, L'esprit des péninsules, 2006.

Elias Canetti, *Le Flambeau dans l'oreille*, Albin Michel, 1982.

John le Carré, *Une petite ville en Allemagne*, Le Seuil, 2005.

Paul Celan, *Choix de poèmes*, Gallimard, « Poésie », 1998.

Daniel Cohn-Bendit, *Le Grand Bazar*, Belfond, 1975.

Gordon Craig, *The Germans*, Meridian Book, 1991.

Geza von Cziffra, *Joseph Roth, le saint buveur*, Éditions du Rocher, « Anatolia », 2003.

Stig Dagerman, *Automne allemand*, Actes Sud, 1980.

Alfred Döblin, *Berlin Alexanderplatz*, Gallimard, 1970.

Amos Elon, *The Pity of It All* [2002], Penguin Books, 2004.

Helmut Eschwege, *The Churches and the Jews in the German democratic Republic*, Leo Baeck Institute, Yearbook 1991.

Lily Gardner Feldman, *The Special Relationship between West Germany and Israel*, Allen & Unwin, 1984.

Joachim Fest, *Albert Speer*, Perrin, 2001.

Lion Feuchtwanger, *Le Juif Süss*, Belfond, 1999.

Theodor Fontane, *Le Stechlin*, Librairie générale française, 1998.

Norbert Frei, *Adenauer's Germany and the Nazi Past, The Politics of Amnesty and Integration*, Columbia University Press, 2002.

Norbert Frei, *1945 und Wir*, C.H. Beck, 2005.

Peter Gay, *Freud, Jews and other Germans*, Oxford University Press, 1978.

Peter Gay, *Le Suicide d'une république, Weimar 1918-1933*, Calmann-Lévy, 1993.

Ruth Gay, *Safe among the Germans, Liberated Jews after World War II*, Yale University Press, 2002.

Jay Howard Geller, *Jews in Post-Holocaust Germany, 1945-1953*, Cambridge University Press, 2005.

Karen Gershon, *Postscript*, Victor Gollancz LTD, 1969.

Ralph Giordano, *Les Bertini*, Hachette, 1983.

Ralph Giordano, *Die zweite Schuld*, Rasch und Röhring, 1998.

Constantin Goeschler, *The Attitude towards Jews in Bavaria after the Second World War*, Leo Baeck Institute, Yearbook 1991.

Constantin Goeschler, *The Politics of Restitution for Nazi Victims in Germany West and East (1945-2000)*, Institute of European Studies, Occasional Papers, University of California, Berkeley, 2003.

Jacques-Pierre Gougeon, *Allemagne : une puissance en mutation*, Gallimard, « Folio Actuel », 2006.

Günther Grass, *Le Tambour*, Le Seuil, 1961.

Günther Grass, *Les Années de chien*, Le Seuil, 1965.

Günther Grass, *Propos d'un sans-patrie*, Le Seuil, 1990.

Günter Grass, *En crabe*, Le Seuil, 2002.

Alfred Grosser, *L'Allemagne de Berlin*, Alvik Éditions, 2002.

Vassili Grossman, *Années de guerre*, Autrement, 1993.

Vassili Grossman, *Vie et Destin*, in *Œuvres*, Robert Laffont, « Bouquins », 2006.

Jürgen Habermas, *Écrits politiques*, Champs-Flammarion, 1990.

Jürgen Habermas, *De l'usage public des idées*, Fayard, 2005.

Jürgen Habermas, *Une époque de transition*, Fayard, 2005.

Sebastian Haffner, *Histoire d'un Allemand*, Actes Sud, 2002.

Jeffrey Herf, « The Holocaust Reception in West Germany », in *Germans and Jews since the Holocaust*, éd. Anson Rabinbach et Jack Zipes, Holmes and Meier, 1986.

Jeffrey Herf, *Divided memory*, Harvard University Press, 1997.

Raul Hilberg, *La Destruction des Juifs d'Europe*, Gallimard, « Folio Histoire », tome III, 2006.

Edgar Hilsenrath, *Le Nazi et le Barbier*, Fayard, 1974.

Edouard Husson, *Une autre Allemagne*, Gallimard, 2005.

Gerard Israel, *Jid, Les juifs en URSS*, Édition spéciale, 1971.

Eberhard Jäckel, *Hitler idéologue* [1969], Gallimard, « Tel », 1995.

Konrad H. Jarausch, *After Hitler, Recivilizing Germans, 1945-1995*, Oxford University Press, 2006.

Karl Jaspers, *La Culpabilité allemande* [1948], Éditions de Minuit, 1990.

Wladimir Kaminer, *Russendisko*, Goldmann Verlag, 2000.

Yoram Kaniuk, *Le Dernier Berlinois*, Fayard, 2003.

Leo Katcher, *Post-Mortem*, Delacorte Press New York, 1968.

Arthur Koestler, *Œuvres autobiographiques*, Robert Laffont, « Bouquins », 1994.

Salomon Korn, *Die fragile Grundlage*, Philo, 2004.

Horst Krüger, *Un bon Allemand* [1984], Actes Sud, « Babel », 1993.

Gérard-Georges Lemaire, *Kafka*, Gallimard, « Folio biographies », 2005.

Gotthold Ephraim Lessing, *Nathan le Sage*, GF-Flammarion, 1997.

Primo Levi, *Si c'est un homme* [1947], in *Œuvres*, Robert Laffont, « Bouquins », 2005.

Alfred D. Low, *Soviet Jewry and Soviet Policy*, Columbia University Press, 1990.

Gila Lustiger, *Nous sommes*, Stock, 2005.

Heinrich Mann, *Le sujet !*, Grasset, « Les cahiers rouges », 1999.

Thomas Mann, *Être écrivain allemand à notre époque*, Gallimard, « Arcades », 1996.

Thomas Mann, *Le Docteur Faustus* [1947], LGF, « Le Livre de Poche », 2004.

Herbert Marcuse, *L'Homme unidimensionnel* [1964], Le Seuil, « Points », 1970.

Michael R. Marrus, *L'Holocauste dans l'histoire*, Champs-Flammarion, 1994.

Matthias Matussek, *Wir Deutschen*, S. Fischer Verlag, 2006.

Meron Mendel, *The Policy for the Past in West Germany and Israel : The Case of Jewish Remigration*, Leo Baeck Institute, Yearbook 2004.

George L. Mosse, *German Jews Beyond Judaism*, Indiana University Press Bloomington, Middland Book Edition, 1985.

George L. Mosse, *Les Racines intellectuelles du IIIe Reich*, Calmann-Lévy, 2006.

Stefan Müller-Doohm, *Adorno*, Gallimard, 2004.

Margarete L. Myers, *Jewish Displaced Persons Reconstructing Individual and Community in the US Zone of Occupied Germany*, Leo Baeck Institute, Yearbook 1997.

Thomas Nipperdey, *Réflexions sur l'histoire allemande*, Gallimard, « Bibliothèque des Histoires », 1992.

Jeffrey Peck, *Being Jewish in the New Germany*, Rutgers University Press, 2006.

Leon Poliakov, *Histoire de l'antisémitisme*, Calmann-Lévy, 1981.

Laurence Rees, *Auschwitz, Les nazis et la « Solution finale »*, Albin Michel, 2005.

Marcel Reich-Ranicki, *Ma vie*, Grasset, 2001.

Peter Reichel, *Auschwitz*, in *Mémoires allemandes*, Gallimard, 2007.

Tom Reiss, *L'Orientaliste*, Buchet-Chastel, 2006.

Reinhard Renger, *Die deutsche « Linke » und der Staat Israel*, Forum Verlag Leipzig, 1994.

Régine Robin, *Berlin chantiers*, Stock, 2001.

Joseph Roth, *La Toile d'araignée*, Gallimard, « L'Imaginaire », 1970.

Joseph Roth, *Gauche et droite*, Le Seuil, 2000.

Joseph Roth, *À Berlin*, Anatolia Éditions du Rocher, 2003.

Jospeh Roth, *Juden auf Wanderschaft*, DTV, 2006.

Joseph Rovan, *Histoire de l'Allemagne*, Le Seuil, « Points Histoire », 1999.

Ernst von Salomon, *Le Questionnaire* [1953], préface de Joseph Rovan, Gallimard, 1982.

Robert Schindel, *Le Mur de verre*, Stock, 2005.

Kerstin Emma Schirp, *Jude, Gringo, Deutscher*, Books on Demand GmbH, 2002.

Bernhrd Schlink, *Le Liseur*, Gallimard, 1996.

Bernhard Schlink, *Amours en fuite*, Gallimard, 2001.

Bernhard Schlink, *Vérifications faites*, Gallimard, « Arcades », 2007.

Julius Schoeps, Willi Jasper, Bernhard Vogt, *Russische Juden in Deutschland*, Belt Athenäum, 1996.

Gershom Scholem, *Fidélité et utopie*, Calmann-Lévy, 1978.

Gershom Scholem, *De Berlin à Jérusalem*, Albin Michel, 1984.

Gerhard Schröder, *Ma vie et la politique*, Odile Jacob, 2006.

Klaus Schröder, *Der SED-Staat*, Bayerische Landeszentrale für Politische Bildungsrabeit, 1999.

Anna Seghers, *Transit*, Autrement, 1995.

Dominique Simonnot, *Juifs et Allemands*, PUF, 1999.

Fritz Stern, *L'Or et le Fer*, Fayard, 1990.

Fritz Stern, *The Politics of Cultural Despair*, University of California Press, 1974.

Fritz Stern, *Five Germanys I Have Known*, Farrar, Straus & Giroux, 2006.

Susan Stern, *Speaking out, Jewish voices from United Germany*, Édition Q, 1995.

Angelika Timm, *Jewish Claims against East-Germany*, Central European University Press, 1997.

Enzo Traverso, *Les Juifs et l'Allemagne*, La Découverte, 1992.

Enzo Traverso, *Paul Celan et la poésie de la destruction*, 1997, www.anti-rev.org/textes/Traverso97a6/index.html.

Arkadi et Gueorgui Vaïner, *La Corde et la Pierre*, Gallimard, « Série noire », 2006.

Martin Walser, *Mort d'un critique*, Éditions des Syrtes, 2006.

Peter Weiss, *L'Instruction*, L'Arche, 2000.

Elie Wiesel, *Les Juifs du silence*, Le Seuil, 1966.

Tony Williamson, *Entebbé, les secrets du raid israélien*, Plon, 1976.

Johannes Willms, *La Maladie allemande*, Gallimard, 2005.

Heinrich Winkler, *Histoire de l'Allemagne contemporaine XIXᵉ-XXᵉ siècle. Le long chemin vers l'occident*, Fayard, 2005.

Tobias Winstel, *Healed Biographies? Jewish Remigration and Indemnification for National Socialist Injustice*, Leo Baeck Institute, Yearbook 2004.

Vincent von Wroblewsky, *Un étrange amour, être juif en RDA*, Champion, 2005.

Index des noms cités

Remerciements

« L'Allemagne » fait, paraît-il, frémir d'angoisse nombre d'éditeurs, mais Sophie Berlin, mon éditrice au nom prédestiné, n'a pas hésité un instant quand je vins lui présenter mon projet de livre au printemps 2005. Je la remercie vivement de sa confiance, de son enthousiasme et de son attention. Cette odyssée allemande eût été par ailleurs impossible sans le soutien financier de la Fondation du Sénat de la ville de Berlin et le concours du programme « European Journalist Fellowship » de l'Université libre de Berlin.

Judith Hart, qui connaît mieux que personne le monde juif allemand, m'a été d'une aide précieuse et m'a fourni nombre de contacts. Les professeurs Bourel et Bersani n'ont cessé de m'encourager. Dan et Giorgio m'ont hébergé dans la joie et la bonne humeur à Bruxelles ; Lena Inowlocki à Francfort ; Jacques-Alexandre et son chien immense et ténébreux m'ont accueilli à New York ; j'ai semé le trouble et la désolation chez André et Jo à Paris. Je remercie mes interlocuteurs qui ont subi mon sabir et mes retards, même si je crois pouvoir dire que mon séjour berlinois a été très bénéfique sur ce point-là ; mes pensées vont aussi à tous ceux qui sont venus me rendre visite dans ma retraite berlinoise et avec qui j'ai partagé de si belles nuits. Mélanie – « l'avocat et l'associée » – a supporté au quotidien mes humeurs. Elle a été la cheville ouvrière de ce livre et je lui suis infiniment reconnaissant. Enfin et comme toujours, mes pensées vont à Gilles, Sylvie, Laure et Alexandra, mon petit clan, mes plus fidèles soutiens.

TABLE

Cet ouvrage a été composé
par IGS-CP à L'Isle-d'Espagnac (16)

Nᵒ d'édition : L.01EHQN352.N001
Dépôt légal : mars 2009
Imprimé en Espagne par Novoprint (Barcelone)